老年人权益保障法律制度比较研究

周贤日
主编

周鸿燕
副主编

中国法制出版社
CHINA LEGAL PUBLISHING HOUSE

图书在版编目（CIP）数据

老年人权益保障法律制度比较研究 / 周贤日主编；周鸿燕副主编. —北京：中国法制出版社，2023.8

ISBN 978-7-5216-3575-1

Ⅰ. ①老… Ⅱ. ①周… ②周… Ⅲ. ①老年人权益保障法-对比研究-中国、国外 Ⅳ. ①D912.7

中国国家版本馆 CIP 数据核字（2023）第 095465 号

责任编辑 欧 丹　　封面设计 杨鑫宇

老年人权益保障法律制度比较研究

LAONIANREN QUANYI BAOZHANG FALÜ ZHIDU BIJIAO YANJIU

著者/周贤日 周鸿燕

经销/新华书店

印刷/北京虎彩文化传播有限公司

开本/710 毫米×1000 毫米 16 开　　印张/25.5 字数/428 千

版次/2023 年 8 月第 1 版　　2023 年 8 月第 1 次印刷

中国法制出版社出版

书号 ISBN 978-7-5216-3575-1　　定价：78.00 元

北京市西城区西便门西里甲 16 号西便门办公区

邮政编码 100053　　传真：010-63141852

网址：http：//www.zgfzs.com　　**编辑部电话：010-63141655**

市场营销部电话：010-63141612　　**印务部电话：010-63141606**

（如有印装质量问题，请与本社印务部联系。）

主编 周贤日

中国人民大学民商法学博士，中国政法大学博士后，清华大学访问学者，美国密苏里大学哥伦比亚校区访问学者。华南师范大学法学教授，劳动法和社会保障法研究所所长，硕士生导师。主要研究领域：劳动法、社会保障法、商法、公司法、合同法的教学研究，并具有丰富的法律实务经验。

副主编 周鸿燕

法学硕士，华南师范大学讲师。

编委会成员

王继远　法学博士，佛山科学技术学院法学与知识产权学院教授。

宋跃晋　法学硕士，广州工商学院教授。

侯海军　法学博士，南京师范大学法学院副教授。

陈　芹　法学博士，澳门科技大学法学院助理教授。

李继霞　法学硕士，广东省社科院法学所研究员。

黄旭东　法学博士，华南理工大学法学院副教授。

刘　程　法学博士，广东省社会科学院法学研究所助理研究员。

苏晓敏　法学硕士，广州市荔湾区纪委监委工作人员。

杨源哲　法学博士，广东技术师范大学法学与知识产权学院讲师。

焦　娟　法学硕士，广东技术师范大学法学与知识产权学院讲师。

高　杨　法学硕士，佛山市高明区人民法院法官助理。

黄　双　法学硕士，广东行政职业学院教师。

李　蕊　法学硕士，广东东方昆仑律师事务所律师。

前 言

目前，中国已进入老龄化社会的初期阶段，中国拥有世界上最多的老年人口，并且人口老龄化的发展速度非常快。基于此背景，本书以中国老年人权益保护制度的研究为出发点，结合对国外相关经验的研究，探索适合中国本土特色的制度建设。全书共有13章，全方位、多层次地构建老年人权益保护制度，具有相应的配套制度，保障制度的完整性，提升制度的可操作性，力求为实践提供借鉴。

通过人口统计数据分析，可以印证我国老龄化社会下的老年人权益研究的必要性。本书明确了老年人权益的性质，将老年人权益分为基本的生活权益和分享社会发展成果的权益。老年人除了具备一般公民的普遍权益，还享有作为特殊群体的特殊权益。具体而言，老年人权益主要包括：受赡养的权利、享有物质和精神上的慰藉的权利、医疗权、参与权、发展权、文化权。基于中国老龄化社会的背景以及可持续发展要求，我国《宪法》明确规定了老年人权益的保护，并出台了《中华人民共和国老年人权益保障法》，其他法律、行政法规也有涉及老年人权益保障的相关规定，但在实践中仍存在相关法律、法规条文的可操作性不强，法律的规定落后于现实等情况。

为努力构建友善中国老年社会，解决我国老年人权益保障法律制度存在的问题，本书的制度设计分为四个方面。

一是完善我国老年人社会保障系统。老年人社会保障是一种社会化的保障措施，也是一项社会再分配的措施。通过分析英美德日等国家的老年人社会保障制度，探索我国老年人社会保障发展趋势，提供相应的借鉴经验，设计适应我国国情的全方位、多层次的社会保障系统，形成相应的老年人社会保障服务体系。老年人社会保障制度主要包括养老保险、老年人医疗保障与服务、老年人社会救济、老年人社会福利等制度。上述制度在本书均有章节进行阐述。

二是老年人长期照护和监护制度。在养老问题中一个重要问题是老年人的长期照护问题。在老年人照护需求急剧增长的背景下，我国需分析总结不同国家的长期照护制度并结合我国长期照护需求的现实状况和现有的社会保障制度，尽快建立符合我国实际社会情况的长期照护制度。本书侧重从完善成年人监护制度的角度去实现建立和完善老年人监护制度的目的。老龄化的社会背景对身心障碍者的人权保护观念和各国成年人监护制度产生了深远影响，尤其是对老年人监护制度产生了重大影响。社会的发展要求我国立法对监护制度以及与老年人相关的成年监护制度进行重新审视。

三是老年人的财产与人身权利的保护制度。在老年人口持续增长，老年人平均寿命增加，家庭、社会与环境不断变迁的背景下，老年人正处于潜在或严重经济生活维系危险中。老年人在日常生活中易遭受消费欺诈，本书通过分析老年人消费欺诈的现状、因素、常见领域等内容，阐述防止老年人消费欺诈的措施及制度改进。另外，除需保护老年人的财产之外，仍需时刻关注老年人的人身权利。当前，虐待老人、遗弃老人的现象屡有发生，本书从刑法角度出发，通过分析相关案例，探析虐老、遗老的刑法规制。

四是老年人权益司法救济制度。“无救济则无权利。”老年人作为我国社会的一个庞大弱势群体，其权益保护不容忽视。老年人缺少法律知识，自我保护能力较差，需探索老年人权益司法救济实践，分析老年人权益司法救济途径的制度，使老年人面对纠纷时受侵犯的合法权益可得以救济，司法程序也应对老年人权益设置相应的倾斜保护。

本书相对于已有的研究具有的学术价值在于拓展了对《老年人权益保障法》中对老年人各项具体权益的理论体系、老年人权益保护的实施情况与实效测评方面的研究，在老龄化逐渐加剧的社会现状中寻求权利有效保护的实施路径，为实现党的十九大报告提出的“构建养老、孝老、敬老政策体系和社会环境，推进医养结合，加快老龄事业和产业发展”目标开展实施策略的探索。

本书通过对老年人权益概况、社会保障、养老保险、医疗和照护、监护、老年人住房保障、防止对老年人的消费欺诈、老年信托制度等的实用性研究，探索与老年人权益密切相关的各项法律制度，从多学科研究视角出发，深化研究党的十九大报告提出的决策，着力探索构建中国特色的老年法体系和实施策略。

加大财政投入的普惠性养老机构和设施建设。发展老龄产业，积极应对老龄化趋势，从家庭养老为主转向社会养老为发展方向和积极应对措施，结合不同地区情况，构建以居家为基础、以社区为依托、以机构为支撑的社会养老服务体系。在养老机构和相关设施建设上要注意应对突发公共卫生事件时的防疫功能设置。完善老年人社会保障法律制度，明确老年人社会保障法定权益和赡养人义务，加强地方老年人保障立法。家庭、政府和社会的养老责任再分配，结合社会力量，分担家庭、政府养老负担，合理配置养老保障资源，加强专业人才队伍建设，政府与市场作用相结合，发展多种养老服务模式，构建中国特色养老服务体系。

在养老保险方面，应扩大覆盖面，建立统一养老保险制度、统账分离管理，做实个人账户，增加多渠道资金来源，完善多层次养老保险制度、推行指数化改革，增加弹性退休制度，明确政府职责，建立可持续发展养老保险制度。老年人仅靠基本养老金不能完全从经济上满足养老需求，还需一定的生活补贴，老年生活补贴金可为没参加基本养老保险的老年人提供一定程度的保障。在医疗保险方面，应加大政府投入，向弱势群体倾斜，合理制定医疗费用给付水平，确保在医疗保险基金收支平衡的基础上，合理扩大可报销的医疗诊治项目和药品范围，创建长期护理保险，减轻老年人医疗费用和家庭成员负担，推行退休人员大病医疗保险制度。在老年人住房保障方面，研究提升效力等级，制定专门法律，制定具体法律制度，指引实践操作，建立多层次、多样化的老年人住房保障法律制度。

长期照护制度的建立，可将长期照护保险与养老保险结合，以覆盖城镇职工医疗保险的参保人群为原则在全国推行长期照护保险制度，同时对农村地区的照护制度和经费来源也要列入逐步、分期支持费用的日程。除了长期照护社会保险外，我国也应鼓励发展商业长期照护保险。开放长期照护服务供给系统，实现长期照护服务提供的部分市场化，鼓励服务提供主体的多元化。在服务内容上应该以生活照护为主要内容，在服务类型和水平上，根据不同地区情况和发展阶段，分别发展居家照护、社区照护和机构照护不同配置、侧重的照护模式。在老年人监护制度方面，建立三级监护制度，根据意思能力欠缺程度不同的要求，将监护制度分为监护、保佐和辅助；扩大被监护人的范围，完善监护人的选任和资格，完善监护人职责和权利，完善意定监护制度。

对于老年人财产与人身权利的保护，加强政府的监管与教育职责，金融机构在信托财产的管理与运用上应恪守信义义务。推动老年人财产信托立法工作，确立老年人财产信托制度，建立老年人财产信托监察人选任制度。对老年人进行法律宣传教育，结合专业消费辅导，在消费者纠纷解决机制一体化、便捷化的基础上，为老年消费者提供专门化的消费维权服务和帮扶机制。

加强司法机关对虐待老年人案件的干预和查处，借鉴、改造美国强制报告制度。推行“老年法庭”的设立。将老年人权益保护和家事审判改革联系在一起，设立老年人监护的行政帮助机构，探索如何在家事审判程序设计中，更高效、灵活、便捷地让老年人的合法权益得到司法救济。

本书的作者分工情况如下：

章节	作者
第一章　老龄化社会中的老年人权益	周贤日、黄双
第二章　老年人社会保障国际比较和中国探索	刘程、李继霞
第三章　养老保险国际比较和中国路径	周鸿燕
第四章　老年人生活补贴金	杨源哲
第五章　老年人医疗保险和有关福利	宋跃晋
第六章　老年人住房保障	周贤日、高杨
第七章　长期照护制度比较分析和中国选择	周贤日、李蕊
第八章　老年人监护制度国际比较和中国制度	周鸿燕
第九章　老年人财产信托制度的法律构建	王继远
第十章　老年人人身权利的刑法保护	陈芹、侯海军
第十一章　防止针对老年人的消费欺诈	焦娟
第十二章　老年人权益司法救济	黄旭东、苏晓敏
第十三章　为构建友善中国老年社会而努力	周贤日、黄双

目　录

第一章
老龄化社会中的老年人权益

老龄化已是现代化中不可否认的特征，而在实现社会主义现代化的中国正在经历着人口快速老龄化。根据联合国《人口老龄化及其社会经济后果》中的判断标准以及第一次老龄问题世界大会上的补充标准：社会中存在占总人口比例7%且大于等于65岁的人口①，社会中60岁及以上的人口占总人口10%，是确定一个国家进入老龄化社会的标准。20世纪末，我国60岁以上老年人口占总人口的比例超过10%。② 2000年，65岁及以上人口占总人口比重已达7%。③ 按照前述的标准，我国人口年龄结构在2000年正式进入老龄化阶段。

2012年至2021年，我国60岁以上人口占总人口的比例一直呈增长趋势，从14.3%增长至18.9%。在2013年，60岁以上老年人数量突破2亿，具体数据为2.0372亿人。2021年的65岁以上人口占总人口比例为14.2%。与此同时，老年抚养比也相应增加，从12.7%增加至20.8%，2021年的社会总抚养比为46.3%。④ 此时期的中国人口老龄化程度进一步加快，且逐步加深。据测算，预计"十四五"时期，60岁及以上老年人口总量将突破3亿，占比将超过20%，进入中度老龄化阶段。2035年左右，60岁及以上老年人口将突破4亿，在总人口中的占比将超过30%，进入重度老龄化阶段。⑤

我国人口年龄结构从成年型进入老年型仅用了18年左右的时间。在这一阶段，我国劳动力供给的局面已经有了新的情况，劳动力年龄人口从2013年的

---

① *The Aging of Population and Its Economic Imlications*, *New York*: *United Nations*, 1956.（联合国：《人口老龄化及其社会经济后果》（1956年纽约））

② 数据来源：中华人民共和国国务院新闻办公室：《中国老龄事业的发展》白皮书（2006年12月12日），http://www.gov.cn/govweb/jrzg/2006-12/12/content_467201.htm，2023年4月1日访问。

③ 数据来源：国家统计局：2000年第五次全国人口普查主要数据公报（2001年3月28日），http://www.stats.gov.cn/sj/pcsj/rkpc/5rp/html/append21.htm，2023年4月1日访问。

④ 数据来源：国家卫健委：2021年度国家老龄事业发展公报（2022年10月26日），http://www.gov.cn/xinwen/2022-10/26/content_5721786.htm，2023年4月1日访问。

⑤ 数据来源：新京报：《我国预计2035年进入重度老龄化阶段 届时超三成人口为老年人》（2022年9月20日），https://baijiahao.baidu.com/s?id=1744491481706412212&wfr=spider&for=pc，2023年4月1日访问。

9.36亿人下降至2018年的8.97亿人。[①] 与发达国家相比，虽然我国劳动力供给目前是充裕的，但随着少子化的影响，在未来劳动力年龄人口数量并不可观。这些数据的变化对我国经济社会发展造成巨大压力，更为严峻的形势是我国的老龄化问题存在“未富先老”“未备先老”和“孤独终老”的特征[②]，对老龄化社会下老年人的权益保障问题缺乏深入、系统的研究及应对措施。老龄化社会中，最本质的问题是权益保障问题。如果不能对当前情况有准确的认识并做好相应的老年人权益保障工作，容易带来严重的社会问题，同时也不利于我国经济社会的长期可持续发展。

第一节　老年人权益理论基础

人生而平等，在任何阶段都有生而为人的权利，而法治社会的永恒主题就是对人和人权的研究。法治国家的内涵在适应社会变迁的同时，也在不断地丰富和发展。其发展历程表明了现代法治的核心精神，即对基本人权的尊重与保障。[③] 人从婴幼儿发展至成年个体再步入老年时期是无法逆转的，即使是各项生理机能逐渐衰退的时候，老年人仍是拥有权利的个体，是社会的一部分。他们依旧是社会的参与者，也依旧是潜在的创造者。维护老年人的尊严与权利，是老年人权益中的核心理念。老年人基于其合法权利的享有，获得应有的利益。权利与利益结合研究是老年人权益研究之所在。

一、老年人权益的基本内容

（一）老年人的界定

老年人作为特殊群体而享有权益，如何划分权益享受主体资格是必要的。虽然国际上有通用的进入老龄化社会的判定标准，但各国法律对于老年人身份的界定并不一致。老年时期作为生命中的一个阶段，是人体组织及器官生理功能逐渐

① 国家统计局：《人口总量平稳增长 人口素质显著提升——新中国成立70周年经济社会发展成就系列报告之二十》（2019年8月22日），http://www.stats.gov.cn/tjsj/zxfb/201908/t20190822_1692898.html，2019年11月13日访问。

② 穆光宗、张团：《我国人口老龄化的发展趋势及其战略应对》，载《华中师范大学学报（人文社会科学版）》2011年第5期。

③ 林嘉：《社会保障法的理念、实践与创新》，中国人民大学出版社2002年版，第46-47页。

退化的过程。由于个体差异，从生理上很难准确认定每个人从壮年期进入老年期的界线，且现今医疗技术日趋发达及生活环境不断优善，人类的寿命处于不断增长的趋势。国家统计局于新中国成立70周年发布的报告中提及，70年来中国人均预期寿命从35岁增长至77岁。[①] 由此可见，老年期的进入界线是浮动的。

各个国家基于其传统文化和经济发展水平，提出了诸多的老年人身份界定学说，如年代年龄说、生理年龄说、心理年龄说和社会年龄说等。各种学说都有其合理依据，对日后老年人法律的完善具有参考价值，但最重要的划分立足点是实际的国情需求，将对法律概念的辨析放在法律法规中，以法律法规为依据。我国立足于社会主义国家的国情、经济社会发展水平、历史文化传统，与世界上大部分国家不同[②]，规定了特殊的老年人身份年龄节点。《老年人权益保障法》第二条规定："本法所称老年人是指六十周岁以上的公民。"故在我国，老年人是指60周岁以上的公民，是由我国的人均寿命和传统文化决定的。

随着社会经济的发展，我国公民人均寿命的逐步增长，退休年龄及老年人的年龄界定标准也应顺势变化，保持符合经济社会发展规律的趋势。

（二）老年人权益的分类

保障老年人的权益，不仅是为了维护老年人自身，也是为了维系家庭，更是为了社会安定以及国家发展稳定。老年人权益的保障，实际上是保障老年人的各项合法权利与利益。老年人的合法权益，是指老年人在我国依据宪法和法律规定应该享受的各种权益。[③] 而老年人的权益保障是否得到充分体现，标志着社会文明的进步，以及我国法治现代化的发展。对老年人权益进行理论分类，了解在各层次中老年人的需要，有针对性地保障老年人权益。至于老年人的权益究竟包括哪些内容，理论界有不同的意见。

老年人作为社会群体中特殊的一部分，具备一般公民的普遍权益和作为老年人应该享有的特殊权益。[④] 公民的普遍权益主要可以分为生存权和发展权，其中

---

① 数据来源：国家统计局：《人口总量平稳增长人口素质显著提升——新中国成立70周年经济社会发展成就系列报告之二十》（2019年8月22日），http：//www.stats.gov.cn/tjsj/zxfb/201908/t20190822_1692898.html，2019年11月13日访问。

② 国际间普遍认为65岁以上的人为老年人，世界卫生组织对老年人的定义是65岁以前算中年人，65岁以上到74岁是青老年人，75岁到90岁才算正式老年人，90岁至100岁是高龄老年人。与我国同处东亚地区的日本以65岁以上作为老年人标准，该国法定退休年龄男女均为65岁。其他西方国家也多以65岁作为老年人的标准及退休基准年龄。

③ 王舜华主编：《老年人权益的法律保障》，经济管理出版社1995年版，第20页。

④ 邬沧萍主编：《社会老年学》，中国人民大学出版社1999年版，第233页。

又包括人身权、居住权和言论自由等国家法律规定的所有公民都应享受的权利和利益。另外，老年人还是社会的特殊群体，其劳动能力和生活自理能力较弱的特点要求社会对其进行特殊的保护。因此，老年人同时还享有某些特殊的权益，比如被赡养的权利和退休的权利等。

从权益性质的角度出发，可以将老年人权益分为基本的生活权益和分享社会发展成果的权益。基本的生活权益是指老年人为了维持其基本的生活所享有的权益，和一般公民的基本生活权益区别不大，而分享社会发展成果的权益则往往为老年人所特有。这类权益的出现主要是考虑到老年人身体机能和劳动能力衰退，无法再参与到经济社会的建设中，但是，如果因此不让老年人共享发展的成果，就无法实现实质意义上的公平，对曾经为了社会进步做出贡献的老年人也不公平。给予他们特定的权益，使他们能够分享到社会进步的成果是非常重要的。这项权益在《老年人权益保障法》第三条中有明确的规定："国家保障老年人依法享有的权益。老年人有从国家和社会获得物质帮助的权利，有享受社会服务和社会优待的权利，有参与社会发展和共享发展成果的权利。禁止歧视、侮辱、虐待或者遗弃老年人。"从该条文中也可看出，目前我国法律上对老年人权益的界定主要包括：受赡养的权利，包括享有物质和精神上的慰藉的权利；医疗权，老年人由于身体机能衰退，较年轻人容易受到疾病的侵扰，因此，对老年人在疾病的预防、治疗和康复等方面都应当有相应程度的保障；参与权，指的是老年人根据自身健康状况可以选择进行的参与经济、社会、文化等各方面的权利；发展权，指的是老年人为自我的持续发展而学习知识文化、技术能力的权利；文化权，国家和社会应采取有关措施，开展适合老年人的文体活动。上述权利中，前两种比较普遍，也是老年人应当享有的最基本的权利，属于生存权。后三种则是在社会的不断发展和进步中逐渐加深认识和完善的，是发展权的范畴，一方面反映了老年人个体以及群体的特殊需求，另一方面也是加强老年人权益保护的需要。

基于老年人需要结构的分类：生存性需要、发展性需要和价值性需要①，可将老年人权益分为基础性权益和发展性权益。具体体现为老年人的生存权和发展权，生存权是发展权的基础，发展权是生存权的延续。② 老年人的需要可比作金字塔，生存性需要是金字塔的底座，其侧重于老年人的生存权利，包括经济、健康、安全等方面，以此实现老有所养的目标。发展性需要位于金字塔的中部，其

① 穆光宗：《丧失和超越：寻求老龄政策的理论支点》，载《市场与人口分析》2002 年第 7 期。
② 李超：《老年维权之利剑——老年人法律保障制度研究》，上海人民出版社 2007 年版，第 20 页。

偏向于老年人情感方面的需要。情感需要的来源为家庭、社会，尊老爱老是发展性需要的重要支撑。金字塔的顶端为价值性需要，老年人在其老年生活中实现自我价值的提升，老有所用、老有所成是此需要的核心追求。基础性权益对应的是生存性需要，生存权是此需要的内涵。发展性权益包括发展性需要和价值性需要，两者的具体表征为发展权。

从上述内容可知，尽管老年人权益的基本内容有诸多分类，但核心内容是相同的：老年人生活质量与老年人发展需要。换言之，保障老年人权益不能脱离老年人生活质量的提高，以及老年人发展需要的满足。因此，老年人权益保障的着眼点应放在老年人生活质量以及老年人发展需要这两个方面。

二、老年人权益的理论根源

人口老龄化与老年人权益紧密相关，庞大的老年人数量，使我国成为老龄化日趋严重的国家，这是必须面对的社会问题，且我国优秀的传统文化——“敬老尊老”的美德是祖辈相传的特质，老龄化社会中保障老年人权益亦是必然的社会要求。对老年人权益这一概念的发展有其理论根源，主要来自人道主义精神、法治社会中弱势群体的人权保障以及中华民族的优秀传统文化。

（一）“以人为本”的思想

人道主义，亦可译为人文主义和人本主义。西方人道主义思潮具有悠久的历史和漫长的发展历程，先后经历了古代哲学的人道主义、文艺复兴时期的人道主义、17 和 18 世纪英法资产阶级革命时期的人道主义、早期空想社会主义的人道主义和费尔巴哈的人本学等不同阶段和形态。文艺复兴时期，哲学终于揭开了“上帝”的神秘面纱，回归将人作为世界中心的道路，一改欧洲中世纪以神为中心的思想。近代，资产阶级的人道主义和空想社会主义的人道主义，肯定个人成为有独立人格的个体主体，通过理性确证人的存在，却最终建构的是抽象逻辑体系。直到费尔巴哈的人本学，西方的人道主义思想把人的存在提高到本体的高度，才真正确立了以人为根本的人本理念。但以抽象的人性论为理论基础的近代人道主义实际上是资产阶级革命的产物和结果，存在严重的局限性，由此决定了将会被更适应时代发展的人道主义形式取代。“以人为根本”若被定位为人道主义的核心思想，究其本质是一种人的自我意识，是人的自我生成和历史发展的哲学理论表达。在历史中，能更明显地表达此思想本质的是马克思的人道主义，马克思的人道主义被更广泛地称为马克思“人本思想”。马克思人本思想与上述传统的西方人道主义思想的区别关键在于：马克思人本思想不是抽象的，永恒不变的，而是历史的和具体的，价值理想的确立在每一阶段是具备前提和背景的，不脱离社会客观存在。马克思人本思想中的“人”是现实的，是生活在社会中，与社会发生千丝万缕关系的独立个体，具有明显的社会性、历史性和实践性。马克思在关于人的本质中曾强调：“一个种的全部特性、种的类特性就在于生命活动的性质，而人的类特性恰恰就是自由的自觉活动。”① 换言之，人类的个性产生于人的实践，注重共性发展的同时也尊重个性。因此，坚持以人为本，不仅要求人的全面自由发展，人人平等，更要从个性的特性出发，保障个体的利益。

党的十九大报告将“坚持以人民为中心”确立为新时代坚持和发展中国特色社会主义的基本方略之一，这意味着不仅在经济社会发展方面要坚持以人民为中心的发展思想，而且在中国特色社会主义事业诸领域、各方面与全过程都必须坚持以人民为中心。在此思想的影响下，要求对人加以尊重和关怀。每个人都置身于社会中，和周围的人发生相互依存的关系。因此，在现代生活中，在维护自身利益的同时，维护他人的生存和发展需要也非常重要。正视老年人群体的权益并加以保护，既符合上述思想，也是社会良好运行与和谐发展的要求，是现代文明的重要体现。因此，应当认识到，老年人由于体力、精力衰弱，成为社会中的弱势群体，在调整社会关系的过程中，应当更加注重对老年人群体的保护，在法律的设计上要注意考虑老年人群体的特殊性，为他们提供更好的保护。

（二）法治社会中弱势群体的人权保障

人权是人生而为人应有的权利，人与动物最本质的区别在于人权的核心价值是尊严，而人权中的尊严体现为人权的普遍性和平等性。不论人的国籍、性别、出身等的差异性，人权是人就应享受的，且人权是普遍认同的。人与人之间要尊重彼此的人权，也同样享受平等的人权。实质上，人权的普遍性同时反映了人权的平等性。人权的平等性经过发展、提升，由形式平等到实质平等。形式平等以抽象的人格为出发点，以法律面前人人平等为宗旨，强调法律对人的一体、无差别的保护②。但形式平等认为平等是自然状态的，未从实际情况出发分析人与人之间的差异性，以及每个人权利实现手段的差别。实质平等纠正了形式平等的不足，从实质的人出发进行差别性保障，实现实质意义上的平等。人会集成群体，

---

① 《马克思恩格斯全集（第四十二卷）》，人民出版社 1979 年版，第 96 页。

② 丁海湖、房文翠：《人权：弱势群体法律保护的价值基础——兼议我国弱势群体权益保护立法的完善》，载《行政与法》2006 年第 9 期。

群体与群体联系成社会。根据人的差异性，形成强弱对比，少数人群相较于多数人群在社会中处于相对不利的地位，这些少数人群被称为“弱势群体”。为实现实质平等以及弱势群体享受基本人权，对其进行保障是必然的，这不仅是人权基本价值的要求，也是法治公平性和法治普遍性的要求。老年人由于生理的变化，在政治、经济、文化等方面慢慢地失去话语权，在社会生活中具有极大的脆弱性。根据人权的普遍性和平等性对其生存权、发展权进行法律保障，有利于社会关系的调整，实现法治社会的公平正义。

国家权力来自人民，拥有公权力的国家同时要履行满足人民需要的义务，积极服务人民，维护人民的权利。政府是国家公权力的外在实质表现，政府需要解决社会上的各类问题，合理实现人民的权益，是政府责任必然存在的现实基础。弱势群体处于社会的不利地位，为避免弱势群体的人权长期得不到保障造成不良群体事件的发生，政府解决弱势群体的生存权与发展权，是责任的体现。在法治社会中，为弱势群体提供社会保护是对政府的必然要求，法律是政府维护弱势群体权益的有效手段，政府对弱势群体的人权必须要依法给予例外对待和特别保护，通过相应的措施最大限度地缩小弱势群体与强势群体的差距。[①] 老年人权益法律保障是对老年人人权的尊重，是实质平等的体现，其基本权利满足需政府利用法律手段介入，充分体现出法治社会公平、公正的价值追求。

（三）中华民族的优秀传统文化

拥有五千多年文明的中华民族在历史进程中创造了许多博大精深的文化，这是中华民族积淀已久的精神追求，滋养着中华民族繁衍生息。2012 年习近平总书记在广东考察工作时曾讲：“我们决不可抛弃中华民族的优秀文化传统，恰恰相反，我们要很好传承和弘扬，因为这是我们民族的‘根’和‘魂’，丢了这个‘根’和‘魂’，就没有根基了。”[②] 中华民族优秀的传统文化，是土生土长的精神粮食，在这片黄土地上教育了一代又一代的中国人。在这个世界文化涌动的时代，文化自信是不可或缺的，作为新时代的中华儿女要以中华文化而自豪。尊老是中国传统文化的核心，以及中华民族的传统美德，“孝”文化中的赡养和敬养

① 钱再见、高晓霞：《弱势群体社会保护中政府责任的理论求证》，《河南师范大学学报（哲学社会科学版）》2002 年第 6 期。

② 中国共产党新闻网：《中华民族的“根”和“魂”——传承和弘扬中华民族优秀文化传统》（2014 年 11 月 25 日），http：//theory. people. com. cn/n/2014/1125/c390916-26091741. html，2019 年 12 月 2 日访问。

老人是中国传统孝道的重要内容，更是中国老年人法律权益保障体系中的主要内容。[①] 孝的起源有众多学说，发展至今需取其精华，去其糟粕，赋予“孝”文化新时代的内涵，是老年人权益法律保障中所需的文化传承和伦理道德基础。

法与道德的关系具有多维性。在价值层面上，法律应服从道德评判和伦理价值取向，法律只有与社会伦理价值取向基本吻合，才能获得实际的普遍效力。[②] 被誉为司法鼻祖的皋陶，在舜时期根据舜的要求以孝入律，此理念奠定了后世以孝入律的法理道德基础。这时期的舜孝道思想是中国传统孝道的思想之源。舜孝道养老思想不仅涉及家庭义务养老法理道德基础和当今中国社会养老的法律道德要求，也包含物质保证和精神保障的法理基础。舜孝道思想中提及尊敬父母，进而尊敬所有老人，孝敬父母，必须严格按照礼的规定去侍奉双亲，并礼孝天下人。[③] 孟子说：“老吾老以及人之老”，就反映了这一传统思想。我国的传统文化追求的是“天下大同”的理想，在老年人的保护方面，提出了“老有所养”的目标。在家庭的微观层面，我国一直把“孝”列为百善之首，而孝顺的重要之意就是善待父母、祖父母等长辈。通过微观、最基础的家庭组织层面善待老年人，在社会上、在国家范围内推行以孝治天下，在社会上形成善待老人的风气。我国《老年人权益保障法》也体现和贯彻了孝的理念和传统。

社会上曾有质疑：中国虽然是 GDP（国内生产总值）排名第二的国家，但人均 GDP 低和社会经济发展不平衡，不具备实行西欧高福利制度的条件。社会福利的限制对老年人权益的保护是有影响的，可我们也不能漠视老年人权益，解决两者的冲突是困难的。著名法学家庞德曾指出：“法律必须稳定，但又不能静止不变”，而要使其“对稳定性的需要和对变化的需要方面这种相互冲突的要求协调起来”，就必须研究和把握法律与道德的关系。[④] 肯定舜孝道文化中的法理道德基础，积极与当下老年人权益保障的法律结合，探索构建适合中国的老年人特色权益保障路径。

---

① 潘剑锋：《论舜孝道思想对中国老年人权益保护法的影响》，载《湖南社会科学》2017 年第 6 期。
② 马长山：《法治社会中法与道德关系及其实践把握》，载《法学研究》1999 年第 1 期。
③ 潘剑锋：《论舜孝道思想对中国老年人权益保护法的影响》，载《湖南社会科学》2017 年第 6 期。
④ ［美］罗斯科·庞德：《法律史解释》，曹玉堂等译，华夏出版社 1989 年版，第 1 页。

第二节　我国老年人权益保障的现状与困境

一、我国老年人权益保障的现状

（一）快速老龄化下老龄事业和老龄产业发展现状

人口老龄化，指的是人口当中年轻人口的数量减少，或者老龄人口数量增加导致老龄人口在总人口中的比重增加的过程。人口老龄化的趋势大体上是不可倒转而且持续的。就全球而言，老年人口每年以2%增长，据联合国预测，60岁以上的老年人人口比例在2050年将达到21%。① 而同时期，我国老年人口的年平均增长速度为3.3%。据预测，我国60岁以上的老年人人口比例在2050年将达到34.1%，数量将达到4.87亿人的峰值。我国在1999年年末步入老龄化社会，至今已经有20多个年头。国家统计局于2019年8月22日发布的《新中国成立70周年经济社会发展成就系列报告之二十》（以下简称《系列报告之二十》）中声明：我国人口年龄结构已进入老年型。该报告还指出，新中国成立70年来，人口再生产类型发生了两次转变，最终进入了与现代经济发达和较发达国家类似的低出生率、低死亡率、低自然增长率的阶段，人口再生产类型的转变导致了人口年龄结构的老化。② 加上我国较低的退休年龄制度设计③，使大量还有劳动能力的人口退出或者半退出就业领域，成为庞大的养老人口。

虽说人口老龄化是世界各国都会或即将会面临的问题，但相比我国，西方发达国家进入老龄化社会的速度并没有那么惊人。法国是世界上最早步入老龄化社会的国家，于19世纪出现老龄化趋势，但却是经历了115年才步入老龄化社会。美国已经是严重老龄化国家，在20世纪中期进入人口老龄化时代，进程为60年。其他西方发达国家，如瑞士用了85年，英国用了80年。根据西方发达国家

---

① 联合国老龄化议题：《世界人口老龄化：1950—2050》，https：//www. un. org/chinese/esa/ageing/trends. htm，2019年12月27日访问。

② 国家统计局：《人口总量平稳增长 人口素质显著提升——新中国成立70周年经济社会发展成就系列报告之二十》（2019年8月22日），http：//www. stats. gov. cn/tjsj/zxfb/201908/t20190822_1692898. html，2019年11月13日访问。

③ 我国基本退休年龄为男性60岁，女性分为女工人50岁和女干部、技术管理人员55岁。目前一些地方开始允许女干部、技术管理人员选择55岁或者60岁退休。

的经济发展和人口变化，大部分国家都是累积了一定程度的物质财富，才开始步入老龄化社会的。这些国家有足够的财力解决老年人的养老问题，即使他们面对的困难与挑战也不小。习近平总书记在中共中央政治局第三十二次集体学习时强调："人口老龄化是世界性问题，对人类社会产生的影响是深刻持久的。我国是世界上人口老龄化程度比较高的国家之一，老年人口数量最多，老龄化速度最快，应对人口老龄化任务最重。"我国于 1978 年迈开了改革开放和社会主义现代化建设的步伐，走在了富起来的道路上。但在 22 年后就进入了老龄化社会，且进程日益加快，特别是我国人口基数大，老年人口增长速度快，带来的社会负担比西方国家大。另外，我国经济社会的发展还很不平衡，不同区域间经济发展水平差异较大，人均生活水平与世界发达经济体相比还有较大的差距。在可以预见的将来，我国的社会福利负担将会不断加重、养老社会成本将会不断增加。此背景也催生了老龄事业以及老龄产业。老龄事业与老龄产业的主导部门并不相同，但在最终目标上大致相同：为了发展社会福利事业，提高社会福利水平。老龄事业与老龄产业都以老年人生活质量与老年人发展需要为基础而开展，是保障老年人权益的必要手段。

在以政府为主导的针对老年人口福利事业方面，我国已经持续编制和实施了 5 个老龄事业发展规划。1994 年，我国发布了第一个规划——《中国老龄工作七年发展纲要（1994-2000 年）》。我国人口老龄化是在经济尚不发达的条件下完成的，同时还伴随着人口老龄化速度快、地区发展不平衡、城乡发展不平衡等特点；研究老龄事业发展的实践意义在于，有利于摸清新时期我国老年人口的现实需求和老龄事业的发展现状，为党中央、国务院和各级党委政府统筹制定应对人口老龄化战略规划和老龄政策提供科学支撑，从而促进老龄事业的科学发展。[①] 据国家应对人口老龄化战略研究预测，21 世纪我国人口老龄化将历经四个重要阶段，现处于快速人口老龄化阶段。[②] 在这四个重要阶段，会陆续迎来三次增长高峰。2009 年至 2018 年我国人口进入第一次增长高峰。《中国老龄事业发展"十二五"规划》《"十三五"国家老龄事业发展和养老体系建设规划》等政策陆续出台。在这个期间，我国于 2013 年老龄人口突破了 2 亿大关，这一年也是中

---

① 任兰兰：《中国老龄事业发展指标体系研究》，知识产权出版社 2017 年版，第 58 页。

② 总报告起草组、李志宏：《国家应对人口老龄化战略研究总报告》，载《老龄科学研究》2015 年第 3 期。四个重要阶段分别为：快速人口老龄化阶段（1999-2022 年）、急速人口老龄化阶段（2022-2036 年）、深度人口老龄化阶段（2036-2053 年）、重度人口老龄化阶段（2053-2100 年）。

国老龄事业发展史上具有里程碑意义的一年。党的十八大做出了“积极应对人口老龄化”的战略部署，新修订的《老年人权益保障法》明确规定，“积极应对人口老龄化是国家的一项长期战略任务”。① 在20世纪末，世界卫生组织首次提出“健康老龄化”的理念及目标，倡导发展和维护老年健康生活。在吸收多位专家和各方面的建议的基础上，“积极老龄化”理念于21世纪初诞生。“积极老龄化”理念是在“健康老龄化”基础上发展而来的，现已是国际社会研究老龄问题的共识。对比“健康老龄化”的内容，“积极老龄化”的含义更加广泛。在关注老年健康的同时，以“权利为基础”提高老年生活质量，按照自身需求参与社会，获得充分的保障。“积极老龄化”需要个人、家庭、社会的共同支持。社会积极对待老年人，个人积极对待老年生活，国家积极对待老龄化社会。发展老龄事业，其面向的不仅是具有消费能力的老年人，同时包括低收入、无收入的老年人，保障所有老年人最低的生活水平以及提供平台鼓励支持个人发展。

2017年国务院发布了《“十三五”国家老龄事业发展和养老体系建设规划》(以下简称“十三五”规划)。在“十二五”时期成就的基础上，“十三五”时期是我国老龄事业改革发展和养老体系建设的重要战略窗口期。“十二五”时期和“十三五”时期处于我国人口老龄化程度快速加深阶段，“十三五”规划肯定了“十二五”规划的成果，在“十二五”时期我国老龄事业和养老体系建设取得长足发展。如表1-1所示，各项指标除个别未完成，都达到或超过预期目标，完成率是比较符合预期的。11项主要指标涵盖面广，包括基本养老、基本医疗的社会保险、退休人员福利、农村老人生活保障、养老服务、老年人文体事业，以及老年人权益保障等。表中反映了我国社会养老保险体系规模庞大、基本覆盖了城乡居民人口，基本实现了“老有所养”的初步目标；城乡居民基本医疗保险基本覆盖我国人口，社会老年医疗保障水平不断提高，“老有所医”得到有效落实；社会救助、养老服务、教育都得到稳步保障，各方面关注老年人权益。若从老年人作为社会群体一部分的视角出发，将老年人权益分为公民普遍权益和老年人特殊权益。上述主要指标基本覆盖了老年人权益的内容，较为全面地保护了老年人权益与满足了老年人需要。

---

① 吴玉韶、党俊武：《中国老龄事业发展报告（2013）》，社会科学文献出版社2013年版，第2页。

表 1-1 “十二五”期间老龄事业发展和养老体系建设主要指标完成情况

主要指标	完成情况	预期目标	完成率（%）
城镇职工基本养老保险参保人数（亿人）	3.54	3.57	99
城乡居民基本养老保险参保人数（亿人）	5.05	4.5	112
企业退休人员社会化管理比例（%）	81.1	80	101
离退休人员养老金待遇年均增长率（%）	10.7	7	152
农村五保供养平均标准年均增长率（%）	15.3	7	219
城乡居民基本医疗保险参保人数（亿人）	13.3	13.2	101
每千名老年人拥有养老床位数（张）	30.3	30	101
基层老年法律援助覆盖面（%）	98	75	131
老年协会城乡社区创建率（%）	81.9	87.5	94
老年教育参与率（%）	3.5	5	70
老年志愿者占比（%）	10	10	100

除了各时期的老龄事业规划，中国老龄产业也在快速发展，各类老龄产业组织不断涌现。据测算，中国老龄产业产值将在 2050 年突破 100 万亿元，占届时 GDP 的三分之一以上，居全球之冠，是未来待开发的新经济，也是未来中国乃至世界经济持续发展的稳定驱动力之一①。按照目前的趋势，我国未来很有可能成长为全球老龄产业市场潜力最大的国家。应当明确，老龄产业是正在快速成长的新型综合性产业，也是老龄社会条件下的基础性产业、支柱性产业和战略性产业，其存在和发展都对社会的稳定、和谐和发展有重要意义。因此，如何发展老龄产业成为当前社会关注的一大重点。老龄产业是“由民间部门根据市场经济原理，以老年人为对象提供服务和商品的产业”。② 换言之，老龄产业大部分是企业运作的，市场是其影响的主要因素。“养老地产”“老龄金融”“互联网+养老”“旅居康养服务”这些新名词，都是各类老龄产业组织的新力量。单业态产业模式不再是老龄产业的发展趋向，混业运营才是现代产业发展的新动态，例如“养老地产”“老龄金融”与“老龄服务”三者结合发展。智能信息技术也投身于老龄产业，利用互联网搭建老龄服务信息平台等。2016 年 5 月 27 日，中共中央政

① 党俊武：《新时代中国老龄产业发展的形势预判与走向前瞻》，载《老龄科学研究》2018 年第 11 期。

② 田香兰：《日本老龄产业制度安排及产业发展动向》，载《日本问题研究》2015 年第 6 期。

治局就我国人口老龄化的形势和对策举行第三十二次集体学习，习近平总书记在主持学习时强调，坚持党委领导、政府主导、社会参与、全民行动相结合，坚持应对人口老龄化和促进经济社会发展相结合，坚持满足老年人需求和解决人口老龄化问题相结合，努力挖掘人口老龄化给国家发展带来的活力和机遇，努力满足老年人日益增长的物质文化需求，推动老龄事业全面协调可持续发展。党和政府的高度重视和政策支持，必将推动我国老龄事业、产业的巨大发展。[①] 由此可见，在社会经济发展与人口结构转变形势下，老龄产业发展的重要性。

我国老龄产业仍处于从萌芽到成型的过渡阶段，政府鼓励社会力量逐步成为发展养老服务业的主体。我国《关于鼓励和引导民间资本进入养老服务领域的实施意见》《关于鼓励民间资本参与养老服务业发展的实施意见》《关于全面放开养老服务市场提升养老服务质量的若干意见》等相关政策陆续出台，结合互联网的发展，又出台了《智慧健康养老产业发展行动计划（2017－2020）》。这些文件的出台，不仅引领国内外各类市场主体积极参与，而且推动形成改革开放过程中的新一轮投资热潮。[②] 老龄产业的发展遵循了市场规则，在强力发展老龄事业的基础上，为老年人更高层次的需要以及发展提供了更多的选择，并赋予了活力，在保障老年人权益方面提供了更多的可能。但是政府的监管必须跟进，同时党和政府应当大力发展财政投入的普惠性养老机构和设施，而不是将普惠性养老投入转嫁给市场，市场应该提供的是优质、高端的可选择养老机构和设施。

（二）老年人权益保障的法律体系现状

在我国，以《老年人权益保障法》为主体的老年人权益保障法律体系基本构成。全国共有 21 个省份完成了相关法规的修订，9 个省份制定了养老服务条例。[③]

在立法方面，我国针对老年人权益保障的立法不多，从效力等级来看主要有以下三个层级：首先是《宪法》中有关老年人权益保障的规定[④]；以及 1996 年 8

---

① 张孔娟：《创新探索老龄事业和产业双动力模式》（2016 年 12 月 2 日），http：//www.p5w.net/news/cjxw/201612/t20161202_1652712.htm，2019 年 12 月 12 日访问。

② 党俊武：《新时代中国老龄产业发展的形势预判与走向前瞻》，载《老龄科学研究》2018 年第 11 期。

③ 全国老龄工作委员会办公室编：《人口老龄化国情教育知识读本》，华龄出版社 2018 年版，第 49 页。

④ 《宪法》第四十五条第一款规定："中华人民共和国公民在年老、疾病或者丧失劳动能力的情况下，有从国家和社会获得物质帮助的权利。"第四十九条第三款规定："父母有抚养教育未成年子女的义务，成年子女有赡养扶助父母的义务。"该条第四款规定："禁止破坏婚姻自由，禁止虐待老人、妇女和儿童。"

月29日通过的《老年人权益保障法》，该法于2018年12月29日进行了第四次修正，对比1996年版本，已有显著的变化。在总体方面，1996年该法包括附则在内只有六章，到2018年修正版已增加至九章，分别增加了社会服务、社会优待以及宜居环境三章。法条数量也由50条增加至85条。在具体内容方面，除去新增加的三章内容，总则修改部分的内容尤为亮眼。将“积极应对人口老龄化是国家的一项长期战略任务”列入该法之中，肯定老年人有参与社会发展和共享发展成果的权利；提出国家应建立多层次的社会保障体系目标，逐步实现提高老年人的保障水平的设想；建立和完善我国社会养老服务体系——以家庭为基础、社区为依托、机构为支撑。支持养老服务，打破传统以家庭作为养老唯一选择的观念；计划性地发展老龄事业，支持老龄化国情教育，支持老龄科学研究事业；等等。

2018年进一步深化养老服务“放管服”改革，推进养老服务发展。即全面取消养老机构设立许可，对养老机构登记备案、加强事中事后监管以及相关政策衔接等问题作出具体规定。在当前社会背景下，最重要的是对老年人权益保障的思路转变——将保护老年人权益不受侵犯的主体从家庭成员扩大到政府和全社会，这能为老年人的生活、权利保障起到更大的作用，实现社会化和家庭化相结合的养老保障体系，是我国养老事业的发展方向。

其次是地方性老年人权益保障法规和规章方面。基于《老年人权益保障法》的修正，我国已有2/3的省份完成了《老年人权益保障条例》的修订工作。例如《广东省老年人权益保障条例》，共有9章62条，比对《老年人权益保障法》的内容设置章节，条例内容细化了社会保障、社会服务、社会优待等方面，明确了县级以上人民政府等相关部门的工作责任以及分工内容。可见我国老年人权益保障的地方性立法在不断进步，是保障地区性的老年人权益的积极因素。

最后是其他法律、行政法规中涉及老年人权益保障的相关规定，比如民法、刑法等都对维护老年人合法权益作出了相应规定和要求。除了法律的规定，近年来我国还制定出台了一系列关于保障老年人权益的法规政策，如《关于建立统一的企业职工基本养老保险制度的决定》《关于加快实现社会福利社会化的意见》。各职能部门也先后颁布了《关于加快养老金社会化发放工作的通知》《赡养协议公证细则》《老年人社会福利机构基本规范》《关于对老年服务机构有关税收政策问题的通知》等规章和政策性文件。

在司法和执法方面，《关于进一步加强老年法律维权工作的意见》中明确了公检法的主要任务分工，以及各级民政部门、各级司法行政机关和各级老龄工作机构的各方面协助工作。老年人或因为生理机能的衰退，或由于教育水平不高而权利意识缺乏等原因，难以维护自身权益。所以审判机关为保障老年人权益，开通绿色通道。在诉讼各阶段提供便捷高效的服务，并对常见的婚姻、赡养等法律问题进行教育引导。倡导有条件的中、基层人民法院设立“老年维权合议庭”，加大调解力度，在司法裁判中依法重点保护老年人合法权益。对此，各级司法机关配套加强法律援助工作，发展了各级老年人法律援助中心，且对经济困难但不符合法律援助条件的老年人减免收费。近年来，针对老年人实施的电信网络诈骗和非法集资等经济犯罪频发。由于子女长年在外以及工作繁忙等因素，犯罪分子利用老年人判断力下降等生理、智力因素和担忧子女的心理，骗取财物。更有甚者，利用老年人迫切追求健康长寿或自身发展的心理，骗其投资健康或理财，甚至对老年人的房屋采取外衣合法实质损害权益的抵押、转移等手段。公安机关严厉打击此类犯罪，整治侵害城乡老年人权益的违法犯罪活动。

二、我国老年人权益的保障困境

（一）我国老龄事业和老龄产业的发展困顿

我国区域老龄事业发展处于不均衡局面。从第一个关于老龄工作的规划发布至今，中国老龄事业发展取得长足进步。2004 年至 2016 年老龄事业整体发展指数由 0.1244 增长至 0.2788，增幅达 124.12%[①]。全国以简单的地理地区划分为东部、西部、中部及东北地区，东部地区老龄事业发展一直处于首位，西部地区因政策后来居上，中部及东北地区发展滞后。区域内部省际间也存在差异，如东部“两极化”严重，山东、河北、广东与北京、上海、浙江对比，老龄事业发展水平较低，财政投入不足。老龄事业发展不平衡是多元化影响的结果。老龄事业作为一项综合性的社会建设和公共服务工程，其建设与发展离不开经济环境的有效支撑[②]。拥有充裕物质基础的区域，是老龄事业源源不断的基础推动，为老年人物质生活、医疗健康和社会参与提供更为丰富的资源，东部老龄事业发展优于其他区域的发展印证了这一因素。至于区域内部会产生差异性多数是因为地方政策的影响。老龄事业是由政府实施的社会管理行为，主要手段是政策指导、土

---

① 曾通刚、赵媛：《中国老龄事业发展水平时空演化及其与经济发展水平的空间匹配》，载《地理研究》2019 年第 6 期。

② 范中原、王松岭：《我国各省市老龄事业发展现状的比较研究》，载《当代经济管理》2012 年第 11 期。

地资金投入。西部地区的后来居上与“西部大开发”国家政策密切相关，重点支持西部地区财政投入且给予发展的优惠政策，在一定程度上缓解了西部地区基层基础薄弱的病症。除了经济发展水平、政府政策引导两大主要因素以外，产业结构升级、市场经济发展程度以及家庭养老观念的转变都会影响区域老龄事业的发展。

我国老龄工作体制机制不健全，基层基础薄弱。边界不清晰一直是老龄化多元治理的难点，政府职责不清晰①。中国老龄协会（以下简称“老龄会”）于1995年成立，全国老龄工作委员会办公室（以下简称“老龄办”）于4年后成立，两者于2005年开始合署办公。老龄办负责国内老龄具体事务，如：办理已定事项、研究和拟定老龄工作的规划、督促检查、联系协调各成员单位工作、开展调查研究等；老龄会在国际上开展老龄事务的国际交流与合作，如：调查研究我国老龄事业发展的方针、政策、规划等重大问题和老龄工作中的问题并提出建议、开展信息交流、咨询服务等与老龄问题有关的社会活动、参与有关国际活动等。但实际上，老龄办的日常工作是由民政部代管的老龄会承担，前者的下属机构包括各地方老龄办及中国老年服务网。从老龄办与老龄会被赋予的职能看，二者是全国老龄工作的统筹部门，而实际上老龄办的具体工作是无相关法规直接授权的。且各地方老龄办并没有统一的机构级别，这就导致我国老龄化治理体系的完备性和治理能力均呈现“逐层递减”的趋势②。杂乱无章的老龄工作体制不能使老龄工作发挥最大的有效性和落到实处，老龄工作内容庞大复杂，医疗与养老是老龄工作的重点，“医养融合”工作正在推进。老龄工作体制机制面临着诸多困境，如我国医疗和养老分别由不同部门管理，且不同身份的老年人也有不同的部门负责，如农村及大部分老年人归民政部门管理，一般企业退休人员归劳动与社会保障部门管理，公务员及一部分企事业单位的老年人归组织部门管理，还有一部分离退休军人归军队管理，等等。老龄工作体制机制不健全，顶层设计不能与基层相匹配，降低了老龄工作的完整性，出现管理真空地带。

2018年我国政府机构改革，新组建的国家卫生健康委员会设立老龄健康司承担老龄办日常工作，老龄会亦由其代管。可见在国家层面，我国老龄工作部门的规格不断提高，重要性日益凸显。国家卫生健康委员会负责拟订应对人口老龄

---

① 甄炳亮：《养老服务供给侧改革方向和重点》，载《中国社会报》2016年9月12日。

② 杜鹏、王永梅：《改革开放40年我国老龄化的社会治理——成就、问题与现代化路径》，载《北京行政学院学报》2018年第6期。

化、医养结合政策措施，综合协调、督促指导、组织推进老龄事业发展，承担老年疾病防治、老年人医疗照护、老年人心理健康与关怀服务等老年健康工作。民政部负责统筹推进、督促指导、监督管理养老服务工作，拟订养老服务体系建设规划、法规、政策、标准并组织实施，承担老年人福利和特殊困难老年人的救助工作。老龄工作至此打开新局面，至于协调多元治理主体的共治能力，提高老龄工作的可操作性，加强基层老龄工作，以及形成老龄化治理现代化的国家布局，则需要时间一步一步地完善。

与老龄事业一样，老龄产业也存在不合理的产业布局以及市场供需失衡的不足。一方面，区域经济的发展程度限制了老龄产业的发展，东部地区的老龄产业比中西部地区起步早，所以东部地区的老龄产业较为发达。但在区域内部，城乡的老龄产业依旧存在较大差距，由于农村老年人收入、基础设施的差距以及传统的养老观念，制约了农村老年人生活质量的提升，结合老龄产业自身特点（回报周期长，具有一定的公益性），其在农村发展有着很大的阻力，需要财政投入建设普惠性养老机构和设施。另一方面，老龄产业涉及的产业也存在产业发展不均衡的问题。如因老年人或其家人对老年人身体健康的追求，保健品以及老年体育设施在老年人群中占较大的市场份额，但专门为老年人开发的高科技含量产品和关注老年人精神生活的服务产业发展缓慢，老年人更倾向于消费上门的家政服务。2014-2050 年，中国老年人口的消费规模将从 4 万亿元增长到 106 万亿元左右，占 GDP 的比例将增长至 33%①，中国成为全球老龄产业市场潜力最大的国家。我国的老龄产业市场潜力巨大，但老龄产业发展滞后，不能充分提供有效的需求反馈。截至 2018 年年底，广州市户籍老年人口数 169.27 万人，占户籍人口的 18.25%。2018 年广州市共有养老机构床位 65403 张，公办养老机构床位 19966 张，民办养老机构床位 45437 张②。广州市养老床位数仅占广州市老年总人口的 3.9%，这远远不能满足老年人的养老需求。除此之外，老龄产业的专业人员也存在较大的缺口，吸引具备专业技能的年轻医护人员加入老龄产业，是振兴老龄产业的人才储备需求。

老龄产业市场环境仍不成熟，产业机制未有效建立。老龄产业是涵盖面非常

① 全国老龄工作委员会：《中国老龄产业发展报告（2014）》，社会科学文献出版社 2014 年版，第 33 页。

② 广州日报：《〈2018 年广州老龄事业发展报告和老年人口数据手册〉发布》（2019 年 10 月 18 日），http：//www.gd.xinhuanet.com/newscenter/2019-10/18/c_1125119462.htm，2019 年 12 月 27 日访问。

广的产业，几乎涉及与人类有关的所有产业，因此，老龄产业的发展问题并不简单，需要政府、社会、市场多方面的积极投入①。老龄产业具有一定的公益性，投资回报需要一定的时间，再加上目前的市场环境，投资者将大量资金投入老龄产业领域中，作为追求利益的商人目光会瞄准使其利益最大化的高端老龄产业，而能担负起消费的群体更多的是生活富裕的老年人，但这些老年人数量是有限的。当投资者资金不能形成有效循环的状态，会存在巨大的投资失败风险。以上让许多期盼获得盈利的投资者望而却步，所以民间资本投身于老龄产业领域的积极性一直不高。政府职能不仅是提供基础的老年人权益保障，也应通过政策引导改善老龄产业市场环境，保障稳定的资金流动于老龄产业领域。国务院办公厅于2019年4月发布了《关于推进养老服务发展的意见》，从6个方面提出了28条具体政策措施。其中提出了减轻养老服务税费负担、推动解决养老服务机构融资问题，在一定程度上为老龄产业环境建设拓宽了市场资金的流入渠道。但是国家应该重点鼓励普惠性养老机构建设，满足更多的老年人进入合适的养老机构养老的需求。由于市场机制不完整，相关的法律法规未明确实施细则，监督力度弱，给予了老年保健品市场乱象乘虚而入的机会，从而打击了消费者对整个行业的信心。当下的老年人需求市场庞大，需建立有效的市场机制，改善老龄产业市场无序杂乱的情况。在政策引导，市场良性竞争下，满足老年人权益的保障需求，是老龄产业未来发展的导向。

（二）法律保障体系中存在的不足

目前，我国已经建立了以《老年人权益保障法》为主导的老年人权益保障的法律框架，然而随着老年人口比例的不断增加，且增速之快，老年人合法权益受到侵害的现象变得愈加突出和复杂，这意味着老年人权益法律保障体系将面临诸多的挑战，其不足之处也日益显现。

综观老年人权益法律保障体系，存在体系性缺乏、部分权益保障规范疏漏、法规间的联系性较弱以及整体性考量不足等问题。在保障老年人权益方面，我国《宪法》《民法典》《刑法》以及其他法律规章等都有涉及，但由于立法时间、背景以及立法侧重点等的差异，老年人权益保障法律规定出现分散性、体系性不足的问题。基于此，导致法律条文之间的联系性较弱，部分规范缺失，在实践层面不利于操作。在面临日益复杂的涉老维权问题，例如老年人居住、赡养、再婚、

① 刘禹君：《中国老龄产业市场化发展研究》，吉林大学2017年博士学位论文，第125页。

就医等困扰老年人的几大难题时，司法机关在处理案件时需多方面考量，但由于体系性缺乏，宏观层面的判断将难以平衡。地方性的老年人权益保障条例缺乏根据地方经济社会发展情况设置地方特色、具有更可操作的内容。不可否认，地方性老年人权益保障法规推动了区域性实践法律工作，但许多地方的条例只是对《老年人权益保障法》的简单重复，“鼓励、支持”等措辞也比较多，或者是稍加实施细节，并不能发挥地方立法本身应起的作用，甚至是一种立法和相关资源的浪费。分析各个地方条例的总则，并没有将老年人权益保障与本地区的相关实际情况充分结合，无法在老年人医养体制和其他方面发挥真正的地方立法作用。这就导致了老年人权益法律保障体系中实践性的不足，从而影响了体系性。

回归老年人权益保障体系的本身，直接涉及老年人权益保障的法律偏少。目前只有《老年人权益保障法》，该法对老年人权益保障采取统一立法模式，优点在于系统集中保障老年人权益，但也存在可操作性和针对性不足的问题。一是在《老年人权益保障法》所规定的措施中有许多不确定的词语，比如“鼓励”“支持”等。这类措辞在法律的实施过程中难以形成明确的指引。作为一项具体的法律制度，应当用明确的规定确定老年人享有的权利、权利内容、维护权利的方式等。二是法律的规定落后于现实需求。《老年人权益保障法》第十三条规定，“老年人养老以居家为基础”。基于我国几千年的孝道文化，家庭成员照料老年人的义务是必然存在的，但经济社会不断在发展，我国人口出生率大幅下降，家庭结构已经较过去有了重大变化。人口流动和向大城市集中的情况也改变了传统家庭的结构。过去，家庭几代人口同住，年青一代可以为老年一代提供照料，从整个社会来看，对老年人的保障主要是靠家庭提供。然而，在现代社会仍然依靠家庭为老年人提供保障，效果未必好。现代社会工作强度和压力都比较大；工作机会又往往集中在各大城市，年轻人和老年人面临着长期两地分居的状况；房价等生活成本高企，年轻人很难为家庭中的老年人提供保障，以家庭为主的养老保障难以普遍持续。因此，在当前情况下，制定合理的政策，因应时代的背景，用社会化养老化解以家庭为主养老模式的短板，对构建社会的和谐稳定和保障老年人的权益具有重要意义。三是精神赡养方面仍然不足。家庭赡养不仅仅是经济上的赡养以及生活上的照料，还应关注老年人的精神生活方面。即使现今中国依旧重点在物质上解决老年人的生活需要，但未来的趋势始终会转向逐步保障老年人的精神需求。2012 年修订的《老年人权益保障法》增加了“与老年人分开居住的家庭成员，应当经常看望或者问候老年人”条款，表明了此属于强制性规范，但对于违反该条款的行为惩戒，还没有明确的处理条文。

经过四次修正的《老年人权益保障法》基于我国经济社会生活的迅猛变化及严峻的老龄化社会情况作出了相应的调整。对比 1996 年版本，将社会服务、社会优待、宜居环境从社会保障中脱离，单独成章。老年人权益保障涉及众多方面，例如养老保险、社会救助、社会福利等，在目前的《老年人权益保障法》中都有条文内容。但对于老年人保障法律体系而言，这些条文是不能匹配当前社会需要的。如果仅笼统地依靠《老年人权益保障法》，实践性、可操作性严重缺乏。相关的配套单行法律法规和实施细则在此体系中十分薄弱，法律规范层级偏低，“部门化”现象突出，稳定性欠缺。这也是导致我国老年法长期处于尴尬地位的原因之一。老年人参与社会发展、社会福利、社会救助等具有很强的实践价值的配套单行法律法规，可谓是整个老年人权益保障法律体系的支撑力量。

第三节　境外老年人权益保障模式分析与借鉴

一、境外老年人权益保障概况

（一）立法模式方面

世界各国和地区老年人权益保障改革历程中，最明显的特征是立法先行，立法是改革实施的保护伞，同时立法也在改革中不断完善和修正。从他们的立法实践中归纳，发现老年人权益保障法律体系主要存在以下两种情况：第一种是专门式或独立式的老年人权益保障立法模式，采用此种模式的有美国、日本、韩国、新加坡、澳大利亚等国家，这些发达国家在 20 世纪中旬陆续出台专门的老年法。第二种是分散式老年人权益保障立法模式，与第一种专门式正好相反。分散式没有专门针对老年人权益保障的立法，其权益保障条款内容散见于其他相关法律之中，例如养老保险涵盖了老年保险、医疗保险涵盖了老年疾病保险。在这种模式下的老年人权益保障从属于社会保障及福利制度之中，绝大多数国家都采用此模式。

采用分散式老年人权益保障立法模式的国家，普遍将老年人群定位于社会的一个群体，老年时期是人类生命旅程中的一个必经阶段。此定位也影响了他们决策老年人权益保障相关规定的从属对象，是从属于社会整体福利的组成部分。老年时期享有的物质、健康、社会参与的权利规定在年金制度、健康保险制度、雇佣保险制度等社会保障之中。虽然此种模式是多数国家的选择，但其缺点比较明显。一是没有考虑老年人的特殊需要，忽略了老年人参与社会发展的权利；二是缺乏具体的执行程序，相关配套法律的执行力不强；三是分散的立法对于老年人权益的保障力度，相对处于不足的弱势。

分散式立法模式的缺点恰好是专门式的优点。该模式基于老年人群体的特殊需要，明确了老年人应享受的特殊权利，具体表现为老年人权益保护法、老年人福利法、老年人保健法等老年人专门法律的出台。与分散式立法模式相比，在世界范围内采用专门式老年人权益保障立法模式并不是主流。结合我国国情及传统文化，我国老年人立法也采用了这种专门式立法模式。在前述我国老年法的不足时，也指出了缺乏实践性、可操作性这一问题。1996 年我国《老年人权益保障法》出台时，由于东西部地区差别大、城乡差别大，因此对许多问题作了原则性的规定，可操作性的缺失是不可避免的。[①] 可是不能以偏概全，将我国老年法缺乏可操作性的不足扩大至专门式立法保障模式中，否认其法律系统性强便于适用的特点。此外，专门的老年人权益保障立法模式具有权利义务关系明确、法律责任清楚等特点。但在整体结构上，若一国的立法机关缺乏系统的立法规划以及传承性缺失，也会产生专门式的结构松散、法律间协调性差，以及重复立法、条文抽象等缺点。

（二）产业政策与政府职能方面

在国际上，主要的西方国家早已迈入老龄化社会。除了在根本的立法方面保障老年人权益，西方各国也根据自身经济发展状况以及市场化程度，选择相应的老龄事业与老龄产业运作方式。如前述所言，老龄事业与老龄产业的服务对象是基本一致的，只是依靠对象不同，一个主要依靠政府，另一个则主要依靠市场。老龄事业服务于全体国民，在物质、健康、文化以及教育等方面提供具有公益性质的政府行为，其由政府主导是毋庸置疑的。老龄产业在性质上是依靠市场经营活动的。从经济学视角，老龄产业目前的经营模式有三种：政府包办模式、纯粹市场模式以及政府主导的市场发展模式[②]。除了丹麦、挪威等人口少的北欧国家

---

① 张同春：《让维权盾牌更坚实》，载《中国老年报》2005 年 3 月 3 日。

② 刘禹君：《中国老龄产业市场化发展研究》，吉林大学 2017 年博士学位论文，第 45 页。

适合完全由政府决定老龄产业发展的模式以外，人口数量多、地理文化差异大、物质基础薄弱的国家采用政府包办模式，会因供需不足产生较大的社会风险。但如果将老龄产业市场纯粹化，任由“无形的手”实现资源的有效配置是危险的。资源的有效配置不是不可能，但要在完全竞争的市场之中才能实现。基于中国国有资产和财政收入等基本情况，应由财政投入建设普惠性养老机构覆盖基本需求才是主要方向。中国的老龄产业市场之庞大，需求十分旺盛，效益非常可观，但是这应当针对高端追求的养老人群，而不是普通老年人，否则会影响普通老年人的养老保障。西方资本主义国家在其历史实践中检验了纯粹的市场模式存在许多风险。目前老龄产业的主流发展模式是政府主导的市场发展模式，多数国家肯定了老龄产业的发展离不开政府与市场的互相配合。

随着老龄产业成熟化的提高，一些西方国家将许多产业运作模式逐渐放入老龄事业的体系中。事业运作模式与产业运作模式并存的养老方式，被称为“双业并存”，实际上是一种从政府角度出发的运作方式。[①] 老龄产业的市场化运行功能与作用在老龄事业的基础上充分发挥。无论是老龄事业还是老龄产业，都离不开政府因素的参与。特别在老龄产业方面，如何有效发挥政府作用，同时不过多干预市场化的行为，成为发达国家应对老年人权益保障的重点关注方向。发达国家因国情不同，老龄产业发展阶段的政府职能转变也存在区别。有些国家的政府职能从以前的直接供给养老服务，转向了养老政策的制定和对老龄产业的引导、监管、评估，以及对养老服务的购买，到现在的进一步提升老龄产业的市场化程度，并鼓励和引导养老模式的创新。这些国家在政府职能转变方面非常明显，作出的政策引导随着市场变化而完善。日本在其老龄产业发展上却有着不同的特点。从20世纪70年代萌芽，80年代大力扶植，90年代大企业进入养老市场的开发与经营，到2000年后开始扩张。日本的老龄产业迅速发展，政府职能的发挥有着强有力的作用。与一些国家的老龄产业中政府职能的多次转折不同，从“二战”后至今，日本的老龄产业发展方向与政府职能特征始终沿着同一个方向演进——推动养老的产业化和市场化[②]。当日本意识到国内的养老问题时，政府通过立法、供给、监督三项职能并举发展老龄产业。日本深受儒家文化的影响，家庭养老观念也十分巩固。但是日本以私有制为基础的国情与我国以公有制为基础的国情，在建设老龄化事业的模式上是不同的，普惠性的养老机构及设施应由

① 刘禹君：《中国老龄产业市场化发展研究》，吉林大学2017年博士学位论文，第67页。
② 杨振轩：《老龄产业发展与政府职能界定》，中南财经政法大学2018年博士学位论文，第142页。

中央和地方共同负担，高端化的私有养老机构才是老龄产业化和市场化的方向。

二、境外老年人权益保障措施的探讨

各国和地区的老年人权益保障制度基本上以物质经济、身体健康、社会参与三个方面为基础，构建相应的体制机制。与我国立法模式相近的美国、日本、韩国三个国家的老年人权益保障内容，对构建我国老年人权益保障具体措施，有可借鉴的方面。美国是西方发达国家典型代表，而日本、韩国与我国都深受孝道文化思想影响，传统养老方式相同。日本是目前世界上人口老龄化程度较为严重的国家之一，其对待老年人权益保障的有力措施是值得借鉴研究的。韩国与我国几乎在2000年前面同时进入老龄化社会，且老龄化速度并不亚于我国。韩国统计厅发布数据预测，2067年，韩国65岁以上老龄人口将高达46.5%，老龄化将位居世界第一。同时期解决老龄化问题的韩国，如何解决老年人权益保障问题也是值得探讨的。

（一）物质生活保障

各个国家在面对国内的人口老龄化问题时，不约而同地将“老有所养”放在解决问题的首位。养老最基本的就是维持老年人的基本物质生活条件。“对于老年人来说，关于老龄问题的任何其他问题都不如保障、维持收入方面的问题更重要。”[①] 换言之，保障、维持老年人的收入就是维持老年人的生活保障，生活保障的基础是经济、物质生活条件基本得到保证。当基础的物质生活条件都得不到保证时，更难以满足老年人在生活质量、医疗健康以及社会参与等方面的需要。

即使各国的文化传统和法律都不同，但各国经过实践达成共识，都认为仅依靠家庭式养老不能维持老年人的物质生活保障。家庭养老保障需慢慢转变为社会养老保障，政府应介入老年人生活保障领域，通过立法建立强制性的养老保险制度。对于老年人物质生活保障的法律规定，绝大多数国家都将其规定在社会养老保险制度之中。养老保险法是政府介入老年人物质生活保障的手段。养老保险又称老年保险，是指国家通过立法强制建立养老保险基金，劳动者达到法定退休年龄并退出劳动岗位时，可以从养老保险基金中领取养老金，以保证其基本生活的

① 1982年维也纳老龄问题世界大会内容。

一种社会保险制度。①

美国大约在20世纪40年代进入老龄化社会，其老龄化发展相对缓慢。没有明确的退休年龄界定要求，年龄只是领取退休金的资格之一。1935年，美国颁布的《社会保障法》设立了老年保险制度，该制度初期就包括了美国全国范围内大多数雇员，法案还设立了老年援助项目，对不符合资格或参与了老年保险制度但仍需帮助的老年人，联邦政府与州政府会支付有关的照护方面的开销。经过发展，起初的老年保险制度现已增加了遗属抚恤、残疾人福利的内容（Old Age, Survivors and Disability Insurance, OASDI）。现在，美国实行多层次的养老保险制度，主要为基本养老保险制度、企业补充养老保险制度和个人储蓄养老保险制度。三个制度构成了美国养老保险“三支柱”模式，每个模式的筹资计划都根据制度的特点而设立。经过不断推动，美国养老体系拥有相对完善的法律体系。“三支柱”模式中，目前在美国作用最大的并不是基本养老保险，而是后两者。在养老保障体系下生活的美国老年人，具有一定的消费能力，并在多种养老金融的支持下，消费能力有了进一步的提升。由此为美国老龄产业的繁荣提供了有力条件。1965年出台的《美国老年人法》（Old Americans Act, OAA）为60岁以上的美国老年人提供支持服务、综合营养服务、家庭提供的营养服务、家庭照顾者支持、社区服务就业，长期护理监察员计划以及旨在防止虐待、忽视和剥削老年人的服务。除美国老年人的社区服务就业由劳工部就业和培训管理局管理外，所有计划均由老龄管理局管理②。美国强调国民自立，不重视家庭养老方式。这种观念使美国老年人养老更多依靠个人或社会养老体系，加上政府大力购买养老服务、税收优惠、政策补贴以及近年来对政府举办的服务机构“去机构化”，使得私人营利机构及非营利机构成为整个老龄服务体系的运行主体。在相对完善的老年保险制度及老龄产业繁荣发展趋势下，美国老年人的物质生活得到有效的保障。

日本是当前人口老龄化最突出的国家之一，也是世界上最长寿的国家。“二战”结束后，日本进入了战后经济恢复期。20世纪50年代至60年代，日本由战后经济恢复期迈入了经济高速成长期，社会福利改革同步进行。日本为了保证

---

① 林嘉：《社会保障法的理念、实践与创新》，中国人民大学出版社2002年版，第155页。

② Kirsten J. Colello, Angela Napili: Older Americans Act: Background and Overview, *Congressional Research Service*, 2015, *page*1.（柯尔斯顿·克莱罗、安吉拉·纳皮里：《美国老年人法案：背景与概论》，美国国会研究服务部2015年版，第1页。）

国民养老，实行养老金多元化。1959年诞生的《国民年金法》要求20岁至60岁的国民参加国民年金体系，由国家、行业、个人共同承担养老金。但对于一些特殊对象，如无收入老人、单亲家庭、残疾者等福利年金费用则全部由国家负担。国民年金制度是日本最基础的养老金制度。如果说国民年金在日本养老保险制度中占主要地位，那么，厚生年金和共济年金则是养老金制度的另一种补充形式。[①] 厚生年金与共济年金都是雇员年金，只是保险对象不同。前者面向五人以上的企业单位的正式雇员，后者涵盖的是来自共济组合中的公务员、私立学校教职员和农林渔业团体职员等。经过制度改革，日本最终建立了“国民皆保险，国民皆年金”的养老框架组合。可这份国家福利也随着新的社会问题的产生开始改变。日本也是深受儒家文化影响的国家，重视家庭养老，但随着经济发展，日本家庭形式日趋“小家庭”化，少子化问题也日益严重，加之老龄人口多。1963年颁布的《老年人福利法》强调“政府责任”，只依赖于政府财政支出的社会保障和社会福利将不足以维持老年人的物质生活需要。日本在1970年后开始调整产业结构，同时提高社会的福利水平，提供免费医疗，改革养老金制度等，提高了社会对养老的有效需求。随后提出要激发民间力量，发展老龄产业满足老年人的养老需求。

韩国与我国几乎同时迈入老龄化社会，是世界上老龄化速度最快的国家，也与我国有着相似的文化渊源。与美日两国不同，韩国国民年金制度实施得较晚。1973年制定的《国民福利年金法》于1988年才予以实施。在基本框架方面，与美日两国不同的是韩国养老金模式是“四支柱”模式，增加了无须缴费的基础年金，以此解决未能足额缴纳保费直至最低年限的参保人、没有劳动收入的人、家庭主妇、临时工等未加入国民年金的人和国民年金待遇过低的老年人贫困问题，此项模式为“零支柱”[②]。在正式实施国民年金制度前，韩国政府先后颁布了《政府公务员年金法》《军人年金法》《私立学校教师年金法》，统称为特殊职业年金，与国民年金分开运营，具有不同的标准。国民年金面向的对象是普通单位职工、农渔民、非正规就业人员及个体劳动者。其缴费有所属单位的由单位和

① 李青：《日本养老制度发展历程：从“国家福利”到“社会福利”》，载《行政管理改革》2019年第7期。

② 1994年10月，世界银行在“防止老龄危机——保护老年人及促进增长的政策”报告中提出养老金“三支柱”模式，并于2005年在“21世纪的老年收入保障——养老金制度改革国际比较”报告中提出“五支柱”改革思想，在原三支柱基础上，增加了零支柱和第四支柱。“五支柱模式”是养老保障制度改革的重要方向。

个人各承担一半；私营及其他居民独立承担保费，政府对某些人群会提供一定比例的资助。国民年金与特殊职业年金为韩国养老金模式的第一支柱，保障了韩国职工养老基本收入。除此之外，韩国政府要求韩国企业必须为职工建立退休金或退休年金。发展至今，韩国设立了个人退休年金，以衔接个人历次离职领取的退休金，个体经营者也可以参加。此为韩国养老金模式的第二支柱。第三支柱是1994年建立的个人商业养老保险。未能加入企业年金的劳动者可以自愿购买商业养老保险，主要有“年金保险”与“年金储蓄保险”。通过两者不同的税收标准，激励个人商业养老保险的发展，满足群体差异性的养老保障需求。具体而言，政府提供基础年金、国民年金、特殊职业年金等社会保险保障老年人的基本收入；强制性退休金制度为私人部门职工提供稳定的补充养老金；多样化的商业养老保险为老年人维持既有生活水平提供更多的选择①。

（二）健康保障

人经历青壮年时期后，各项生理机能开始下降，逐渐失去劳动能力。疾病会使劳动能力暂时或长久地丧失，所以健康往往与贫穷相联系。若家里有一位生病的老人，生活成本会较其他家庭重，重病对一个普通家庭来说可能是沉重的打击。若是高龄空巢失能老人，仅仅是基本的生活补贴是不能解决其生活问题的，此时健康照护是急需的。当老年人的物质生活条件得到基本保障后，健康便成为老年人最渴望的生理需求。老年人权益保障除了满足基本物质保障，对于健康方面的权益也应重视。老年人健康保障重点体现在老年人医疗保险、老年人保健康复和长期护理制度上。大部分国家会将老年人医疗保险纳入基本医疗保险制度之中，但也有国家为老年人制定了专门的老年人保健法、护理保险法等法律。为解决老年人健康权益的问题，各国陆续改革本国的医疗保障制度。

美国的医疗保险主体是商业医疗保险，并没有全民性质的基本医疗保险。美国政府企图在1935年通过《社会保障法》将医疗保险纳入，但由于经济危机以及相关的政治、社会因素，医疗保险相对于那个时期亟待解决的养老保险和失业保险显得并不重要，所以将医疗保险排除在该法案之外。直至20世纪60年代，美国面临着人口老龄化问题明显加重的社会局面，商业医疗保险重视利益，并不愿意承保具有健康高风险的老年人，导致老年群体医疗保障需求得不到满足。因此，在1965年美国颁布了《社会保障法》修正案，政府公共医疗保险项目《医

① 张慧智、金香丹：《韩国多支柱养老保险体系改革及启示》，载《人口学刊》2017年第2期。

疗保险制度》和《低收入医疗救助制度》应运而生。《医疗保险制度》的保障对象主要是年龄在65岁以上的老年人，住院医疗保险和补充医疗保险是其设立之初的两个组成部分①。前者是强制性要求，后者是自愿参加，依靠各自独立的信托基金进行运营。当参与《医疗保险制度》项目的老年人无力承担该项目的保险费或是不能报销的自费部分时，可以由《低收入医疗救助制度》的计划进行支付。两个项目实施后，几乎所有的美国老年人都可享受医院和医生服务。70年代，一个针对老年人的养老医疗护理模式——老年人全面照护服务开始建立，这是一种倡导社区居家照护的长期照护服务形式。老年人全面照护服务参加者是经所在州认证需要入住护理院，年龄55周岁以上且能在当下安全生活在社区的。老年人全面照护服务内容包括养老和医疗的需求，可归纳为三大类：医疗性服务、康复性服务以及社会支持性服务。老年人全面照护服务模式通过在社区内提供一站式的服务将短期医疗和长期照护结合，即使是高龄失能老人仍然可以长时间地在他们熟悉的环境中生活。② 1992年在重新授权的《老年人法案》中逐渐加入了长期照护的内容，现已形成了较为成熟的照护法律体系。1997年，美国平衡预算法案确立老年人全面照护服务为医疗救助和医疗保险支付范围内的永久性服务项目；2015年，美国国会通过老年人全面照护服务创新法案并被写入法律；到2017年，美国已经有32个州运营122个老年人全面照护服务项目，服务大约38000名老年参与者③。基于充足的营养对身体健康至关重要的理念，《美国老年人法》于1972年被纳入国家营养计划。国家营养计划向各州提供赠款，以帮助支持全国范围内老年人的营养服务。这些服务包括“集体营养计划”和“家庭提供的营养计划”，它们可以在团体环境中提供健康的膳食，例如老年中心和基于信仰的聚集地，以及单独居住的老年人的家中。在提供健康膳食的同时，也提供了老年人参与社会活动、健康保健活动以及志愿活动的机会。

日本在老年人健康保障方面的法律和措施的数量是相当多的，包括《老年人福利法》《老年人保健法》《护理保险法》以及两个黄金计划等④，形成了日本老

① 1988年增加了巨额药物保险（Catastrophic Drug Insurance，CDI）。

② 杨晓娟、丁汉升、杜丽侠：《美国老年人全面照护服务模式及其启示》，载《中国卫生资源》2016年第4期。

③ National PACE Association：*The Value of PACE*（美国老年人全面照护项目协会：全面照护项目的价值），http：//www. npaonline. org/policy-advocacy /value-pace，2016，2019年12月27日访问。

④ 《推进高龄者保健福利十年战略计划》（1989年），在前者基础上修订的《推进高龄者保健福利十年战略计划之检讨》（1994年）。

年人健康保障的法律法规政策。1963 年，世界上第一部专门式老年人立法日本《老年人福利法》颁布实施，该部法律将提高老年人福利是政府责任的内容写入立法中。1973 年再次修改的《老年人福利法》，规定了 70 岁以上的老年人可享受免费的医疗服务，但在实施中导致资源过度浪费，政府财政出现不平衡的问题。综合前述问题以及其他因素，日本政府开始了医疗制度的改革，1982 年制定的《老年人保健法》出台。《国民年金法》《老年人福利法》《老年人保健法》是日本从物质生活、社会福利以及健康等三个方面保障老年人权益的三个支撑点。《老年人保健法》的颁布改革了日本老年人健康保障的三个方面：一是将老年人的医疗和保健从基本的国民健康保险中剥离，形成相对独立的体系①；二是终止了老年人免费医疗服务，规定老年人的医疗费由个人、国家和保险机构共同承担，长期发展保持财政平衡；三是拓展了《老年人福利法》中关于老年人健康保障的内容，确定了医疗健康服务由地方政府负责管理，发展机构照顾服务，为老年人提供短期入住、护理和治疗服务。日本养老模式经历了“家庭养老”到“机构养老”，而后经过两个“黄金计划”的推进，开启了“居家养老”的道路。2000 年《护理保险法》的实施，规定政府与个人分担保费，以此缓解国家财政对日益增长的健康保障支出的压力，由服务机构采取派遣家庭援助者或受保人利用专业化护理服务设施的保险形式。经过数次修订的护理保险制度，让日本人在老年时期获得强有力的健康权益保障。

韩国在 2000 年实施了《国民健康保险法》，在此之前韩国的健康保险制度经过近 40 年的改革。起初的医疗保险制度的涵盖对象范围不大，只限于低收入人群、财团职工和公务员等。随着医疗服务体系的不断完善，韩国于 1989 年实现了城市地区全民医疗保险。1998 年颁布了《国民医疗保险法》，该法后演变为现在的《国民健康保险法》。韩国并没有单独的老年人健康保险法，但法律规定全体国民强制加入国民健康保险，是老年人健康权益的基本保障。随着老龄化的加深，老年人获得照顾的需求也日益加大，加之“家庭养老”观念的日趋淡薄，子女与父母同住比例下降。韩国开始重视“社会养老”作用，公共长期疗养制度提升至国家层面予以讨论，2008 年 7 月韩国正式启动老人长期疗养保险制度。保险对象限定为：65 岁以上老年人，或者 65 岁以下患有老年性疾病，日常生活不能自理，生活困难的人。这个规定看似主观，但韩国政府在认定对象时主要通

① 尹文清、罗润东：《老龄化背景下日本养老模式创新与借鉴》，载《浙江学刊》2016 年第 1 期。

过等级判定。在申请保险给付时，需要接受照顾服务的被保险人要向国民健康保险机构提出申请，并填写《照顾认定申请书》，经社会工作师或护士实地调查认定后，将相关资料提交所属地方政府的“照顾等级判定委员会”，由委员会判定申请人的受领资格，并决定其应受理照顾的等级①。该制度的财政资金由政府、保费收入和受照顾者自费资金共同承担。

（三）社会参与保障

当老年人的基本生活保障、医疗护理健康方面得到满足，老年人权益顺势地提高至发展需要的层次。发展性需要是老年人生存性需要的必然提升，而老年人参与社会发展是满足其发展性需要的路径。老年人参与社会发展的内涵是广义的、丰富的，不能等同于老年人再就业或者终身学习等的某一方面，而是涉及经济、政治、文化、社会等方面。目前，学界对于老年人参与社会发展并没有统一的严格的概念界定，综合各方观点而明确老年人参与社会发展是老年人参加社会发展的各项活动，贡献有益于社会发展的力量。当老龄化日趋严重，老年人参与社会发展就不仅是老年人的个人事务，而是与社会息息相关。美国学者巴特勒提出“生产性老龄化”理念，通过外向性活动和内向性活动两种方式贡献老年人的个人能力从事商品和服务生产活动，挖掘老年人口的潜能。外向性活动包括继续工作、志愿服务、照料他人；内向性活动包括继续学习、发展能力、自我照料、自我实现等。因此，各国纷纷在就业、教育、服务等方面通过政策法规保障老年人社会参与的权益，提供完善的社会参与条件，发挥老年人贡献社会发展的力量。

美国主要通过《老年人法》和《就业年龄歧视法》等相关法案，提供并保障老年人的就业机会。工作场所的年龄歧视一直是一个严重的问题，这些法案的出台为解决年龄歧视问题提供了法律依据。美国《老年人法》在1969年修正案以“寄养祖父母计划”② 和“退休老人志愿工作计划”的形式提供老年人志愿服务机会，到现在已发展为“高级社区服务就业计划”。高级社区服务就业计划是针对老年人的社区服务和基于工作的职业培训计划，为55岁以上的低收入失业者提供培训。参与者还可以通过美国就业中心网络获得就业帮助。高级社区服务就业计划参与者在非营利性和公共机构（包括学校、医院、日托中心和高级中

① 徐兴文：《东亚人口老龄化危机下老年社会福利制度的挑战与展望——以中国、日本和韩国为例》，载《贵州师范大学学报》2019年第1期。

② 根据该计划规定，符合条件的老年人必须在儿童福利机构中，从事一对一的服务。并且为医院中接受需被照料的儿童，家庭中被忽视且依赖性强的儿童以及其他机构中有特殊需求的儿童提供支援性服务。

心）的各种社区服务活动中获得工作经验。参与者平均每周工作 20 小时，并获得联邦、州或当地最低工资中的最高者。该培训是公民参与和技能提升的桥梁，并为参与者带来了无补贴的就业机会。在年龄歧视方面，美国也陆续出台了 1967 年的《就业年龄歧视法》、1975 年的《禁止歧视老年人就业法案》、1990 年修订后的《高龄工人福利待遇保护法案》等反年龄歧视的法案，保护和鼓励老年人就业。《就业年龄歧视法》在 1986 年修订后，直接废除了强制退休制度。该法认为职工的能力不能以年龄为判断标准，不因年龄而歧视高龄员工。同时美国还有相关的配套设施，以提升高龄劳动者的就业能力，例如美国的“经历工作公司”：建立于 1965 年，以向高龄劳动者提供就业培训、就业和社区服务机会为宗旨，以帮助高龄劳动者求职、获得更具挑战性的岗位、转换职业以及增加收入为目的的全国性、非营利性组织。①

与美国不同，日本没有年龄歧视法律规定，而是通过一系列劳动法领域的规定，敦促用人单位增加中老年就业者的工作机会。日本 1971 年出台《关于促进中老年人就业的特别措施法》，旨在通过继续就业制度的制定和实施，向退休人员、高龄人员提供就业机会，促进中老年人就业的稳定，提高老年人对经济、社会发展的贡献度；1986 年，日本政府将《关于促进中老年人就业的特别措施法》改为《中老年人就业稳定法》，政府开始直接干预用人单位法定退休年龄的提高，以符合退休金年龄的增加趋势。日本政府将退休年龄法制化，起初允许用人单位保守设定退休年龄为 55 岁，直到 1994 年升至 60 岁，2013 年升至 65 岁（从 2013 年开始将领取公共年金的年龄提高到 65 岁）。2012 年日本政府又一次修订《中老年人就业稳定法》，称为《改正高龄者雇佣稳定法》，其中为鼓励退休人员继续参加工作，要求用人单位不能解雇任何达到法定退休年龄但未达到 65 岁仍有继续工作意向的高龄员工。发展至今，废除了继续雇佣制度的适用对象的年龄限制；扩大继续雇佣政策执行企业的范围。对于老年人就业，日本政府同时向企业提供“继续就业稳定促进补贴金”，并通过就业保险制度，向老年人提供工资补贴。日本政府在工作场所投入了巨资，为 60 岁以上的失业人员提供服务。截至 2005 年，共有 27 亿美元的公共资金投入到 1544 个银发人力资源中心。这些中心不仅会安排工作，而且进行技能评估、培训以及其他服务，以此提高中老年人的就业能力。银发人力资源中心是由政府创建的，旨在取代用人单位作为退休

① 张霞、刘勇、张小军：《我国弱势劳动者群体的就业积极行动制度研究》，西南交通大学出版社 2015 年版，第 156 页。

后年龄的员工寻找工作的传统角色。[①]

韩国在 1991 年制定的《高龄者雇佣促进法》中规定了企业雇用高龄者减免税制度、高龄者工作岗位制度、高龄者雇佣信息收集制度、高龄者就业推荐、职业培训等内容。2008 年韩国将《高龄者雇佣促进法》改为《雇佣年龄差别禁止及高龄人雇佣促进法》，在第一章之二专门有禁止雇佣年龄歧视之规定。与此同时，韩国政府规定了一系列的高龄者就业奖励与补贴制度。根据《雇佣保险法》，韩国政府在 2007 年制定了高龄者雇佣促进奖励金政策。除了财政支援，对于老年人的就业环境也设置了企业咨询雇佣稳定制度的部分费用补贴；企业为老年人的雇佣稳定性需要改善工作相关设施时，政府向企业提供低利息贷款的政策；韩国政府成立了高龄人员人才银行、老年人俱乐部、老年人就业支援中心等相关机构，以便老年人获取就业岗位信息。

美日韩三国在老年教育方面，均有"终身教育"的法律规定。美国具备完善的老年教育法律体系，于 1976 年出台《终身教育法》，并设置了组织管理老年教育的专门机构。美国因地制宜，在老年教育方面充分发挥社区资源的基础性作用。以社区大学为基础开办各种形式的老年大学，经费大多来自地方政府财政拨款、个人捐款，少量来自学员缴费。[②] 日本在 20 世纪 70 年代，将"终身教育"明确为老年教育的核心，其老年教育主体具有多元化特点，包括政府福利机构、行政机构、高等教育机构、民间组织等。这些老年教育主体开设了不同的老年教育形式，课程会根据老年人的学习需求、知识储备等方面设置，课程内容涵盖了身心健康、人际交往等，旨在促进老年人适应社会发展，激发其积极看待老年时期。韩国的老年教育是由福利部和教育部双重管理的，与美国、日本等老年教育服务人才和师资培养制度隶属于成人教育或终身教育法规制度不同，韩国制定了专门的《老年教育专家培训计划》，旨在为老年教育服务领域培养充足的有胜任能力的高级人才。[③]

---

① Heike Schröder, Matt Flynn, Thomas Klassen, Alexander Stamatios Antoniou, Myung-Joon Park. *Population Aging and Labor Market Policy in Germany, the United Kingdom, Japan, and the Republic of Korea: The Effects of Institutional Context on Old Age Employment. In The Aging Workforce Handbook. Published online*, 16 Jan 2017, 109-134.（海克·施罗德、马特·弗莱恩、托马斯·科拉森、亚历山大·斯塔马蒂奥斯·安东尼乌、金明俊·派克：《德国、英国、日本、韩国的人口老龄化与劳动力市场：制度环境对老年人就业的影响》，载《老年化劳动力指南》，2017 年 1 月 16 日，第 109-134 页。）

② 赵如钦：《美、日两国老年教育对我国老年教育发展的启示》，载《中国成人教育》2018 年第 5 期。

③ 李洁：《韩国老年教育相关法律、政策的考察及启示》，载《终身教育研究》2018 年第 3 期。

三、境外老年人权益保障的经验与局限性

老年人权益保障是老龄化社会发展中必须面对的。人口老龄化是社会问题，必然会将老年人权益保障放在社会生活中看待。前述的美日韩三国都是发达国家，其有关老年人权益法律保障的经验，是立足于本国经济社会发展背景而产生的，而且其经济基础是私有制，与我国公有制的经济基础有较大差别，在普惠制养老机构及服务等方面，我国要依靠以财政投入为主的机制支撑。对此，不能盲目借鉴，应分析利弊进行本土化。

（一）境外老年人权益保障可借鉴的经验

权益保障内容涵盖广，充分体现强制性和时效性。美日韩都经历了社会生产力的变革，完成工业化并最终进入发达国家行列。工业化与现代化有着密切的必然的联系。如果说工业化是人类社会历史上的一个特定发展阶段，那么现代化则是人类社会不断向前发展的历史长河。在现代化进程中，不可避免地产生了社会不平等和贫富差距的加大等不平衡问题。社会保障制度自然而然成为现代化问题的调和剂。随着经济的不断增长和人民生活水平的不断提高，社会保障制度越发体现其重要作用，进而上升至社会福利。实现现代化的重要标志是由社会福利发展水平衡量的。因此，自英国在 20 世纪 40 年代末宣布建立“全民福利”国家起，“全民福利”成为众多国家发展的目标。而老年福利是社会福利体系中的一项主要内容，是发达国家在发展本国社会福利制度时必然重视的。分析美日韩在老年人权益保障中的制度内容时，即使只是选择具有代表性的制度进行阐述，但他们对于老年人权益的保障是充分体现在其社会福利制度当中的。除了老年人作为国民享受的基本医疗、教育、就业、养老等由国家或政府免费或基于一定资金资助方面，老年人在物质生活、医疗健康、社会参与方面也获得相应的保障。当年老时，定期领取退休金，还可以享受老年人营养膳食、长期护理、继续教育、就业保障以及地方政府或民间团体在社区开展的休闲场所。从身体到心理，从物质到精神，全面保障老年人的权益。

美日韩老年人权益保障具有强制性和时效性。美日韩都将有关老年人权益保障的内容以法律的形式固定，形成体系化、可操作性强的老年人权益保障制度。与此同时，他们会紧跟社会发展情况，及时出台或修订相关的老年人立法。美国《老年人法》自 1965 年出台至今的近 60 年，都有相应的修正案出台，修改次数不低于 10 次，不断丰富《老年人法》的内容，实现老年人权益的全方位保障。

日本的《老年人福利法》《老年人保健法》《关于促进中老年人就业的特别措施法》等老年人立法，也是出台至今经历过多次修改。如遇到通货膨胀、物价发生波动等情况，及时调整国民养老金；或者随着经济发展水平的提高，扩大老年人医疗保健的服务内容和提高服务质量；当物质、健康都得到提高后，亦丰富老年人的社会活动，让老年人享受社会发展的成果。韩国的《老年人福利法》亦是如此。

强调政府在老年人权益保障中的基本责任。日韩在早期的老年人权益保障中，也曾着重"家庭养老"观念，但随着老龄化的加重，仅靠"家庭"保障老年人权益是远远不够的，日韩两国政府不得不正视养老问题也需国家和社会共同面对。与日韩不同文化源流的美国，在 1965 年前早期的社会福利思想深受英国济贫法①的影响，但经历经济大危机的美国社会，依靠自发性救济根本不能解决危难，联邦和州政府开始介入社会福利。各国纷纷通过法律形式管理老年人相关保障，强调政府在其中承担的直接责任。最能体现政府直接责任的莫过于国家统一管理老年人保障，设立专门的行政机构管理老年人事业。如在美国《老年人法》中确立了老年管理局为负责老年人事务的主要联邦机构；建立国家老龄机构作为国家机构，主要负责计划和政策制定以及老年人营养计划活动的管理。国家老龄机构指定老龄化区域机构，这些机构在指定的计划和服务区域内运营。老龄化区域机构作为当地机构，直接或通过与当地社会服务提供商合作，监督用于提供社会、营养和长期护理的全面协调服务系统，以及支持老年人。基于上述机构的建立，一步一步地组成了社区老龄化网络。由于人口老龄化发展态势日趋严峻，各国不约而同地出现社会保障运行资金短缺问题，完全依赖国家承担全部养老责任的态度也在改变，希望国民也重视个人养老，提高自立自助能力，但国家承担的基本老年人权益保障责任的地位是不会改变的。

（二）境外老年人权益保障制度发展局限

境外在老年人权益保障制度的发展中，实践政策随着时间及老龄化程度加深，日益暴露出其局限性，重点阐述以下两个方面：

随着各国的老龄化程度加深，老龄人口不断增加，老年社会保障制度的费用出现收支不平衡问题，国家财政承受着巨大压力，老年社会保障制度面临可持续性问题。韩国建构了覆盖全民的多支柱养老保障体系，对韩国老人的物质生活提

① 《伊丽莎白济贫法》，世界上最早的社会保障法，有 300 多年的历史。早期的贫民救济是以私人救济、修道院的施舍以及行会组织的自发性救济为主。经历中世纪都铎王朝时期、旧济贫法时代、新济贫法时代。1948 年被《国民救助法》取代。

供了基础支持，但其人口老龄化发展速度飞快，2026 年可能步入超老龄社会。1988 年开始实行的国民年金保险制度由于实行时间短，不能与韩国老龄化发展速度相匹配。根据韩国保健福祉部预测，韩国国民年金积累额将在 2043 年达到最高峰值 2561 万亿韩元，2044 年开始出现逆差至 2060 年枯竭。此外，韩国公务员年金长期收支逆差，在 2013 年赤字达到 2 万亿韩元，未来 10 年公务员年金收入增长率为 1.9%，而支出增长率为 6.3%，政府需要负担的资金将累计达到 53 万亿韩元。[①] 即使是老年人权益保障相对完善的日本，也因超老龄的社会状态以及人口负增长的现实，导致社会抚养比增大以及劳动人口减少的问题。这意味着日本政府需不断增加社会保障费用的支出，政府收支出现不平衡局面。人口老龄化对日本社会支出产生了巨大影响，自 1994 年以来，社会支出已从 GDP 的 16% 增加到 25%。预计日本的人口将下降五分之一，从 2018 年的 1.26 亿人下降到 2050 年的 1.02 亿人，而 65 岁以上的人口比例将从这一时期的 27.8% 增加到 38.1%。与此同时，在日本超过 75 岁的年龄段（用于医疗保健和长期护理的年龄急剧增加）将由 13.8% 增至 25.7%，几乎翻了一番[②]。除了增加养老金，卫生和长期照护方面的支出外，老年人中收入不平等和相对贫困率的上升将进一步增加社会支出。2018 年日本《老龄社会白皮书》出版，内容中明确了日本政府目前面临的重要课题是需构筑可持续的社会保障制度[③]。有学者曾说："一旦社会保障制度制定并推行开来，不管在哪儿，总是覆盖面越来越大，福利标准越来越高。"社会福利发展趋势强，一直朝前发展是必然的。当老年人口不断增加，老龄化增速快，对于如何解决老年人权益保障中最基础的物质保障的可持续性，是当下不容忽视的问题。

发达国家的老年人法律保障制度保障了老年人的经济收入、医疗保健和社会参与等权利，但老年贫困、孤独等社会问题仍然存在，社会保障制度需随着社会经济生活不断改革。根据经济合作与发展组织（OECD）2018 年的统计数据[④]，

① 韩联社：《今后 10 年公务员年金赤字达 53 万亿韩元》（2014 年 7 月 1 日），http：//www. yonhapnews. co. kr/bulletin/2014/07/01/0200000000AKR20140701167500004. html，2019 年 12 月 28 日访问。

② Randall S. Jones，Haruki Seitani. *Meeting fiscal challenges in Japan's rapidly ageing society. OECD Economics Department Working Papers No.* 1569，2019，*page*8.（兰德尔·琼斯、村上濑谷：《迎接日本迅速老年化社会的财政挑战》，经济合作与发展组织经济部工作文件 2019 年第 1569 号，第 8 页。）

③ 丁英顺：《日本老龄化的最新状况、社会影响与相关社会政策——2018 年版〈老龄社会白皮书〉解读》，载《日本研究》2019 年第 1 期。

④ 数据来源：OECD（2019），Poverty rate（indicator）. doi：10. 1787/0fe1315d-en（Accessed on 08 November 2019）。

美国 66 岁以上老年人的贫困率为 23.1%，日本 66 岁以上老年人的贫困率为 19.6%，韩国 66 岁以上老年人的贫困率为 43.8%，是该组织成员国同一年龄段平均相对贫困率 13.5%的 3.2 倍，也是该组织 38 个成员国中排在第一名的国家。虽然韩国目前建立了完善的多支柱养老保障体系，但由于国民年金保险制度实行时间晚，实际坚持缴纳保费人数是低于名义上的覆盖率的，导致实际收缴的国民年金数额跟不上老年人数量激增的速度，很多老年人享受不到保障其基本生活的国民年金，韩国政府一直激励国民坚持缴纳社会保险，追切完善养老保障体系。日本老年贫困的情况对比韩国较缓解，差异性在于日本的养老保障体系发展时间长、保障力度大，但其依旧存在老年贫困的主要原因在于家庭规模缩小，代际关系转移；老后疾病缠身，医疗护理费用负担越来越重；年轻时的工作不稳定，收入低等[①]。面对不断加剧的老龄化问题，日本政府提出 2018 年老龄社会对策主要包括促进老年人就业，确保收入；促进健康老龄化；发展护理事业；促进全民积极发挥作用等内容，以此积极应对老龄化社会面临的问题。老年人权益保护如果一味依靠政府加大对社会保障制度财政支出，可能会出现恶性循环状态。各国政府也在努力探讨社会保障资金循环制度，老年人也需积极承担自身发展的任务，社会也应加入老年人权益保障的运作机制，各方协同努力，才能实现有力保障老年人权益。

---

① 丁英顺：《日本老年贫困现状及应对措施》，载《日本问题研究》2017 年第 4 期。

第四节 我国老年人权益保障的应对建议

一、优化老年人权益保障法律体系

（一）增强老年人权益保障法律体系性和实效性

目前我国以《老年人权益保障法》为主体的老年人权益保障法律体系基本形成，但存在体系性不强、不完备等问题。随着我国社会不断发展变化以及老龄化的加深，需对目前的老年人权益保障法律体系的配套法律、法规及内容进行拓展。国外老年人权益保障制度的发展历程显示，法律先行是制度保障的基础，一系列出台的法律法规为老年人权益保障提供了强有力的实施准则。对于老年人权益，需要建构一个多层次的保障体系，而多层次的职责和运行机制依靠的是层次分明的完备法律体系。因此，优化老年人权益保障体系首先从老年人权益保障法律体系入手，为老年人权益保障提供完备的保护机制。

多层次老年人权益保障法律体系的优化应从理念方面开始转变。“孝”文化是中国优秀传统文化最为突出的方面，也是中华儿女整体中最深刻的印记。“孝”的内涵随着现代化的进程逐渐被赋予新的内容，传统孝文化中的“养儿防老”理念在现代化潮流中慢慢受到冲击，一味依靠“家庭”养老并不能适应现代化的趋势。无论是移民大熔炉的美国，还是深受孝道文化影响的日本、韩国等国家，在解决本国老年人权益保障问题的过程中，无不逐渐明确老年人权益保障是一个社会问题，而不是单纯依靠某一力量、单个家庭力量就能解决的问题。老年人权益的法律保障若要达到切实保护老年人权益的目的，需要完备的老年人权益保障法律体系，明确老年人权益保障需要国家、社会、家庭、个人的综合力量，转变单纯家庭养老理念，经过一步步的调整，逐步形成居家养老、家庭养老、社会养老有机融合的理念，这也是老龄产业发展需要的理念基础。当然理念的转变不是一蹴而就的，自上而下的理念贯通尤其重要，配套的制度设计是支撑理念落实的核心，实效性的产生会让更多的老人或未来成为老年人的我们选择依靠国家、社会和自己的综合保障实现“安享晚年”的目标。

我国当前的法律规定暂时满足了老年人的物质生活以及健康保障的需要，随着我国经济的快速发展以及老龄化加深，拓展法律规定是顺应社会发展需求并完善相应机制的必然。依据我国宪法原则制定的《老年人权益保障法》，是老年人权益法律保障体系中的核心规范。在体系中，其发挥的作用无疑是巨大的，规定了老年人权益保障制度的法律框架，赋予了老年人应享有的基本权益内容。从国外老年人权益保障经验可知，关于老年人权益保障法律的发展历程，都不约而同地围绕物质基础、医疗健康、社会参与等方面出台相关的保障法律。在目前我国老年人权益保障法律体系中，与老年人权益保障相配套的单行法规与实施细则是单薄的，这导致了体系稳定性较弱的局面。我国在以《老年人权益保障法》为核心的前提下，与老年人权益保障相配套的单行法规，如老人保健法、长期护理保险法、禁止歧视老年人就业法等也需要相应制定，使老年人权益保障法律体系的基底更加牢固，加大法律层面的保障力度。单行法规与实施细则是《老年人权益保障法》的横向拓展，而地方性老年人权益保障法规和规章则是基于我国地区发展状况的纵向延伸。自《老年人权益保障法》出台实施后，许多地方人大与政府纷纷根据地方情况，制定了一系列有关老年人权益保障的地方性法律法规。如广东省在2005年公布了《广东省老年人权益保障条例》，于2017年进行了修订，在依据国家的《老年人权益保障法》的基础上制定具有广东特色的实施办法，进一步明确和强化了政府与社会的责任并建立了"双补贴、双保险"的老年人福利制度。老龄化日趋严重的今天，烦冗的老年人权益保障工作需要各个地方的地方性法律法规有针对性地落实好老年人权益保障，提升地方老年人权益保障的工作效果，而不能落于形式上的地方立法窠臼。

（二）提高《老年人权益保障法》的明确性与拓展性

作为我国老年人权益保障法律体系核心的《老年人权益保障法》缺乏强制性和约束力是其公布实施以来的短板。刚性是法律中应有的特征，老年人权益保障立法中需注重不宜出现过多的倡导性规定。提高《老年人权益保障法》的明确性，提高该法的可执行性和实用性，减少授权性规范也是必要的，以便立法和司法适用，适时出台该法的实施细则，进一步阐述新修改的《老年人权益保障法》中模棱两可的用词、笼统的原则性规定，细化其内容；应调整强制性条款与指导性条款的比例，以应对未来实施的情况。当然法的公平、公正以及可持续性也要求法应当保留一定的开放性，发现漏洞可及时弥补。

当下我国老年人权益保障最基本的法律只有一部《老年人权益保障法》，其他关于老年人权益保障的内容则散布在各个部门法中，形成不了完整的保障体系，同时这样分散的法条还会构成法条内容的重复或是造成法律空白，不利于老年人维权时“有法可依”，因此需要进一步完善老年人权益保障法律体系及丰富相应的内容。国外老年人权益保障制度发展较我国而言更为完善，值得我们学习和借鉴。美国制定了《社会保障法》《老年人法》《医疗保险制度》《禁止歧视老年人就业法》等一系列法律，为老年人的权益保障提供了完备的法律基础，同时也建立了完善的社会保障体系，是世界上最早实行社会保障制度的国家，从养老保险到医疗保险，美国政府对于自身的责任和个人以及企业的责任均有清晰的规定，同时提供社区服务，全托、日托和居家服务的三种模式满足了老年人晚年的大部分需求。日本则直接通过《老年人福利法》《护理保险法》《老年人保健法》等法律直接保障老年人的权利，福利法中涉及了日本老年人的福利、保健、医疗等问题，其将老年人的福利内容直接单独进行立法，丰富了老年人权益的内容，具体地规制了政府在保障老年人权益时所应负的责任，其余的护理保险法和老年人保健法又解决了老年人的医疗保健问题，减轻了老年人晚年的就医负担，多种护理模式更能体现对老年人的尊重和爱护。

针对我国《老年人权益保障法》中精神赡养的法律支持不足的问题，建设老年人精神赡养制度，量化精神赡养标准，进行精神赡养的具体规定。落实《老年人权益保障法》第十四条关于物质和精神赡养的规定，如具体规定物质赡养最低限度标准、设置精神赡养要求。精神赡养涉及的主观因素较多，法律从客观方面出发，提供满足老年人精神需求的外部条件和机会，通过政策方针引导子女积极赡养老年人。例如，国家应该利用税收政策积极引导子女去赡养老年人，对养老费和老年人个人收入免征个人所得税，对于那些赡养父母的子女适当减免税费；鼓励和奖励老年人与成年子女同住或者就近居住的人群，在购房的金融贷款和限购政策上要考虑赡养老年人用房的需求。可以借鉴日本、新加坡等国的做法，在申请国家保障性住房时将与父母同住列为优先条件，对于在父母居所附近购买住房自住的子女，给予特殊信贷补贴，或者规定赡养者可以根据赡养年限得到相应的购房和住房优惠，还可以在公积金、购房补贴、信贷方面获得特殊支持。①

① 韩莹莹、王思峰、支振峰：《以法律促进养老敬老》，中国社会科学出版社 2016 年版，第 173 页。

二、优化老年事业和老年产业发展体系

（一）明确两者定位，递进式发展

目前我国经济处于持续发展阶段，明确老龄事业以政府为主体，根据经济发展形势，必然需要逐步提高老龄事业发展的绝对水平。老龄事业的规划中明确老年人权益保障的低中高三层次的发展，从实现老年人最基本的物质基础保障出发，到医疗护理的基本保障，再到个体持续发展服务项目的落实，做到从低层次起步，向中高层次的递进式发展。政府工作从三方面着手，第一方面是扮演好兜底角色，加快推进普惠性养老机构及设施财政投入建设，加大老年救助工作的力度，及时给予因伤致残、因病致贫老人合理的安置，让他们公平地参与享受社会发展的成果；第二方面是加快医养结合的步伐，进一步推进老年养老保险、老年医疗保险等，力求做到事实上全覆盖；第三方面是构建长期护理保险体系，实现医疗、养老与长期护理的无缝对接，真正解决老年人及其子女的后顾之忧，让老年人颐养天年。我国长期以来城乡发展不均衡，由于农村经济相对城市而言发展滞后，农村老龄产业与老龄事业的发展也处于真空状态。伴随城镇化进程的加速推进，农村年轻人流向城市，农村大多数老年人口留守，农村老年人口远远多于城市老年人口。老龄事业立足于公平性和普惠性，在发展城市老龄事业的同时，要重点加大对农村地区老龄事业发展的关注和支持力度，切实保障农村老年人的基本生活。只有当老龄事业为老年人提供基本生活保障时，才能引导老年人进行合理消费，当老年人的基本需求得到满足后，新的更高的需求便会产生，从而促进老龄产业的发展。

目前，我国老龄产业以老年产品的产业为主，老年服务产业的发展较缓慢且形式单一，无法满足老年人的需求。老龄产业的主体是企业，市场是其发展的影响因素，在我国老龄产业的子产业发展不平衡的状况下，政府应提供老龄产业多样化发展的市场环境。除了有满足老年人物质基础需要的产业，也有满足老年人精神层面需要的产业。除了有服务于老年人的家政服务业，也有丰富老年人业余生活的老年旅游业。除了生产老年人日常生活需要的体育健身用品，也要结合互联网开发服务于老年人生活需求的高科技智能产品。总而言之，只有促进老龄产业多样化发展，才能满足不同收入水平、不同身体状况、不同文化程度老年人的多层次需求，从而促进老年服务业、老年住宅业、老年旅游业等多种老龄产业的全方位发展。与此同时，要引导和鼓励落后地区老龄产业的发展，落后地区年轻

劳动力向外流动，老龄化程度更严重，更需要发展老龄产业。从城乡来看，农村老龄产业发展滞后，然而农村老龄化程度较城市更严重，应通过老龄事业保障农村老年人的最基本生活，老年人的基本生活得到保障后会产生更多需求，由此带动农村老龄产业的发展，政府应给予农村老龄产业政策倾斜鼓励农村老龄产业的发展。

不仅要营造良好的市场环境，在准入机制方面，老龄产业的行业标准以及监管制度也应适时出台，引导老龄产业健康发展。扶持符合发展老龄产业资质的企业，给予税收等方面的优惠或者一定的资金支持。在市场良性竞争的情况下，政府也可为老龄事业购买老龄产业中的产品和服务，形成老龄产业和老龄事业共同发展的局面。无论是基础领域（不包括政府普惠性养老、兜底空间）的老龄产业，还是高端领域的老龄产业，准入机制以及扶持政策是发展中必然存在的，但政府的干预不应扩大化，对于高端领域的老龄产业更多的是通过市场充分竞争实现资源的优化配置。

（二）两业协调发展，完善保障体系

法律体系的完善对于老年人权益保障体系而言是权益实现的保护屏障，而老龄事业与老龄产业的协调发展对于老年人权益保障体系而言则是权益实现的实际路径。老龄产业与老龄事业协调发展的目标是实现老龄产业与老龄事业的多层次对接，匹配老年人权益保障的着眼点即在老年人生活质量以及老年人发展需要这两个方面建立由低到高多层次的老年人权益保障体系。

老龄产业可大致分为满足老年人基本需求的基础领域和针对老年人个性化需求的高端领域。老龄产业与老龄事业在老年人的救助、保险、福利等方面共同构建成四阶梯合理有序的老年人权益保障体系，老龄产业配合着老龄事业在救助、保险、福利等方面的工作。第一阶梯关于老年人物质基础保障，涉及老龄事业中的基础普惠性设施、生活补贴救助以及基本养老保险制度，对符合低保标准的老人给予适当的补贴，对“三无”和“五保”老人实行社会福利院集中养老，实现基本养老保险制度事实上全覆盖。老龄产业针对老人的基本需求进行生产或提供服务，比如生产拐杖、代步车等老年用品或提供居家养老服务，由政府购买产品或服务。第二阶梯则围绕着健康保障，对患重病老人进行医疗救助、长期护理等，老年医疗保健实现制度事实上的全覆盖。老龄产业应作为老龄事业的补充，提供一系列商业保险，供不同层次的老年人选择，比如保险公司开发人寿保险项目、大病医疗保险、长期护理保险等。第三阶梯为社会参与保障，老龄事业在做好物质基础保障和健康保障的基础上，可以为老年人提供一系列社会参与保障制度，比如为老年人修建娱乐场所，创办老年大学等，这些都以政府投资的方式，无偿提供给老年人使用。与此同时接受社会捐赠等慈善行为，吸纳这部分资金用于发展老年社会参与制度。第四阶梯为高端领域的老年需要，老龄产业可以根据老年人的需要定制部分高端产品，专门为部分有相应需求的老年人提供有偿服务。在这一阶梯中老龄事业并不参与，由市场竞争完成资源配置。在老龄事业从低层次向高层次发展过程中，老年人收入逐步提高，需求增多，进而促进老龄产业繁荣，满足老年群体多样化、差异化的需求。老龄产业与老龄事业协调发展，由此构建完善的老年人权益保障体系。

三、老龄工作职能系统化建设

《老年人权益保障法》在第七条中规定："保障老年人合法权益是全社会的共同责任。国家机关、社会团体、企业事业单位和其他组织应当按照各自职责，做好老年人权益保障工作。"但在实际老年工作中，政府在老年人权益保障方面，一度存在职能分散性、统一管理机构无实际管理权的现象，与快速增长的老龄化程度不相适应，使得老龄事业和老龄产业的发展滞后于老年人群体不断增长的需要，导致老年人各方面的权利不能落到实处。因此，我国在建立和完善老年人权益保障制度的过程中，应当贯彻并强化以政府责任为主导的原则，明确政府主导地位，对老龄工作的各个环节进行强有力的贯彻执行、监督问责，为老年人权益保障提供可靠而有效的保证。同时对于现今缺乏宏观协调机制的分散管理体制，各级政府必须予以改进和完善，形成系统性的老龄工作架构。

2018 年政府机构改革前，老龄办负责具体老龄事务，我国医疗和养老分别由不同部门管理，且不同身份的老年人也有不同的部门负责，由此政府在面对老龄工作时常常觉得棘手，难以推动，这与老龄工作职能的分散性有着密切的联系。放眼国外的行政机构设置，在处理老龄工作时，美国除了个别计划，所有计划由总统领导的卫生与公共服务部的社区生活管理局中的老年管理局管理。日本则由厚生劳动省负责老龄工作，厚生劳动省担负日本的国民健康、医疗保险、医疗服务提供、药品和食品安全、社会保险和社会保障、劳动就业、弱势群体社会救助等职责。两国在管理老龄工作的机构设置中，都将主要工作集中在同一个行政管理机构当中。2018 年机构改革后，国家卫生健康委员会负责老龄事业和老年人健康工作；民政部负责养老服务工作、老年人福利和救助工作；基本养老保险和老年人就业由人力资源和社会保障部负责。虽然看似提高了老龄工作的政府职能，但关于老年人的物质生活保障、健康保障和社会参与保障的工作仍是分开的。

随着人口老龄化程度加深，我国老年人权益保障工作日趋重要和紧迫。面对老年人权益保障制度的建构，首先要明确老年人在目前社会背景下的实际需要。着眼于老年人生活质量以及发展需要，探究需要背后的权益保障理论根源："以人为本"、法治社会的人权保障、中华优秀传统文化，揭示了权益保障的必要性。回顾当下我国老年人权益保障的历程，肯定老龄事业、老龄产业和法律保障体系的努力；同时，认真面对存在的不足，借鉴国外的老年人权益保障制度中有关物质基础保障、健康保障和社会参与保障等方面的工作，结合我国实际，老年人权益保障急需优化老年人权益保障法律体系、老龄事业和老龄产业发展体系以及老龄工作职能系统化建设，切实有效地满足老年人权益保障工作需要。

第二章
老年人社会保障国际比较和中国探索

第一节　老年人社会保障体系概述

一、社会保障体系

社会保障是“国家或社会依法建立起来的、具有经济福利性的国民生活保障与社会稳定系统”①。社会保障是一个广泛的系统，它具体包括养老保障、医疗保障、基本生活保障、就业保障等内容，还包括社会保险、社会福利、社会优抚、社会救助等项目。其中，老年人社会保障是社会保障的重要组成部分，它的建立和运行是依附并从属于社会保障这个大体系来进行的；同时，老年人社会保障系统的完善与否也直接关系到整个社会保障体系的完善与否。

我国社会保障体系主要可以概括为六大部分：社会保险、社会救助、社会福利、医疗保障、军人保障和补充（其他）保障。②

表 2–1　部分国家社会保障体系的组成

国家	社会保障体系组成部分
中国	1. 社会保险（包括养老保险、失业保险、工伤保险、生育保险等） 2. 社会救助（包括贫困人口救济、灾害救助及民间各种慈善事业等） 3. 社会福利（包括老年人福利、残疾人福利、儿童福利及教育福利等） 4. 医疗保障（包括医疗保险、合作医疗保障及全民保健计划等） 5. 军人保障（包括军人社会保险、军人抚恤及军人就业保障等） 6. 补充（其他）保障

① 郑成功：《论中国特色的社会保障道路》，中国劳动社会保障出版社 2009 年版，第 5 页。

② 郑成功：《中国社会保障论》，湖北人民出版社 1994 年版，第 466 页。

续表

国家	社会保障体系组成部分
英国	1. 社会保险（包括退休津贴、病假和丧失工作能力津贴、失业津贴、产假津贴、遗嘱津贴和死亡津贴等） 2. 社会补助（包括住房、儿童、失贫、高龄老人补助等） 3. 社会救助（包括低收入户、贫穷老人以及失业者救助等） 4. 国民保健服务、个人生活和社会照顾等
德国	1. 社会保险（包括养老基金、残疾金保险、疾病保险和病假疗养保险、失业保险、工伤保险和职业病保险等） 2. 社会救助（包括失业救济、病人和残疾人以及老人救济等） 3. 社会补贴（包括儿童补贴、休假补贴和住院补贴等）
美国	1. 社会保险（包括养老、残疾、遗嘱保险，补充保障收入等） 2. 医疗保险（包括医疗照顾和医疗补助） 3. 收入补助（包括工人补偿、暂时伤残保险、退伍军人补贴等） 4. 失业保险（包括工人补偿、暂时伤残保险、退伍军人补贴等） 5. 矽肺病保险及补助等
日本	1. 社会保险（包括年金制度、医疗保险、工伤保险和雇佣保险等） 2. 社会福利（包括儿童福利、残疾人福利和老人福利等） 3. 国家救济和公共卫生

各国现行的社会保障制度类型大致可归纳为四种类型：一是投保资助型；二是全民福利型；三是国家统筹型；四是强制储蓄型。但实际上，在各国建立和发展社会保障制度的过程中，社会保障模式呈现出多样化的趋势，新的社会保障模式也随之不断涌现。由于各国的国情不同，社会保障体系在项目结构、管理体制、资金来源、实施模式等方面都存在较大差异。例如美国和加拿大等国，虽然建立了比较完备的社会保障制度，但是其并非全民福利，它主要奉行效率优于公平的原则；而英国、瑞典和荷兰等国则实行的是全民福利，秉承公平优于效率的原则。

成体系的社会保障实践的发展可以划分为三个阶段：一是社会救助型社会保障阶段；二是社会保险型社会保障阶段；三是社会福利型社会保障阶段。[①] 社会保障制度的发展在很大程度上受到一国或地区的经济发展状况的制约，所以在发

① 郑成功：《中国社会保障论》，湖北人民出版社 1994 年版，第 29-34 页。

展社会保障制度之时，应当遵循客观规律，建立和完善与经济发展水平相一致的社会保障制度。同时，还应注重社会保障各子系统、各具体项目之间的协调发展，确保社会保障制度的有效运行。我国现行的社会保障制度正处于一个特殊的转型时期，属于由社会保险型社会保障向社会福利型社会保障发展的时期。在这样特殊的时期，我国社会保障制度的发展必须要结合我国国情和特殊阶段的发展要求，吸取他国的经验教训，对我国社会保障制度加以完善，确保其稳定、协调发展。

二、老年人社会保障制度

老年人社会保障制度主要是针对退出劳动领域或无劳动能力的老年人实行的一项社会保护和社会救助措施。在横向上，老年人社会保障是各社会成员之间的彼此互助、共济；在纵向上，则体现着不同年龄劳动者的代际赡养、代际间的互助共济。老年人社会保障是一种社会化的保障措施，也是一项社会再分配的措施。

世界各国建立老年人社会保障制度已有 100 多年的历史。尽管各国（地区）的养老保障模式大体都经历了创立、发展和完善的阶段，但由于其社会制度、经济发展水平、历史文化等因素的不同，使得各国养老保障制度类型也存在很大的差异。总体来说，世界养老保障制度主要有三种基本类型：一是自保公助型的社会保险制度；二是国家福利型的普遍保障制度；三是个人积累型的自我保障制度。①

表 2-2　养老保障制度的主要类型比较

内容	自保公助型的社会保险制度	国家福利型的普遍保障制度	个人积累型的自我保障制度
制度特点	选择性、社会保险支持性	国家福利性、保障的普遍性	自我保障、自我负责、积累性
政府作用	制定法律、制度监管、拨款资助	制定法律、提供资金、负责实施	制定法律、实施监管

① 王石泉：《中国老年社会保障制度与服务体系的重建》，上海社会科学出版社 2008 年版，第 133-135 页。

续表

内容	自保公助型的社会保险制度	国家福利型的普遍保障制度	个人积累型的自我保障制度
保障资金来源	企业、个人的保险缴费和国家补助	政府和企业全权负责保障费用支出	完全由个人和企业缴费积累养老金
保障范围与内容	覆盖广泛、内容丰富、政策灵活	全体成员生活的各个方面	主要保护有能力的劳动者
保障原则的体现	可以实现公平与效率的兼顾	注重公平原则，效率较低	注重效率，公平性较差
代表国家及地区	德国、美国、日本	英国、瑞典、挪威	新加坡、智利

资料来源：王石泉：《中国老年社会保障制度与服务体系的重建》，上海社会科学出版社2008年版，第135页。

老年人社会保障制度是区别于传统家庭养老的一种更为正式的养老保障制度，其内涵十分丰富，主要包括公共养老金、老年医疗保障与服务、老年人社会救济、老年人社会福利等制度。而为满足老年人这一特殊群体的需求，也形成了相应的老年人社会保障服务体系来支撑和维护老年人社会保障制度的运行和发展。老年人社会保障服务体系涵盖了养老金服务、医疗保健服务、生活护理服务、心理健康服务、老年人法律权益保障以及老年人文化、事业发展服务等方面内容。

社会保障是公民的一项基本权利，社会保障制度的建立也需要得到法律的最终确认，各国在建立和完善老年社会保障制度之时，也都是通过颁布法律法规及政策的形式来确立相应的老年人社会保障制度。

表 2-3　不同老年保障模式下典型国家（地区）相关立法比较

类型	国家/地区	立法年份	法令名称	立法目的	立法内容	社会主流思想
福利型	英国	1908	养老金法	应对工业化进程中的问题,防止老年贫困	明确养老保障制度的普遍性和免费性	强调国家在保障老年人福利方面承担的责任,转向强调个人责任与选择权
		1925	寡妇、孤儿、老年人缴费养老金法	扩大养老金适用范围,提高津贴标准,降低财政压力	实行养老金缴费制度	
		1946	国民保险法(旧)	建立"二战"后新秩序	建立强制型缴费制度(缴纳最低国民保险费)	
		1948	国民救济法	弥补新兴社会保险制度的不足	对无条件参加缴费养老保障制度的老人和无条件享受免费养老金的老人进行救济	
		1959	国民保险法(新)	缓解财政压力,满足不同收入水平者的不同需求,保护和鼓励职业养老金发展	正式建立与收入相联系的养老保障制度	
		1975	社会保障法	应对经济和社会变化,在有效控制社会保障支出的条件下为民众提供充分的社会保障	建立和实施国家收入养老保障制度	
		1986	社会保障法	应对经济"滞胀",扭转福利支出不断增长,国家财政负担过重的局面	推出个人养老金计划和简便的"协议退出"职业养老金计划	
	瑞典	1913	养老金法案	适应工业化发展	普遍性缴费养老保障制度,对无力缴费者提供免费救济	强调普遍平等的公民权,强调政治合作,政治民主化,强调劳资集体协商
		1946	养老金法	实现"充分就业""公平分配与提高生活水平""经济更加有效和民主"三大目标	建立起统一标准的养老保障制度,不与参加者退休前的收入水平相联系	
		1960	补充养老金法案	满足更高水平的养老需求,体现不同收入者养老需求的变化	与收入相联系的补充养老保障制度	
		1962	国民保险法	建立综合性社会保险制度	将补充养老金法与其他社会保险法合并	

续表

类型	国家/地区	立法年份	法令名称	立法目的	立法内容	社会主流思想
社会保险型	德国	1889	老年和残疾社会保险法(旧)	巩固新政府的统治地位	建立覆盖工人的完全积累制的养老金计划	强调团结和互助,国家干预明显,保险思想深入人心
		1957	老年和残疾社会保险法(新)	适应社会市场经济国家目标,提高养老金水平	改善养老金额,对雇员工资增长进行相应的动态调整	
	德国	1935(此后多次修订)	社会保障法	应对经济危机,缓和社会矛盾	创设全国范围的老年人保险制度(OAI)和老年援助项目(OAA)	强调国家干预,强调艰苦奋斗与进取精神,强烈的自由主义色彩
		1935	铁路运输业退休法	接管美国铁路运输业私有退休金计划	为铁路业雇员提供补充退休金	
		1974	雇员退休收入保障法	防止类似"斯图特贝克事件"发生(因工厂关闭而导致工人退休金计划终止)	对私有退休金制度作出规定	
	日本	1932	救护法	解决垄断资本主义发展中的矛盾	涉及对65岁以上无人赡养老人的救护	高保障、高福利转向自助、互助与公助三结合
		1944	厚生年金保险法(旧)	解决"二战"中兵源和劳动力不足的问题,吸收民间流动资金,解决军费不足的问题	扩大强制型家庭范围,但养老保险范围限定在工伤、战争负伤者的养老、养残	
		1954	厚生年金保险法(新)	挽回厚生养老保险声誉,弥补其不足	支付制度改报酬比例制为定额比例与报酬比例混合制度,延迟支付年龄,提高财政负担比例	
		1959	国民年金制度纲要	解决大量个体经营者和农民及其家属被养老保险排斥的问题	将年金分为缴费型和免费型,规定每种类型的保障对象	
		1963	老年人福利法	应对工业化发展过程中的问题和人口老龄化问题	规定对一般需求者提供养老保障和医疗保障,对特殊需求者除基本服务外,提供福利设施收养、派遣家庭服务员等	

续表

类型	国家/地区	立法年份	法令名称	立法目的	立法内容	社会主流思想
强制储蓄型	新加坡	1953（此后多次修订）	中央公积金法	最初目的是减少英殖民地政府财政负担，应对雇员在退休之后的生活所需	建立中央公积金制度，此后将其陆续导入住房保障、家庭保障、退休保障	强调自立，借助非正式的多方力量，限制社会福利领域中的政府支出和政府角色
	中国香港特别行政区	1992	职业退休计划条例	监管雇主自愿成立职业退休计划，保障雇员退休利益	建立注册制度，监管雇主自愿成立职业退休计划	强调企业自由竞争，控制劳动成本
		1995	强制性公积金计划条例	应对人口老龄化，为退休者提供养老保障	建立强制所有从业人员储蓄的养老计划	

资料来源：刘苓玲：《老年社会保障制度变迁与路径选择》，首都经济贸易大学出版社2009年版，第75-78页。

第二节　境外老年人社会保障制度概述

一、德国老年人社会保障制度

德国的养老保障制度主要由法定养老保障、职业养老金计划和私人养老保险三部分构成。[①] 德国对老年人的保障内容涵盖范围十分全面，从老年人维护到社会参与都有相应的规定。德国的养老制度拥有较为成熟的资金来源，建立了多元资金来源、管理有效、责任分明的养老金管理体系，使得经济条件欠佳的老年人也可以享受到水平较高的养老保障。德国推广“补充养老保险”以缓解日益突

① 肖金明：《老年人权益保障立法研究》，山东大学出版社2013年版，第60页。

出的人口老龄化问题，法定养老保险、企业养老保险和私人养老保险共同构成了德国养老保险的三大支柱，而后两者即被称为“补充养老保险”。

表 2-4　德国养老保险三大支柱体系构成

德国养老保险		
法定养老保险	企业养老保险	私人养老保险
1. 法定养老保险 2. 农场主养老保险 3. 公务员和军人养老保险 4. 独立从业者养老保险 5. 就业能力降低养老金 6. 遗嘱养老金	1. 直接保险 2. 退休储蓄 3. 退休基金 4. 互补基金 5. 直接承诺 6. 外部融资 7. 德国支持基金	1. 保险产品 2. 老年储蓄 3. 不动产
正常保障功能	补充保障功能	补充保障功能

资料来源：姚玲珍：《德国社会保障制度》，上海人民出版社 2011 年版，第 38 页；肖金明：《老年人权益保障立法研究》，山东大学出版社 2013 年版，第 60–67 页。

此外，德国的养老保障发展还呈现出养老机构公司化、养老费用保险化、临终关怀制度化和福利人员外籍化等特点。

二、英国老年人社会保障制度

英国的社会保障制度推崇平等性与普遍性，强调公平；管理上的“统一性”，由政府统一负责，政府通过国民收入再分配形式，组织实施各项社会保障措施。从总体上看，英国的养老保障制度体系非常复杂，但是在体系的结构形式上发展脉络则相对清晰，可以分为三大支柱。

表 2-5　英国养老保障制度体系

	第一支柱	第二支柱	第三支柱
性质	公共支柱	公共支柱	私人支柱
覆盖对象	所有公民	雇员(自主就业者不在内)	所有个人(需自愿加入)
保障水平	最低水平	更进一步的保障	较高质量的保障
筹资方式	现收现付	现收现付	完全积累
运作方式	国家保险与税收	国家保险	自主缴纳

续表

	第一支柱	第二支柱	第三支柱
具体内容	国家基本养老金，养老信用额度，其他广泛性统一保障收益	渐进退休计划，国家收入关联计划，国家第二保障	职业养老金计划，个人养老金计划

资料来源：刘苓玲：《老年社会保障制度变迁与路径选择》，首都经济贸易大学出版社2009年版，第78页。

在英国，法定性质的养老保险有很多形式，例如国家基本养老金计划、针对社会弱势群体的最低收入保障补贴、国家收入关联养老金计划、由雇主或保险公司提供的养老金计划，以及低管理成本型的存托养老金计划等。所有缴纳国民保险费，工资收入在低收入水平线之上的雇员都会自动加入国家基本养老计划之外的附加国家养老计划，该计划可以为雇员退休时提供额外的退休金。如果投保的雇员选择离开政府默认的附加计划，而加入到其他私人养老金计划当中，他就可以享受国民保险缴费优惠，这部分优惠会由政府转入他在私人养老保险计划中的基金，[①] 这种个人离开附加国家养老金计划后的优惠制度，就是英国养老保险的签出制度。签出制度大大减轻了政府的财政支出养老金的压力，同时也促进了私人养老金计划的发展，不过随着养老保险市场的逐步完善，英国也在2010年逐步取消了这一计划，但这一过渡性制度也为我国改革和完善养老保险制度提供了一定的借鉴。

三、美国老年人社会保障制度

美国现行养老保障体系主要呈“三支柱模式”：一是社会养老保险制度（OASDI），二是雇主养老金计划，三是个人储蓄养老金计划。在这个体系中，政府、企业、个人的作用与分工明确，三者都对维持原有生活水平不降低承担着一定责任，美国的“三支柱”体系保证了养老金供给的稳定性和持续性，有效地保证了养老金市场的健康发展。OASDI计划包括老年养老金、遗嘱养老金和伤残养老金三个部分，是最具有综合性的一项社会保障制度。作为一项强制性计划，OASDI计划覆盖了私人企业中所有获得报酬的雇员，还覆盖了公务员、非营利性宗教和慈善机构的雇员、自我经营者和农场经营者等。而对于一些临时雇用的农

---

① 张丽云等：《国外及港澳台老年社会保障制度研究》，中国社会出版社2011年版，第5页。

场劳动者和年收入低于规定标准的个体经营者，则设立了一种补充收入保障（SSI）制度。而对于雇主养老金计划和个人储蓄养老金计划都是非强制性的，企业和个人都是自愿设立的。

美国的医疗保障系统主要由三部分构成：一是社会医疗保险，由联邦政府和州、地方政府举办，帮助弱势群体（老年人、穷人等），属于强制性的医疗保险计划，包括医疗照顾计划（Medicare）、医疗补助计划（Medicaid）、工伤补偿保险等项目；二是管理式医疗组织，包括健康维持组织（HMO）、优先服务提供者组织（PPO）和服务点计划（POS）；三是私营医疗保险，既包括营利性的商业保险，也包括非营利性的健康保险。对于年满 65 岁老年人的医疗保障，是由单独的医疗照顾计划来承担的，因此，美国的老年健康保障制度可以称为“独立型”老年健康保障模式。医疗照顾计划分为两个部分：一是住院保险（HI，也称 Part A），二是补充医疗保险（SMI，也称 Part B）。Part A 属于强制性保险，用于支付给付期内的住院费用，包括半私人病房的床位费和伙食费，医院服务和药品的费用等。Part B 是自愿投保的项目，符合医疗照顾计划条件的人都可以选择认购，它可以帮助支付规定范围内的医疗服务费用和门诊服务费用等。另外，根据《医疗照顾大病费用法案》，针对低收入的老年人，医疗补助计划也会对其医疗照顾保险费和医疗费的自费部分给予援助性支付。

在老年人保障立法方面，美国 1956 年通过了《老人法》并作出多次修正补充，之后又相继出台了《老人志愿工作方案》《老年人营养方案》《多目标老人中心方案》《住房补贴法案》《老年人社区服务就业法》和《老年人个人健康教育与培训方案》等一系列直接影响老年人生活的社会福利法案。

四、日本老年人社会保障制度

在老年人保障立法方面，日本制定了《国民健康保险法》（1958）、《国民年金法》（1959）、《老人福利法》（1963）、《老年人雇佣稳定法》（1971）、《老人保健法》（1982）、《护理保险法》（1997）等。日本在 1995 年还制定了《老龄社会对策基本法》，旨在积极应对老龄社会带来的各种问题，综合推进老龄社会政策，形成一个完整体系以谋求经济社会的稳定发展。根据老龄社会对策基本法，日本政府制定了老龄社会对策大纲以及具体方针措施。（见表 2-6）

表 2-6　日本老龄社会对策大纲以及具体方针措施

基本法要求	大纲的基本内容
就业与收入	1. 就业 关于老年人雇佣稳定的法律 关于育儿休假、护理休假等劳动者休假的法律 2. 收入 国民年金法、厚生年金保险法等有关年金的法律 生活保护法
健康与福利	1. 健康、医疗 健康增进法（老年保健法） 确保老年人医疗的法律 健康保险法、国民健康保险法等医疗保险有关的法律（护理保险法） 2. 福利、护理 老人福利法 关于老年人福利用具的研发及普及有关的法律 关于完善地域公共福利设施的法律 老年人虐待防止法 护理保险法
学习与社会参与	1. 学习 社会教育法 学校教育法 2. 社会参与 特定非营利活动促进法 老人福利法（老人俱乐部等）
生活环境	1. 居住环境 居住环境基本法 公营住宅法 确保老人居住稳定的法律（老年居住法） 促进老年人、残疾人行动方便的法律 2. 消费者保护 消费者基本法 消费者契约法 特定商品买卖法 独立行政法人国民生活中心法 民法（成人保护制度） 3. 交通、防灾 道路交通法（导入老年驾驶员标识） 地方自治团体的防灾对策

资料来源：田香兰：《日韩老年社会福利政策研究》，天津社会科学院出版社 2014 年版，第 99-100 页。

日本的社会保障制度从低保障水平起步，强调企业和个人的义务，减少了国家负担。不过，日本的社会保障制度也面临着一些问题：一是社会保障标准不统一，缺乏以全体国民为对象的整个保障计划；二是保险费的负担与养老金的发放不公平；三是人口老龄化加重，养老金支出不堪重负。为了解决这些问题，日本政府正在采取推迟年金给付年龄、降低保险费率和年金金额等改革措施，来推进社会保障和经济发展。

五、新加坡老年人社会保障制度

新加坡的老年人社会保障基本是依靠中央公积金制度实现的。中央公积金制度是一种强制储蓄型社会保障制度，在此制度下，养老保险采取全部缴纳的方式，所有雇主和雇员都需按比例存储退休金。在雇员年老、残疾或死亡等不测事故发生时一次性付给雇员或其遗属全部公积金和利息，除此之外，公积金的使用还扩大到住房、医疗和教育等其他用途，同时保障人员的其他家庭成员也可受益。但是，新加坡的中央公积金制度是以福利为主、社会保障为辅，缺乏社会保障的完整性和全面性，对收入再分配所起的作用不大，同时不具备全社会共担风险的机制。在养老保障方面，新加坡主张个人、家庭、政府及社会多方共同合作：强调个人应当自食其力，参加中央公积金计划，为自己储蓄养老金；家庭保障仍然是最主要的养老模式，不仅要在物质上承担赡养责任，还需要为老年人提供日常的照料，孝敬、注重老年人；政府应发挥主导作用，完善老年人保障制度，制定政策鼓励家庭养老，对社会养老服务提供支持；社会则有责任协助和支持家庭养老，提供专业养老服务等。总之，在老年人保障方面，新加坡更强调个人和家庭的责任，政府起到的更多是引导作用，只有在个人和家庭都无法发挥保障作用之时，政府才会发挥其安全网作用。

六、我国香港特别行政区老年人社会保障制度

在香港，大部分老年人没有退休金，主要依靠自己的储蓄或者成年子女的供养维持晚年生活。对于低收入家庭的老年人，特别是那些迟婚需要供养未成年子女的老年人，婚后主要作为家庭主妇的老年女性，以及那些需要长期医疗护理的老年人，他们的退休生活并不富裕。综合社会保障援助金和公共福利金是这类老年人的社会保障，但是其保障标准相对香港的经济水平来说是十分低的。

表 2–7　香港老年人援助项目

老年人援助项目	主要内容
现金援助	综合社会保障援助金 公共福利金 各种基金援助个人特殊需要
非现金援助	优惠交通费及文化体育活动 父母免税额 长者住院免税额
健康及医疗服务	廉价普通科及专科诊所 廉价医院服务 豁免收费
社会服务	资助家居护理服务、送餐服务 资助日间护理中心、长者活动中心
房屋	恩恤安置 长者居所 优先轮候计划 资助护养院、护理安老院及养老院

资料来源：朱佩蘭：《安老与社会工作》，香港中文大学出版社 2007 年版，第 85–89 页。

香港在被英国占领时期是没有全民退休保障制度的。2000 年年底，香港开始实施强制性公积金，不过它是一种强制性的私营公积金，公款年期要长达 20 年至 25 年的强基金才可以为供款人提供足够的退休生活保障，对于那些薪金远低于社会工资中位数的 45 岁至 50 岁以后才开始补公款的人来说，强基金的支取则未必能提供足够的退休保障。虽然香港已经是富裕社会，但对老年人的社会保障水平是很低的，而且在老年人社会福利方面，提供各项老年保障的主要机构也并非政府，而是非政府机构。可以说，香港的老年保障主要靠“社会网络”来实现。在养老问题上，老年人通过家庭、朋友及邻居组成的网络来得到照顾和支持，社会工作者和社区组织设立支援小组和自助组织来共同支援养老服务。香港养老服务的最大特色就是将居家养老和社区养老紧密地结合在一起，主要包括长者中心服务、长者社区照顾服务和其他支援服务等内容。

表 2-8 香港养老服务种类及服务内容

服务种类	服务内容
长者邻舍中心	长者邻舍中心是一种邻舍层面的社区支援服务，提供一系列全面服务，例如教育及发展性活动、义工服务、护老者服务、辅导服务、外展及社区网络、社交及康乐活动、饭堂膳食服务、偶到服务等，以满足健康或者身体轻度残疾的长者在心理、社交及发展上的需要。
长者活动中心	长者活动中心为社区的长者筹办社交及康乐活动，提供有关长者福利的信息。
长者地区中心	长者地区中心是一种地区层面的长者社区支援服务，目的是让长者留在社区安老，过着健康、受尊重及有尊严的生活，以及提升他们的社区参与度，同时亦推动社会大众共同建立关怀的社区。长者地区中心提供的服务包括社区教育、个案管理、长者支援服务队、健康教育、教育及发展性活动、发布社区信息、服务转介、义工、护老者支援服务、社交及康乐活动、膳食及洗衣服务、偶到服务。
长者支援服务队	发掘区内独居及有需要照顾的长者，为他们提供社区网络及支援服务，招募及培训义工探访及协助独居长者。
长者日间护理中心	长者日间护理中心提供一系列以中心为本的日间照顾和支援服务，帮助身体技能中度或者严重受损的体弱和痴呆长者，维持最高程度的活动能力，发展他们的潜能和改善他们的生活质素，协助他们在可行的情况下在家安享晚年。长者日间护理中心提供的服务包括个人照顾、护理、康复训练、健康教育、护老者支援、暂托服务、辅导及转介服务、社交及康乐活动、膳食及接送服务等。
综合家居照顾服务	综合家居照顾服务是为体弱长者、残疾人以及有特殊需要的家庭提供多种照顾及服务，并因应个案性质分成两大类： a）伤残及体弱个案——采用多元专业的模式，针对体弱长者的需要，向他们提供护理、个人照顾、康复服务及社工服务等。服务队会根据服务使用者的受损或伤残程度，为他们设计及提供一套有计划及整合的家居及社区支援服务。 b）普通个案——提供个人护理/简单护理、家居清洁、护送、照顾幼儿、日间到户（健康/家居安全）、购物及运送、膳食及洗衣等服务。
改善家居及社区照顾服务	为身体机能中度受损的体弱长者提供一系列的家居照顾及社区支援服务，包括：护理计划、基本及特别护理、个人照顾、康复练习、中心为本日间服务、护老者支援服务、暂托服务、24 小时紧急支援、家居环境安全评估及改善建议、家居照顾、膳食、交通及护送服务等。
长者度假中心	让长者（包括需要长期护理的长者）可以在郊外度假，以及与其亲友可享受余暇。

资料来源：民政部、全国老龄办养老服务体系建设领导小组办公室编：《国外及港澳台地区养老服务情况汇编》，中国社会出版社 2014 年版，第 65-66 页。

第三节　老年人社会保障发展趋势与中国探索

在老龄社会里，如何全面地为老年人提供养老保障、合理地配置养老资源、实现养老保障体系可持续发展，不仅是个人和家庭的行为，更是政府与社会的责任，关系到国家发展的战略。虽然各国或地区的政治、经济、文化、传统风俗等方面都存在差异，但它们在建立和完善老年人社会保障制度时的经验和教训，也会为我国完善老年人社会保障体系提供一些借鉴和参考。

一、老年人社会保障发展趋势

（一）老年人社会保障新需求：从基本养老保障走向积极老龄化

个体的差异性使得不同老年人对老年保障和养老服务的需求也有所不同。总体而言，老年人对养老服务的需求主要来自资金保障、生活照料、医疗服务、文化娱乐、精神心理等几个方面。

表 2–9　养老服务需求项目

项目	老年人需求
资金保障	1. 能够保障老年人基本生活的经济支持 2. 能够提高老年人生活水平的津贴
生活照料	1. 上门照料老年人的日常生活，如餐饮、换洗衣物、清理卫生等 2. 养老机构的全面生活照料
医疗服务	1. 定期上门了解患病老人的健康情况、观察病情、提供医疗咨询等 2. 上门为患病老人诊断护理，为其换药、输液、注射等 3. 上门为老年人提供用药、营养、康复训练等指导和咨询 4. 定期为老年人进行健康体检 5. 失能老人护理服务 6. 老年人急救服务
文化娱乐	1. 老年人文化学习的需求 2. 老年人兴趣的培养和集体娱乐活动开展
精神心理	1. 独居老人、空巢老人的精神慰藉 2. 老年人心理咨询 3. 老年人家庭问题处理

资料来源：王延中等：《中国老年保障体系研究》，经济管理出版社 2014 年版，第 59 页。

随着人们对生活质量的追求不断提高，老年人对社会保障的需求已经不仅仅局限于基本的生活保障和日常照料，而更多地趋向于对一种更高层次的需求满足。积极老龄化（Active Aging）是世界卫生组织20世纪90年代在全球倡导的应对人口老龄化的战略框架，是指“老年时为了提高生活质量，使健康、参与和保障的机会尽可能获得最佳的过程”。积极老龄化，强调的是一种积极的生活方式和生理、心理及社会活动对老年人福利的重要性。健康的生理活动和心理状态会对老年人的健康状况产生积极的影响，而社会活动的参与会保持老年人的社会定位的持续性，从而减少老年人因衰老所带来的生理及心理压力，降低抑郁和孤独感。

因此，老年人社会保障制度应予以相应的完善和发展才能更好地满足老年人对老年保障的新需求。

（二）养老模式发展趋势：从家庭养老走向社会养老

家庭养老模式下，养老的资源主要由家庭提供，家庭成员之间不仅有代际之间经济上的互惠互助，同时更重要的是存在供养双方精神上的互相慰藉。在家庭养老中，老年人的配偶及子女是主要的赡养人，他们会履行对老年人提供经济供养、生活照料和精神赡养的责任。家庭生活中，由于长期共同生活而形成的亲情关系，是其他社会关系无法取代的，所以，无论经济如何发展，家庭结构如何变化，传统敬老爱老助老的伦理道德仍是人们日常生活的基本准则。现行《老年人权益保障法》也规定老年人养老仍以居家为主，家庭成员应当尊重、关心和照料老年人，因此家庭养老责任不仅是道德上的责任，同时也是法律上的义务。

但是随着社会的变化，家庭养老也面临着一系列新的问题，传统的家庭养老模式已经不足以适应人口老龄化发展的需求。尤其是随着人均寿命的不断延长，老年护理已成为普遍的需求，而同时随着家庭结构的改变，家庭护理的功能也在逐渐弱化，这也使得对社会化的养老服务的需求不断增加。养老资源的提供也逐渐呈现由家庭养老到社会养老的趋势。

社会养老和家庭养老、个人养老并不相互排斥，而是相互渗透、相互包容的。社会养老可以适当缓解家庭养老和自我养老的压力，但是不能完全弥补老年人从家庭关系中获得精神慰藉的需求。三种养老模式只是在形式上为老年人提供养老支持，满足养老需求，共同提高老年生活质量，三者是互补存在的。所以，在完善社会养老保障制度的同时，也不能忽视家庭养老保障机制的作用，而应当充分结合两者的优势，互相补充，为老年保障服务。因此，从文化传统和老年人及家庭的经济承受力来说，要保证老年人安度晚年，得到全面的赡养和照顾，走家庭养老和社会养老相结合的道路，应当是解决目前我国养老问题的一条出路。

（三）构建居家为基础、社区为依托、机构为支撑的社会养老服务体系

针对我国老龄社会发展的新需求，法律也对建立和完善养老服务体系作出了新要求。在2018年修改的《老年人权益保障法》第五条中明确地规定："国家建立多层次的社会保障体系，逐步提高对老年人的保障水平。国家建立和完善以居家为基础、社区为依托、机构为支撑的社会养老服务体系。"因此，在新形势的要求下，应当创新养老方式，构建全方位的老年服务体系，既要不断巩固家庭养老的基础地位，又要充分发挥社区养老服务优势，同时进一步盘活机构养老资源。首先，应制定新政策，对家庭养老予以支持，为家庭养老提供更多的实现途径。新加坡在支持家庭养老方面制定了很多鼓励政策，例如，通过住房政策、减免税负政策来鼓励子女与父母共同居住；通过"敬老保健金"等津贴计划减轻赡养老人家庭的经济负担。其次，加强社区建设，完善社区养老服务功能。例如，我国香港地区的居家安老社区服务就尝试去统合医疗、康复、日常照顾、住房、社会保障、心理、社会等各种服务资源来满足老年人的全面需求，体现社区、家庭和个人的配合和协同。最后，鼓励养老服务机构的设立，对养老服务机构予以扶持，完善养老机构准入机制和管理监督机制，确保老年人得到服务保障。新加坡在建设多元化的社会养老服务体系时，积极推进老年人无障碍环境建设，加强社区养老服务项目完善，对于社区无法照顾的老年人，新加坡还提供不同种类的机构服务供其选择，例如社区医院、养老院、临终关怀机构和老年庇护所等，使得老年人可以根据自己的需求选择合适的服务。同时，新加坡还颁布了《老人院法令》，对养老院的设立、标准、审核及管理等问题都作出了明确规定。

二、老年人社会保障制度的法律保障

（一）完善老年人社会保障法律制度

老年人社会保障立法主要有两种模式：一种是针对老年人这一特殊群体单独进行立法，直接规定老年人所享有的权益；另一种是各有关老年保障的规定分散在其他法律中，针对老年人的保障从属于全民社会保障立法体系之中，例如社会保险、医疗保险、社会救助等相关立法。美国、日本和韩国都是采取了单独立法的模式制定了老年人保障立法。美国在1965年颁布了《老年法》（The Older Americans Act)，并进行了多次修改。该法令以老年福利为核心，包括老年救助、老年住宅、安老机构、医疗及营养方案、老年人再就业等规定。此外还有一系列有关老年人保障的法令对老年人进行保护，比如《老人医疗协助法》(1960)、《禁止歧视老人法》(1975) 等。日本在老年人社会保障方面的立法主要有《国民年金法》(1959)、《老人福利法》(1963)、《老人保健法》(1982) 和《介护保险法》(2000) 等。韩国先后颁布了《老人福利法》(1981)、《老人宪章》(1982)、《老年人雇佣促进法》(1991)、《雇佣上禁止年龄歧视及老年人雇佣促进法》(2007)、《老人长期疗养保险法》(2007)、《基础老龄年金法》(2007) 和《基础年金法》(2014) 等。[①]

我国也有专门针对老年人群体的立法，即《老年人权益保障法》，同时全国人大及其常委会、国务院以及其他相关部门也颁布了不少老龄法律、法规、规章及有关文件来保障老年人的合法权益，如《社会保险法》《国务院办公厅关于制定和实施老年人照顾服务项目的意见》《国务院关于建立统一的城乡居民基本养老保险制度的意见》《养老机构管理办法》等。但是与人口老龄化和养老保障现实需求相比，我国老年人社会保障法律制度还远远不能满足老龄化社会发展的特点和需求，在养老保障、养老服务、社会参与等方面的立法仍存在不足。现行老年保障法的许多法律条文仍比较笼统、缺乏可操作性，相关法律的执法主体规定不明确，缺乏统一的管理机构。另外，老年维权案件大多属于家庭内部纠纷，不可避免带有“亲情性”特点，很多老年人存在心理障碍并不会诉诸法律来维护自身权益。这都使得司法、执法机关在实践中无法切实落实法律规定，增加了老年人维权的难度。因此，一个完善的老年社会保障法律制度，不仅需要完善的养老保障立法，同时还需要完善的养老保障执法和争议处理机制。

完善的法制是老年人社会保障体系可持续发展的重要保障，目前中国老年保障体系的法制建设虽然取得了一定进展，但仍存在不足，今后需要进一步加强老年保障的法制建设。完善老年人社会保障体系应当注重老年人社会保障的法规建设，构建完整的社会保障法规体系，会使得老年人社会保障制度的发展有章可循、有法可依；同时也要注重社会保障法规的执行，违法必究、执法必严，只有严格地执法，老年人社会保障法才能得到切实执行，真正确保社会保障各项事务的有序进行。制定全面的老年保障法，对老年人的经济保障、医疗保障、服务保

---

① 丁英顺：《韩国老年福利制度的发展及特征》，载《东北亚学刊》2017 年第 3 期。

障、精神保障进行具体规定。

（二）明确老年人社会保障法定权益和赡养人义务

总体来说，老年人在生活中充当了两种主要的社会角色：作为一国公民的老年人，依法享有“老年人有从国家和社会获得物质帮助的权利，有享受社会服务和社会优待的权利，有参与社会发展和共享发展成果的权利”，而在家庭关系中，老年人享有作为“长辈”的受赡养、扶助的权利。虽然新修订的全国《老年人权益保障法》已经对老年人的相关权益作出了规定，但是权利规定仍缺乏系统性，尚未形成完整的老年人权利体系，并且与之相对应的责任和义务主体的责任内容也相对模糊，缺乏可操作性，这都使得老年人的权益难以在现实中得到保护。所以，在明确老年人各项合法权益之时，应首先对其在不同养老关系中的身份和需求有所明确，并且在确权之后，各个权益相对应的义务主体也更加明确，从而可以在实践中增强老年人相关权益的切实保障。

表 2–10　老年人权益保障制度体系

基本制度	具体制度
家庭保护	经济供养、生活照料、精神慰藉、婚姻自由、人身权保障、财产权保障、老年监护
社会保险	基本养老保险、基本医疗保险、长期照护保险
社会照料	居家照料、社区照料、机构照料
社会优待	政务优待、医疗服务优待、住房优待、尊老优待、文教优待、高龄优待
社会救助	生活救助、医疗救助、住房救助、其他救助
社会参与	就业、志愿服务参与、立法参与、组织参与
法律责任	民事责任、刑事责任、行政责任、道德责任
其他	老龄事业财政预算、老年人统计与调查、福利机构监管与人员培训等

资料来源：肖金明：《老年人权益保障立法研究》，山东大学出版社 2013 年版，第 195 页。

我国已经进入老龄化社会，并且我国的人口老龄化还呈现出老龄化势头猛、发展不平衡、困难老人多、老龄化与少子化和家庭小型化相伴随、未富先老等特点。因此，我国保障老年人合法权益的工作难度大、情况也相对复杂，是一项非常艰巨的系统工程，需要全社会共同承担、共同参与。老年人保障问题已经不仅仅是子女、家庭的问题，还是全社会的共同问题。关于保障老年人合法权益的社会责任也在《老年人权益保障法》第七条中作出了明确的规定。因此，家庭、政府和社会对老年保障都需要承担相应的义务和责任，各方应当在各自的职责范围内充分履行赡养老年人、照料老年人和扶助老年人的责任。而政府和社会在直接对老年人提供养老保障的同时，还应当对家庭养老给予适当的支持和帮助，以达到更好的老年保障效果。

（三）加强地方老年人保障立法

老年人保障立法包括中央立法和地方立法两部分，在我国多地的老年人保障立法是先于中央立法的，例如河北（1988）、四川（1989）、河南（1990）、广西（1990）、贵州（1990）、福建（1990）和北京（1995）等地都在《老年人权益保障法》颁布之前就已经颁布了老年人保障的地方性法规。地方性老年人保障法规有效地细化了《老年人权益保障法》，使之可以得到更好的贯彻落实，一方面，根据本地经济发展水平和人口特征，地方性法规可以因地制宜地对辖区内的老年人进行有效保障。另一方面，地方性老年人保障立法的经验也可以为中央层面的老年人保障立法提供参考，有利于完善老年人保障法律体系。目前，除港、澳、台之外，我国 31 个省、自治区、直辖市均颁布并实施了地方性老年人保障法规。

2015 年修订的《老年人权益保障法》施行以后，已有湖南、吉林、甘肃、安徽、贵州、福建、广西、黑龙江等 14 个省份陆续修订了老年人权益保障法地方性法规。四川、海南、湖北、云南等省的地方老年人保护条例修正案也正处于审议阶段。上海、天津、北京、江苏等地还制定了老年人保护专项地方性法规。这些地方性法规、规章推进了老年人权益保障法在地方的实施，丰富和完善了我国老年人保障法规政策体系。另外，民政部部长、全国老龄办主任黄树贤 2017 年在全国老龄办主任会议上表示，还没有完成修订地方老年人保障法规的省份，也要积极协调地方人大相关专业委员会及相关政府部门，尽快修订完成。①

三、家庭、政府和社会的养老责任再分配

（一）结合社会力量参与，分担家庭、政府养老负担

老年人社会保障体系的发展需要个人、家庭、政府和社会等多方主体的参

① 新华网：《民政部：尚未修订老年人权益保障法地方性法规的省份应尽快修订完成》（2017 年 5 月 6 日），http：//news. xinhuanet. com/2017-05/06/c_1120927274. htm，2020 年 1 月 10 日访问。

与。家庭养老仍处于主导模式，因此，家庭仍是老年人社会保障体系的重要主体之一，尤其在农村，在老年社会保障制度还不完善的情况下，老年人的经济来源还是主要依赖于子女提供。政府是老年人社会保障体系的规划者、组织者、管理者、监督者，老年人社会保障体系的发展始终需要发挥政府的主导作用，充分发挥政府在完善法制、制定政策、加强投入、人才培养、监督管理、组织协调等方面的作用，为老年人社会保障体系的发展提供充分的财力、物力和人力。缺乏政府的主导，老年人社会保障体系的发展是不可能取得良好的效果的，但是，完全依赖政府来实现老年保障也是不可取的，老年人社会保障体系的发展还需要全社会多种力量多层次的参与与支持。

老年人作为社会成员之一，还应该获得来自社会的支持和帮助。加之随着我国已经进入老龄化社会，单纯依靠家庭和政府来实现养老保障是很难切实保证老年人口的养老需求的。因此，老年人社会保障体系的发展需要社会力量的参与，调动更多的社会资源为老年人提供更多、更好的保障，包括提供资金支持、养老服务、精神慰藉等。老年人社会保障体系还应该充分利用市场机制，引导企业、非营利组织、志愿者等力量参与其中，使老年保障的供给进一步增加，提高老年保障的质量。

此外，社区也是提供老年人服务和精神慰藉的重要主体之一，是实现“老有所为、老有所乐”的重要途径。社区能够为老年人提供贴近家庭的各种服务，社区的公益活动和文体活动也大大增强了老年人的社会参与感。英国最早提出了社区照顾制度，调动社会力量参与到老年保障工作中来，也使得老年人不再孤立于社区生活，有利于增强老年人的社会参与度，同时也发挥自身特长为社区发展做出贡献。法国、美国及瑞典随之也相继发展社区福利，之后，亚洲国家也纷纷进行福利改革，日本、新加坡及韩国等国也加大了对社区福利的建设。日本福利机构会对社区开放机构的服务功能，比如提供具有日间照料服务和短期入住的特别养护老人之家，其中还设有护理培训班、志愿者讲座等，使其不仅提供个别服务，还作为社区的共同资源来共享。另外，社区联合其他社会组织还会为老年人提供餐饮服务、移送服务、家庭护理支援等。韩国政府则为退休后希望再就业的老年人提供就业机会，鼓励其他老年人参加社区志愿者活动、学习活动及其他社会活动，增强老年人的社会融合度。进行共同住宅及老年人社区建设，向老年人家庭派遣家庭福利员、帮助日常照顾以实现老年人与社区之间的融合。这些具体经验也表明，完善多元化的老年保障体系，仅仅依靠政府和家庭的力量是远远不够的，还应该充分发挥社区、民间组织等社会力量，建立全面的养老服务支持体系。

（二）合理配置养老保障资源，构建多层次养老保障体系

在人们退休之后，由于经济收入不稳定、健康状况和生活自理能力逐渐缺失，养老风险也随之显现，如何管理养老风险是老年保障需要解决的首要问题。要实现老有所养，首先需要稳定的养老经济保障，即要有稳定的经济来源保障老年生活的日常开销、分担老年医疗费用、保证居住成本和护理费用等开销。养老经济保障一般来源于老年人的个人储蓄、子女供养、各类养老金计划以及养老保险等。

基础养老金是个人、国家和社会三方合力支持的，通常有三个层次，第一层次最低养老保障是国家责任，第二层次补充保障是社会团体（企业）和个人的合力，第三层次保障则是个人责任。西方国家对养老金的改革通常是以压缩公共养老金给付（如提高退休年龄等措施）和鼓励发展第二、三层次补充养老保障来实现的。目前，大多数国家的养老保险是“法定养老保险”和“补充养老保险”相结合的方式。例如，德国的老年人社会保障主要是通过法定养老保险和补充养老保险实现的，前者是联邦政府的一种强制性养老保险，而后者是包括企业养老保险和私人养老保险在内的自愿性质的养老保险。商业补充保险的种类更多，包括养老保险、医疗保险和护理保险等几大类，可以更有效地防范养老风险。除了基础养老金计划和养老保险外，养老资产的配置还开发了不少新型的金融类养老资产配置形式，日趋呈现出多样化选择，例如养老房地产规划、养老资产信托制度，等等。美国、英国和新加坡等国将养老金计划和老年房产计划有机结合，完善了以房养老、换置养老服务的制度安排，提高了老年人的购买力，满足了老年人的养老服务需求。以房养老的理念在近年来也不断丰富，其主要有出售房屋养老、抵押房屋产权养老、与养老机构换置养老公寓等形式。另外，也有商业机构通过收取预付金的形式向老年人提供老年公寓及配套老年护理和医疗服务。因此，要真正实现我国的全民养老保障，就必须构建“基于基本养老保险、补充养老保险、商业养老保险和家庭成员之间或代际之间非正规保障形式在内的多层次养老保障体系”。①

养老经济保障依赖于养老资产的积累情况，这涉及收入分配、人力资本投

① 郑成功：《中国社会保障改革与发展战略（养老保险卷）》，人民出版社 2011 年版，第 231 页。

资、社会保障政策及家庭理财的长期综合效果，要改善养老资产机构应建立多层次的养老收入保障体系，积累多元且结构合理的养老资产。对于具备一定经济条件的家庭及个人来说，尽早建立家庭养老理财规划，充分利用个人资源和社会资源，有计划地设计适合自己的养老保障规划，是有效改善老年生活质量的有效途径。在国家层面，应当在全覆盖、保基本的基础上对养老资源进行有效配置，构建多元化的养老金融服务，建立健全相关法律制度，有效管理国家、社会和个人的养老资产，使其发挥更大效能保障老年人晚年生活。我国如果要构建多层次的养老保障机制，一方面，要依赖于国家财政的支持，完善基础养老保障制度，实现养老保障的全覆盖；另一方面，要发挥社会力量和增强个人的风险意识，探索具有中国特色、适合国情的多元化社会保障方式，实现国家、社会和个人三方共同协作应对老龄化可能会带来的养老风险。

（三）政府与市场作用相结合，发展多种养老服务模式

养老服务是“一种嵌入老年人身心、家庭、社区、机构和城市的照料和护理，从而提高老年人健康生活技能和家庭养老功能的社会活动的总称”①。养老服务具有综合性，服务产品为满足不同需求会涉及不同行业和产业的设计、生产和提供，同时养老服务本身也涉及多种社会关系，需要个人、政府及社会各方面的支持和合作。另外，老年群体具有差异性，因而老年保障的需求也具有差异性。不同年龄、性别、文化程度、收入、健康状况、地区的老年人对老年保障的需求存在较大的差异性。因此，老年保障服务的提供还应当注重老年人的差异性和养老需求的多样性，体现出一定的差异性，提高针对性和有效性。

虽然养老服务的需求在上涨，但我国养老服务的实际供给和老年人的购买能力仍然不足。因此，在发展养老服务时，首先，在政府培育低收入和无收入困难人群的养老服务项目的同时，应注重引入市场力量，调动更多的保障资源，提高老年保障的效率。其次，鼓励公益性、营利性组织提供养老服务，政府有关部门主要负责政策制定、从业资格审查、审批以及进行管理、监督和培训。再次，发挥社会组织、个人的作用，形成由政府、社区、社会组织和个人参与的多层次、多渠道、社会化的社会服务格局。最后，完善养老服务产业发展，整合养老服务资源，对养老服务实行区域化布局，以实现养老服务专业化生产、一体化经营、社会化服务，培育完整的养老服务供给链。

---

① 杨燕绥：《中国老龄社会与养老保障发展报告（2015）》，清华大学出版社 2017 年版，第 78 页。

四、构建“三位一体”的老年人社会保障体系

老年人社会保障的给付方式可以分为三类：一是经济保障，即从经济上保障老年人的晚年生活，它通过给付现金或者实物的方式实现。二是服务给付，即社会需要满足老年人关于生活服务的需求，例如医疗服务、饮食服务、身体护理、日常照顾服务等。三是精神给付，这是更高层次的给付形式，针对老年人文化、心理慰藉方面的社会保障。经济保障、服务保障和精神保障是老年人社会保障体系不可或缺的组成部分，三者互相影响、互相联系，又具有一定的层次递进性。经济保障是基础，对服务保障和精神保障产生影响，经济保障的好坏直接影响到服务保障的好坏，较好的经济保障可以增强服务保障的可及性，提高服务保障的质量，同时也增强精神保障的质量。我国《老年人权益保障法》明确规定了赡养人应当履行对老年人经济供养（物质赡养）、生活照料（生活扶助）及精神慰藉（精神赡养）三方面的义务。但是从立法和实践来看，精神赡养仍存在立法不足，而且已有法规缺乏实际操作性等问题。

从各国或地区老年人保障的发展过程来看，在加强老年人经济保障的同时，也越来越重视对老年人的服务保障和精神保障。因此，要完善老年人社会保障体系应该注重对经济保障、服务保障和精神保障“三位一体”的老年人保障体系构建。

（一）完善老年人精神保障制度

在老年人的生活中，家庭成员或社会应当关注老年人的心理需求和精神需求，使老年人在感情需求和心理需求上得到满足。我国《老年人权益保障法》增加了精神赡养的内容，规定家庭成员应当关心老年人的精神需求，与老年人分开居住的家庭成员应当经常看望或问候老年人。“常回家看看”入法，无疑是对老年人精神保障的一种细化实现，但是，在实践中精神赡养的实现还是主要依靠子女的道德自律。尤其在老年人赡养纠纷案件中，精神赡养常常难以通过诉讼维权来实现，即使法院依法判决子女需履行精神赡养义务，在实践中也是难以执行，或者难以达到精神慰藉的效果。实现精神赡养，首先，应当注意赡养意愿与能力之间的矛盾，有关立法应当有相应的法律政策支持，鼓励和支持赡养人照料老年家庭成员，给付一定的赡养福利，提高其赡养意愿和能力。例如，政府和社会组织可以给予养老主体一定的补贴和税收优惠等。其次，在精神赡养诉讼中，法院应设置调解前置程序，缓和矛盾，解决纠纷，尽可能满足老年人的精神慰藉

需求，最大限度地保障老年人的合法权益。

（二）完善养老服务体系，加强专业人才队伍建设

日本开办老年护理专业培训学校，对提供护理服务的从业者有专业化的培训和严格的分级①，要求从事老年护理行业必须有相应的资质。经过专门培训的护理人员不但提高了服务的质量，同时护理服务管理也十分惊喜，通过建立老年人电子档案，为不同老人制订护理计划，实现个性化护理；并且强调规范的操作细节，明确对护理人员的工作进行分工，真正实现了为老年人提供最专业化的护理服务。日本在养老服务方面做了很多尝试，积累了经验和教训，这有利于我国探索和发展相关养老服务产业、培训专业人员，也有利于我国有效应对老龄化进程，保障老年人晚年生活质量和人身尊严。

表 2-11　中国养老服务业人员需求预测

年份	完全自理老人服务人员（万人）	部分自理老人服务人员（万人）	完全不能自理老人服务人员（万人）	合计需要养老服务人员（万人）
2010	139	240	180	1393
2015	172	296	222	1724
2020	219	374	281	2193
2025	252	426	321	2520
2030	302	507	382	3015

资料来源：杨燕绥：《中国老龄社会与养老保障发展报告（2015）》，清华大学出版社 2017 年版，第 21 页。

面对养老服务人员需求的不断增大，我国许多省、市都出台了相应的政策文件对加强专业队伍建设方面工作给出了指导意见。如《河北省人民政府关于加快推进养老服务体系建设的意见》（冀政〔2010〕72 号）中指出，“建立健全以培养、评价、使用、激励为主要内容的政策措施和制度保障，不断提高养老服务队伍的职业道德、服务水平和专业技能。严格执行《养老护理员国家职业标准》，加强各类养老机构管理人员、护理人员职业技能培训，将其纳入城

① 日本从事老年护理服务的人员大致分为两类，第一类是介护福祉士（护理员），第二类是社会福祉士（相当于社工）。介护福祉士一般分为三级：高级为护理兼管理，负责安排管辖区内护理员的工作，参与对老龄者的护理；中级的能做所有的护理工作；初级的只能从事简单的家政服务和一般性护理工作。

乡就业培训体系，各类养老机构养老护理员一律持证上岗。鼓励有条件的高等院校和中等职业学校开设养老服务相关专业或课程。积极开发社区养老服务公益性岗位，引导大中专毕业生、零就业家庭人员、城乡低保人员及其他就业困难人员从事养老服务。大力发展养老服务志愿者队伍，探索建立义工服务时间储备制等互动服务机制”。《中共江苏省委、江苏省人民政府关于加快我省老龄事业发展的意见》（苏发〔2009〕5号）中也强调了“重视老龄事业人才队伍建设，省、市、县（市、区）都要制定与老龄事业发展相适应的人才培训规划。加强老年服务从业人员的职业技能培训，提高他们的职业道德和服务水平。加强基层老龄工作者队伍建设，切实提高他们的生活待遇水平”。

（三）建立和完善老年人护理保险制度

经过由“济贫照顾服务”到“机构照顾服务”，再到“居家护理”和“地域护理”的发展过程，日本和韩国建立了较为完善的老年人护理保险制度。① 从两国的经验可以看出，建立老年人护理保险制度可以通过社会化的护理服务来减轻个人和家庭的护理负担，使得更多的老年人可以享受更好的护理服务。目前，我国商业保险也有相关的老年人长期护理保险计划，但是商业性的老年人护理保险大部分还只是解决老人看护费的问题，而且覆盖率较低，仍无法从根本上解决我国老年人看护难的问题，要真正解决老年人看护难的问题还需要社会多个系统的共同协作。从制度建设上，要完善长期护理保险的法律政策，并建立多方筹资的社会统筹账户模式。

五、完善特殊群体老年人社会保障制度

要建立健全老年社会保障体系，还需要重点解决好贫困老年人口、高龄老年人口、失能和半失能老年人的社会保障问题。

（一）完善农村老年人社会保障制度

农村老年人社会保障受到经济发展水平、社会公共服务水平、人口结构和劳动力结构等影响，加之我国城乡“二元”体制的管理模式，使得我国农村老年人的保障存在严重滞后性。首先，农村社会养老保障的水平偏低，多数地区的养老金水平只能作为一种生活补贴，很难起到生活保障的作用。其次，农村养老保障缺乏健全的法治化管理和规范，特别是养老保险的管理和运作及社会救济等需

① 田香兰：《日韩老年社会福利政策研究》，天津社会科学院出版社2014年版，第224页。

具体实施的方面，缺乏规范的法治化措施，很多方面的工作流于形式，或者受人为因素的影响，导致社会养老保障措施不能得到很好的落实。最后，农民投保的能力和对于社会保障的观念都存在不足，这也导致了农村社会保障制度处于一种低水平、缓慢发展的状态。

表 2-12 我国“二元”老年社会保障制度

社会保障项目		城市社会保障模式	农村社会保障模式
养老保障	保障方式	社会统筹和个人账户相结合的城镇基本养老保险	以家庭保障（土地保障）为主，社区扶持相结合
	保障对象	城镇所有劳动者	农村劳动者
	资金来源	国家、企业和个人共同承担	个人缴纳为主，集体补助为辅，国家政策扶持
	统筹范围	全省（市）	全县
	保障性质	强制性、社会保险	自愿性、性质争议较大
	财务方式	现收现付制转向部分积累制	完全积累制
健康保障		城镇职工基本医疗保险	农村新型合作医疗
社会福利		办公服务：社区服务、敬老院、干休所等	公共福利：五保供养、养老院、农村社区服务等
社会救助		城市最低生活保障制度	农村最低生活保障制度
补充保障		企业保障、商业保障	少量商业保险

资料来源：刘苓玲：《老年社会保障制度变迁与路径选择》，首都经济贸易大学出版社 2009 年版，第 203 页。

从各国经验来看，农村老年人保障制度主要采取三种模式，即统一制度型、专门制度型和统分结合制度型。统一制度不分产业和就业形式，将本国国民都给予平等的社会保障地位和相同的待遇，采取此种类型的国家有美国、英国、新加坡、韩国、爱尔兰、澳大利亚等。而专门制度则根据农业生产的特点，主要针对农业经营者或农场主建立专门的养老金制度，而把农业雇佣者放置在雇员养老保障系统，采取该种模式的国家主要有中国、德国、法国、土耳其、芬兰等。统分结合制度实际上是对前两种模式的结合，它将农村老年人保障划分成多个层次，第一层次是享受与其他居民一样的养老金待遇，同时设立了专门针对农业经营者的养老金制度，加拿大、日本、瑞典、丹麦等国就是采取此种保障模式。但是，无论是采取统一制度、专门制度还是统分结合制度，农村老年人社会保障制度都是老年人社会保障制度的重要组成部分，而对于像我国这样的农村老年人口众多的国家，建立和完善农村老年人保障制度是需要加强的关键工作。

我国从2009年开始对新型农村社会养老保险（以下简称“新农保”）进行试点工作，规划在2020年实现新农保的全覆盖。不过从试点的情况来看，新农保在制度设计、制度衔接、基金运作及管理体制上还存在诸多问题，如果要真正实现新农保改革的战略目标，仍需在制度和实践中不断完善新农保制度。在未来改革中，应该关注各试点地区的情况，积极总结经验教训；完善新农保制度和政策，建立好制度衔接转换机制，促进城乡养老保险一体化；重视各级财政补贴资金、明晰资金产权问题，确保新农保改革顺利展开；加强基金的管理监督，确保养老保险基金使用有效和安全；做好新农保宣传工作，提高参保率。

（二）完善弱势群体老年人社会救助制度

老年人社会救助是针对弱势老年人群体进行的救助，主要包括针对老年人的生活救助、医疗救助、住房救助和费用减免等制度。老年人社会救助为弱势老年人提供最基本的生活需求、保障最低生活水平，它不仅要考虑贫困老年人的经济需要和社会需求，还要兼顾全体老年人的心理需要和部分高龄老年人、残疾老年人的特殊需求。

《老年人权益保障法》第三十一条规定了对无劳动能力、无生活来源、无赡养人和扶养人，或者其赡养人和抚养人确无赡养能力或者扶养能力的“三无老年人”由地方各级人民政府依照有关规定给予供养或者救助；同时，国家对经济困难的老年人也应给予基本生活、医疗、居住或者其他救助；另外还强调地方各级人民政府应当依照有关规定对流浪乞讨、遭受遗弃等生活无着的老年人给予救助。具体来说，主要通过覆盖城乡的最低生活保障制度对经济困难的老年人给予生活救助。国务院颁布《城市居民最低生活保障条例》（1999）和《关于在全国建立农村最低生活保障制度的通知》（2007）部署在全国范围内建立最低生活保障制度，将符合条件的贫困人口纳入保障范围。考虑到贫困老年人比一般的贫困成年人在医疗照料等方面存在特殊要求，民政部门还对低保家庭中的老年人采取了“分类施保”政策，对其给予重点照顾。

虽然新的《老年人权益保障法》对老年人社会救助作出了规定，但是在制度衔接、规范内容、程序设计、管理监督和地区差异等方面仍存在不足，导致实际救助效率不高。

一国老年人社会保障制度的建立和发展，必然依赖于本国的政策序列和改革路径。尽管各国的政治、经济、文化习俗及道德伦理等背景存在差异，但在应对人口老龄化的问题上，他国的经验与教训对我国建立完善的老年人社会保障体系提供得失成败的借鉴和参考。在完善我国老年社会保障制度时，应当注重对各种养老模式优势与弊端的对比研究，注重对各种模式与尝试的取长补短，从而才能使老年社会保障制度健康运行，实现公平与效率的平衡。积极应对人口老龄化已经被法律确认为国家的一项长期战略任务，“国家和社会应当采取措施，健全保障老年人权益的各项制度，逐步改善保障老年人生活、健康、安全以及参与社会发展的条件，实现老有所养、老有所医、老有所为、老有所学、老有所乐”。面对日益突出的人口老龄化问题，我国应该采取积极措施，一方面，转变经济增长方式，缓和老龄化带来的劳动力老化问题；充分利用宝贵的老年人力资源，发挥老年人的经验、技能优势，减少人口老化的不利因素，扬长避短；不断满足老年人的特殊需要，开发“银色市场”，使之形成一个新的产业体系。另一方面，又要加强社会的保障功能，改善他们在养老抚老、医疗保健、生活服务等方面的条件和待遇，给他们创造一个良好的生活环境；同时借鉴西方国家移民经验，优化人口年龄结构，延缓人口老龄化进程，早日实现成功老龄化战略目标。

第三章
养老保险国际比较和中国路径

第一节　养老保险制度概述

养老保险制度是为达到法定退休年龄的老年人提供基本生活保障的一项制度。从各国建立社会保障制度之始，养老保险在整个社会保障体系中就占据重要的地位，在保持退休者生活水平和维护社会安定上起着举足轻重的作用，也被称为“社会稳定器”。国家有责任为建立养老保险体系提供可持续性的制度保障，使其能够迎接来自经济、政治和人口变化等诸多方面的挑战。

随着国际社会老年化速度的加快，生育率的下降和家庭结构的小型化，家庭养老功能的弱化和赡养比的下降，社会保障体系中的养老保险制度的地位更为显著。同时，各国都针对老龄化社会展开了养老保险制度的改革。

一、养老保险制度构成

从世界范围来看，养老保险制度通常由国家公共保险制度、职业年金制度和个人储蓄制度构成，该三层次的养老保险制度也被称为现代养老保险制度的三大支柱。世界银行基于近年来各国的养老保险改革经验，对三层次养老保险制度给予了肯定。同时，又在三层次基础上提出了五层次的养老保险框架体系，建议在原三层次基础上增加基本层次（零层次），其基本目标是通过非缴费方式惠及低收入人群，尽可能满足贫困人口的需求。在国家公共保险制度、职业年金制度和个人储蓄制度三层次之外，加快发展家庭保障、保健和家政服务更为宽泛的社会政策，被称为第四层次。多层次养老保险制度有利于实现养老保险制度的多重社会目标，最大可能地减少老年贫困的现象，并能满足大多数老年人退休后的基本生活水平，同时在面临经济、政治及人口老龄化风险时具有可持续发展的制度保障。

由于社会背景的差异，各国养老保险制度的设计存在很大差异。有的学者从各国的养老保险制度中提炼出一些共同的要素，如卡特和希普曼用十块“砖”

来形容各国养老保险制度的构成要素："既定给付"与"既定供给"，"强制性"与"自愿性"，"市场导向的财务制度"与"现收现付的财务制度"，"政府账户"与"个人账户"，"私人产权"与"无私有产权"等。同时，用这十块"砖"搭建了五种养老保险制度方案。①

二、养老保险制度的类型

各国在建立养老保险制度的过程中，根据不同的社会政治、经济和文化背景产生了不同的养老保险制度模式。依据不同的标准，各国养老保险制度被划分为不同的类型。其中，四分法把国际养老保险模式分为国家统筹模式、福利国家模式、投保资助模式、强制储蓄模式。该划分方法主要根据养老保险的筹集方式，依据国家、企业、个人对养老保险金的贡献比例来划分。国家统筹模式主要被苏联和我国在计划经济时期所采用，由国家承担全部劳动者的养老责任。目前，该模式已经很少被采用。

因此，有学者认为应当把国际养老保险制度模式分为全民福利型养老保险模式、收入关联型养老保险模式、强制储蓄型养老保险模式。全民福利型养老保险模式以瑞典、英国、加拿大等国为代表，是福利国家广泛采用的一种养老模式。该模式以普惠性养老待遇为原则，为一国范围内所有退休老人提供相同水平的养老金。收入关联型的养老保险模式强调老年人所获得的养老金待遇与个人在工作期间的工资水平、工资年限以及纳税额相挂钩，强调养老保险筹资来源应由企业、个人与国家按照一定比例来分担。因此，也有学者把这种模式称为投保资助型养老保险模式。该模式的代表性国家是德国、美国、日本、法国等。我国当前的养老保险改革模式也倾向于该模式。然而，在采用该模式的国家中，根据养老保险制度的三个层次所占制度的比重不同以及采取的立法强制性不同，又存在差别。强制储蓄型养老保险模式以新加坡和智利等国为代表。该模式由国家通过法律规定，个人和企业按照劳动者收入的一定比例进行储蓄，所建立的个人退休账户由专门机构负责管理和运营。当劳动者达到退休年龄时，再将个人退休账户中所积累的资金作为养老金发还于本人。在该模式中，政府没有直接对养老保险基金进行资助的责任，可以说是一种带有更强的私有化成分的养老保险模式。

然而，在上述的三分法中，随着各国的养老保险改革的深入，福利国家型与

---

① 李珍、孙永勇：《养老保险制度的国际比较》，载《江西财经大学学报》2004年第4期。

收入关联型养老模式的界限正趋于模糊化。尤其是高福利国家的普惠性养老保险待遇在面临经济危机和老龄化的冲击下，不得不引入一些与个人收入相关联的因素。例如，作为福利型代表的瑞典已经从普惠型养老保险模式向参保型转变。同时，福利型国家也在鼓励市场化的基金管理模式，鼓励第二、三层次的养老保险制度的进一步发展。

此外，以政府和市场在养老保险制度中所发挥的作用来进行划分，可以将国际养老保险模式划分为社会民主主义福利国家模式、保守主义福利国家模式、自由主义福利国家模式。社会民主主义福利国家模式以瑞典为代表，该模式强调普惠型养老待遇，具有强烈的普救主义，政府在养老保险模式中起主导作用。保守主义福利国家模式以德国为代表，该模式处于社会民主主义国家模式和自由主义福利国家模式之间，强调对市场的中度依赖，国家、企业和个人之间按照一定比例承担各自的责任。自由主义福利国家模式以美国为代表，其特点在于对市场存在高度的依赖性，低度的社会保障加上自由的企业年金和个人储蓄模式，充分发挥养老金资本市场的调节作用。

第二节　境外养老保险制度的发展与改革

随着各国经济形势的发展，人口结构的变化，养老保险模式随之发生变革。各国在面临老龄化社会和经济发展的需求时，不同程度地在多层次的养老保险制度改革方面体现出一定的趋同化。

一、瑞典的养老保险制度

瑞典作为西方福利国家的典范，早在 1913 年就开始建立全国性的养老保险制度。从养老保险制度建立之初，到全面发展为高福利型养老保险体系，再到发展多层次和多元化的现代养老保险制度，遵循了西方国家养老保险制度“制度建立—制度扩面—制度责权关系调整”的路径，从普惠型转向参保型与多层次的养老保险体系。

（一）瑞典养老保险制度的建立与发展

1. 建立阶段

瑞典政府于 1905 年就养老金问题成立了专门委员会。该委员会经过专门调查后，提出一项建设性报告，该报告成为之后颁布养老金法案的基础。1913 年，瑞典通过了《养老金法案》，全面、系统地建立了养老保险制度。最初建立的养老保险制度带有混合型养老保险制度的性质，既为保险人提供缴费型养老金，又为贫困者及有需要者提供附带收入调查的补充养老金。由于养老保险制度处于最初建立阶段，虽然养老金覆盖了几乎所有老年人，养老保险保障水平却比较低。在 1921 年、1926 年和 1936 年，缴费型养老金仅占劳动者平均收入的 0.003%、0.006%、0.009%；附带收入调查的补充养老金占平均收入的 8.8%、16.4% 和 16.2%[①]。

2. 发展阶段

瑞典养老保险制度在两次世界大战期间处于停止阶段。"二战"后，瑞典养老保险制度在覆盖面和制度内容方面都得到了一定的发展。1946 年，瑞典议会通过了一项新的养老金法案，该法案使瑞典建立了统一标准的普惠型养老金制度。根据该法案，所有年满 67 岁的老年人都可以领取基本养老金，所领取的养老金与领取者退休前的收入水平无关联。到 20 世纪 50 年代后期，瑞典政府开始推行与个人收入相关联的养老金制度。到 70 年代中期，瑞典社会保障制度包括养老保险制度覆盖面不断扩大。同时，养老津贴水平也不断地提高。

（二）瑞典养老保险制度的改革

与世界各国无异，瑞典也经历了老龄化的过程。瑞典老龄人从 1960 年总人口的 12%增至 1980 年的 15.9%。老年人口的增加使得养老金占 GDP 的比例从 3.6%（1960 年）增加到 9.7%（1980 年）。[②] 瑞典的高福利养老型保险制度以高税收、高失业率为代价。大量补充养老金的支付使得养老金入不敷出。高额的企业保障税使企业的负担日益加重，并通过提高价格将税负成本转嫁给消费者。1991 年到 1993 年，瑞典经济出现了"二战"以来首次负增长，失业率人数达 50 万人，失业率高达 8%。财政赤字占整个国内生产总值的 12.3%。[③] 面对老龄化与经济衰退的现实，针对养老保险制度存在的种种弊端，瑞典政府拉开了改革的序幕。

---

① 马红鸽：《瑞典政府养老保险制度政府责任的特点及其启示》，载《重庆理工大学学报（社会科学版）》2016 年第 9 期。

② 徐鼎亚、樊天霞：《国外典型养老保险制度比较及对我国的启示》，载《上海经济研究》2004 年第 10 期。

③ 岳颂东：《瑞典老年社会保障制度的改革与启示》，载《北方经济》2006 年第 11 期。

瑞典改革前的养老保险体系由基本年金、补充年金和部分年金三部分构成。其中，基本年金实行全民同一标准均等共享，与个人收入不相关联。补充年金与退休者个人工资收入密切挂钩，而部分年金则主要面向60岁至65岁的提前退休人员。旧的养老保险制度中养老金待遇未与工资指数和缴费水平挂钩，导致养老金成本的发展与经济增长呈负相关，也未能激发个人劳动、参保的积极性。同时，养老金制度的发展也没有反映人口老龄化的客观事实。1985年至1990年，养老金支出不断增加，瑞典开始对养老保险制度进行改革。

20世纪末，瑞典政府开展的有关养老保险制度的改革措施主要包括紧缩社会保障支出的力度，降低部分养老金的标准，提高退休年龄，将公共养老金计划从现收现付型转为名义账户和实账积累制等。1994年瑞典议会提出养老保险体制改革的建议并通过立法，并于1999年开始全面实行新的三支柱养老保险制度。

（三）改革后的养老保险制度构成

改革后的新养老保险制度针对原制度的缺陷，逐渐改革制度不适应经济发展和人口结构条件的要素，构建了一个兼顾公平和效率的多层次、多支柱的养老保险体系。改革后的养老保险制度主要分为三个层次：国民年金、收入关联养老金、职业年金。

1. 国民年金

改革后的第一层次为国民年金制度，主要面向无收入和低收入人群。与改革前的基本养老金的区别在于国民年金与收入关联养老金相挂钩。当收入关联养老金低于44000克朗时，国家负责将养老金补足到70000克朗的标准；当收入关联金在44000克朗至105000克朗时，国家将按照一定比例给予补助。国民年金随着收入增加不断递减。当收入关联养老金超过105000克朗时，将不能再享受国民年金。因此，国民年金发挥了对贫困和低收入群体的救助功能，同时又与个人的收入相关联，将旧的普惠型养老金制度改革为参保型养老金制度。

2. 收入关联养老金

作为改革后养老保险制度第二层次的收入关联养老金，是瑞典养老保险制度改革的重点和创新点。收入关联养老金的缴费比例占雇员收入的18.5%，通常由雇主和雇员共同承担，分别缴纳9.25%。养老保险制度为每个劳动者建立两个相互独立的个人账户。第一个是名义个人账户，由瑞典社会保险管理局代表个人管理。缴费的16%将被计入该名义账户，并转入公共投资基金进行管理和投资运营。该账户中的资金实行现收现付制，即用于支付当前退休者的养老金。同时，该账户作为计算缴费者退休时领取养老金数额多少的依据，缴费时间越长即意味着领取的养老金更多。第二个是个人账户。个人工资缴费18.5%中的2%将进入该账户，并实施基金积累制。个人账户作为实账积累部分，可以作为投资资本进入资本市场。瑞典政府专门成立了养老保险基金管理局，通过制定管理个人账户的规则，规范养老金在资本市场投资的途径。根据规定，收入关联型养老金可以被投入五大类低风险低回报基金。劳动者有权在五大类基金间选择转换，但须支付管理费用。劳动者也可以决定不选择购买这五类基金，留在账户上的基金也会得到养老保险基金管理局一定的回报。个人账户中的资金性质与名义账户不同，属于个人所有，可以作为遗产被继承。

3. 职业年金

瑞典的养老保险体系中第三层次是职业年金（occupational pension），也被称为企业年金。职业年金是由企业为劳动者提供的养老金，由企业按照工资总额的3%-5%缴纳费用，企业职工无须参与缴费。职业年金通常是通过工会与企业主进行协商确定。目前，有90%以上的劳动者参加了职业年金。职业年金主要由各私营基金公司来负责投资运营。改革后的职业年金改变过去的确定收益制，大多依照确定缴费制来计算劳动者未来获得的养老金额。企业年金制度的发展是瑞典养老保险制度引入市场因素和竞争机制的表现。

（四）对瑞典养老保险制度的评价

1. 强调公平，兼顾效率

瑞典养老保险制度的国民年金作为第一层次，使过去的普惠型基本养老金转变为参保型养老金制度的同时，又体现了财政支出对低收入者等弱势群体倾斜保护。然而，国民年金对无收入和低收入的老龄人并非按照同一标准予以补贴，养老金仍然与收入相关联。在保证公平理念的同时，也符合劳动力市场的激励原则。在制度方面国民年金的设计更有利于蓝领工人的养老待遇。国民养老金层次与收入关联层次相配合，使得弱势群体受到保护的同时，又鼓励了中高收入劳动者对养老保险基金贡献的积极性。因此，瑞典养老保险制度在强调实质公平的同时，也兼顾了市场的效率。

2. 将现收现付制与基金积累制相结合

瑞典通过建立名义账户和个人实账，通过现收现付制度和基金积累制的结合，实现了对收入关联养老金的科学管理。在20世纪90年代中期以前，瑞典一直通过现收现付型的模式筹集养老金。现收现付模式采取以支定收的方式，根据短期养老津贴支付需要，确定当前养老基金数额和缴费标准。现收现付制的本质是以代际缴费来满足当前社会的退休金支付。在老龄化社会的冲击下，现收现付影响了经济发展的活力，并增加了企业和劳动者的负担。因此，新的养老保险制度通过名义账户保持了部分现收现付制度的功能，同时通过实账积累的个人账户弥补了现收现付制度缺陷。在鼓励劳动者根据收入相关的比例进行缴费的同时，使个人账户的基金可以通过资本市场保值和增值。个人账户的保值增值也降低了公共养老金和财政的支出压力。“名义账户”和基金制相结合，可以说是瑞典养老保险制度的独特创新，也为瑞典走出患有“福利病”的社会保障模式做出了贡献。

3. 建立了多层次、多元化的养老保险制度

作为福利国家“橱窗”的瑞典，并没有固守由财政包揽养老资金来源的普惠型模式，而是在原有的养老保险制度基础上，合理引入了市场竞争因素，尤其重视发展企业年金制度，使得企业成为养老金的重要来源。当然，这也离不开瑞典工会在维护劳动者退休后利益方面发挥的重要作用。因此，将瑞典归为福利型养老保险制度国家，在第一层次国民年金方面仍然具有一定的意义。但如果就瑞典在20世纪末的改革举措而言，瑞典已经不再是单一制的福利制养老保险型国家。瑞典与许多西方国家一样，采用了多元化、多层次的养老保险制度模式。

二、德国的养老保险制度

社会养老保险作为德国养老保险体系中最重要的组成部分，建立于19世纪末俾斯麦时期，其发展经历了130多年历史，已经构建了包括使用范围、资金来源、缴费标准和筹集方法等制度内容的制度体系。德国养老保险制度模式体现了雇主、雇员和政府共同承担责任的原则，在雇主和雇员承担了主要责任后，政府以财政承担补充责任。德国养老保险制度因为经济条件、人口结构和政治背景的变化，经历着不间断的改革，以期实现制度的功能和价值。

（一）德国养老保险制度的建立

德国养老保险制度可以追溯到1889年颁布的《伤残和老年保险法》《疾病保险法》与《工伤保险法》，这些法律为工商和手工业工人提供了养老保障。1911年，上述三部法律被编撰为《帝国保险法》。同年，《职员养老保险法》的颁布标志着德国养老保险制度的全面建立。1911年的养老保险立法经过了100多年的演变与发展，在1957年和1973年经过补充修订，构建了以国家、企业、个人三方分担责任的三支柱德国养老保险体系。

德国的养老保险体系由法定养老保险、企业养老保险与私人养老保险三大支柱组成。第一支柱的法定养老保险属于强制型保险，为大多数老年人提供退休后的生存保障。几乎所有的雇佣劳动者及独立经营者均有义务参加法定养老保险。不属于义务参保范围的人和低收入劳动者可以自愿参保。在费用缴纳方面，企业和个人各承担缴费比例的50%，约四分之三的法定养老金来自企业和参保的个人，约四分之一的养老金来自政府所提供的财政补贴。法定养老金实行现收现付财政模式。

第二支柱是企业补充养老保险，是企业为劳动者提供的一种养老福利待遇。企业养老金实行完全基金积累制。企业养老金所需的资金可由企业或劳动者单方缴纳，也可以通过协商由双方共同缴纳。企业养老金可以通过五种方式实施，即直接承诺、援助基金、直接保险、退休保险和退休基金。

第三支柱是个人自愿养老保险，是一种由个人自愿参与和自愿选择经办机构的养老保险形式。个人养老保险形式可以是传统的商业寿险，银行和基金储蓄计划，也可以用以投资股票和房产。德国三支柱模式在平衡企业、个人和政府责任方面存在优势，为日本、美国等不少国家所借鉴。

（二）德国养老保险制度的发展与改革

1. “二战”后养老保险制度的发展

1957年以前，德国养老保险资金筹集采取的是资金积累模式。20世纪30年代经济危机引发的通货膨胀和1948年采取的货币改革使养老保险基金资产缩水，退休职工的生活水平受到影响。“二战”后经济的发展也对养老保险制度的改革提出了要求。德国于1957年颁布了《养老金改革法》，对养老保险制度进行了重大改革。一方面，将养老金的目标确立为保障退休职工在退休时能维持其退休前的相对生活水平，退休时领取的养老金的价值建立在投保时间和该职工该年相对的平均工资的基础之上。另一方面，在养老金筹集方面开始向现收现付发展。然而，现收现付制度经历了一个“分段式收支抵偿法”阶段，经过20年的改革，直到1977年最终建立了纯粹的现收现付资金筹集模式。现收现付制度作为代际协议，可以解决短期内制度改革的资金缺口。

2. 德国养老保险制度的参量式改革

然而，德国的三支柱养老保险模式中以法定养老保险为中心，占退休人员总收入的86%。退休人员总收入中12%来自个人自愿养老保险，6%来自企业补充养老保险。因此，虽然名为“三支柱”养老保险体系，但是第一支柱所占比例过大，第二、三支柱的发展有限。德国过于偏倚第一支柱的养老保险制度和现收现付制模式，在面临人口结构的老化和经济形势的衰退时显现了制度的缺陷。

德国于20世纪30年代进入老龄化社会，在接下来的60年内迅速进入超老龄阶段。由于出生率低下和平均年龄延长，导致人口老龄化程度严重。2010年德国有20%的公民进入老年，使德国老年化程度仅次于日本，成为世界老龄人口最多的国家之一。同时，以第一支柱法定养老保险模式为主的养老保险模式出现了危机。由于现收现付制度是代际协议，导致政府不断提高缴费率。养老保险的缴费率自1957年实施现收现付时的11%增加到1991年的18.7%，到2011年上升至19.9%。[①] 此外，政府投入法定养老金的财政补贴也逐渐增加。养老保险金对企业、个人和财政造成了巨大的负担，同时也影响了德国经济的国际竞争力，导致民众（尤其是年轻人）对养老保险体系的信任度大大降低。

面临石油危机、经济增速减缓、失业率攀升和人口老龄化的冲击，德国政府开始对养老保险制度进行改革。德国政府于20世纪90年代对养老保险体系中的参量进行调整，展开了紧缩性养老保险制度的改革。德国展开的参量式改革，将改革重心放在与法定养老比例和现收现付制度体系的系统参量修正上。1992年德国养老保险制度改革根据可供支配的净工资的增幅来调整养老金，而不是以改革前的总工资收入为根据。同时，决定从2001年起将统一退休年龄从过去的60岁或63岁调整到65岁。此外，1992年改革还在免除缴纳保险费的时间方面采取了更严格的审核条件。

1999年的《养老金改革法》将人口发展因子引入养老金计算公式中，把由于人口寿命增加而导致的养老金领取年份增加的因素与保险费的缴纳和养老金的领取挂钩。此外，1999年改革适当降低养老金水平，使养老金缴费率保持在平稳的水平上。在资金筹集方面，更多考虑人口老龄化的因素，并鼓励通过多渠道发展养老保险制度。2004年通过的《养老金可持续法》，在养老金给付计算公式中引入可持续因子，将养老金给付从收益确定型转变为缴费确定型，以期实现减缓缴费率增速和降低养老金替代率的目标。2007年通过改革法案规定从2012年起将法定退休年龄逐步由65岁延迟至67岁。

3. 德国养老保险制度的多层次机构性改革

20世纪末的参量式改革已达极限，法定养老保险费率到20世纪末仍高达

① 于秀伟：《从“三支柱模式”到“三层次模式”——解析德国养老保险体制改革》，载《德国研究》2012年第2期。

19.3%，养老保险待遇水平明显下降，“一方独大”的法定养老保险体系因为负担沉重，无法发挥正常的社会保障功能。在此背景下，德国于2001年和2004年展开了两次重大的养老保险制度改革，在鼓励第二、三层次补充性养老保险制度的同时，引入更多的基金积累制成分，使养老保险模式从“单支柱”模式走向真正意义上的多层次养老保险模式。

德国于2001年通过了养老保险改革议案，改革重心从以往局限于第一支柱法定养老保险的做法，转向对企业补充养老保险和个人自由养老保险制度的改革，被认为是自1957年改革后最重要、最全面和最具创新性的改革。2001年改革中最核心的内容是通过国家补贴的形式建立的李斯特养老金计划。李斯特养老金产品属于金融产品范畴但非传统的养老保险产品，其提供商业银行、基金及保险公司，由金融监管局监管。德国联邦政府通过直接补贴、税收补贴及所得税延期等方式，激励企业和私人积极参与企业年金和私人养老金计划。李斯特养老金计划改革的核心是基金累积制和储蓄激励制，从某种程度上弥补了法定养老金现收现付制度的局限性，激发了企业和个人参与补充养老保险计划的积极性。李斯特养老金计划在德国受到民众的欢迎，其覆盖面已达符合条件人数的40%。[①]

如果说2001年拉开了德国养老保险制度结构性改革的序幕，那么可以说2004年的改革使德国养老保险制度完全进入了“三层次模式”时期。2002年德国政府成立由伯特·吕库普教授领导的“德国社会保障制度可持续融资委员会”(吕库普委员会)。在该委员会重新审视和研究2001年改革前提条件后，为了实现稳定法定养老保险缴费率和稳定养老保险金给付水平的目标，德国政府于2004年展开了新的养老保险改革，并推动了2005年《法定养老保险可持续发展法》的出台。2004年改革在养老金计算公式中引入可持续发展因子，使缴费者和领取养老金的老年人的人数比例变化能够及时被反映在养老金领取的数额中，以降低年轻劳动者的压力，保持代际公平。2004年改革中最重要的内容是吕库普养老保险计划。吕库普养老保险也称“基础养老金”计划，在设计上与法定养老保险相似，但是可以享受政府大幅度、高比例退税方式的私人自由投保计划。与法定养老保险制度不同之处在于吕库普养老保险采用的是资金积累制的融资结构，是法定养老金制度的补充。

---

① 王化楠：《德国李斯特养老金计划改革及对我国补充性商业养老保险发展的启示》，西南财经大学2016年硕士学位论文，第1页。

（三）对德国养老保险制度的评价

1. 强调国家干预和国家责任

虽然德国养老保险制度强调政府、企业和个人三方共同承担养老保险责任，但政府在养老保险体制的建立、发展和改革中都起着主导作用。首先，政府在建立养老保险制度方面通过立法先行的方式，为养老保险制度的构建搭建规范性体系。立法先通过专门委员会对经济数据进行分析，然后再结合不同时期的经济、政治和人口结构的特点制定不同的养老保险立法。其次，政府在财政方面固定对养老保险制度投入稳定的财政补贴。在对法律养老保险金进行稳定补贴的同时，采取税收手段或直接补贴等方式鼓励多层次养老保险制度的发展。所以，德国政府在养老保险制度发展过程中占据着非常重要的主体地位。

2. 建立了多层次养老保险制度

为了改变旧的三支柱养老保险制度的比例失衡状况，德国政府通过改革，在养老保险制度中引入新的“三层次”模式。三层次模式将以保险产品归属人群的传统划分方法，变为以政府补贴、税收减免计划的介入和保险受益的对象为划分标准。其目的在于通过政府补贴的激励机制，改变对法定养老保险制度的过度偏倚。通过资本市场对保险金的管理，实现个人选择自由和公共资源更合理化分配的结合。同时，第二、三层次的补充养老保险制度的发展也使得资金积累制弥补了现收现付制度的缺陷，能够更灵活应对人口结构老化带来的代际资源再分配的压力。

3. 养老保险管理机构和争议处理机构完善

虽然德国政府在养老保险制度的发展和改革中起着重要作用，但养老保险事务的管理却并非由国家政府单独、直接行使。德国法定养老保险由政府和社会团体共同管理，由联邦劳动和社会保障部进行监督，各类保险协会具体管理各类制度。劳资自治型机构管理机制是德国社会保险制度的一大特色。但非传统养老保险产品如李斯特养老金计划等保险项目则由德国联邦金融管理局监管。因此，德国管理社会保险的社会团体享有一定的自主性和独立性，政府对社会保险基金的管理不能直接干预，主要承担监督职责。

德国早在 1900 年就设立了劳动者保险仲裁法院，并于 1953 年颁布了《社会法院法》，设立了专门审理社会保险、社会福利等有关社会保障方面的纠纷的机构。社会保障纠纷实行三审制，为弱势群体的劳动者社会保障权益提供了坚实的司法保护。由专门的社会法院解决养老保险争议，体现了德国司法体系对社会法的重视以及对劳动者社会保障利益的关切。

三、美国的养老保险制度

美国的养老保险制度与德国同属于投保资助型或收入关联型模式，都由三支柱养老保险制度组成。美国养老保险体系分为：第一支柱为社会保险制度，第二支柱为雇主养老保险制度，第三支柱为私人储蓄养老保险制度。由于美国独特的政治、经济、社会文化背景，美国养老保险体系呈现出三支柱较为均衡发展的特点，常常被喻为“三只脚的凳子”。美国养老保险制度的发展也遵循了“制度建立—制度扩面—制度责权关系调整”的发展历程。

（一）美国养老保险制度的建立

虽然在美国联邦养老保险制度建立之前，蒙大拿州、内华达州、阿拉斯加州和宾夕法尼亚州已经建立了养老保险制度，但20世纪30年代爆发的经济危机直接推动了美国养老保险制度的产生。经济危机导致股市崩溃，大量银行、工厂倒闭，失业率攀升。罗斯福政府采取了凯恩斯政府干预理念，为了提高全民福利水平，加强社会保障，于1935年推出了《社会保障法》。该法第一章和第二章为建立老年援助制度和养老保险制度提供了法律依据。第二章养老保险制度规定的初衷是为达到退休年龄的人提供足够的收入以免继续劳作。在养老保险制度设计之初，罗斯福认为养老保险只应对退休收益做部分贡献，他对养老保险体系的预期是：“退休收入中约三分之一来自养老保险，三分之一来自储蓄收入，三分之一来自其他私人养老金。”① 可以发现，美国在养老保险制度设立之初即为多支柱养老保险体系打下了根基。

（二）美国养老保险制度的发展

1935年建立的养老保险制度存在一些问题：如覆盖面有限、养老金水平较低及各州养老金水平存在一定的差异。因此，1939年对《社会保障法》进行了修订，增加了养老保险给付范围，将养老保险的范围扩大到医疗保险，并根据适当性原则提高了养老保险待遇。修改后的《社会保障法》遵循适当性原则、代际转移原则、国家财政补充原则，同样适用于养老保险制度。

自建立养老保险制度以来，美国养老保险制度开始进入“扩面”阶段，不断扩大养老保险受益人范围。从1939年到1983年，美国将劳动者家属和遗属、

---

① Andrew W. Dobelstein. *Understanding the Social Security Act. The Foundation of Social Welfare for America in the Twenty-First Century* (Oxford: Oxford University Press. 2009), p. 63.（安德鲁·迪杜尔素：《解读社会保障法：二十一世纪美国社会福利的基础》，牛津大学出版社2009年版，第63页。）

农业劳动者、家庭劳动者、非农场自雇人员、残疾劳动者遗属、实习医生、自谋职业医生、依靠消费生活者、牧师、州消防人员等不同人群纳入养老保险制度。在发展社会养老保险制度的同时，也关注私人养老保险计划的发展。1974年，美国政府颁布了《雇员退休收入保障法》，对雇主与雇员之间的私人养老保险计划进行规范。虽然该法并未规定雇主必须为雇员提供私人养老金计划，但为雇主养老金计划设立了最低标准的要求。

（三）美国养老保险制度的改革

从20世纪80年代开始，美国养老保险制度进入了改革阶段。改革的主要社会原因是美国面临着老龄化的冲击和经济发展减缓的压力，导致美国政府开始启动紧缩型养老保险制度。1980年至2000年，美国60岁以上的老年人占总人口的比例从15.6%上升到16.4%，65岁以上老年人人口比例从11.2%上升到12.5%。[①] 人口结构的高龄化增加了养老保险方面的财政压力。美国从20世纪30年代开始建立的养老保险金现收现付筹资模式，遵循代际转移的再分配原则。随着经济发展速度衰减、失业率上升和通货膨胀，养老保险基金开始出现赤字。80年代，美国逐渐将现收现付制度改为部分积累制，即养老保险缴费水平能够积累一定数量的基金，使这笔基金能够满足一段时间（10年到20年）内养老金的支出需要。

从里根政府开始对养老保险制度采取的紧缩型措施包括逐渐提高退休年龄的同时，在养老金方面实行开源节流政策。1983年，里根政府规定从2009年开始延长退休年龄，每一年推迟退休年龄两个月，直到2027年将退休年龄从65岁推迟到67岁。同时，提高养老保险缴费率。雇主、雇员从在20世纪50年代各自缴纳雇员工资收入的1.5%，到90年代各自缴纳5.7%。[②] 此外，还通过弹性退休制度与养老金精算调节相结合，规定提前退休者将减少养老金收入，延迟退休者将获得更多的养老金收入，以鼓励老年人延迟退休年龄。里根政府还不断推动补充养老保险制度的发展，通过强调个人责任以减轻联邦政府的财政责任。

（四）美国养老保险制度的构成

1. 社会养老保险制度

美国养老保险制度的第一支柱为社会养老保险制度，也称公共养老保险。根据《社会保障法》，通过征收工薪税的方式建立老年、遗属和残疾人保险（old-

① 杨斌、丁建定：《美国养老保险制度的嬗变、特点及启示》，载《中州学刊》2015年第5期。

② 徐鼎亚、樊天霞：《国外典型养老保险制度比较及对我国的启示》，载《上海经济研究》2004年第10期。

age，survivors and disability insurance ，简称 OASDI 计划)。OASDI 计划的受益对象包括年满 62 岁的老年劳动者及其配偶，也为低于正常退休年龄（NRA）的残疾劳动者提供残疾人津贴，同时也为年满 60 岁的遗属、未成年人、有未成年子女的已故劳动者的父母（包括低于 60 岁的情况）提供遗属津贴。OASDI 计划的工薪税具有强制性，由雇主和雇员各承担 50%，其缴费率从 1970 年各自缴付 4.2%，到至今各自缴付 6.2%。超过 95%的老年人受益于社会养老保险制度。①

第一支柱作为公共养老保险，与通常的商业保险的养老金支付标准有所不同，在更大程度上体现了公平性。首先，在领取养老保险金时，根据劳动者缴费基础的月平均收入指数（AIME），按比例分段支付养老金。以 2014 年为例，一个在正常退休年龄的劳动者可以获得 816 美元收入段 90%的养老金收入，可以获得 816 美元到 4917 美元收入段 32%的养老金收入，可以获得超出 4917 美元收入段 15%的养老金。因此，与一般的商业保险计算方式的不同在于，养老金领取的倍数差异低于收入的倍数差异，社会保险更倾向于为低收入者提供倾斜性保护的养老保障。其次，美国为社会保险费的缴费基础设置了上限，2014 年为 117000 美元。工资收入超过上限的部分将不按保险费百分比计算。这样使得高薪收入人群可以将多余的收入投入其他形式的养老计划中。

此外，美国将法定养老保险金与弹性退休制度相结合。劳动者可以领取养老金的年龄为 62 岁，但法律规定 65 岁为“正常退休年龄”（NRA）。以正常退休年龄 65 岁为标准调节领取退休金的数量，每提前一个月将减少 0.56%左右的退休金收入，如果在 62 岁退休将比在正常退休年龄减少 20%的收入；退休直到 70 岁，每延长一年将增加 8%的退休金收入；70 岁后退休不再增加退休金。

2. 雇主养老保险制度

雇主养老保险制度是美国养老保险制度的第二支柱，是公共部门或企业为雇员提供的养老金计划。因为雇主养老金计划不带有法律强制性，因此又被称为私人养老金计划，是社会养老保险制度的重要补充。美国政府较早认识到多支柱养老金制度的重要性，分别通过颁布 1974 年《雇员退休收入保障法》、1978 年《国内税收法》、1986 年《税法改革修正案》和 2001 年《经济增长与减税调和法》等法律鼓励私人建立养老金计划。美国推动雇主为雇员建立养老金计划的方式主要为税收手段，即雇主为雇员缴纳的保险费部分可以作为纳税额可扣除部

① ［美］申策：《美国的社会保险制度对中国养老保险制度改革的启示》，张冠译，载《吉林大学社会科学学报》2013 年第 2 期。

分，雇员缴费部分则可以免税。

雇主养老金的资金筹集方式有确定收益模式和确定缴费模式，都属于基金积累制养老金。确定受益制由雇主承诺雇员在退休后将获得一定数额的养老金，可能以退休后每月领取确定的收入额或者在退休时一次性获得一笔养老金。确定受益型养老金比较容易受利率和投资回报率的影响，目前只在大型公司或一些政府部门采用，与确定缴费型养老金相比越来越不被雇主所接受。更多的雇主选择确定缴费型养老金，由雇主和雇员每月固定向属于雇员的个人账户中存入一定比例的收入数额，由企业向雇员提供投资方案供其选择。当员工退休时，将获得该笔基金的投资收益，通常可以是一次性支取。

目前在美国适用最为普遍的缴费确定型养老金计划是401K 计划。401K 计划是根据 1978 年美国《国内税收法》第 401 条 K 项的规定建立的养老金计划，由雇员、雇主共同缴费建立的基金式养老保险制度。401K 计划的优势在于，雇员即使在退休前离职，也可以获得养老金。401K 计划始于 20 世纪 80 年代初，在 90 年代初得到了迅速发展，是目前大多数公司主要采用的企业养老保险计划。

3. 个人储蓄型养老金计划

作为美国养老保险制度中的第三支柱——个人储蓄型养老保险，是建立在劳动者自愿的基础上，通过税收优惠政策的激励而构建的私人储蓄养老计划。根据 1974 年《雇员退休收入保障法》建立的个人退休账户（Individual Retirement Account，IRA）计划，又因为储蓄方式、税收优惠及领取养老金数额和方式的不同，分为以下几种类型：小 IRA 计划和大 IRA 计划；传统 IRA 计划和罗斯（Roth）IRA 计划。小 IRA 计划由每一年不超过 6000 元的储蓄额组成；大 IRA 计划由离职时 IRA 重组储蓄账户组成。传统 IRA 计划采取 EET 递延税收方式，即对存入 IRA 账户中的收入免税，到支取账户收益时再缴纳所得税；罗斯 IRA 计划采取个人将税后收入存入 IRA 账户中，在支取账户内的养老金时免税的方式。多种个人储蓄型养老金模式为劳动者根据自身收入水平进行自主选择的养老金税收优惠途径，具有一定的灵活性。

（五）对美国养老保险制度的评价

1. 美国三支柱养老保险制度的优劣

美国虽然与德国三层次养老保险制度的组成结构相近，但美国各支柱与德国相应层次在整个养老保险体系中的比重有所差异。如前文所述，据德国老年保障研究院的最新统计，德国法定养老保险占退休人员总收入的 82%，私人养老保险占12%，企业补充养老保险占6%。美国65岁以上老年人总收入中社会养老保险占39%，私人养老保险金（包括雇主养老金和个人储蓄养老金）占20%，薪金收入占26%，资产收入占13%，其他收入占2%。[①] 从这两组数据可知，美国养老保险制度所占老年人收入的比例少于德国，美国法定养老金或公共养老金部分所占比例少于私人养老金。这也与美国在建立养老保险制度之初设计构建均衡的养老保险制度的蓝图有关，当然与美国政治文化背景中体现西方自由主义的市场经济理念相关。

美国社会保险制度通过半个世纪扩面，使得受益对象的范围更为广泛。在社会保险受益标准上也体现了公平性，不仅规定了缴费基础的上限，也使保险金的获益更倾斜于保护低收入老年人。然而过高的保险待遇福利和现收现付财务政策影响了养老保险制度的可持续性。紧缩型养老保险制度改革通过延后退休年龄、提高缴费率，同时将完全的现收现付制度变革为部分积累制，暂时减缓了经济衰退和社会老龄化的压力。但美国养老保险本身存在的问题仍然对制度的良性发展构成了极大的挑战。如雇主养老保险项目完全依赖雇主和雇员自愿，因此该支柱的发展依然困难重重。个人储蓄型养老保险要求个人在企业中受雇六年以上才能在退休前离职获得相应的养老金。许多流动性比较强的工作岗位基本无法满足个人储蓄型养老保险制度的需求。美国经济发展速度减缓，个人储蓄率非常低，也严重影响了第三支柱养老保险制度的发展。

2. 美国养老保险制度的发展受经济发展、政治文化背景等因素影响

美国养老保险制度建立之初，受到经济危机的影响，面对市场“失灵”产生的经济萧条的局面，民主党罗斯福政府采取凯恩斯的政府干预政策，旨在通过建立全民福利以缓和资本主义市场经济的劳资矛盾。美国的社会养老保险制度经过半个世纪的全面发展，在20世纪七八十年代面临经济衰退、社会人口老龄化、失业率攀升和通货膨胀等冲击，从共和党里根政府开始对养老保险制度进行紧缩性改革，开源节流减轻财政压力，鼓励私人养老金制度的发展，强调养老金资本市场本身的补充和调节作用。其后乔治·布什继续推行里根政府的政策，小布什政府曾提出养老保险制度私有化的方案，都反映了共和党政府的改革理念中的新自由主义政策倾向，更多重视市场对养老保险制度的调节作用。相对德国对市场

① Andrew W. Dobelstein. *Understanding the Social Security Act. The Foundation of Social Welfare for America in the Twenty-First Century* (Oxford: Oxford University Press. 2009), p. 96. (安德鲁·迪杜尔素：《解读社会保障法：二十一世纪美国社会福利的基础》，牛津大学出版社2009年版，第96页。)

的中度依赖和更大程度的政府干预，美国的养老保险制度更多地体现了社会政治、经济、文化理念中西方自由主义的意识形态。

四、新加坡养老保险制度

（一）新加坡养老保险公积金制度的建立和发展

在新加坡作为英联邦成员时期，《退休金法》的覆盖对象仅包括新加坡公务员，绝大部分国民于20世纪50年代以前没有正式的养老保障。“二战”之后，新加坡社会的经济发展水平较低，人民收入水平不高，尚不具备实行工业化国家的养老保险模式。在此背景下，新加坡政府于1953年颁布了《中央公积金法》，并于1955年正式建立并实施新加坡中央公积金制度（CPF）。

公积金制度最开始只是一个具有强制性的储蓄计划，新加坡政府又在公积金计划的基础上推出了一系列既包含养老保险，又包含医疗、教育、住房、投资增值等多方面的计划。最初的中央公积金账户只开设一个普通账户，到1977年专门为用于养老和应急之需设立了特别账户，并于1984年增设了用于医疗保健和医疗保险的保健储蓄账户。

（二）新加坡养老保险公积金制度的基本内容

新加坡《中央公积金法》构建的养老保险制度是一种由立法强制个人储蓄，为每个成员建立个人账户，通过完全积累成员任职期间所缴纳的费用，为个人退休后提供生活保障的养老保障制度。制度的核心是通过储蓄形成中央公积金制度，与单纯的强制储蓄制度有差异。

各国因为养老保险法律制度的不同，养老保险法律关系的主体和权利、义务内容也存在差异。依据新加坡《中央公积金法》规定，根据养老保险法律关系的主体权利、义务、责任的不同，可分为养老保险的保险人、投保人、被保险人、受益人和监管人。

1. 雇员和雇主作为养老保险投保人的义务

新加坡的中央公积金制度要求雇主和雇员必须以雇员的工资为基数，按照法定的公积金缴费比例，缴纳公积金并存入公积金个人账户，以供雇员退休养老金使用。具体公积金的缴费比例随着国家经济发展水平和人均收入的变化而进行调整。总体而言，缴费比例依据雇员不同年龄段而有所区别，缴费比例随年龄增大而降低；雇员与雇主之间分担的缴费比例随着雇员的年龄增加，雇员所占比例越小。缴费比例的设计符合劳动力市场的规律，也鼓励劳动力市场雇佣年龄偏高的劳动者。此外，公务员缴费比例低于企业雇员。

表 3-1　新加坡 2016 年企业雇员与公共部门无养老金雇员公积金缴费比例

雇员的年龄	雇主缴纳比例（占工资的百分比）	雇员缴纳比例（占工资的百分比）	总比例（占工资的百分比）
55 岁与 55 岁以下	17%	20%	37%
55 岁以上至 60 岁	13%	13%	26%
60 岁至 65 岁	9%	7.5%	16.5%
65 岁以上	7.5%	5%	12.5%

资料来源：新加坡中央公积金局①。

2. 中央公积金局承担保险人和管理人的职责

新加坡于 1955 年根据《中央公积金法》设立了中央公积金局，标志着公积金制的正式成立。根据《中央公积金法》第二条规定，中央公积金局具有独立起诉和应诉的法人资格，有独立的财产权益，其性质是国有企业法人，与其他企业法人无异。

中央公积金局在政府的监督下承担保险人的责任，新加坡财政不直接参与投保，不负担公民养老的费用。中央公积金局作为在政府监督下的养老保险人，实行企业化管理，但有制定和实施具体养老保险政策的权力。因此，中央公积金局也被称为“半官方”机构。

中央公积金局的运营费用来自公积金的利息收入，而非财政收入。新加坡政府也无权直接动用公积金款项，只能通过中央公积金制定的投资计划，以发行政府债券的方式借用。中央公积金局受人力资源部的监督。人力资源部根据《中央公积金法》制定政策，由中央公积金局在人力资源部的监督与建议下，制定具体政策。因此，中央公积金局在财政与行政方面具有一定的独立性。中央公积金局根据法律规定的投资渠道、方式、比例等对养老公积金进行管理和投资运营，并将所获得的投资收益汇入个人账户。

3. 养老保险受益人范围和权益

在新加坡养老保险的受益人是被保险人即参与投保的雇员及他们的家庭成员。公民在年满法定退休年龄 55 岁以后，有权提取公积金。如公民在 55 岁以后

① 新加坡中央公积金局，https：//www. cpf. gov. sg/employers/employerguides/employer-guides/paying-cpf-contributions/cpf-contribution-and-allocation-rates#Item587，2018 年 4 月 9 日访问。

选择继续工作，则可以每三年提取一次公积金，直到全部提取完毕。公民在达到法定退休年龄以后，个人的特别账户和普通账户中的存款将转入退休账户，个人账户由三个账户变更为两个账户：退休账户和保健储蓄账户。新加坡政府要求个人退休时个人账户中必须保留一份最低存款（40000 元新币），以供退休之后所需。如果个人账户达不到最低存款额的要求，可由配偶或子女选择以现金或公积金储蓄转移来填补。在公积金会员达到 55 岁退休年龄及退休账户满足最低存款额这两个要求后，可一次性地提取公积金。同时，公积金会员也可在下列情况下提前提取公积金：永久离开新加坡，终身残疾或神志不清。若会员死亡，其公积金可以作为遗产由其亲属或受遗赠人申请提取。

1980 年新加坡政府还推出了家属保障保险计划，规定如果公积金会员在 55 岁前死亡或终身残疾，其家属将获得一笔保险金或继续保有通过公积金存款购买的公共住房或住宅产业。体现了新加坡公积金家庭养老保险制度对亲属或家庭成员权利的保障。

4. 中央公积金的管理与运营

新加坡中央公积金局统一管理中央公积金，由新加坡货币管理局和新加坡政府投资管理局具体实施公积金投资运营职责。新加坡货币管理局负责对投资于国债和银行存款的公积金进行管理，新加坡政府投资管理局负责对投资于国内的住房和基础设施建设以及外国资产的公积金投资进行管理。

新加坡中央公积金存款除了支付会员利息和正常开支外，还通过多种渠道进行投资以实现养老金的保值增值。中央公积金的主要投资渠道包括购买政府债券，以及投资不动产和基础设施建设等安全系数较高的项目。中央公积金会员有权根据自己的储蓄情况，在《中央公积金法》所规定的投资计划范围内进行投资，但须符合用于投资的 80%公积金被用于购买安全系数最高的政府债券。

5. 养老保险公积金制度的监督

为了维护养老保险公积金的可持续性，《中央公积金法》对违反法律的行为规定了相应的责任和诉讼程序。通过所有雇主在中央公积金局注册的方式对雇主和雇员的缴费行为进行管理和监督。根据《中央公积金法》第七条规定，中央公积金局对雇主的缴费情况行使监督权，对于未按时缴费的行为给予 7 天的宽限期，如果仍未缴费及其罚款的，公积金局可以向法院起诉要求雇主承担法律责任。

根据《中央公积金法》第五条规定，人力资源部对《中央公积金法》的具体实施进行监督，即对中央公积金局涉及养老保险费的收缴和养老保险待遇的支付等工作进行监督。因此，新加坡养老保险公积金制度在行政和管理方面的设计，使得管理和运营部门有一定的独立性，保证了机构运作的效率。同时，也通过政府部门的监管，保证了制度的公正和廉洁。

（三）对新加坡养老保险公积金制度的评价

1. 新加坡养老保险公积金制度的优势

新加坡养老保险制度采取的强制储蓄型公积金制在资金筹集方式上属于完全积累制。该种资金筹集模式强调由雇主和雇员共同协作为养老保险制度筹资，不仅减轻了财政负担，也有利于国家对经济进行宏观调控。养老公积金大部分用于投资政府债券及公共事业，成为新加坡经济发展的强大后盾。经济得到发展，有利于劳动力市场的供求平衡。新加坡公积金覆盖面广，覆盖率达 90%以上。[①] 2019 年新加坡失业率为 2.2%，较低的失业率显示了该国就业充分[②]。另外，人口结构的老龄化对完全积累制的影响程度也较低。通过对公积金在资本市场上的良好运营也较好地实现了公积金的保值与增值，实现了养老保险资金的良性循环。此外，新加坡养老公积金的设计体现了儒家文化中家庭伦理的优良传统，体现了家庭成员之间互助团结，具有新加坡自身社会制度的特色。

2. 新加坡养老保险公积金制度的不足

新加坡养老保险制度带有完全积累型资金筹集模式本身的局限性。第一，公积金账户以个人储蓄账户为单位，缺乏社会保障制度本身的共济性，容易加大老年人贫富差距。第二，新加坡养老保险公积金投资渠道多是以风险小的政府债券等形式为主，其增值比例不大，容易受到通货膨胀的影响。第三，企业和个人缴纳高额的保费，使得企业负担沉重，提高产品成本；个人缴费率高也影响国内消费水平，影响了经济的发展。因此，新加坡政府针对现行养老保险制度进行了改革，比如采取鼓励国民参加商业人寿保险，增加公积金计划，适当降低总投保费率等措施，以弥补制度本身的缺陷。

五、境外养老保险制度对完善我国养老保险制度的启示

西方各国养老保险制度的发展大都经历了从制度建立到制度扩面，再到结构

---

① 佟哲：《新加坡中央公积金制度对我国养老保险的启示》，载《科技创业月刊》2007 年第 3 期。

② 新加坡失业率，https：//cn.investing.com/economic-calendar/singaporean-unemployment-rate-509，2020 年 2 月 1 日访问。

调整的历程。当西方国家面临经济衰退和人口老龄化的挑战时，都采取了类似的举措，以便充分发挥养老保险制度的保障功能。在对有代表性的国家的养老保险制度进行对比研究之后，提出几方面值得我国借鉴之处。

1. 以收入关联为主，同时满足对低收入人群的倾斜性保护

西方国家大多采纳了参保型的养老保险制度，使退休劳动者的养老金与劳动期间的收入相关联。在将劳动者收入与养老保险进行挂钩的同时，西方国家对低收入人群的倾斜性保护也符合世界银行所提倡的“在原三层次基础上增加零层次”的建议。瑞典改革后的国民年金制度，通过补贴方式对低收入人群进行了倾斜性保护。该补贴仍然以低收入人群的收入状况作为依据，避免了有差别的低收入人群均等享有同等利益的不公平后果。

美国的养老保险制度中的公共养老保险制度也与收入相关联，但在领取养老金的数额方面更向低收入劳动者倾斜。同时，鼓励高收入人群通过雇主养老金或者储蓄性养老金等其他层次的方式获得养老保障。将收入关联原则与倾斜保护低收入人群相结合的养老保险制度，更充分地体现了社会保障制度的公平价值，又同时使得其他社会保障层次得到更大的发展。

我国现阶段仍有相当数量的低收入人群未在养老保险制度的覆盖范围内。同时，我国的多层次养老保险制度的构建任重道远，也可以借鉴前列国家的经验，在养老保险制度设计中体现对低收入劳动者的倾斜保护，鼓励高收入劳动者更多地参与其他层次的养老保险制度。

2. 面临经济衰退和老龄化挑战，推行指数化改革

当西方国家广泛面临人口老龄化、失业率高、经济增速减缓等社会问题时，通常会采取紧缩性的指数化或参量式养老保险改革措施。以德国为例，德国政府为了改变养老保险制度的缺陷，通过修正法定养老比例，调整现收现付制度体系，在养老金计算公式中引入人口发展因子和可持续因子。同时，通过延缓退休年龄（美国也做了如此的调整），降低养老金发放水平，减缓缴费率增速和降低养老金替代率等措施对养老保险制度进行制度内的指数化改革。

指数化改革的优势是可以根据特定时期的经济发展形势或人口发展趋势，及时平衡养老保险金的资金来源和养老金的支付缺口之间的矛盾，科学地预测养老金的收支情况，并通过指数化改革缓解财政压力。指数化改革的不足之处在于不能对养老保险体系的制度弊端进行根本性和宏观性的改革。

3. 养老保险制度的长远之计：完善多元化、多层次的养老保险制度

大多数西方国家都从单一模式的养老制度或不均衡的养老制度，向实质性的多元化或多层次的养老保险制度发展。作为福利国家的典范瑞典面对老龄化、财政赤字的现实，实现了从普惠型的单一养老保险模式向多层次养老保险制度的发展。德国为了改变第一层次所占比例过大的制度缺陷，通过“李斯特养老金计划”等举措，激励企业和私人积极参与企业年金和私人养老金计划，大力发展第二、三层次补充性养老保险。

我国养老保险模式与德国的投保资助型模式类似，由国家、企业与个人共同承担养老保险资金的筹资责任。因此，国家不仅要通过立法宏观调控养老保险制度发展方向，对养老保险制度的层次结构分布进行调控，还要通过财政手段对养老保险制度所体现的效率和公平价值进行引导，使我国养老保险制度最终发展为真正意义上的多层次、多元化养老保险制度。

第三节　完善我国养老保险制度

一、我国养老保险制度的建立与发展

我国养老保险制度从20世纪中叶开始建立至今，从传统国家保障型模式发展到现在的投保资助型模式，发生了重大的转变。我国养老保险制度的发展可以分为以下几个阶段：

（一）初步建立阶段

中华人民共和国建立之初，中央人民政府政务院于1951年发布了《劳动保险条例》，经过1953年、1956年两次修订，初步建立了城镇企业职工的劳动保险制度。但范围仅局限于人数100人以上的国营企业和公私合营企业。1958年，国务院通过《关于工人、职工退休处理暂行规定》将养老退休待遇拓宽至事业单位和国家机关、人民团体的工人、职员。20世纪50年代，我国初步建立了传统国家保障型养老保险模式。

1969年财政部发布了《关于国营企业财务工作中几项制度的改革意见（草案）》，标志着传统养老保险制度逐渐演变为单位保险制度。

（二）转型改制阶段

改革开放时期，为了适应新的经济形势的发展，国务院于 1986 年颁布了《国营企业实行劳动合同制暂行规定》。虽然该规定只适用于国营企业的合同制工人，但标志着企业、劳动者和国家共同承担责任的新型养老保险制度的建立，也标志着养老保险制度的改革迈出了第一步。

1991 年国务院《关于企业职工养老保险制度改革的决定》首次明确提出确立基本养老保险、补充养老保险和个人储蓄性养老保险相结合的多层次养老保险模式。同时，明确指出养老金通过国家、企业、个人三方共同负担，改革过去完全由国家、企业包干的方式。

1995 年国务院颁布的《关于深化企业职工养老保险制度改革的通知》确立了 20 世纪末以前的企业职工养老保险制度改革目标和改革原则，并建立了统账结合的养老保险制度管理模式。

1997 年国务院颁布的《关于建立统一的企业职工基本养老保险制度的决定》确立建立全国统一的职工基本养老保险的目标，并围绕该目标进一步规定了企业和个人缴纳的养老保险费率、个人缴费年限。同时，该决定也指出了养老保险制度仍处于试点阶段，存在诸多问题，需要进一步加快改革的步伐。

此阶段的养老保险制度的发展带有实验性，并初步建立起多层次养老保险制度模式，与建立市场经济体制的要求初步适应。

（三）深化改革与制度完善阶段

21 世纪初我国养老保险制度在构建多层次养老保险制度方面开始进行深化改革。改革的举措仍然是通过一系列的行政法规与规章制度对养老保险制度的制度、规则和具体实施进行完善。

2001 年财政部与劳动和社会保障部联合出台的《全国社会保障基金投资管理暂行办法》对全国社会保障基金投资运行进行了规范。2004 年劳动和社会保障机构联合出台的《企业年金试行办法》对企业补充型养老保险进行了规范。2005 年国务院出台的《关于完善企业职工基本养老保险制度的决定》对企业职工基本养老保险制度具体的改革和完善进行了规定，如对扩大基本养老保险覆盖范围、加快提高统筹层次、逐步做实个人账户、基本养老保险基金征缴与监管、发展企业年金等方面进行了详细规定。2008 年劳动和社会保障部、民政部《关于社会组织专职工作人员参加养老保险有关问题的通知》扩大了养老保险的覆盖面，要求社会团体、基金会、民办非企业单位、境外非政府组织驻华代表机构及其签订聘用合同或劳动合同的专职人员等社会组织的专职人员强制参加基本养老保险。

2009 年国务院颁布《关于开展新型农村社会养老保险试点的指导意见》，规定自 2009 年起全国开展新型农村社会养老保险试点工作。同年，国务院办公厅《关于转发人力资源和社会保障部、财政部城镇企业职工基本养老保险关系转移接续暂行办法的通知》规定，保障参保人员（包括农民工）的跨区域流动和养老保险关系转移接续顺畅，明确此手段适用于参与城镇企业职工基本养老保险的所有人员。

2010 年全国人大常委会颁布了《社会保险法》。该法作为我国社会保险的基本法律，首次对养老、医疗、工伤、失业和生育五大社会保险种类进行系统规范，标志着我国社会保险制度改革进入法治规范阶段。《社会保险法》也是养老保险制度定型化的标志。该法提出了养老保险制度坚持“广覆盖、保基本、多层次、可持续”的原则，明确规定了包含城乡居民的制度覆盖范围，并规定了逐步实现养老保险基金全国统筹的目标。可以说，《社会保险法》是把过去十余年的制度探索和深化改革的经验上升到法律层面的改革成果。

当然，我国《社会保险法》的颁布并不意味着我国养老保险制度的改革已经告一段落。恰恰相反，该法的出台意味着养老保险制度的法治化改革过程刚拉开序幕。在《社会保险法》颁布之后，国务院等相关部门又出台了一系列规定以推进养老保险法律制度的具体实施和完善。如 2014 年国务院印发的《关于建立统一的城乡居民基本养老保险制度的意见》对城乡居民保险制度的模式、筹资渠道、待遇支付、激励机制都进行了规定。同时，该意见指出，在 2015 年年末将新型农村社会养老保险和城镇居民养老保险制度（以下简称“城居保”）合并实施，并提出在 2020 年前，全国建成公平、统一、规范的城乡居民养老保险制度的规划。2014 年人力资源和社会保障部、财政部印发《城乡养老保险制度衔接暂行办法》对城乡居民养老保险和城镇职工养老保险之间的转移衔接进行了明确规定。2014 年国务院通过了《事业单位人事管理条例》，该条例将事业单位工作人员纳入了养老保险体系，实现事业单位与企业养老保险制度的并轨。2014 年人力资源和社会保障部办公厅《关于进一步做好企业年金方案备案工作的意见》对企业年金制度进行了完善，对企业年金的备案、审核、缴费、廉政风险控制等方面的具体实施进行了规定。我国还提出要在省级统筹基础上加快养老保险全国统筹进度，在全国范围内实现制度统一和区域间互助共济。①

二、我国养老保险制度的现状和存在的问题

中国养老保险制度从建立之始，历经了从传统养老保险制度向多层次养老保险制度的转变。经过20多年的制度变革，中国基本构建了由基本养老保险、企业补充养老保险和个人储蓄养老保险构成的多层次养老保险框架体系，并形成了由企业、职工共同缴费，由国家财政补贴的筹资模式。

（一）我国基本养老保险制度的概况与不足

1. 我国基本养老保险制度的概况

基本养老保险是按照国家法律规定建立和实施的一种法定社会保险制度，基本养老保险制度具有强制性。我国基本养老保险制度是按照《社会保险法》及其相关法规、规章的规定，用人单位和劳动者必须依法缴纳养老保险费，在劳动者达到法定退休年龄或因其他原因而退出劳动岗位后，社会保险经办机构依法向其支付养老金等待遇，从而保障其基本生活。我国在2014年前，法定基本养老保险由城镇职工养老保险、城镇居民养老保险、新型农村社会养老保险、事业单位养老保险等几种类型组成。经过“城居保”与“新农保”的合并，基本养老保险主要由城镇职工养老保险、城乡居民养老保险和事业单位养老保险等部分组成。改革的方向仍然是向统一党政机关、事业单位，建立与企业相同的基本养老保险制度发展。

我国目前实施的基本养老保险制度采取社会统筹和个人账户相结合的方式。制度设计之初是使社会统筹账户通过现收现付方式实现代际之间的财产再分配功能，解决退休劳动者的基本生活需求。个人账户采取基金积累制，养老金收入与个人收入挂钩，在个人账户中引入激励因素。该制度的设计本质上是部分积累制，避免了现收现付制度易受老龄化社会人口结构的影响等不利因素，也避免了完全积累制易受通货膨胀的影响等不利因素。

2. 我国基本养老保险制度的不足

首先，覆盖面仍然有待提高。虽然，我国基本养老保险制度从制度层面已经做到了全覆盖，但非全日制从业人员或其他灵活就业人员加入养老保险体系是建

① 新华网：《习近平主持召开中央财经委员会第五次会议》（2019年8月26日），http://www.xinhuanet.com/politics/2019-08/26/c_1124923884.htm，2020年1月18日访问。

立在自愿基础上的。目前，参加职工基本养老保险人数占应参保人数的75.3%，[①] 仍有大量的非正式就业人员未被基本养老保险制度覆盖。此外，经济发展水平参差不齐也导致各省份养老保险制度参与率不均衡。

其次，在统账结合资金筹集与管理方面，制度设计为部分积累制，实为现收现付制度，多数省份个人账户空账运行。这不仅使我国养老保险制度面临着支付风险，也与法律规定相矛盾，影响了立法的权威性，导致个人账户资金无法按个人账户所有人意愿选择投资保障型保值型的基金，进而影响养老保险制度的可持续发展。

最后，在养老保险制度设计方面缴费率较高，养老金替代率在逐渐降低。我国企业缴纳养老保险费的比例占企业工资总额的20%，个人缴纳基本养老保险的比例占本人缴费工资的8%，已经超过了国际警戒线20%。高额的缴费率给企业带来沉重的负担，导致商品成本偏高，影响了我国经济的国际竞争力。高额的缴费率也是企业和个人逃避缴纳养老保险费的重要原因。我国将基本养老保险的替代率目标定为58%，目前已经从2003年71.2%的替代率降低为46%，接近45%的国际警戒线。[②] 在目前我国养老保险制度第二、三层次尚未完全发展的情况下，基本养老保险制度尚不能充分满足老年人退休后的基本生活。

（二）我国企业补充养老保险制度的现状与不足

企业补充养老保险是企业与其职工自愿建立的补充养老保险制度。在世界范围内，企业养老保险都是国家公共保险制度的重要补充。早在1991年国务院出台的《关于企业职工养老保险制度改革的决定》中就已经提出：逐步建立基本养老保险与企业补充养老保险、职工个人储蓄性养老保险相结合的制度。到目前为止，参加企业养老保险制度的人数占应参保人数的9.4%，大多属于大型国有企业或经济效益良好的大公司职员。[③] 我国企业养老保险制度的发展仍然处于起步阶段。

由于企业年金高度依赖国内资本市场如股市的行情，在收益率方面不稳定，甚至出现了亏损的情况，如2008年和2011年的投资收益率都为负数。虽然人社部在2013年通过23号文和24号文对扩大企业年金的投资范围及对企业年金养

① 刘克崮、曹越：《打造覆盖全体公民的养老体系》，载《国际融资》2017年第12期。

② 王化楠：《德国李斯特养老金计划改革及对我国补充性商业养老保险发展的启示》，西南财经大学2016年硕士学位论文，第62页。

③ 刘克崮、曹越：《打造覆盖全体公民的养老体系》，载《国际融资》2017年第12期。

老金产品的相关问题进行了规范，但企业年金的风险控制和保值增值管理水平仍然有待进一步探索和完善。

我国在税收政策方面针对企业养老保险制度进行了一系列改革。2009年《国家税务总局关于企业年金个人所得税征收管理有关问题的通知》及《国家税务总局关于企业年金个人所得税有关问题补充规定的公告》采取TEE征税模式，明确规定企业年金缴费计征个人所得税，但单位缴费在工资总额5%以内部分免征企业所得税，领取企业年金阶段不征收个人所得税。财政部、人力资源和社会保障部与国家税务总局在2013年联合发布《关于企业年金职业年金个人所得税有关问题的通知》采取了EET模式，在我国正式执行企业年金缴费个税递延纳税政策。该通知规定，企业年金单位缴费或在工资计税基数4%以内的个人可以从个人当期应纳税所得额中扣除；年金投资收益部分工资、薪金所得项目征收个人所得税。虽然征税模式从前端征税方式TEE转变为后端征税方式EET，对企业和个人都有一定的税收优惠，但激励措施单一以及免税或延税的比例和数额较小，所起到的激励效果并不明显。

（三）我国个人储蓄型商业养老保险制度的现状与不足

由于个人储蓄型商业养老保险制度市场尚不成熟，预计参与人数不超过总参保人数的1%-2%。[①] 虽然上海银行、幸福人寿等商业机构先后进行了“以房养老”等养老保险模式的尝试，但可供个人选择的商业养老保险项目依然有限。到2015年年底，全国75家人身保险公司中，只有5家专业从事养老保险业务的公司，且这5家公司中有4家是大型寿险集团旗下的养老子公司，在资金和业务规模上都有一定的局限性。[②]

我国在税收方面尚未出台对个人储蓄型商业养老保险制度的优惠政策，加上职工个人的收入水平的制约及参与储蓄型商业养老保险的意识淡薄的影响，使得我国个人商业养老保险总体规模还不足，尚无法充分发挥养老补充作用。

三、完善我国养老保险制度的具体建议

（一）增加覆盖面，建立统一养老保险制度

虽然目前我国从制度上做到了养老保险制度的全覆盖，但养老保险制度的参

---

① 刘克崮、曹越：《打造覆盖全体公民的养老体系》，载《国际融资》2017年第12期。

② 王化楠：《德国李斯特养老金计划改革及对我国补充性商业养老保险发展的启示》，西南财经大学2016年硕士学位论文，第63页。

与者主要集中在城市、大型企业、第一产业等范畴内，我国养老保险制度应该进一步扩大覆盖面，将游离于制度外的灵活就业人员或非正式就业人员吸纳进养老保险制度内。在具体的措施方面，有的学者建议使用强制性的方法。从各国经验和我国实际看，建议通过国家补贴的方式，对参与养老保险制度无正式就业或者没有固定职业的人员按照其缴费的比例给予一定的补贴，吸引其参与养老保险制度。借鉴瑞典和美国养老保险第一支柱的特点，使我国基本养老保险制度体现对低收入者进行倾斜的普惠性。但由于经济发展水平的制约，我国可以先建立养老保险“低水平、广覆盖”的初级目标。

我国因为幅员辽阔，城乡经济水平差异大，形成了“碎片化”的养老保险体系。但社会保障制度的本质是通过资源再分配实现社会公平，越广的统筹范围越有利于发挥社会保险制度的共济作用。因此，只有推进养老保险制度改革，逐步做到全国统筹，统一城镇职工与城乡居民，统一企业职工与公务员的养老保险制度，才能在公平的基础上提高养老保险制度的效益。通过全国统筹还可以保证富裕地区剩余的养老保险基金流向贫困地区，做到养老保险金的最大化利用。

（二）统账分离管理，做实个人账户

我国在设计基本养老保险制度之初，采取了统筹账户和个人账户相结合的方式，即在筹资模式上拟采取部分积累的模式。该模式结合了现收现付和基金积累制的优势，可以缓和人口老龄化和通货膨胀的矛盾，并减轻财政压力。但是，在实践中出现“混账”管理的现象，个人账户空账运行，不仅违背了制度设计的初衷，也使立法的权威性受到了质疑。

因此，建议在坚持部分积累制的前提下，做实个人账户。使得个人账户能够真正实现基金积累的功能，并采取与统筹账户分别管理的模式，使个人账户资金可以通过信托等渠道，授权资金管理公司进行市场化投资。但须对个人账户的投资渠道、投资项目比例、投资风险进行严格监管，并由国家进行一定的担保，确保个人账户的保值和增值。

（三）增加多渠道资金来源，完善多层次养老保险制度

目前我国养老保险制度的构成类似于德国改革前的状况，名为“多层次”养老保险制度，但以第一层次的养老保险制度为主。由于资金来源主要依靠企业和个人的缴费，因此如果第一层次的养老保险占整个制度比例过大，第二、三层次的养老保险制度的发展则会受到制约。因此，降低第一层次基本养老保险制度

的缴费率和替代率，使第一层次养老保险制度主要保障中低收入劳动者的养老金收益。可以借鉴美国养老保险制度设计方式中合理的一些内容，通过限制第一层次养老金缴费基数的上限，使得较高收入的人群可以通过企业年金或个人储蓄型商业保险模式获得养老保障。在企业、职业年金和个体储蓄养老保险的制度规则设计中，应当使参与第二、三层次的收入在税收、利息等方面得到优惠和保障。这样，不仅有利于公共资源公平和合理地利用，更有效地发挥了养老保险制度不同层次的效用。

促进第二、三层次的养老保险制度的发展，通过多种优惠政策激励企业养老金和个人储蓄型养老保险制度的发展。建议我国可以借鉴德国的做法，对于不同收入水平的劳动者采取不同的激励方式。对低收入的参与者，可以采取适当直接补贴的方式；对中高等收入的参与者可以采取税收折扣或者税收递延的方式。在管理制度方面，建议借鉴英国合并管理第二、三层次养老保险制度的平台，减少管理成本，增加管理效率。此外，可以借鉴美国在第二、三层次间建立可以流动的通道，提高民众对养老保险制度安全性和灵活性的信任度。①

（四）推行指数化改革，增加弹性退休制度

西方发达国家在面临老龄化社会的挑战时，通常是通过改革养老保险制度中的一些参量，进行参量式或指数化改革。指数化改革并非对养老保险制度本身进行根本变革，而是对影响养老保险制度的可持续发展因素进行调整，使养老保险金的收支达到平衡。指数化改革除了根据人口抚养率、物价指数、工资指数等影响因子调整养老保险缴费率、养老金替代率等指数外，推迟退休年龄与采用弹性退休制度也是西方老龄化国家常采用的一项举措。我国在逐步降低基本养老保险缴费率的同时，可以适当降低基本养老金的替代率，鼓励第二、三层次养老保险制度更充分地发挥作用。

我国目前已经开始探索采取推迟退休年龄的措施。推迟退休年龄可以从一定程度上减少领取养老金的人数，缓解养老保险金的支出压力。我们应该借鉴瑞典、德国、美国的经验，在延迟退休年龄的同时，采取合理的弹性退休制度，在一定年龄范围内允许提前退休和延迟退休。将退休金的金额与提前退休或延迟退休的时限挂钩，提前退休将相应地减少领取退休金的金额，延迟退休将相应地多

① 在美国，当企业年金的投保人在公司选定的管理基金没有达到预期收益时，可选择将 401K 计划资金转入 IRA 账户中，并自主选择金融项目进行投资。

领取退休金的金额。通过设计合理的养老金比例，鼓励延迟退休的行为。同时，设定提前退休的最早年限和延迟退休的最晚年限。

（五）明确政府职责，建立可持续发展养老保险制度

各国的养老保险制度的发展都离不开政府的主导作用。政府不仅在制度的设计、执行和监管方面有着不可推卸的责任，在财政方面还应承担对养老保险制度的担保责任。我国在养老保险制度设计之初（如 1991 年《国务院关于企业职工养老保险制度改革的决定》），明确规定养老金要通过国家、企业、个人三方共同负担。然而，许多地方政府通过个人账户空账运行的方式，使部分积累制变为现收现付制，没有承担相应的财政责任。在此方面，我们应该借鉴德国政府的经验，除了个人和企业向法定养老保险投入的 75%费用以外，政府的固定投入在 25%左右。即使在养老保险金进行市场化运营管理的智利，当基金管理公司遭遇破产时，政府将对养老金权益承担兑现义务。

因此，政府应当承担起在转制的过程中隐形债务的偿还责任。隐形债务的形成主要是因为当期退休人员在未缴纳费用的情况下享受养老金，通过当期劳动者缴费实现现收现付而引发的债务。当在逐步做实未来劳动者个人账户的过程中，当期劳动者个人账户已经空转运行产生的债务，须通过合理的渠道进行填补。从理论上而言，当期退休人员在工作期间的劳动价值在很大程度上对国有资产进行了贡献，所以可以通过国有资产补偿该债务。此外，可以借鉴其他国家通过发行国债的方式来偿还制度转型的债务，体现社会主义国家在养老保险制度建立时应有的责任。

（六）完善立法，提高立法效力层次

我国从养老保险制度建立开始，政府通过大量的养老保险规范性文件对制度的构建和改革进行了规定。这些规范性文件大多是以条例、决定、办法、建议、意见、通知等形式存在，数量多但效力层次低。其中，规定的内容变化快，欠缺制度的稳定性和公开性。

我国《社会保险法》虽然专章对养老保险制度进行了规定，但主要体现为原则性、抽象性的规定，欠缺可操作性。在对世界各国的养老保险制度进行考察后，发现大多数国家都是以立法先行推动养老保险制度的建立与改革。建议我国颁布《养老保险法》，通过基本立法的详细规定使得养老保险制度具有公开性、稳定性和可操作性。

第四章
老年人生活补贴金

老年人生活补贴金也可以称为“老年人福利津贴”，是指为了改善老年人的生活，在基本养老金之外，由政府发给的养老服务补贴、护理津贴、高龄津贴和失独老人扶助金等非缴费补贴。我国《老年人权益保障法》明确了以发放高龄津贴、养老服务补贴和护理补贴为主要内容的老年人福利制度，这是与养老保险制度不同的老年人权益保障子系统。

据 2019 年 1 月 3 日的中国之声《全国新闻联播》报道，民政部部长黄树贤在 1 月 3 日召开的全国民政工作视频会上表示，我国养老服务事业加快发展，已经基本实现老年人高龄津贴、服务补贴和护理补贴制度的全国覆盖。2018 年，我国取消养老机构设立许可，推动出台加快养老服务发展的意见。我国各省均已建立高龄津贴制度，30 个省份建立服务补贴制度，29 个省份建立护理补贴制度，20 个省份建立留守老年人关爱服务制度。截止到 2018 年 9 月，享受高龄津贴、服务补贴和护理补贴的老年人分别达到 2680 万人、354 万人和 61 万人。①

第一节　老年人生活补贴金概述

一、老年人生活补贴金的概念和特点

老年人一般是指 60 周岁以上的公民。自然人从呱呱坠地到寿终正寝，一生要经过婴儿、幼年、少年、青年、中年、老年阶段。划分老年人的标准主要是以人的生理机能开始衰老为依据。自然人进入老年期有三个标志：实际年龄达到老年起点；智力体力衰退，逐步失去行为能力；离开生产领域，接受家庭或社会供养。老年的起点认定是以自然人的年龄为标准。1980 年 12 月世界卫生组织正式

① 民政部：《已基本实现老年人高龄津贴、服务补贴和护理补贴制度全国覆盖》（2019 年 1 月 3 日），https：//baijiahao. baidu. com/s？ id＝1621642869725939476，2020 年 1 月 17 日访问。

提出，亚太地区 60 岁以上的人为老年人。我国《老年人权益保障法》第二条规定："本法所称老年人是指六十周岁以上的公民。"

我国《老年人权益保障法》明确了以发放高龄津贴、养老服务补贴和护理补贴为主要内容的老年人福利制度，该法第三十三条第一款规定："国家建立和完善老年人福利制度，根据经济社会发展水平和老年人的实际需要，增加老年人的社会福利。"该条第二款规定："国家鼓励地方建立八十周岁以上低收入老年人高龄津贴制度。"

老年人生活补贴金也可以称为"老年人福利津贴"，是指为了改善老年人的生活，在基本养老金之外，由政府发给的养老服务补贴、护理津贴、高龄津贴和失独老人扶助金等非缴费福利补贴。老年人生活补贴金有以下特点：

第一，数量的补助性。老年人生活补贴金数量捉襟见肘，待遇水平偏低，它是基本养老金之外的社会福利，不能依靠其保障老年人的基本生活。

第二，对象的局限性。除一些地方的高龄津贴为普惠型的老年人社会福利外，享受对象为特定的老年人，一般是经济困难的老年人。如 2017 年 11 月 1 日起施行的修订后的《广东省老年人权益保障条例》，明确对 80 周岁以上老年人按月发放高龄津贴。如 2016 年 10 月 1 日起施行的《银川市经济困难失能老年人生活补贴办法（试行）》规定老年人生活补贴发放对象为经济困难失能老年人，即具有银川市户籍，享受城乡最低生活保障或月固定收入低于当地城乡最低生活保障标准 150%，年龄在 60 周岁以上（含 60 周岁），经审核部门评估确定为重度或中度丧失生活自理能力的老年人。

第三，标准的地方性。老年人生活补贴金的发放标准并非全国统一，而是各地根据实际情况分别确定。从整体来看，各地做法各异，形成了碎片化的局面。

二、老年人生活补贴金与基本养老金的区别

老年人生活补贴金与基本养老金不同。老年人生活补贴金属于社会福利范畴，是一种非缴费型的津贴。社会福利是指国家和社会为提高国民的生活质量、不断丰富其物质和精神生活而采取的社会政策以及通过社会化机制提供的相应服务和待遇。[①] 社会福利是以共享为基本原则，由政府主导，以满足社会成员的福利需求和不断改善国民的生活质量为目标，通过社会化的机制提供相应的社会服

① 刘俊主编：《劳动与社会保障法学》，高等教育出版社 2017 年版，第 372 页。

务与津贴，它的功能不再是满足国民因生存而需要的单纯的物质生活保障，而是增进精神生活保障和促进个人全面发展。[①] 基本养老保险金，由社会统筹基金支付的基础养老金和个人账户养老金组成，属于社会保险范畴。养老保险是国家依据相关法律法规的规定，为满足劳动者在达到国家法定退休年龄或因完全丧失劳动能力等符合法定退休条件的人退出劳动岗位后的基本生活需要而建立的社会保障制度。养老保险的目的是保障老年人的基本生活需求，为其提供稳定可靠的生活来源。[②]

老年人生活补贴金与基本养老金虽然发放对象都是老年人，但二者有许多不同。第一，性质不同。老年人生活补贴金是一种非缴费型的福利性老年保障制度，属于社会福利范畴，基本养老金属于社会保险范畴。第二，作用不同。基本养老金侧重于为全体老年人提供基本的生活费用和稳定的养老保障，更强调"保基本"，使参保人不会因遭受某些风险而降低既有生活水平。老年人生活补贴金作为老年人享受的社会福利以提高其生活质量为主要目的，在保障水平上属于更高层次，使老年人在既有生活水平之上再增加福利性保障。第三，覆盖面不同。老年人生活补贴金具有补缺性，发放对象一般为残疾老年人、高龄老年人、低保家庭中的老年人、家庭人均收入低于本市最低工资标准的老年人、需要特殊生活照料的老年人、失能老人、空巢老人等；而基本养老金一般向全体参加了养老保险的退休人员发放。第四，资金来源不同。社会保险费用一般实行"三方原则"，而社会福利的资金一般来源于国家和社会，社会成员享受各种社会福利无须缴费或象征性缴费。作为社会保险的基本养老保险金一般由个人账户与统筹账户共同组成，其中个人账户的余额还可以继承。而作为社会福利的老年生活补贴金是一种纯公共品，属于政府重要的公共服务职能，资金一般来源于政府财政拨款，不需要公民承担缴费义务。有些地方有条件的，部分来源于集体土地和物业使用权的集体收益。

三、建立老年人生活补贴金制度的必要性

首先，老年人仅靠基本养老金不能完全从经济上满足养老需求，他们还需要一定的生活补贴。老年人到了一定的年龄，必然会受制于生理的发展，逐步进入

① 贾海彦：《老年津贴制度的构建困境与发展思路——基于我国老年社会福利的发展战略》，载《社会福利（理论版）》2012 年第 7 期。

② 刘俊主编：《劳动与社会保障法学》，高等教育出版社 2017 年版，第 278 页。

半失能、失能状态。因此，与之相应的养老和护理就成为多数老年人必须面对的问题。俗话说久病床前无孝子。失能、失智老年人一般难以康复，子女将长期被拖累，精力和财力耗费巨大。经济困难、失能的老人们更是难以获得家庭持久的养老和细心的护理。对多数老年人而言，除本人生活费以外，每月照顾成本也是一项不堪重负的压力。① 此时，从体制机制上需要政府通过发放老年人生活补贴金弥补养老费用，作为增加性福利保障的老年人生活补贴金无疑是基本养老保险制度的必要补充。

其次，老年人生活补贴金可以为没有参加基本养老保险的老年人提供一定程度的保障。社会上存在部分老年人因为各种原因未能享受基本养老保险，比如没有缴纳养老保险费或未满足缴费年限的要求。为了解除这部分老年人的后顾之忧，保障其晚年或者残障生活，更加需要建立“雪中送炭”式非缴费型的老年津贴制度。

最后，老年人除了基本生活保障之外，还需要参与社会发展，享受社会发展的成果。老年人生活补贴金有助于老年人继续作为社会成员参与社会活动，提升生活质量和品位。如有学者指出，老年人福利的目的不仅仅是安定老年人生活、维护其健康和安全，还包括充实老年人的精神文化生活，实现“老有所养、老有所医、老有所为、老有所乐”。②

第二节　老年人养老服务补贴

一、老年人养老服务补贴的概念

养老服务补贴制度是指对于低收入的高龄、独居、失能等养老困难老年人，经过评估，采取政府补贴的形式，为他们入住养老机构或者接受社区、居家养老服务，提供支持的一种制度。2014 年，财政部、民政部、全国老龄办通知要求建立健全养老服务补贴制度。我国《老年人权益保障法》第三十七条规定：“地

① 以广东省广州市为例，据相关媒体报道，一些专业养老护理员、护工的护理费要 6000 元/月左右，这些费用对于一个月拿 3000 元左右养老金的老人而言通常难以负担。参见广州日报：《广州将率先出新规！老人护理费报销七成，每月或省几千元》（2017 年 3 月 16 日），http：//www. sohu. com/a/129100710_115417，2020 年 1 月 18 日访问。

② 刘俊主编：《劳动与社会保障法学》，高等教育出版社 2017 年版，第 376 页。

方各级人民政府和有关部门应当采取措施，发展城乡社区养老服务，鼓励、扶持专业服务机构及其他组织和个人，为居家的老年人提供生活照料、紧急救援、医疗护理、精神慰藉、心理咨询等多种形式的服务。对经济困难的老年人，地方各级人民政府应当逐步给予养老服务补贴。”从我国法律层面正式确立了养老服务补贴制度，为提升我国老年人福利性补贴保障提供了制度依据。

二、老年人养老服务补贴的范围和标准

根据我国《老年人权益保障法》的规定，对经济困难的老年人，地方各级人民政府应当逐步给予养老服务补贴。各地老年人养老服务补贴的范围和标准不尽一致。根据我国民政部 2016 年的统计，在养老服务补贴方面，北京、天津、山西、辽宁、吉林、上海、江苏、浙江、安徽、山东、河南、湖南、广东、海南、重庆、四川、贵州、西藏、青海、新疆等 20 个省（区、市）出台了相关补贴政策。[①] 总结各地的情况，养老补贴的范围一般包括残疾老年人、高龄老年人、低保家庭中的老年人、家庭人均收入低于本市最低工资标准的老年人、需要特殊生活照料的老年人、失能老人、空巢老人等；补贴标准方面通常会考虑老年人的照护等级、失能失智程度、养老服务时数及服务单价等因素，并结合当地经济发展水平、物价变动等情况确定；资金来源方面一般由各级财政、彩票公益金、残疾人就业保障等组成。

根据北京市人民政府办公厅转发市民政局市残联 2009 年《关于北京市市民居家养老（助残）服务（“九养”）办法的通知》的规定，北京市户籍 60 周岁至 79 周岁的重度残疾人每人每月发放 100 元；80 周岁及以上老年人每人每月发放 100 元。资金来源由市级彩票公益金、残疾人就业保障金、区级财政资金共同组成。[②] 根据天津市 2017 年《关于做好我市 80 岁以上困难老年人居家养老服务政府补贴工作的实施意见》的规定，具有天津市户籍、城市户口、年龄在 80 岁以上的，独生子女家庭的父母、市级劳动模范、失能老人和空巢老人且家庭人均收入低于天津市最低工资标准的老年人按照轻度、中度、重度三个等级，每人每月补贴 100 元、150 元、200 元。广东省 2016 年《关于建立经济困难的高龄、失能等老年人补贴制度的实施意见》规定，补贴对象定位于无劳动能力、无生活来

① 民政部办公厅《关于在全国省级层面建立老年人补贴制度情况的通报》（民办函〔2016〕280 号）。

② 北京市人民政府办公厅转发市民政局市残联《关于北京市市民居家养老（助残）服务（“九养”）办法的通知》（京政办发〔2009〕104 号）。

源且无法定赡养、抚养、扶养义务人，或者其法定赡养、抚养、扶养义务人无赡养、抚养、扶养能力的特困人员中60周岁及以上的失能老年人、低保家庭中60周岁及以上的失能老人、特困人员和低保家庭中80周岁及以上的高龄老年人、低收入家庭（低保标准1.5倍以内）中60周岁及以上的失能老人。广东省发放标准为：原则上特困人员和低保家庭中的60周岁及以上轻度失能老人按不低于100元/月人、中度失能按不低于150元/月人、重度失能按不低于200元/月人的标准给予补贴；特困人员和低保家庭中80周岁及以上的高龄老年人，按不低于60元/月人的标准给予补贴；低收入家庭（低保标准1.5倍以内）中60周岁及以上的失能老人，按不低于60元/月人的标准给予补贴。有条件的地级以上市可制定统一的补贴标准，也可由县（市、区）根据实际情况确定。吉林市人民政府2014年《关于加快发展养老服务业的实施意见》规定，建立贫困居家失能老人护理补贴制度，按照每人每年1200元标准给予补贴，省级财政和地方财政各承担50%；继续实行困难老人入住机构补贴政策。其他一些省份和地区也制定了相关养老服务补贴的标准。①

三、相关制度借鉴

美国老年收入补充保障政策（Supplemental Security Income，SSI）是由美国政府面向65岁以上的老年人、盲人和残障人提供的按月发放的生活津贴费，老年收入补充保障的保障金不是由社会保障基金支出，而是由美国财政部支出。②1972年《社会保障修正案》第十六编建立了SSI项目。政府创立SSI项目是要向美国的高龄老人、盲人、残障人提供高于贫困线的积极补贴或福利，该项目由美国社会保障署管理。补贴金领取规定：老年收入补充保障计划的补贴发放有固定日期，一般为每月第一天发放。发放计算标准按照“联邦福利费率”进行，2008年为每月637美元（2008年标准）。发放标准基本能保证保障对象能够购买满足

① 《山西省人民政府办公厅关于建立全省经济困难的高龄与失能老年人补贴制度及提高百岁以上老年人补贴标准的通知》（晋政办发〔2015〕116号）规定：（1）城乡低保家庭中80周岁（含）至99（含）周岁的老年人，每人每月补贴30元；（2）城乡低保家庭中60周岁（含）至99（含）周岁的失能老年人，每人每月补贴60元；（3）100周岁（含）以上的老年人，每人每月补贴300元。江苏省《关于建立经济困难的高龄失能等老年人补贴制度的通知》（苏财社〔2014〕254号）规定：（1）低保家庭中60周岁以上的失能老人，按不低于100元/月人的标准给予护理、服务补贴。（2）低保家庭和分散供养的特困对象中80周岁以上的老年人、低保和低收入家庭中60周岁以上的失独老人，按不低于60元/月人的标准给予护理、服务补贴。

② 王海燕：《中美社会保障制度比较研究》，中共中央党校2010年博士学位论文，第74页。

基本生活需要的食品、支付基本住房开支。各个州可以根据本州的实际情况提供补充性的补助金。例如：加州 2007 年的老年收入补充保障计划每月就增加了 233 美元的补充补助。① 在美国凡是不能获得保险年金且年满 65 周岁的老人，如果其资产所得及个人收入符合法律规定的领取安全补助的标准，都可以获得补助金。这种安全补助不同于社会保险。社会保险是以退休为前提，提供老年人退休金以支付晚年生活所需的种种开销；但补助金则是对没有获得老年年金或退休金的老人给予的一种社会福利或救济。②

1981 年 6 月，韩国制定了《老年人福利法》，1989 年 12 月对其进行全面修改，1993 年 12 月又进行了部分修改。韩国老年人福利法的框架同日本 1963 年制定的老年人福利法很相似。修改后的韩国《老年人福利法》规定，国家或地方政府向 65 岁以上老年人支付老龄津贴，老龄津贴的支付对象由总统令来决定。老龄津贴主要以经济困难的老年人为对象。③ 为了充实老年人收入保险制度，韩国于 1998 年起实行敬老年金制度。对低收入的老年人发放一定数额的养老金，同时废止了从 1991 年起开始实施的老龄津贴制度。在施行办法上，韩国政府把低收入老年人的标准从原来占城市劳动者人均月收入的 60%以下，提高至 65%以上。这样一来，敬老年金的发放对象在一年的时间里（1999-2000 年）从 66 万人增加到 71.5 万人。在发放数额上，从 2 万韩元提高到 3 万韩元。对于受生活保护的老年人，根据年龄发放 4 万-5 万韩元的补助。④

日本的养老社会保障主要是以年金保险的形式实现的，但除年金制度以外，日本的老年人还可通过高龄者福利措施享受着保健医疗补助、护理补助和日常生活援助三个方面的福利保障。⑤

加拿大建立了养老保障金制度，并从 1952 年开始执行。它是老年收入计划的主体，覆盖全体国民。享受这项福利的条件有两个：一是年龄达到 65 岁；二是 18 岁以后在加拿大居住满 10 年。老年保障金实行按季指数化，随生活费的变化而调整，不受通货膨胀影响，收入达到一定数额要缴税，所缴税额从老年金中扣除。⑥

---

① 王海燕：《中美社会保障制度比较研究》，中共中央党校 2010 年博士学位论文，第 74 页。

② 胡玉洁：《老年福利制度国际比较及对我国城市老年福利制度的启示》，西北大学 2007 年硕士学位论文，第 27 页。

③ 刘袁平：《日韩老年福利比较及其启示》，载《日本研究》2006 年第 1 期。

④ 刘袁平：《日韩老年福利比较及其启示》，载《日本研究》2006 年第 1 期。

⑤ 刘袁平：《日韩老年福利比较及其启示》，载《日本研究》2006 年第 1 期。

⑥ 张珂、董登新：《加拿大养老保障制度及其借鉴意义》，载《湖北经济学院学报（人文社会科学版）》2008 年第 1 期。

第三节　老年人护理津贴

一、老年人护理津贴的概念

我国《老年人权益保障法》第三十条规定：“国家逐步开展长期护理保障工作，保障老年人的护理需求。对生活长期不能自理、经济困难的老年人，地方各级人民政府应当根据其失能程度等情况给予护理补贴。”护理是老年人养老的重要组成部分。老年人护理津贴制度是指对于低收入的高龄、独居、失能等困难老年人，各级政府应当根据其失能程度等情况给予护理补贴的制度。它为老年人入住养老机构或者接受社区、居家养老服务提供支持，解决失能老年人长期护理的经费问题。

二、老年人护理津贴的范围和标准

到2016年，国务院下发了《关于进一步健全特困人员救助供养制度的意见》，其中指出将“城乡老年人”同时具备“无劳动能力、无生活来源、无法定赡养抚养扶养义务人或者其法定义务人无履行义务能力”纳入特困人员救助供养范围，救助供养内容包括“对生活不能自理的给予照料”，在供养救助标准上首次提出了“照料护理标准”，并且这一照料护理标准是要求各地根据自身经济社会发展水平和物价变化情况适时调整的。

根据民政部办公厅2016年《关于在全国省级层面建立老年人补贴制度情况的通报》，在护理补贴方面，北京、天津、山西、辽宁、吉林、黑龙江、上海、江苏、安徽、山东、河南、广东、重庆、四川、贵州、西藏、新疆等17个省（区、市）出台了相关补贴政策。其中，补贴范围一般包括重度残疾人、需要生活照料的老年人、失能或半失能老人、空巢老人、家庭人均收入低于当地最低工资标准的老年人、城乡低保家庭中的老人等；补贴标准一般根据失能失智程度、当地经济发展水平、物价变动情况和材料状况等因素来确定；资金来源一般包括政府财政资金、彩票公益金、残疾人就业保障金。北京市2009年《关于北京市市民居家养老（助残）服务（“九养”）办法的通知》规定，60至79周岁的重度残疾人每人每月发放100元；80周岁及以上老年人每人每月发放100元。上海市 2015 年《关于本市高龄老人医疗护理计划有关事项的通知》指出，试点对象为具有上海市户籍、年龄 70 周岁及以上、参加上海市职工基本医疗保险、居住地为试点已覆盖区域的老人，可申请享受居家医疗护理服务。服务提供方面，照护二级老人每周上门服务 3 小时，照护三级、四级老人每周上门服务 5 小时，照护五级、六级老人每周上门服务 7 小时。居家医疗护理费用支付为在原有 50 元/次基础上适当调整收费标准。职工基本医疗保险统筹基金支付 90%，个人支付 10%。2017 年《广东省老年人权益保障条例》第二十六条规定“县级以上人民政府应当建立失能或者部分失能的特困老年人、低保家庭老年人、低收入家庭老年人、孤寡优抚老年人和计划生育特殊家庭老年人生活护理补贴制度”。广东省 2016 年《关于建立经济困难的高龄、失能等老年人补贴制度的实施意见》指出，补贴对象定位于无劳动能力、无生活来源且无法定赡养、抚养、扶养义务人，或者其法定赡养、抚养、扶养义务人无赡养、抚养、扶养能力的特困人员中 60 周岁及以上的失能老年人、低保家庭中 60 周岁及以上的失能老人、特困人员和低保家庭中 80 周岁及以上的高龄老年人、低收入家庭（低保标准 1.5 倍以内）中 60 周岁及以上的失能老人。发放标准为原则上特困人员和低保家庭中的 60 周岁及以上轻度失能老人按不低于 100 元/月人、中度失能按不低于 150 元/月人、重度失能按不低于 200元/月人的标准给予补贴；特困人员和低保家庭中 80 周岁及以上的高龄老年人，按不低于 60 元/月人的标准给予补贴；低收入家庭（低保标准 1.5 倍以内）中 60 周岁及以上的失能老人，按不低于 60 元/月人的标准给予补贴。有条件的地级以上市可制定统一的补贴标准，也可由县（市、区）根据实际情况确定。贵州省 2015 年《关于建立经济困难的高龄失能老年人补贴制度的通知》规定，80 岁（含 80 周岁）以上，家庭人均收入低于当地低保标准的老年人，享受经济困难高龄老年人补贴；60 周岁（含 60 周岁）以上，家庭人均收入低于当地城乡低保标准的老年人，经县级以上医疗卫生机构鉴定评估能力最终等级为“轻度失能”“中度失能”“重度失能”的，享受经济困难的失能老年人补贴。除以上省份外，其他一些省也制定了护理补贴的相关规定。[①] 目前，需要将各地的经验加以总结，将失能、失智老年人生活护理补贴扩大到医疗护理补贴，对接医疗保险与养老保险项目支付和转接；将补贴对象由全体职工扩大到全体居民；落实资金来源，由政府财政统筹支付和保障。

三、长期护理保险

相对于普通老人，照护失能失智老人在费用筹措、评估机制、专业护理、社会参与等方面无疑有更高要求，需要更多制度设计，应建立健全长期护理保障制度。从2012年起，山东省、吉林省、江苏省的部分地市和上海市等地已经开始探索主要针对失能老人的长期护理保险。2014年，北京市、天津市、上海市、黑龙江省等地建立了失能老年人护理补贴制度；浙江省杭州市等多个城市探索开展了“喘息服务”（即通过帮助照料老人让家属喘口气），提供临时性替代照护服务（每年经过评估后，对符合条件的失能失智老人家庭提供5-28天的“喘息服务”，服务购买费用由政府承担）。[②]

在我国民政部2016年《通报全国省级层面建立老年人补贴制度情况》中，

---

① 天津市2012年《关于对我市困难老年人增加居家养老护理补贴的意见》规定，具有天津市户籍、享受城市最低生活保障待遇、特困救助和抚恤补助的优抚对象中60周岁以上需要生活照料的老年人；具有天津市户籍、城市户口、年龄在80岁以上的，独生子女家庭的父母、市级劳动模范、失能老人和空巢老人且家庭人均收入低于天津市最低工资标准的老年人，按照轻度、中度、重度三个等级，每人每月补贴50元、50元、200元。山西省人民政府办公厅2015年《关于建立全省经济困难的高龄与失能老年人补贴制度及提高百岁以上老年人补贴标准的通知》规定，城乡低保家庭中80至99周岁的老人，每人每月补贴30元；城乡低保家庭中60至99周岁的失能老年人，每人每月补贴60元；100周岁以上的老年人，每人每月补贴300元。黑龙江省人民政府办公厅2013年《关于建立贫困失能老年人护理补贴制度的通知》规定，具有我省户籍且年龄在60周岁以上的城乡低保、低收入家庭失能和半失能老年人，均享受失能补贴，标准为：低保家庭失能老年人每人每月150元、半失能老年人每人每月100元；低收入家庭失能老年人每人每月100元、半失能老年人每人每月50元。江苏省2014年《关于建立经济困难的高龄失能等老年人补贴制度的通知》规定，低保家庭中60周岁以上的失能老人，按不低于100元/月人的标准给予护理、服务补贴；低保家庭和分散供养的特困对象中80周岁以上的老年人、低保和低收入家庭中60周岁以上的失独老人，按不低于60元/月人的标准给予护理、服务补贴。山东省民政厅、财政厅2014年《关于建立生活长期不能自理经济困难老年人护理补贴制度的通知》规定，具有山东省户籍的，享受城乡低保或散居城市“三无”、农村五保待遇的，生活长期不能自理、能力等级为2-3级评定标准的老年人，每人每月不低于60元。重庆市2015年《经济困难的高龄失能老年人养老服务补贴实施办法》规定，具有重庆市户籍的城乡低保对象、城市“三无”人员和农村五保对象中的年满60周岁且生活不能自理的老年人，具体包括：肢体、智力、精神、视力四类一、二级重度残疾失能老年人和因病瘫痪卧床不起6个月以上的重病失能老年人，每人每月200元。

② 谢靓：《让失能失智老人“老有所依”——民革中央关于建立我国失能失智老人长期照护保障制度提案办理综述》，载《人民政协报》2016年9月26日第8版。

全国已经有17个省级行政单位出台了相关的护理补贴政策。2016年下半年，我国人社部宣布在广东省广州市、上海市、重庆市和山东省青岛市等15个城市开展长期护理保险试点。这项制度以长期处于失能状态的参保人群为保障对象，办理护理险的不需要单独办参保手续，也不单独缴费，职工医保参保人均有享受资格。在上海市，60岁及以上的职工医保退休人员和居民医保人员均可参保，在养老机构发生的护理费用，长护险基金支付85%。而居家照护的服务费用，长护险基金可支付90%。老人的护理费用以后报销至少七成，而各地的报销比例可以更高。我国人社部已出台《关于开展长期护理保险制度试点的指导意见》，下一步将按照中央统一部署研究建立我国长期护理保险制度的总体思路和政策措施。这是一项应对人口老龄化的重要举措，有媒体称它为我国现有“五险”之外的第六项社会保险制度，现在，各试点地区正按该指导意见部署进行探索和落实。①

2016年7月，北京市海淀区出台了“居家养老失能护理互助保险”的地方性办法，其中关于失能服务标准，就围绕着“吃饭、穿衣、睡觉、如厕”四项内容，由专业第三方机构将老人的失能程度做了四种等级的划分，相应享受900元到1900元不等的服务。上海市宣布从2017年1月起在徐汇、普陀、金山三个区先行开展试点，60周岁及以上的享受职工养老保险退休人员或居民养老保险人员，可自愿申请老年照护统一需求评估。经评估护理需求等级为二至六级的，可以由定点护理服务机构为其提供相应的护理服务，并按规定报销护理费用。2017年修订的《广东省老年人权益保障条例》第二十六条规定，县级以上人民政府应当建立失能或者部分失能的特困老年人、低保家庭老年人、低收入家庭老年人、孤寡优抚老年人和计划生育特殊家庭老年人生活护理补贴制度。老年人重度失能的，县级以上人民政府可以参照乡镇（街道）医院（卫生服务中心）一级护理标准每月给予生活护理补贴；轻、中度失能的，县级以上人民政府可以按照一定标准给予生活护理补贴。具体标准和补贴办法由县级以上人民政府规定。②

四、相关制度借鉴

美国于1997年将综合性老人健康护理计划（PACE）正式纳入美国联邦政府

① 谢靓：《让失能失智老人“老有所依”——民革中央关于建立我国失能失智老人长期照护保障制度提案办理综述》，载《人民政协报》2016年9月26日第8版。

② 据相关调查，广州98%的老人有养老保险，覆盖面广，但水平低，退休金平均只有3000多元，中度以上失能老人每月的生活费和护理费要七八千元，一般的家庭承受不了。广州从医疗保险结余800多亿元人民币中划出10%用于老年人长期护理保险，全额资助特困、低保和失独家庭中失能失智老年人长期护理保险。

平衡预算法案。PACE 服务区对于 55 岁以上体弱、患病和行动不便的老人提供所必需的医疗护理救助服务，包括病理医疗、物理理疗、处方药物、喘息照护、营养咨询、社会公益服务等，这些服务和所产生的费用都由美国联邦医疗保险与医疗补助网络覆盖的服务商提供。[①] 医疗补助框架下的长期照护服务及支持体系主要包括机构照护和居家及以社区为依托的照护。医疗补助是长期照护服务及支持体系最基本的资金来源。它是政府向收入低于贫困线的 65 岁以上老年人、残疾人和有幼儿的家庭提供医疗服务的救济措施。联邦政府提供一部分项目经费，各州根据本州居民的收入水平来确定获得医疗资助计划的资格、标准及保险的覆盖范围。[②] 与中国相比，首先，美国社会保障制度在强调政府责任的同时也始终强调和充分发挥个人自助精神；其次，美国社会保障制度在政府、民间、个人三方责任明确的情况下，社会保障的资金来源渠道比较多元化。

德国于 1994 年颁布《长期护理保险法》，规范了失能人群的福利计划，建立长期照护保险制度，并于 2008 年、2015 年、2016 年就覆盖对象、筹资比例、给付质量等方面进行调整。在经营主体方面，德国由联邦政府立法，州政府依据当地老年人现况和经济水平制定给付标准。德国长期照护保险虽为独立险种，经营机构却随附基本医疗保险，是典型的“一套班子、两块牌子”。在覆盖对象方面，在要求全民参保的同时，考虑保险长期运行的资金来源，以收入作为参保标准，将高于收入标准的人群强制纳入商业性长期照护保险，收入标准以下人群纳入社会保险性质的长期照护保险，并由国家承担高级公务人员、军人以及需要社会救助的人员的参保费用。受惠人群包含失能、失智、精神病患者。在筹资方面，德国以收入为基准按比例筹资，政府承担超过三分之一的保费。德国针对没有子女的公民额外征收 0.25%的保费，并提出了家庭共同投保等政策优惠来平衡长期照护保险的筹资公平性，降低政府筹资比例。[③]

西班牙 1978 年宪法中提出了一些保障老年人权益的条款，其中有涉及医疗卫生体系和社会服务体系、长期照护服务等。如针对低收入群体，通过政府的家计调查之后，满足待遇资格准入条件的特定人群可以获得由政府付费购买的社会

---

① 马天月：《美国人的养老模式及启示》，载《中国社会工作》2018 年第 29 期。

② 刘亚娜、何达基：《美国长期照护服务与支持体系受益分析及对中国的启示——从美国医疗补助视角考察》，载《理论月刊》2015 年第 2 期。

③ 柳鹏程、孙祯辉、姚文兵：《长期照护保险的国际经验与启示——以德国、以色列、日本为例》，载《广东药科大学学报》2019 年第 4 期。

照护服务。[①] 2006 年，西班牙政府出台了《推动失能者照护与自立法案》，明确规定西班牙建立起“失能者照护与自立”的老年长期照护制度，并由劳动和社会事务部负责，这项老年长期照护制度成为西班牙社会福利体系的支柱之一。[②]

韩国为了应对人口生育率的快速下降和人均寿命的延长所带来的老龄化浪潮，从 1999 年起，政府就开始规划长期照顾保险制度，2008 年正式启动。由于地方政府没有承办保险业务的经验，另专门成立了国民健康保险公团作为保险人负责该保险制度的施行和管理，被保险人为年满 20 岁且已投保国民健康保险的公民，保险给付对象为年满 65 岁的老人和不满 65 岁但患有老人慢性疾病的患者。老人长期疗养保险的财政资金系由政府补贴、保费收入和受照顾者自费资金共同负担。[③]

日本创立公共介护保险制度解决老年人长照问题，于 2000 年开始正式实施。它是由中央、都道府县和市町村各级政府共同负担长期照护制度的经营，委托营利、非营利机构提供照护服务的强制社会保险制度。在经营主体方面，保险人为市町村（含特别区），被保险人为 40 岁以上的日本国民，保险给付对象分为 65 岁以上者和 40-64 岁者两类，40 岁以上的国民强制参保。财政分担上，介护服务费用由政府和保险费各负担 50%。[④] 就给付方式和服务内容而言，日本以实物给付为主，仅在改建住房、购买医辅用具等极少数情况下予以现金补助，以解决实物给付难以满足患者需求的难题，且长期照护在提供生活医疗护理的同时，还提供老年人预防失能的护理。[⑤] 日本 2000 年的《看护保险法》明确规定看护保险制度的目的是，对“由于年龄增长而引起的身心健康疾病，处于需要看护状态”的老人，在他们需要“洗澡、排泄、饮食等看护，身体机能训练及看护和疗养上的管理等医疗服务”时，“有必要为其提供享受保健医疗服务和福利服务时的费用”。[⑥]

---

① 张盈华：《老年长期照护：制度选择与国际比较》，经济管理出版社 2015 年版，第 53 页。

② 罗丽娅、郭林：《家庭主义福利的审视与再修正——来自西班牙老年长期照护服务发展的经验》，载《国外社会科学》2019 年第 4 期。

③ 徐兴文：《东亚人口老龄化危机下老年社会福利制度的挑战与展望——以中国、日本和韩国为例》，载《贵州师范大学学报》2019 年第 1 期。

④ 楼苏萍、王佃利：《老龄化背景下东亚家庭主义的变迁——以日韩老年人福利政策为例》，载《公共行政评论》2016 年第 4 期。

⑤ 柳鹏程、孙祯辉、姚文兵：《长期照护保险的国际经验与启示——以德国、以色列、日本为例》，载《广东药科大学学报》2019 年第 4 期。

⑥ 刘袁平：《日韩老年福利比较及其启示》，载《日本研究》2006 年第 1 期。

第四节　老年人高龄津贴

一、老年人高龄津贴的概念

老年人高龄津贴又叫“长寿老年人生活补贴金”，兼有社会救助和社会福利性质，是一种补充型养老保障制度。老年人高龄津贴属于一种社会福利，其是在解决老年人基本生存的基础上提高老年生活质量、倡导尊老敬老社会风气的一种福利制度。高龄津贴不同于养老保险制度中的养老金。是否享受高龄老年津贴，不应以是否参加了养老保险或是否享受基本养老金为前提条件。高龄津贴与养老保险一起构成多层次的养老保障体系。高龄老年津贴有时被认为具有社会救助的制度功能，对没有养老金保障或低收入的弱势老年人提供经济救济，但是，高龄老年津贴制度呈现递进性和多层次性特点，其作用不只是满足老年人的基本生存权，随着经济社会的发展，该制度还需对老年福利需求的满足提供广泛而全面的福利保障。

我国内地探索建立了老年人的高龄津贴制度。《老年人权益保障法》第三十三条第二款规定，国家鼓励地方建立八十周岁以上低收入老年人高龄津贴制度。2014 年 9 月 10 日，财政部、民政部、全国老龄办联合下发了《关于建立健全经济困难的高龄失能等老年人补贴制度的通知》。高龄津贴制度旨在从经济上提升对失能失智老年人的监督保护能力。截至 2016 年 8 月，全国已有 26 个省出台了高龄津贴补贴政策。其中大多数地方对 80 岁以上的本地户籍的老人发放高龄津贴、生活津贴、长寿保健补助。设立高龄津贴的目的包括保障高龄老人基本生活、帮助高龄老人购买养老服务、体现尊老敬老、使老年人共享社会发展成果。目前，我国老龄津贴制度还存在制度建设不平衡、保障水平没有调整机制、老年津贴与社会养老保险制度不兼容、老龄津贴被社会救助制度固化等问题。

二、老年人高龄津贴的范围和标准

高龄津贴一般坚持因地制宜、尽力量力的原则，坚持“保障对象属地管理、保障经费分级负担”的原则，坚持公开、公平、公正的原则。高龄津贴按照“低标准、广覆盖、保基本、多层次、可持续”的总体要求，推进补缺型老年福利向适度普惠型社会福利发展。各地高龄津贴发放标准，原则上按照各地低保标准、补助水平和发放对象的年龄实行分类分档发放，并随当地经济社会发展、群众生活水平的提高和低保标准变动情况适时进行调整。具体的发放标准由各地民政、财政主管部门按高龄津贴原则协商确定。

目前，全国已有 26 个省（区、市）出台了高龄津贴补贴政策。各地的高龄津贴在适用主体、补贴标准、补贴年龄等方面存在差异。适用主体方面，全国各地享受高龄老年津贴的资格条件主要包括受益人的最低年龄和居住地户籍，少数地区还对个人或家庭的收入或财产进行限制①。补贴标准方面，天津市给予该市百岁老人的津贴为每月 500 元，标准较高。高龄津贴门槛最低的省份为青海省和陕西省。补贴年龄方面，浙江省是 80 岁，陕西省、青海省是 70 岁，天津市是 100 岁。

北京市 2008 年《关于印发北京市高龄老年人津贴发放办法的通知》规定，90 周岁至 99 周岁的老年人，每人每月享受 100 元高龄老年人津贴；100 周岁及以上的老年人，每人每月享受 200 元高龄老年人津贴，此规定被 2019 年《北京市老年人养老服务补贴津贴管理实施办法》废止，该办法增加了 80 周岁至 89 周岁的老年人同样享受高龄老年人津贴，津贴标准为每人每月 100 元，90 周岁至 99 周岁的高龄老年人津贴标准调整为每人每月 500 元，100 周岁及以上的老年人调整为每人每月 800 元。在天津，补贴具有天津市户籍、100 周岁以上的老年人；补贴标准为 1999 年每人每月 100 元，2002 年调整至每人每月 200 元，2015 年调整至每人每月 500 元。上海市 2008 年《关于全面落实 2008 年市政府养老服务实事项目进一步推进本市养老服务工作的意见》规定，百岁老人营养补贴 300 元/月。广东省 2011 年《关于建立 80 岁以上高龄老人补（津）贴制度的通知》规定，高龄津贴的适用范围为 80 岁以上老年人，补贴范围和标准由各地制定，省财政不出资。广东省民政厅、财政厅和老龄工作办公室 2016 年下发的《关于建立经济困难的高龄、失能等老年人补贴制度的实施意见》提出，到 2020 年年底，全省以县（市、区）为单位，在建立健全养老服务评估制度的基础上，全面建立经济困难的高龄、失能等老年人补贴制度。② 陕西省民政厅、财政厅、老龄办

① 从收入条件看，大多数地区并不对个人或家庭的收入或财产进行设定，具有普遍性，但是也有少数地区对低龄老年人的领取资格附加收入调查，如要求具有最低生活保障资格，或者是“五保对象”和“三无对象”。

② 原则上特困人员和低保家庭中 60 周岁及以上轻度失能老人按不低于 100 元/月人、中度失能按不低于 150 元/月人、重度失能按不低于 200 元/月人的标准给予补贴。

2012年《关于调整我省高龄老人生活保健补贴标准的通知》规定，对70-79周岁高龄老人，每人每月发放50元生活保健补贴；对80-89周岁高龄老人，每人每月发放100元生活保健补贴；对90-99周岁高龄老人，每人每月发放200元生活保健补贴；100周岁以上（含100周岁）高龄老人，每人每月发放300元生活保健补贴。其他一些省份也建立了高龄津贴制度。①

从上述地区的情况看，我国高龄津贴制度存在以下一些问题。第一，高龄津贴的名称不统一，各地高龄老年津贴的称谓不一致。如河北省称之为“保健补贴”，黑龙江省称之为“特别优待补贴”，上海市称之为“营养补贴”，安徽省和福建省称之为“长寿保健补助金”，江西、山东、广东、四川等省称之为“长寿补贴”，重庆市、甘肃省称之为“生活补贴”，陕西省称之为“生活保健补贴”。第二，绝大多数地区所设立的高龄津贴的最低受益年龄都要高于80岁，这导致高龄津贴受益范围狭窄。第三，各地高龄津贴的费用标准不尽一致、地区不平衡，是否需要建立统一的高龄津贴政策尚在探索中。第四，保障水平偏低、缺乏调整机制。老龄津贴因为水平过低仅具有象征性意义。这种撒胡椒面的老年津贴制度，对老年人的养老保障来说属于杯水车薪，于事无补。对于绝大多数生活能自理的老年人来说，一个月给十元、几十元几乎不能解决任何问题。还有部分地区养老服务经费目前尚未纳入财政预算，省级财政预算中都没有社会福利的专项

---

① 河北省人民政府2014年《河北省老年人优待办法》规定，河北省各县（市、区）80岁以上高龄老人发放高龄津贴。百岁以上的老年人的高龄津贴每人每月不低于300元。内蒙古自治区人民政府办公厅2011年《关于印发自治区80周岁以上低收入老年人高龄津贴发放管理办法的通知》（内政办发〔2011〕127号）规定，80岁以上低收入老年人，领取离退休工资和社保退休工资的暂不领取；80-99周岁100元/人/月。100周岁以上300元/人/月。辽宁省《关于对80至89周岁低收入老年人发放高龄津贴的通知》（辽老龄办发〔2013〕52号）规定，户籍在本省行政区域内，年龄在80至89周岁的城乡低收入老年人（城乡低保对象和低保边缘对象中的老年人）；每人每月发放不少于50元的高龄津贴（不计算家庭收入之中）。吉林省人民政府《关于发放高龄老年人生活津贴的通知》（吉政办明电〔2010〕148号）规定，80-90周岁的城乡低保老年人，每人每月发放不少于50元的生活津贴；90-99周岁的城乡老年人每人每月发放不少于100元的生活津贴；100周岁以上的老年人每人每月发放不少于300元的生活津贴。福建省民政厅、福建省财政厅《关于做好全省80周岁以上低保老年人高龄补贴发放工作的通知》（闽民保〔2015〕70号）规定，满80周岁及以上的最低生活保障对象本人，每人每月100元。中共湖南省委办公厅湖南省人民政府办公厅《关于进一步加强老年人优待工作的意见》（湘办〔2009〕67号）规定，向百岁老人每人每月发放不低于200元的长寿保健补助费，具体标准由各市州、县市区确定；鼓励和提倡各地根据实际情况，向高龄老人发放高龄生活补贴，补贴范围和标准由各地自行确定。《甘肃省城乡居民基本养老保险实施办法》（甘政发〔2014〕67号）规定，将高龄老年人生活补贴纳入城乡居民基本养老保险待遇发放范围，合并发放。高龄老年人生活补贴发放标准为：100周岁以上每人每月100元，90-99周岁每人每月60元，80-89周岁每人每月25元。90周岁以上补贴资金由省级财政承担，80-89周岁补贴资金由县市区财政承担。

科目，开展养老服务的经费主要依靠福利彩票公益金。因此，可考虑从规范高龄老年津贴的名称及内容、统一高龄老年津贴的资格条件、统一高龄老年津贴标准计算方法和调整机制、建立高龄老年津贴的财政保障机制等方面，完善我国的高龄津贴制度。

三、相关制度借鉴

其他国家和地区早就有高龄津贴制度，这是一种除养老保险之外的非缴费型养老保障制度。有人认为，丹麦是第一个由国家为老年群体提供非缴费型养老金计划的国家。丹麦政府于 1981 年颁布《老年援助法》，引入了由地方政府管理的收入测试计划，其涵盖对象为 60 岁以上的贫困老年人，以后经过三次立法调整，到目前为止已建立了完善的老年津贴制度。英国则于 1908 年建立了以老年补助为内容的老年津贴制度，该制度与法定保险养老金不同，属于一种老年福利或救济，其内容主要有高龄补助、补充养老金、老年服务、住房补贴、圣诞节补贴、交通优惠等。老年补助金法规定实行普遍原则和免费原则，任何英国人只要符合条件，就可以领取养老金。老年补助金法的颁布，标志着非缴费型的老年津贴制度在英国开始建立。瑞典老年津贴制度也有近百年的历史。瑞典议会于 1905 年成立了养老问题委员会，处理社会养老相关的立法。后续于 1913 年通过了《国民普遍年金保险法》，开始实施针对老年及失去劳动能力者的普遍老年津贴制度。1935 年议会通过《国民年金保险法》，在调整机制方面，老年津贴可随着经济社会生活水平不断增加。①

在我国香港地区，高龄津贴是香港社会福利署为香港永久性居民的长者提供的福利金，自 1973 年起推行。我国香港地区高龄津贴分为普通高龄津贴和高额高龄津贴两种。普通高龄津贴的对象为 65 岁至 69 岁人士，申领人需要经过资产及入息审查。高额高龄津贴的对象为 70 岁或以上人士，申领人不用经过资产及入息审查。原本高龄津贴设立的目的，是香港特区政府每月象征性发放一些零用钱，以答谢长者多年来对香港社会的贡献，表达“敬老”之意。由于时代的变迁，部分穷困长者依靠高龄津贴，以支付他们日常起居生活的开支，变为“养老”之用。在我国台湾地区，在基本老年社会保险之外，还对未享有老年社会保险的老人提供各种生活津贴与补助等辅助性社会保障。目前有中低收入户老人生

① 凡凤林、邹莘、郭卫：《国外老年津贴制度的启示》，载《中国社会保障》2009 年第 12 期。

活津贴、老农（渔）福利津贴、荣民津贴、敬老津贴与福利津贴等种类。中低收入户老人生活津贴的发放对象为年满 65 岁，生活困苦或子女无力抚养，且未有政府收容安置的老人，发放标准主要参照家庭人均收入水平。中低收入失能老人特别照顾津贴，其发放对象为经过主管机关评定的、已领取中低收入老人生活津贴但未接受政府提供的机构安养和日间照料的老人，其目的在于弥补此类家庭因照料老人而增加的经济支出。[①]“老年农民福利津贴暂行条例”曾规定，年龄达到 65 岁，且参加农民健康保险 6 个月以上者，每人每月可享受 3000 元的福利津贴，但已领取其他生活津贴和老年社会保险者除外。这类津贴补助与社会保险不同，属社会福利性质。1980 年公布、1997 年修订的“老人福利法”，对 65 岁以上老人提供社会福利保障，其中规定老人经济生活保障，采取生活津贴、特别照顾津贴与年金保险制度方式逐渐实现。[②]

第五节　失独家庭扶助金

一、失独家庭扶助金的概念

失独家庭是独生子女家庭的特殊群体，“失独家庭”指独生子女死亡，其父母不再生育、不能再生育和不愿意收养子女的家庭。失独者年龄大都在 50 岁开外，经历了“老来丧子”的人生大悲之后，已失去再生育能力。“失独家庭”中的老人即被称为“失独老人”。

《老年人权益保障法》第三十三条第三款规定：“国家建立和完善计划生育家庭老年人扶助制度”。失独家庭扶助金，即中国独生子女伤残、死亡家庭夫妻扶助制度，是国家对于失独家庭老人提供的补偿金。

二、失独家庭扶助金的必要性

失独家庭是整个中国老龄工作中的新问题。独生子女家庭中子女的唯一性的特点，使得部分独生子女家庭因子女死亡而成为失独家庭。目前，失独家庭普遍面临着经济、精神、养老等现实困难，国家的老龄政策也应该面对这一特殊的群

① 钱小平：《台湾养老服务政策安排和体系建设》，载《陕西老年学通讯》2010 年第 4 期。
② 吕学静：《台湾老年保障制度体系的建立与改革》，载《社会保障研究》2009 年第 2 期。

体，出台相应的帮扶方法。家庭养老一直是中国最主要的养老方式，但是对于失独家庭来说，这种“最主要”的养老方式失去之后，他们就只能依赖国家和社会。开展失独家庭住院护理补贴保险工作，可以解决失独父母住院无人照护的现实困难。根据中国致公党发布的调查报告，中国15岁至30岁的独生子女总人数约1.9亿人，这一年龄段的年死亡率为万分之四。中国每年新增“失独家庭”7.6万个。至少有200万老年人因无子女而面临巨大的养老、医疗、心理等方面的困难。[①] 根据中国人口与发展研究中心2012年对15个省（区、市）计划生育特殊困难家庭的抽样调查，尽管国家和地方采取了许多措施和办法，计划生育特殊困难家庭仍然面临生活保障、养老照料、大病医疗和精神慰藉等方面的困难。比如，有80%的调查对象担心养老问题。[②]

三、失独家庭老人扶助金的标准

《人口与计划生育法》第三十二条规定，获得《独生子女父母光荣证》的夫妻，独生子女发生意外伤残、死亡的，按照规定获得扶助。在国家提倡一对夫妻生育一个子女期间，按照规定应当享受计划生育家庭老年人奖励扶助的，继续享受相关奖励扶助。但对于这个“扶助”究竟是什么样的标准且如何实施并没有明确规定或者说明。

为解决独生子女伤残、死亡家庭的特殊困难，从2008年起，国家全面实施计生家庭特别扶助制度，独生子女伤残或死亡后未再生育或合法收养子女的夫妻，自女方年满49周岁后，夫妻双方分别领取每人每月不低于80元（伤残）或100元（死亡）的特别扶助金。2012年，特别扶助金标准分别提高到每人每月不低于110元（伤残）、135元（死亡）。2013年，全中国领取特别扶助金的特扶对象共67.1万人，其中独生子女死亡的特扶对象为40.7万人。[③]

2007年，人口计生委、财政部联合发出通知，决定从当年开始，在全国开展独生子女伤残、死亡家庭扶助制度试点工作。民政部表示，失独老人将参照特困老人的标准，由政府来供养，但未必都适用特困供养，因为失独老人有些还有

---

① 数据来源：《“失独”并非他们的唯一身份》，https：//www.thepaper.cn/newsDetail_forward_3041575，2023年4月1日访问。

② 数据来源：《卫生计生委就计划生育特殊困难家庭扶助工作答问》，中央人民政府网，2023年4月1日访问。

③ 数据来源：《失独家庭补助城乡悬殊卫计委释疑》，https：//other.caixin.com/2013-12-28/100622978.html，2013年12月28日访问。

一定经济来源。国家卫计委等5部委发出通知，自2014年起，将独生子女伤残、死亡家庭特别扶助金标准提高到城镇每人每月270元、340元，农村每人每月150元、170元，并建立动态增长机制。中央财政按照不同比例对东、中、西部地区予以补助。

中国计划生育协会2017年《关于开展失独家庭住院护理补贴保险工作的通知》要求，各地计生协要积极争取当地党委、政府重视，将失独家庭住院护理保险纳入失独家庭帮扶工作的总体部署，给予经费和政策保障。该通知规定，失独家庭住院护理补贴保险保障对象为年龄在49岁以上的失独父母。有条件的地方可把计生伤残家庭等也纳入保障对象。每位投保人在疾病或意外住院期间可获得100-150元/天的住院护理补贴，一年累计理赔天数为90天或以上。各地可结合本地实际情况和群众需求扩充保障范围，增加保障额度，并提供紧急救援、专家预约、咨询、陪诊等增值服务。保费可根据保障内容与水平科学合理设定，目前一些地方开展这一保险的保费为50-300元/人/年。保费来源可以财政投入为主，社会资助和个人缴费为辅。

第五章
老年人医疗保险和有关福利

第一节　人口老龄化对医疗保险的影响

一、医疗保险的概念

由于医疗保险涉及多个社会和经济活动领域，诸如医疗卫生、社会保障、保险等不同行业，所以从不同的角度看就会有不同的观点。传统意义上的医疗保险是指由特定的组织或机构经办，通过带强制执行的政策法规或自愿缔结的契约，在一定区域的一定参保人群中筹集医疗保险基金，对参保人因疾病风险所造成的经济损失给予补偿的制度。医疗保险是为补偿疾病所带来的医疗费用的一种保险。医疗保险是为了补偿人们因为疾病风险所造成的经济损失而建立起的一项社会保障制度，一般指的是社会医疗保险。由于医疗保险的特殊性，不同社会制度的国家其医疗保险的性质也不同。但大致都具有以下属性：福利性、经济性、强制性、保障性、复杂性。

医疗保险按照其保险的范围大小来看，可分为广义的医疗保险和狭义的医疗保险。国际上所说的健康保险是一种广义的医疗保险。健康保险与狭义的医疗保险的区别具体表现在：医疗保险主要是对参保人因病就医的医药费用进行补偿。健康保险不仅对疾病造成的经济损失给予经济补偿，而且对分娩、残疾、死亡等也给予经济补偿，以及包括对疾病的预防和健康的维护等。本书所讲的医疗保险是狭义的医疗保险，是国家和社会根据一定的法律法规，为向保障范围内的民众提供患病时基本医疗需求保障而建立的社会保险制度。

二、人口老龄化对我国职工基本医疗保险的影响

在医疗保险方面，老龄化意味着老年人口的增加，老龄人口医疗费用的增加。根据调查，老龄人的发病率普遍高于中青年人，这意味着治疗费用支出也相

对较高，将加大医疗费用成本。而在城镇职工基本医疗制度方面，根据《社会保险法》，参保的城镇职工退休后将不需要再继续缴纳医疗保险费用，但其依然可以享受职工医疗保险待遇。即保险统筹基金的收入里，并没有退休职工缴纳的费用，而统筹基金的支出还是包含了退休职工所需的医疗保险费用。因此，人口老龄化将加重医疗保险基金负担。具体而言，人口老龄化对我国职工基本医疗保险的影响主要有以下三个方面：

（一）参保人数和参保人口结构的影响

2018 年，我国职工基本保险参保人数增加了 31673 万人[①]，较 2006 年参保人数 15731.9 万人，增加了 15941.1 万人。不管是在职人员还是退休人员，城镇职工基本保险的参保人数一直在稳定增长。但是在职员工与退休员工数量比例并不高，退休人员的数量则逐年增加，退休职工参保人数的百分比也开始增加。退休人员数量的增加和所占比例的增加说明了我国现在处于一个老龄化加速的阶段，人口老龄化给参保人数与参保人口结构带来了影响，使得参保人数和参保人口结构也“老龄化”。

老龄化趋势的加重，毫无疑问职工基本医疗保险参保情况也会“老龄化”，即参保人数和参保结构中退休职工比例的增加。退休职工参保人口比例的增加，反映了老龄化带来的影响。只从职工参保人数来看的话，职工参保的人数确实在逐年增加。但是从参保人口结构来看，就能发现退休职工参保比例变多。这是因为人们生活水平的提高和医疗水平的上升，职工的寿命延长，使得退休人口的比例不降反增，导致参保结构中退休人员比例增大。由于我国的医疗保险政策，退休人员不需要缴纳费用也能享受与在职人员一样的医疗保障待遇，退休人员的增加和退职职工参保人数比例的增加，并不会增加医疗保险基金的金额，反而在整体上有所减少。医疗保险基金缴纳主体仍然是在职员工，这就造成了基本医疗保险的收入和支出不均衡，加大了保险基金的经济压力。

（二）对统筹保险基金的影响

城镇职工基本医疗保险基金是由统筹基金和个人账户两部分构成的。而医疗保险统筹基金是城镇职工基本医疗保险运行的重要基础，统筹基金的支出占据了一半。人口老龄化减少基本医疗保险费收入：按照我国现行政策规定，退休人员

---

① 数据来源：《2018 年中国国民经济和社会发展统计公报》（2019 年 2 月 28 日），http：//www.stats.gov.cn/tjsj/zxfb/201902/t20190228_1651265.html，2020 年 1 月 18 日访问。

不再缴费，与在职职工享受同样的医疗保障待遇。城镇人口老龄化速度快，老年人口基数大，在其他条件保持不变的情况下，这将使劳动适龄人口减少，从而减少缴费人数，使基本医疗保险费收入减少；而且用人单位缴纳的基本医疗保险费一般实行按不同的年龄段不同比例记入参保人员个人账户，年龄段越大划入个人账户的比例越高，相应地划入统筹基金的比例就降低。

根据卫生统计年鉴及人力资源和社会保障事业发展统计公报的数据，从表5-1看出城镇基本医疗保险基金在总收入、总支出、当年结余方面都有所增长。而在2009年到2010年，我国城镇医疗保险基金总收入和总支出同时出现大增幅，可是结余却出现了负增长。这是由于当年我国颁布了《中共中央、国务院关于深化医药卫生体制改革的意见》，其中要求年内将城镇职工、城镇居民和新农合参保率均提高到90%以上，并对困难地区国有破产企业退休人员参保费用进行了大力支持。

表5-1　2006-2021年我国基本医疗保险基金收支情况

年　份	总收入（亿元）	总支出（亿元）	结　余（亿元）
2006	1747.10	1276.7	470.40
2007	2257.00	1562.00	695.00
2008	3040.00	2084.00	956.00
2009	3671.90	2797.40	874.50
2010	4309.00	3583.00	726.00
2011	5539.20	4431.40	1107.80
2012	6939.00	5544.00	1395.00
2013	8248.00	6801.00	1447.00
2014	9687.20	8133.60	1553.60
2015	11192.90	9312.10	1880.80
2016	13084.30	10767.10	2317.20
2017	17931.60	14421.70	3509.90
2018	21090.11	17607.65	3482.46
2019	23334.87	19945.73	3389.14
2020	24638.61	20949.26	3689.35
2021	28710.28	24011.09	4699.19

注：表5-1数据均来源于中华人民共和国国家统计局年度数据。

从上文可以看出，政府对退休人员的参保费用进行了支持，其结果即使是收入支出都大增，当年的结余也不一定会增加，还可能会负增长。在今后老龄化的趋势下，退休人员所占比例也将不断增加，若继续依赖政府对退休人员参保费用的支出，在短期内可能保险统筹基金的结余情况良好，但长期运行的话将会面临较大的财政压力，因为退休职工不需要缴纳医疗保险的费用就可以享受和在职人员同样的医疗保障待遇。随着老龄化的加速发展，通过保险统筹基金运行的职工基本保险制度，在长久发展的状况下，容易出现收入的增长比支出的增长慢的现象，在很大程度上将面临财政的赤字压力。同时退休职工所需的参保费用和医疗费用都是从统筹基金中支出，容易导致入不敷出的情况，进一步增加了统筹基金的压力。

（三）对个人账户的影响

个人账户作为城镇职工基本医疗保险制度的另一个重要内容，用来解决参保职工的门诊或小额医疗费用。个人账户与保险统筹基金的区别是，个人账户中的基金是属于参保人员的。也正因如此，个人账户的使用范围相对于统筹基金则显得有些狭窄。个人账户仅能用于支付门诊费用、住院费用中个人支付部分及购买药品费用。不过使用范围明确也能够充分发挥其作用，更好地利用个人账户的基金。由于个人账户的基金属于参保人员，政府没有办法对其进行调配，这样就造成了未能形成经济共济。个人账户基金占到运行城镇职工基本医疗保险的基金的二分之一①。但是个人账户的基金使用范围相对狭窄并且无法形成经济共济，在老龄化的背景下，使得另一个二分之一的统筹基金经济压力加深，不利于整个城镇职工基本医疗保险的运行。

因为个人账户基金支付的范围相对狭窄，一般来说，使用个人账户基金来支付的职工都基本已经处于疾病状态，需要门诊或住院治疗。所以个人账户的报销主体为患病人群。同时个人账户基金的使用更偏向于治疗患病群体，而很少投入使用于管理疾病之前的健康状态。根据调查，老年人发病率随着年龄增长而增加，并且所需的医疗费用也呈上升趋势②。而个人账户仍然只能报销处于疾病状态中的职工。如果个人账户的基金能用于发病前的健康管理，就可以有效提高老龄人口的健康状况，降低老龄人口的发病率，从而更好地降低医疗成本。在老龄化加速的情况下，老龄人口健康状况逐渐下滑是难以避免的事，若在管理健康状

① 卫向原：《个人账户基金占到运行城镇职工基本医疗保险的基金的二分之一》，载《智富时代》2018 年第 11 期。

② 彭仿：《人口老龄化对医疗保险的影响研究》，载《中国现代药物应用》2014 年第 12 期。

态上没有适合的投入，最终则很难避免引发疾病。结果就是个人账户基金仍然被限制了用途，只能用于治疗重大疾病。而退休职工重大疾病的支出对个人账户的基金来说也是一笔不小的支出。随着退休职工人数增加，退休的老龄人口或将面临更多的健康问题，而在发生疾病前的生活管理仍然不在医疗保障的范围内。同时退休人员个人账户的总金额占医疗保险基金的比例也将逐年增长。老龄化的趋势下退休人员医疗费用的增加，将导致个人账户和保险统筹基金经济负担的加深。

三、人口老龄化对我国城乡居民基本医疗保险的影响

人口老龄化促使医疗费用上涨，多项研究和调查数据表明，不同年龄组的人均医疗卫生支出存在明显差异，即老年人群的医疗费用支出远高于年轻人群①。无论是在发达国家还是发展中国家，其医疗保险因为人口老龄化的问题都会产生巨大的影响。同时，因为老年人群的基本医疗保险的需求远高于其他群体，人口老龄化给医疗保险造成巨大的冲击。主要表现为对我国城乡居民基本医疗保险基金供给情况的影响，即基本医疗保险的供给减少以及支出的增加。

对于老年人群而言，其基本医疗保险的需求明显远高于中青年人，因而不但对基本医疗保险基金的来源产生影响，也对其开支产生影响，总体而言，增加了我国医疗保险基金的风险性。根据我国卫生部的资料分析，老年人群患病率普遍比青年人高 3 至 4 倍，住院率大约高出 2 倍②。与此同时，老年人群中的慢性病患病率约为 71.4%，老年人群中多达 42%的人患有 2 种及以上的疾病。此外，伴随传统家庭功能的弱化，许多老龄群体缺乏家庭成员的关怀，这更进一步加剧了他们罹患疾病的概率，自然而然地增加基本医疗保险基金的支出。据相关的数据调查分析，我国目前 65 周岁及以上的老年人中患有慢性疾病的约 71.8%，其中城市为 81.1%，农村为 61.6%，16.2%的老年人罹患 2 种及以上的慢性疾病，且女性罹患慢性疾病的概率高于男性。同时，慢性疾病的罹患率随年龄的增长而上升，与此相反，急性疾病的罹患率随着年龄的增长而有所下降。老龄人口的城乡慢性病患病率在不同年龄组的性别差异也有所不同。在城市地区，85 岁及以上年龄组的性别差异最大，农村地区 65 至 69 岁年龄组的性别差异最大。此外，城市地区 85 周岁及以上年龄组中男性罹患慢性疾病的概率高于女性，而农村地区，女性罹患慢性疾病的概率都普遍高于男性。

---

① 张媛：《人口老龄化对医疗保险的影响》，载《中国卫生经济》2012 年第 4 期。

② 井淇：《山东省卫生资源配置评价与预测研究》，山东大学 2016 年博士学位论文，第 15 页。

根据学者仇雨临的调查研究，在我国现行的医疗服务价格较为稳定的状况下，人口老龄化将使医疗费用支出每年增加1.54%。同时，他进一步预测，在未来的15年内，人口老龄化所造成的医疗费用负担将增至26.4%左右。学者张媛提出，在基本医疗保险的参保人员中，老年人群的增加会造成医保基金支出的扩大。

第二节 境外人口老龄化下的医疗保险制度

一些发达国家针对老年人疾病发病率高、收入相对低的特点，建立了专门的老年人医疗保险制度，政府对老年人的医疗保障给予财政补贴或者税收、投资等方面的优惠政策。

一、德国的人口老龄化趋势及医疗保险制度

（一）德国的人口老龄化趋势及特点

德国作为欧洲大陆人口老龄化程度最严重的发达国家，65周岁及以上的人口占总人口的比例超过五分之一，其老龄化的程度仅稍次于日本。此外，据相关调查数据统计，2010年德国约有8180万人口，其中低于15岁的人口不到七分之一，在所有欧洲国家中，这个比例是最低的①。而在全球范围内，也仅有日本的这一比例更低。按照其目前的人口出生率来看，德国未来的人口老龄化问题将会越来越严峻：预测2050年之后其人口数量将锐减1200万人，低至7010万人②。

德国人口老龄化对其经济和社会生活不断产生严重的影响：其经济增长的潜力逐渐削弱；公共财政负担不断加重；社会保障资金面临“穿底危机”；上述种种问题导致城乡差距进一步拉大、失业率不断上升、社会心理问题不断出现等不良后果出现。直至2009年，德国约有230万人有护理需求，预计到2030年这个数字将增加到约330万③。同时，作为世界上最早开始应对人口老龄化的发达国家之一，德国经过多年发展已成为福利国家的典范，并由此不断完善更为贴合人口老龄化的医疗保险制度，对我国具有重要的启示。

---

① 于建明：《德国的长期护理服务体系及启示》，载《中国民政》2017年第2期。

② 刘芳：《德国社会长期护理保险制度的运行理念及启示》，载《德国研究》2018年第3期。

③ 韩寒、张士昌：《德国长期护理保险：现状、问题与启示》，载《劳动保障世界》2016年第7期。

（二）德国人口老龄化背景下的医疗保险制度

在人口老龄化程度不断加剧的背景下，德国自1995年开始实行公立疗养保险制度，在包括商业保险的情况下，其全国99%的人口都被覆盖[①]。根据德国相关政策规定，参加商业保险者都需要参与民间疗养保险，保险金额不得低于国家规定的工资范围。相对而言，绝大多数公共疗养保险的财政支出都是保险费，但保险费存有上限。每个人都被设定保险费用率，其保险费征收的形式主要为现收现付模式，需定期支付保险费用。公共疗养保险按患者患病程度分为三个层次：第一种是需要适当的医疗服务；第二种是危重病；第三种是重症病人，其覆盖范围是那些在日常生活中无法自理，且没有独立行为能力的人群。与此同时，德国的公立医疗保险分等级进行援助，其援助的内容和方式也有所差异：为家庭养老的老人提供现金援助，为社区照顾的老人提供家庭护理需要的实物援助，为机构照顾的老人则提供对护理人员的薪金补贴。

面对人口老龄化日益严峻的社会问题，两位政治家诺维贝克布吕尔和卡尔荣克坚信德国人迫切地需要一个护理保障体系，他们开始着手设计方案，并与政党、企业雇主及行业诸多人士讨论。从开始酝酿到正式提出议案，长期护理保险的设立整整经历15年[②]。但是设立一个新的险种必然会增加纳税人的负担，不过毕竟最终还是纳税者收益，因此大家依然愿意拿出这笔钱，而最大的支付阻力来源于企业雇主，因为这会大大增加企业雇主用工成本，为了安抚雇主，德国取消了一个法定假日，并最终把长期护理保险设为非全额险种，也就是说个人和企业交的保险费都比较低，保险金额不能承担所有的护理费用，个人还是需要再掏钱。

1994年长期护理保险议案在德国联邦议会和联邦参议院获得通过。1995年1月1日正式实施，这一保险覆盖了所有需要护理服务的人群，不只有老人能享受。德国社会长期护理保险（SLTCI）于1995年推出，现已成为德国社会保险体系的主要支柱，社会长期护理保险与事业保险、退休金、职业意外保险、健康保险共同构成德国社会福利体系。社会长期护理保险涵盖了约90%的人群，其余10%为商业长期护理保险[③]。法律规定，中低收入群体必须参加法定护理保险（即社会保险），高收入群体可以参加法定护理保险，也可选择参加私人（商业）护理保险。贫困群体由政府出资免费参加法定护理保险。目前在德国8200万总

① 何林广、陈滔：《德国强制性长期护理保险概述及启示》，载《软科学》2006年第10期。
② 仲利娟：《德国长期护理保险制度的去商品化及其启示》，载《河南社会科学》2018年第7期。
③ 乌日图：《医疗保障制度国际比较》，化学工业出版社2003年版，第26页。

人口中，有7000多万人参加了法定护理保险，900多万人参加了私人护理保险。

德国的长期护理保险与医疗保险“绑定”，即参加医疗保险者必须参加长期护理保险，在缴纳医疗保险费的同时，必须缴纳护理保险费。护理保险费由政府、用人单位和个人共同承担。个人和单位各承担缴费额的一半，无收入和低收入者的缴费由政府承担。退休人员的缴费由养老保险机构和个人共同承担。

德国的护理需求按照护理对象自理能力的程度分为4个级别。最低的一级：每天至少提供45分钟基础护理、45分钟家政服务；最高的四级：特别护理，高强度护理，每天护理时间6小时以上。一般均在机构护理，极个别由专业机构登门护理。护理服务包括生活照料（即生活护理）和医疗护理两个大方面。

1999年，德国联邦政府的家庭、老人、妇女和青年事务部启动了“老年人未来支援体系”项目，并在现有的法律框架内，通过联合部门制定规则，并设立了示范单位的形式。这为疾病基金会和援助者研究探索新的联合医疗模式提供了机会。尽管此措施并未起到实际作用，一些联合机制的尝试如将个别或部门间的治疗整合为团队治疗、治疗网络、治疗协议、保健治疗网络等还需要完善，但其所描述的联合保健服务模式却值得我们借鉴。

二、日本人口老龄化趋势及医疗保险制度

（一）日本的人口老龄化趋势及特点

根据日本官方媒体的报道，截至2018年1月1日，日本65周岁及以上的老人已高达3514万，占总人口比例25%以上，居全球第一位，是人口老龄化最严重的国家①。另一份资料则显示，日本20岁的青年仅为123万人，占日本1.266亿人中的0.97%，且这一比例已连续出现8年②。以上的数据让人们不得不把视线再次聚集到日本的人口老龄化问题上。

与此同时，根据世界卫生组织公布的《世界保健统计2016》，日本的人均寿命是世界上最长的，可达到83.7岁。日本女性的人均预期寿命为86.8岁，排名第一；日本男性的人均预期寿命则为80.5岁，全球排名第六。此外，日本的新生儿死亡率仅有0.09%，远低于世界平均水平1.92%；日本的产妇死亡率仅为0.005%，远低于世界平均水平0.216%。至此，日本被认为是能够以较少的医疗

---

① 王峥：《日本老龄化背景下医疗保险制度变迁及启示》，载《江西农业大学学报》2012年第12期。

② 島崎謙治著：《日本の医療：制度と政策》，東京大学出版会，2011，P41。（［日］岛崎谦治著：《日本的医疗·制度与政策》，东京大学出版会2011年版，第41页。）

保健费用来达到国民普遍健康水平较高的国家。

（二）日本人口老龄化背景下的医疗保险制度

日本医疗保险制度在经历多次改革后现今的构成较为复杂。首先，日本的医疗保险根据年龄划分为一般国民医疗保险及高龄老年人医疗保险。高龄老年人医疗保险制度是日本为了应对人口老龄化问题而实施的特殊医疗保险政策，其保险对象主要为75周岁及以上的老人或是大于65周岁但少于75周岁的卧病老年人。其次，一般国民医疗保险根据保险对象的工作情况，划分为地域医疗保险与职域医疗保险。再次，职域医疗保险可进一步按照保险对象的职业和行业细分为健康保险、船员保险和共济组合。最后，地域医疗保险划分为国保组合，以及以农业从业者的市町村国保和以退职的雇员为保险对象的市町村国民健康保险（见图5-1）。

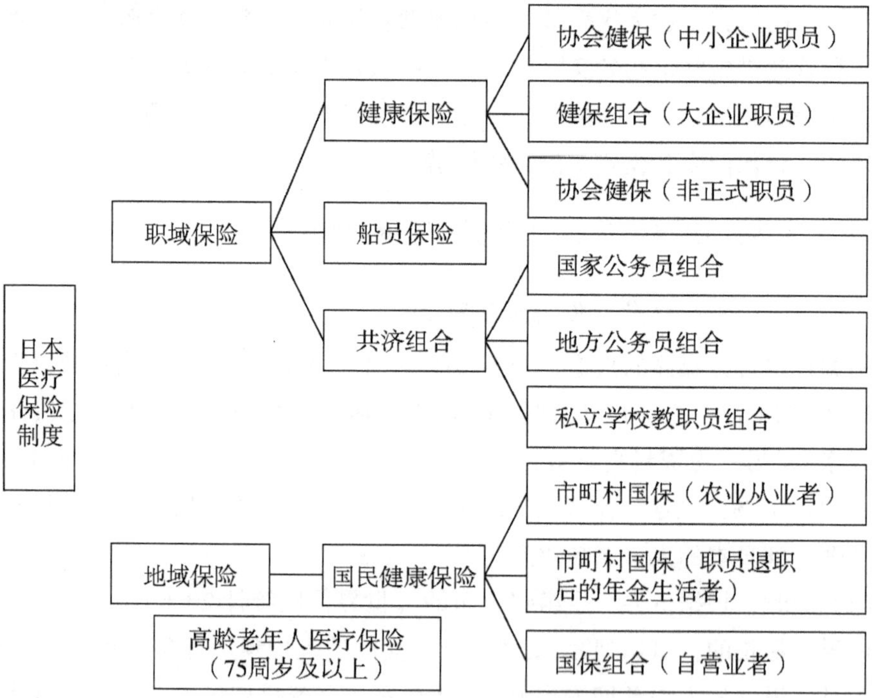

图5-1 日本的医疗保险制度

为应对人口老龄化挑战，2008年，日本将75周岁以上老年人单独分离出来，建立了高龄老人医疗保险制度，同时不断对该账户进行财政补助。此外，日本政府还将其他账户中65周岁以上的老人和退职人员转入市町村国保账户，进行统一管理并给予此账户集中的财政补助。

德国设立长期护理保险后，不少国家纷纷效仿，日本最为积极。日本于1997年12月制定了《介护保险法》，并于2000年4月正式施行[①]。日本长期护理保险制度规定，日本国民凡是年龄达到40岁以上即自动成为长期护理保险制度的被保险人，并需要定期缴纳保险费。其中，65岁以上的日本国民被称为第1号被保险人。对于这部分人，无论是否参加医疗保险以及不管是出于何种原因，只要经审核认定处于要支援或要护理的状态，即部分或全部失去了日常生活自理能力，就能享受长期护理保险待遇。40-64岁的日本国民被称为第2号被保险人，这部分人只有处于癌症晚期或患有关节风湿等16种特定疾病、属于要支援或要护理的类型时，经审核认定才能享受长期护理保险待遇。

经认定符合护理服务享受条件的被保险人根据健康状况被划分为要支援1、要支援2以及要护理1、要护理2、要护理3、要护理4、要护理5等7个等级，每个等级都对应着被保险人的身体状态以及所能享受的护理服务[②]。

日本长期护理服务分为护理服务和护理预防服务两类。享有资格的被保险人在接受护理服务前，会有专职的护理管理者在同被保险人及医生商议后提出一个确切的护理计划。

第三节 我国老年人医疗保险制度的构建

我国人口老龄化进程不断加快，但老年人医疗保险制度却发展缓慢，不仅尚未形成独立的保障体系，且对老年人医疗保险制度的研究也大多处于探索和学习阶段。

与发达国家相比，我国对老年人医疗保险的研究和实践起步较晚。目前各地对老年人的医保政策大致相同，除对离休人员和伤残军人实行公费外，其他人员参加基本医疗保险，并无其他专门针对老年人的医疗保障制度。现有基本医疗保险制度是按照全人群设计的，没有考虑到各个年龄段人群的医疗需求差异，而具有补充作用的商业保险发展仍然滞后，未能和医保政策较好地配合。针对老年人收入低、医疗支出多的矛盾，国家对老年人的医疗给予一定的照顾，例如，对于参加城镇职工医疗保险的退休职工，个人不缴纳基本医疗保险费，且退休人员个

---

① 島崎謙治著：《日本の医療：制度と政策》，東京大学出版会，2011，P13。［日］岛崎谦治著：《日本的医疗·制度与政策》，东京大学出版会2011年版，第13页。

② 王峥：《日本老龄化背景下医疗保险制度变迁及启示》，载《江西农业大学学报》2012年第12期。

人账户计入比例和计入金额高于在职职工，而个人负担医药费的比例低于在职职工；对于低收入家庭60周岁以上城镇居民的参保费用，政府给予一定的补助；开展针对老年人的专项医疗救助和康复救助活动；等等。然而这些尚不能应对未来严峻的人口老龄化趋势。

一、现行老年人医疗保险制度存在的问题

（一）公平性问题

尽管公平性是建立社会离退休人员基本医疗保险制度需要考虑的首要问题，但这个问题并没有得到很好解决，还有相当一部分老人尤其是广大农村老人没有医疗保障。看病难的问题并没有得到很好解决。民营、外商投资企业的职工、个体工商户、城镇弱势群体（包括下岗失业人员、低收入职工、大病、重病和特殊病患者、体弱多病的退休人员）参保率较低。由于参保人员年龄结构趋于老化，使保险基金的积累性减弱，并逐渐萎缩，危及了医疗保险体系的可持续发展。

（二）基金平衡问题

基金平衡是医疗保险体系有效运行的关键，也是医疗保险制度可持续发展的前提。就目前来看，离退休人员基本医疗保险基金存在收支不平衡、社会统筹基金保障程度低、个人账户支付能力弱、无法满足参保人的基本医疗消费需求等问题。目前的现状：（1）由于老年人群参保率低、结构老化等原因，基金的积累性在减弱甚至萎缩，加之许多单位应参保不参保，无故拖延保费的缴纳，漏报、瞒报工资基数来逃避缴费，导致基金的筹资水平很低。（2）在医疗保险人员构成和支付医疗费用总量中，占总人口10%的老龄人口，其医疗费用占总数的30%，目前仍有上涨的趋势；退休人员的门诊人次是在职员工的6倍，符合鉴定门诊重症慢性病标准人员的80%是退休人员，退休人员的住院率为在职人员的4倍以上①。（3）从实际医疗消费看，即使参加了基本医疗保险，享受基本医疗保险待遇，但由于统筹基金起付标准设置的“门槛”过高，超过封顶线的高额医疗费用负担风险大，参保老人自负医疗费用的比例高等原因，一旦老人患了大病、重病或慢性病，统筹基金和个人账户支付就会严重不足，且存在较大缺口，参保老人不得不用现金支付高昂的医疗费用，这给低收入者和体弱多病的老年人带来难以承受的经济负担。

---

① 张明：《试析人口老龄化对医疗保险的影响》，载《医学信息》2015年第29期。

二、完善我国老年人医疗保险制度建议

改革老年人医疗保险制度，在基本医疗保险方面，进一步完善职工基本医疗保险、城乡居民基本医疗保险。逐步提高城乡居民医保人均筹资标准及保障水平，减轻老年人等参保人员医疗费用负担。积极发展商业健康保险，完善补充医疗保险制度，形成多层次的老年医疗保障体系。同时，建立参保、续保激励机制，通过制定相应的优惠政策及待遇鼓励更多的从业人员早日参保。

（一）加大政府投入，向弱势群体倾斜

目前我国老年人的医疗保险制度，各省市因具体情况而略有不同，一部分是属于城镇居民基本医疗保险中的一个小系统，故而报销范围跟成人相似。而老年人是一个特殊弱势群体，应注重报销比例的适合性及公平性。政府在建立长效机制保障弱势群体基本医疗需求上发挥主导作用。一是要加快研究和建立社会医疗救助体系，加大对弱势群体的扶助资金投入力度，明确救助范围、救助方式和救助额度。在筹资机制上，以各级政府投入为主，社会力量广泛参与；在医疗服务上，通过合理配置医疗卫生资源、发展基本医疗卫生服务和社区卫生服务机构，帮助困难群体获得基本医疗保障。二是要在控制医药费用过高的同时，积极扶持社区创办一些“平价医疗服务点和平价药店”，以低廉的价格，提供最基本的医疗服务。三是通过新闻媒体，联络社会各界，积极捐赠救助资金，采取企业拿一点、社会募集一点、职工个人出一点的方式，建立医疗救助机制，力争杜绝已参保的困难弱势群体，因个人负担不起医药费而被迫停医停药的现象发生，以促进医保扩面工作的顺利进行。四是对弱势群体应区别对待，单建统筹基金，保住院保大病，困难企业退休人员医疗保险实行单独列账管理和运行，坚持“以收定支，收支平衡，缴费与待遇相对应”的原则，即困难企业退休人员参加医疗保险后只按规定享受住院医疗保险和大病医疗互助待遇，其缴纳的基本医疗保险和大病医疗互助费全部纳入医疗保险统筹基金。

（二）合理制定医疗费用给付水平，确保医疗保险基金收支平衡

由于保险制度要求基金的收入和支出保持在总体水平上，所以对参保者医疗费用进行什么水平的给付，必须参考经济的增长水平和人口结构的变化趋势。早在1970年，日本经济就已开始进入低速增长阶段，65岁以上老年人口比例业已

达到了7%，开始进入老龄化社会[①]。但是，日本政府并未意识到经济低速增长和人口老龄化将带来的影响，从1973年开始实施老年人免费医疗制度。在接下来的几十年里，老年人医疗费用的增加给医疗保险制度带来了巨大压力，政府财政支出不堪重负。老年人免费医疗制度难以适应新的社会经济及人口形势，日本不得不将其废除，并进行一次又一次的修正和改良。针对这些经验教训，在制定老年人医疗费用给付水平的时候，我国应在对政府财政能力充分了解的基础上，进行合理的人口统计推算，以确保医疗保险基金的收入和支出平衡。医疗保险给付水平的提高，必须是合理的、渐进的、有依据的，避免政策出现过大变化。

（三）创建长期护理保险，减轻老年人医疗费用负担

随着人均寿命的增加、医疗技术的进步和疾病结构的变化，不需要治疗但未能完全康复或生活不能自理的老年人不断增加。由于家庭结构等的变化，往往无人照料这些老年人的饮食起居和康复运动，以至于这部分老人选择在医院里度过晚年。今后出现这种情况的老年人将会增加，同样会造成医疗资源的巨大浪费和老年人医疗费用的急速上升。面对这样的困难，像德国、日本等国一样设立长期护理保险有可能是一个比较可行的解决办法。当然，怎样建立合理和有效的护理保险也是一个有待探讨的课题。

（四）推行退休人员大病医疗保险制度

与养老补充保险的远期效益不同，退休人员的大病医疗保险应是企业补充保险中最为迫切的。退休人员大病医疗保险在多层次老年人口医疗保障体系中是不可缺少的一环，是基本医疗保险的延伸。它与基本医疗保险具有不同保障功能，可以满足退休人员不同层次的医疗需要。如对老年人常见的慢性病、大病、重病要制定一些特殊办法，给以适当的医疗费用保障。

第四节　老年医疗保障制度的发展展望

一、老年人的医疗权益保障问题

关于老年人医疗权益保障制度的确立，世界上大多数国家都采取立法先行的

① 島崎謙治著：《日本の医療：制度と政策》，東京大学出版会，2011，P32。（［日］島崎谦治著：《日本的医疗・制度与政策》，东京大学出版会2011年版，第32页。）

策略。因为没有立法任何政策措施都缺乏强制性，缺乏强制性就弱化了公平性和普遍性。世界各国通过各种形式的立法建立了符合自己国情的老年人社会医疗保险制度，一些发达国家已经建立了专门的老年医疗保障制度。德国最先在 1883 年颁发了《疾病社会保险法》，随着人口老龄化，制定了针对老年人的医疗保险制度。1974 年，德国老年人照护基金会发布的一个关于长期护理保险制度的报告引起了人们对老年人长期护理需求的关注，1994 年颁布了针对老年人的《长期护理法案》，确立了一个全民覆盖的、不经家计调查的、由雇员和雇主共同缴费的长期护理保险制度，于 1995 年 1 月 1 日起实施。美国政府于 1965 年建立了老年医疗照顾计划，日本政府为了给予老年人更专业的照顾，建立了专门的老年医疗保障制度，即 1983 年的老年医疗保险制度。

我国是以 1998 年 12 月国务院颁布的《关于建立城镇职工基本医疗保险制度的决定》为标志的，在全国范围内建立城镇职工基本医疗保险制度。目前，我国仅有少数几个大城市，如北京、上海、杭州、苏州等制定和实施了专门针对老年人的医疗保障制度，而其他城市和地区只是通过退休职工基本医疗保险和城镇居民基本医疗保险对老年人进行保障。与此同时占全国三分之二的农村人口中，其老年人因生活水平较差、经济基础薄弱，一旦患病，医疗负担更重。虽然，有些地方政府也颁布了一些“规定”“条例”“办法”等一系列的行政法规，但立法层次相对而言比较低，存在医疗保险社会化管理缺少法律的支持，医疗保险基金缺乏法律明确的筹资方式等问题，并且医疗保险执法强制作用弱，相关的法律法规宣传不到位，医疗保险没有统一系统的老年人医疗保险法律。因此，明确老年人医疗保险的法律定位，对于推进包括老年人医疗保险在内的老年人社会保险制度建设至关重要。现在我国已处在老龄化社会当中，面对老龄化加快的趋势，老年人的医疗权益保障问题就应该引起社会的广泛关注。切实保障老年人老有所医，老有所养，老有所乐，不因“看病难、看病贵”等医疗费用问题而影响他们的基本生活水平，这是完善我国老年人医疗保险政策的关键。

依照我国的具体国情，在我国经济能力逐渐提高，且我国医疗保障制度的发展已经比较完善的前提下，我国政府可以考虑将老年人口的医疗保障独立出来，通过独立的老年人医疗保障制度，在保费和待遇上给老年人以更多的照顾和优待，从而提高全国统筹层次。老龄化趋势日益加重，老年人口越来越多，这既是社会进步的重要体现，同时也给我们提出新的问题及挑战。随着高龄人数的增多，老年人的医疗护理需求也不断增加。老年人的医疗保险问题是老龄化所引发的主要社会矛盾之一。因此，满足老年这一特殊人群的基本医疗需求是我国政府的责任。

而且，我国老年人医疗保险政策的顺利进行也是构建和谐社会的一个重要因素。

二、贫困老年医疗救助制度

医疗救助制度是以政府为主体的，以无筹资为原则的又一项医疗保险制度，是老年人医疗保障体系的最低层次，同时也是为贫困老年人设立的最后一道保障的免费医疗保险制度。政府应该充分发挥其职能，建立老年人口的医疗救助体系。由于疾病风险的不可预测性，困难老年群体最担心的往往是看病问题，他们是社会最需要帮扶的贫困对象和脆弱群体。因此，在做好广大老年人群医疗保险工作的同时，政府更要关注和完善特困老年群体的医疗救助问题。我国应该建立一个以政府为主导、社区为依托、确保基本生活保障与基本医疗保险为底线、与家庭收入挂钩的老年人口医疗救助体系。

对老年居民中的孤老、孤老残及无子女、无职业、无固定收入来源的“三无”老人，应实行医疗救助、医疗帮助、医疗补助或大、重病的医疗救济等保障形式。其资金来源也应以财政为主，具体操作建议各城区政府设立医疗救助发展基金时，为了扶助“三无”老年人口这一特殊群体，应充分发挥民政部门的主导作用，加大各级政府对医疗救助资金的支持，对老年人医疗保险的死角或力度不够的地方进行补充保障，扩大老年人医疗保障的范围和程度，并加强和完善医疗救济等托底措施。另外，在资金来源上，从企业捐赠基金中拿出一定比例，用于对城区“三无”老人的救助。在具体操作上，可由老年慈善福利会与区民政局、街道办事处共同执行；也可通过企业或行业统筹形式筹集帮困基金，还可以对患大、重病的老人进行基本医疗费用的补助；或由社区与医院通过提供免费与象征性收取费用形式给予帮助。当然，为了保障特困老年群体的基本医疗需求，我们应该认识到，单靠政府一方的力量来解决老年人群的医疗保险问题是远远不够的，我们还需要社会力量的参与，如动员红十字会、基金会等社团组织、慈善机构和各类企事业单位，增加福利彩票公益会中用于医疗救助的比例，多方面、多渠道来筹集医疗资金。除此之外，政府和社会也应该采取其他一些惠民措施来扶助这些弱势群体，如在就医购药方面，可以试试对持有医疗救助卡的医疗救助对象实行就医费用减免、药店购药费用优惠等措施。

总之，这部分老人既是脆弱人群，又是特困老人，必须通过地方财政拨款与中央财政的转移支付，以及企业事业单位与社会捐赠来解决他们看病就医的费用问题。

三、高龄老人医疗保障制度

建议筹建高龄老人医疗救助基金，由本市一些有收入的单位和个人、国际慈善事业、慈善家以及相关国际组织募捐。该基金可用于承担无力承担医疗费用、特殊困难老人的救助。对于那些生活在最低生活保障线上的高龄老人，可考虑每年给一定量的“医疗补助券”专人专用，年末有余，可转入下年继续使用。

大力发展家庭健康护理和社区健康护理，对高龄老人采用家庭护理和社区护理是世界上各国用得最广的护理方式，根据我国国情，这两种护理方式也是我国最易发展、最容易被接受的护理方式。高龄老人家庭护理是在高龄老人的家中提供长期的护理服务，可以分为家庭健康护理和家政护理两类。由于我国传统的家庭养老观念，以及家庭护理的费用通常比住院和安养院的费用低廉，且病人对生活方式可以自我控制，还可以保护个人隐私和保持个人空间，这些积极因素都有助于高龄老人的健康，对高龄老年人的个人康复与照顾具有深远的影响。因此，我国非常适合这种家庭护理方式。

此外建立社区健康护理体系，我国可以充分发挥社区优势，推进社会化养老步伐。有的国家还建立了“日托中心”（Day Center），白天把老人送到中心，晚上接回家与子女团聚。既解决了子女在白天工作无暇照料老人的困难，又满足了老人与子女经常在一起的精神需求。通过社区还可以建立各种老年社团组织，代表和维护老人的利益。老年人的需求和意见可以通过老年组织来沟通、化解和传递，使老人的合法权益得到保障。社区还可以大力普及卫生服务站，使老人在社区内就近接受医疗服务，举办“家庭病床”和“社区病床”，一方面方便老人就诊，另一方面降低医疗费用。组织社区医院实行定点定人巡诊制度，使熟悉社区老人的医生不仅可以从生理角度行医，而且可以深入了解老人致病的心理因素。同时，我们可以设立专门机构以培训具有老年医疗护理技能的人员，从普通的家政人员到高层次的专业护理，为社区中有不同需求的老人提供护理服务。依据我国国情，我国老年护理可以采用“以政府行为为主导，以家庭护理为核心，以社区护理服务为外围，以护理制度为保障”的居家护理体系模式，在我国市场经济得到充分发展的条件下，依靠市场进行运作，引入竞争机制，使服务对象扩大到所有需要照顾的老年人群，真正实现“老有所医”。

老年医疗保障制度的探索并不纯粹是一项针对老年人群的保障制度，更是为医疗保障制度改革提供一种全新的思路或者说尝试，即渐进式的、自下而上的改革，而不主张将过多精力集中在模式选择上，更进一步地，希望能借鉴国外相关有效政策为全国其他省市顺利解决好老龄化带来的医疗保障问题提供可改进的依据和资料，以期能在全中国范围内真正做到“老有所医，老有所养”，实现健康老龄化。

第六章
老年人住房保障

与快速发展的人口老龄化状况相比，我国目前在老年人的各项保障措施上还存在服务设施不到位、城乡区域发展不平衡、养老服务市场不健全、老年人权益容易受到侵害等各种问题。在老年人的各项保障制度中，住房保障是首先应当考虑的问题，这是对老年人其他权益保障的基础。各国的实践证明，要想彻底解决老年人住房问题，破解养老难题，必须从制度层面进行构建和完善，为老年人提供以法律制度为依据的保障。当前我国虽然有《老年人权益保障法》和其他一些住房保障制度，但仍然没有确切的法律明文规定如何保障老年人住房问题，在现实生活中，老年人由于其身体机能的特殊性，其居住社区要有一定的适老性设计，除此之外还有看管、照护等特殊需求，是选择居家养老还是机构养老，居家养老是否有足够的保障条件，机构养老设施是否全面，老旧城区的住房已经不适合老年人居住要如何进行改造，老年人是否有足够的经济实力来保障今后的居住环境，这一系列问题都需要明确的制度来指引和规范。

目前老年人住房保障问题在法学领域的研究较少，从大量的文献来看，研究者大多集中于老年住宅建筑设计领域或是从人口保障的视角对老年人住房问题提出见解和建议，侧重技术层面和社会问题的分析，而没有从制度、规则、基本标准等方面提出解决建议。其他国家和地区较早地关注这些问题并有了相对成熟的研究成果和制定法。当然，我们还是要紧密结合自身国情和地方情况，从实际出发，探索构建适合我国老年人的住房保障法律制度。

第一节　老年人住房保障制度概述

我国老年人权益的保障在过去并未受到足够的重视。在传统的家庭生活理念中，老年人作为一家之长拥有绝对的权威，处于强者地位，因此不需要立法对他们进行特别保护。随着时代变迁，大家族渐渐变成小家庭，老年人不再享有过去的那种权威，人们的观念也在发生变化，年轻人更强调生活的自主性，对长者不再仅仅服从。改革开放以来，各项制度的改革都给老年人的生活带来改变。住房改革，老年人从低房租到高房租；医疗改革，老年人从免费医疗到部分自费医疗；工资改革，只增加在职人员的收入而不涉及老年人，使老年人与在职人员的收入差距越来越大；等等，使得一部分老年人生活水平下滑。[①] 这一切都导致了老年人家庭地位和社会地位相比社会发展进步而实质上下降，老年人的权益需要重新检视和法律上强化重视及保障。基于这样的变化，《老年人权益保障法》第三十二条规定，地方各级人民政府在实施廉租住房、公共租赁住房等住房保障制度或者进行危旧房屋改造时，应当优先照顾符合条件的老年人。

一、住房保障制度

有学者认为，“住房保障”是在住房领域实行的社会保障制度，是由政府作为责任主体，以实现中低收入阶层居民的基本居住权为目的，具有经济福利性的国民居住保障系统。[②] 也有研究者认为，“住房保障是由国家或政府负担起给所有社会成员提供最基本的居住条件之责任而举办的社会保障项目，是由政府作为责任主体，以解决国民住房困难和改善住房条件为目的，具有经济福利性的国民居住保障系统”[③]。

从上述学者给“住房保障”所下定义来看，可以总结出它所具有的几个特点：(1) 属于社会保障系统；(2) 保障主体是国家或者政府；(3) 保障对象为有居住困难的社会成员；(4) 保障目的是解决国民住房困难和改善住房条件；(5) 保障手段有直接保障和间接补贴。住房保障制度就是国家或政府在进行住房保障时所采用的一系列直接和间接手段的法律和政策依据的总和。住房保障法律制度排除了住房保障的政策依据，只以法律法规作为保障的基础和根据。有学者认为有的国家采取“如公共房屋、房屋津贴、土地供应政策、房屋金融政策、租金管制、建房标准的管制、房地产市场规范等措施”[④]。笔者还是认为应通过立法的手段来解决住房保障问题，我国现行的住房保障法律制度有《住房公积金管理条例》《廉租住房保障办法》《经济适用住房管理办法》和《国务院关于解

① 曾庆敏：《〈老年人权益保障法〉应予以修正》，载《法学杂志》2004 年第 5 期。
② 符启林：《房地产法》(第四版)，法律出版社 2009 年版，第 6 页。
③ 杜文：《我国城镇住房保障制度研究》，四川大学 2006 年博士学位论文，第 20 页。
④ 金俭：《中国住宅法研究》，法律出版社 2004 年版，第 36 页。

决城市低收入家庭住房困难的若干意见》。

二、老年人住房保障制度

尽管老年人住房保障的目的是解决老年人住房困难和改善住房条件，但是“结合我国的经济情况和老年人口特点，我国的老年人住房保障体系将首要考虑我国无房老年人群，以及其他虽然有房，但因高龄或病残急需照顾护理的老年人”[①]。老年人住房保障和住房保障既有区别又有联系，两者都属于社会保障体系，保障内容都是住房，但是在保障对象方面，住房保障仅保障中低收入阶层居民的基本居住权，而老年人住房保障是为了保障适格的老年人群体，因为部分老年人不仅存在无房可住的情况，还存在居住环境不能满足其基本生活需要的情况，因此老年人住房保障的目标是建设老年宜居环境。老年人住房保障制度，是政府在老年人群体中实施的住房保障制度，目的是保障老年人有适宜的居住环境，这一制度兼具社会保障和社会福利的功能，是国家基于实质公平的考量，对特殊群体依法作出倾斜性保护。

老年人住房保障法律制度以保障老年人基本的居住权为内容，通过国家立法形式，以政府作为实施主体的一系列法律制度。住房保障法律制度和老年人住房保障法律制度之间不是包含关系，而是交叉关系，一部分老年人的住房权益可以通过住房保障法律制度加以保护，然而还有一些有房可住却存在其他居住困难的老年人住房权益无法纳入住房保障法律体系中，他们的权益会遭到忽视。

三、老年人住房问题研究

尹银、周俊山、张天骄[②]研究住房对城市老年人家庭代际支持的影响时，通过老年人对子女的孝顺评价、子女对老年人的经济支持和不能自理时的照顾三个因变量，结合老年人的房屋内部设施条件、房屋质量和价值等自变量，得出老年人住房条件和子女对其代际支持成正比的结论，同时老年人的生活满意度也会更高。封润华[③]认为老年人口权益难以得到保障，不孝晚辈想方设法侵占老年人住房；空巢老人精神空虚，与子女交流少，缺乏关心和关注。王方兵、吴瑞君、桂

---

① 刘燕辉、杨小东、王贺：《老年人与住房保障》，《中国可持续发展研究会会议论文》2009年，第725页。

② 尹银、周俊山、张天骄：《住房对城市老年人家庭代际支持的影响分析》，载《人口与经济》2012年第2期。

③ 封润华：《北京市老年人权益保障的探究》，载《人口与经济》2006年第3期。

世勋[①]提到有相当数量老年人仍居住在20世纪80年代或90年代所建造的老公房里，住宅内部及外部基础设施不全，居住功能较差。以保障房为主的新建住房在社区规划及住宅建造、分配等环节与老年人的居住、养老需求差距也较大，还没有顺应人口老龄化的趋势。丁志宏、姜向群[②]经研究发现，目前老年人对住房满意的比例并不是很高，一些特殊的如高龄老人、丧偶老人、受教育程度低的老人和经济状况较差的老人大都存在不同程度的住房困难。老年人对住房不仅有一般人的需要，还有其特殊的生理及心理需求，改善老年人居住环境有助于他们独立生活和联系外界。杨旎[③]通过研究老年人J社区发现社区选址偏僻，缺乏基础公共设施和服务设施，生活便利程度低。

根据上述的研究可以总结出老年人在住房方面存在以下几类问题：（1）老年人住房权益容易受到亲属的侵害；（2）空巢老人和高龄老人的数量进一步增加，居住缺乏照顾和护理；（3）楼龄较老的公房基本配套设施不完善，不便于老年人居住；（4）住房缺乏针对特殊群体老年人的保障措施；（5）老年人保障社区位于城市边缘，缺乏基础公共设施。现有的研究尽管从不同角度提出老年人住房的问题，但是从法学角度进行制度分析的相关研究还是不多，通常从实践角度采取调研分析，理论分析相对少。这为我国探索更完善的老年人住房法律制度提供了契机和必要性之辅证。

四、住房保障法律制度研究

有学者通过梳理我国现行的住房保障法律制度，发现其存在立法层级较低，没有一部专门的住房保障立法，没有形成完整的住房保障法律体系等问题。另外在具体的制度上，也存在缺陷，提出应制定住房保障专门法，完善配套保障法规的建议。[④] 还有学者从供求方保障和需求方保障两种不同的路径出发，借鉴国外的住房保障制度经验，认为住房保障问题是动态的，因此住房保障方法应多元化，根据市场的变化采用供求方保障和需求方保障不同的结合方式动态治理。[⑤]

---

① 王方兵、吴瑞君、桂世勋：《老龄化背景下国外老年人住房发展及经验对上海的启示》，载《兰州学刊》2014年第11期。

② 丁志宏、姜向群：《城市老人住房状况及其满意度研究——以北京市海淀区为例》，载《北京社会科学》2014年第1期。

③ 杨旎：《保障性住房社区老年人社区融入研究——以南京市J社区为例》，南京理工大学2017年硕士学位论文，第20页。

④ 陈晓玲：《我国住房保障法律制度研究》，暨南大学2007年硕士学位论文，第20页。

⑤ 程益群：《住房保障法律制度研究》，中国政法大学2009年博士学位论文，第7页。

也有学者研究了我国和国外住房保障法律制度不同的概念、特点和发展，指出我国存在现行的住房立法层次低，法律规定之间尚不能很好地衔接，住房政策不明确、不连贯，与房地产宏观调控法之间的逻辑关系乱等不少问题，住房保障制度在运行过程中出现了很多不符合国家保障住房初衷的现象。①

这些关于住房保障法律制度的研究侧重研究的是中低收入者的住房保障问题，对象主要为经济水平比较低的“夹心层”人群，虽然也包括老年人群体，存在一个交叉范围，但是没有重点突出对老年人这个整体性的特殊群体住房保障问题的研究，有些老年人虽然是有房可住，但居住环境却不理想，不能真正适应或者满足老年人的生活需求，这一类型的老年人也需要得到保障。

第二节　我国老年人住房保障问题分析与立法现状

一、老年人住房存在的问题

2017 年 3 月国务院发布的《关于印发“十三五”国家老龄事业发展和养老体系建设规划的通知》，指出我国老龄人口将面临的严峻形势，到 2020 年全国 60 岁以上老年人口将增加到 2.55 亿人左右，占总人口比重提升到 17.8%左右；高龄老年人将增加到近 3000 万人，独居和空巢老年人将增加到 1.18 亿人左右，老年抚养比重将提高到 28%左右。这些数据表明我国人口老龄化程度进一步加深，医疗和科技的发展为老年人带来长寿，也为年轻人带来更大的赡养压力。而现实是“在当前这个竞争激烈的社会中，竞争失败者既难以养活自己，更养活不了老人。即便是竞争胜利者，计划生育的一对夫妇要供养、照料四位老人，如果专心照料老人，必定会影响竞争而成为竞争的失败者。因此，老人们只能放弃孩子的照料。这是当前社会上存在大量空巢家庭的主要原因之一”②。独居老人的增加，要求老年人住房应当具备更完善的配套措施和适老化设计，当前老年人住房依然存在以下问题。

---

① 符启林等：《住房保障法律制度研究》，知识产权出版社 2012 年版，第 120 页。
② 陈文亮：《完善老年人权益法律保障制度》，载《法学杂志》2002 年第 4 期。

（一）保障性住房基础配套设施不完善

我国在逐步由计划经济转变为市场经济的过程中，住房制度也开始发生变化，由计划下的福利分房转变为市场化的商品住房，为保障低收入家庭的居住权利，改善他们的居住质量，政府推出了几类具有社会保障性质的住房，主要包括廉租住房和经济适用住房。

在相关的法律法规中，明确廉租住房和经济适用住房的保障对象是有住房困难的低收入家庭，从实践来看，需求保障性住房的群体绝大部分是城市中的“夹心层”、新就业职工和刚毕业的大学生，这一保障对象的范围很广，但却没有充分考虑到失独家庭、独居老人家庭，因而在保障性住房的选址、建造过程中，一般不会将老年群体的特殊需求作为单独的考量因素，而更多注重住房建造的成本、面积、房体结构是否符合标准。

随着年龄的增大，老年人在医疗保健方面需要得到更多的关注，而在大多数社区并不配备足够的医护室，也没有专业的医疗保健人员定期为老年人检查、指导老年人培养更健康的生活习惯和锻炼习惯。

保障性住房基础配套设施的不完善，一方面给老年人居住带来不便利，另一方面也使得老年人仅仅是有房可住，却没有居住质量，得不到基础的照顾和护理，甚至违背老年人的意愿随意调整老年人的居住地方和房屋。

（二）老年人住房权益遭到侵害

《老年人权益保障法》第十六条规定，赡养人应当妥善安排老年人的住房，不得强迫老年人居住或者迁居条件低劣的房屋。老年人自有的或者承租的住房，子女或者其他亲属不得侵占，不得擅自改变产权关系或者租赁关系。老年人自有的住房，赡养人有维修的义务。

房子是大多数家庭中价值最大的物品，一间房子甚至需要靠几代人的共同努力才能买到，因此许多老年人终其一生奋斗出的成果，也难免会成为有些居心不良者的觊觎目标。社会上子女侵占父母房屋的案件时有发生，有的子女已经成家立业、自己也成了父母，仍是借口买不起房长期侵占老年人住房，这样的共同居住的生活方式，大大降低了老年人的生活质量，减少了老年人的居住空间和活动范围，更有甚者，借口住房面积小，要求父母搬出去租住房屋。对于这种侵权行为，缺乏法律知识的老年人不懂得如何寻求救济途径，权益得不到保障。

（三）社区缺乏适老化设计

基于传统文化的影响，我国老年人较为偏好家庭养老居住模式，然而很多住宅由于楼龄较老，当时的设计已经大大落后于现代人们生活的需求，尤其是对老年人来说，出行极不便利。最普遍的一个问题是多层、高层住宅没有配备电梯，老年人身体机能下降，很多老人虽然出行不需要辅助具，但腿脚和精力明显无法与年轻人相比，行动较为迟缓，伴随着一些慢性的腿脚疾病，对他们来说散步是可以接受的运动选择，但往往无力爬楼梯，尤其是住在七八层的老年人，会降低他们对出门社交的热情。

楼龄比较老的小区同时还面临着楼间距过小，通风采光不足的问题，老年人多喜阳光充沛、空气流通的环境，这些小区较难满足条件。因为缺乏物业公司的管理，小区的卫生条件差，管理秩序混乱，公共设施配备不齐，既没有适宜老年人锻炼身体的简单器材和设备，也没有可供老年人聚会聊天的公共场所。随着城市规划发展的变化，有些道路就建在小区边上，一出门即是车水马龙，老年人行动和反应能力较为迟缓，这给老年人安全出行带来很大的隐患。不仅如此，噪声和空气污染也大大降低了老年人居住质量。

住宅内设施缺乏适老性设计。老年人随着年龄的增大，容易摔倒，这是危害老年人健康的头号隐形杀手。而许多住宅卫生间、浴室面积狭窄，缺乏防滑设备；老年人卧室缺乏便于老年人起身的设备和一些其他的辅助性设施；有些老年人根据健康状况还需要在房间内配备紧急呼吸设施，这些是当前的家庭养老环境所不能较好提供的。

二、老年人住房保障的立法状况

我国人口老龄化现状集中体现在老年人住房问题上，住房的质量、室内设施、周边环境及照护措施对保障老年人健康生活有着重要作用。保障老年人住房法律体系要从两方面着手：一是保障老年人有房可住；二是保障老年人住房有齐备的配套设备和健全完善的照顾护理体系。因此，这与一般的住房保障法律体系有所区别，住房保障法律体系的目的是实现公民的基本居住权，而没有考虑到老年人对住房条件和设施的特殊需求。

《老年人权益保障法》自 1996 年公布实施以来，历经了三次修正、一次修订，最近一次修正是在 2018 年。在 2012 年的修订中首次提出了老年人住房保障的条文。该法第十六条对保护老年人居住条件作了规定。该法第三十二条规定，地方各级人民政府在实施廉租住房、公共租赁住房等住房保障制度或者进行危旧房屋改造时，应当优先照顾符合条件的老年人。新增的第六章宜居环境中规定了国家要采取措施，推进宜居环境建设，为老年人提供安全、便利和舒适的环境，这将加强老年人宜居环境建设提上立法的高度。民政部颁布的《养老机构管理办法》中规定，养老机构及其工作人员应当依法保障收住老年人的人身权、财产权等合法权益，优先保障经济困难的孤寡、失能、高龄、计划生育特殊家庭等老年人的服务需求。除了人大制定的法律以及部门规章，国务院和各部委也颁布了一系列规范性文件解决老年人住房问题。

2016 年 12 月 7 日国务院办公厅公布实施的《关于全面放开养老服务市场提升养老服务质量的若干意见》中提出，要全面放开养老服务市场，推进居家养老服务。2017 年 6 月 6 日国务院办公厅公布实施的《关于制定和实施老年人照顾服务项目的意见》中提到，要发展居家养老服务，推行老年宜居社区、老年友好城市建设，在公共设施中配备老年人出行辅助器具，并且加强社区和家庭的适老化设施改造。国务院的《“十三五”国家老龄事业发展和养老体系建设规划》也强调了要建立居家为基础、社区为依托、机构为补充、医养相结合的养老服务体系，加强农村养老服务的发展，推进老年宜居环境的建设。

制度创新方面，2014 年 6 月中国保险监督管理委员会公布了《关于开展老年人住房反向抵押养老保险试点的指导意见》，在北京、上海、广州、武汉开展老年人住房反向抵押养老保险。在试点期结束后，由于这一保险制度取得良好的运行成果，保监会发出延长试点期间并扩大试点范围的通知，试点期间延长到 2018 年 6 月 30 日，试点范围进一步扩大至各直辖市、省会城市（自治区首府）、计划单列市，以及江苏省、浙江省、山东省和广东省的部分地级市。虽然这一试点在实际运作中存在一些运作不理想或者纰漏，但总体上达到了养老方式和保障方式的创新。

在探索老年人住房保障制度方面，可以看到国家作出的努力，但是从立法现状来看，老年人住房保障法律制度仍存在不少问题。

三、老年人住房保障法律制度分析

首先是规范性文件的效力层次问题。在现行的有关老年人住房保障法律制度中，属于人大制定的法律仅有《老年人权益保障法》一部，其他的都属于法律、法规和规章以外的“国务院规范性文件”或“部门规范性文件”，甚至有些只是一种政策，例如“十三五”规划和《中国老年宜居环境发展报告（2015）》。从效力等级来看，这一类规范性文件在《立法法》中没有明确的地位，但在实质上又会对公民权利义务产生重要的影响。目前学术界对这一类的“规范性文件”研究尚未有较成熟的理论成果，学者对它们的效力等级、适用范围存在不一致甚至是完全相反的、错误的看法。对老年人住房保障作出规定的这些行政规范文件，目前大部分法理学教科书都理所当然地认为“国务院通过的具有规范性的命令、决定具有与行政法规同等的法律效力，然而这些观点很难经受法律和逻辑的严格检验”①。

这些规范性文件自身的效力等级问题仍未得到解决，是否属于现有的法律体系范畴甚至其合法性问题都缺乏明确的解释，由其规定的老年人住房保障条文效力问题也会困扰进一步的研究。能否以规范性文件约束政府和市场主体的行为，切实保障老年人住房权益，还值得探讨。

其次是可操作性不强。从老年人住房保障的条文内容来看，对各方主体的约束力没有体现出来，而更像是一部政府关于推进老年人宜居环境建设的倡导性政策文件，条文中有许多“推进”“提倡”“优先支持”“引导”这类倡导性词语，这种条文难以明确每个主体的权利义务，起不到规范制约作用，难以使老年人住房权益得到保障。以《老年人权益保障法》第六十五条为例，国家推动老年宜居社区建设，引导、支持老年宜居住宅的开发，推动和扶持老年人家庭无障碍设施的改造，为老年人创造无障碍居住环境。这个理念很好，但在实际操作上缺乏具体指引，尽管在第六十二条至第六十四条中，立法规定各级人民政府应当统筹规划建设适合老年人的各项公共设施，规定国家应制定老年人的工程建设标准体系和无障碍设施工程建设标准，并负责监督实施，但国家制定的标准还未公布，政府建设的适老性设施也有很大的弹性，适老性设施要达到多少覆盖率，建设标准是什么，如果政府违反或者不按照标准来规划由谁来追究责任，可否由老年人个人或者由老年人保护组织提起公益诉讼，对这些内容都缺乏明确的规定，这样会造成老年人难以享受到住房保障权益，或是住房保障权益受到侵害却没有一条适宜的救济途径。

在其他关于老年人住房保障的规范性文件里，更是以建议、倡导为主，缺乏操作指引。例如《国务院办公厅关于制定和实施老年人照顾服务项目的意见》在重点任务一章中提到发展居家养老服务，为居家养老服务企业发展提供政策支持；推进老年宜居社区、老年友好城市建设，都体现出这个特点，以意见倡议为

---

① 黄金荣：《“规范性文件”的法律界定及其效力》，载《法学》2014 年第 7 期。

主，缺乏实施细则和规范措施，在实务操作中就可能出现不同地区不同标准，有些单位怠于落实等各种情况。

最后是法律没有针对不同情况的老年人在规则上进行细分。不同健康状况的老年人，对住房保障有着不同的需求，身体健康、生活完全能够自理的老年人相对需要的保障措施比较少，采用居家养老模式就可以保障其正常生活；而基本丧失自理能力的老年人显然不仅需要各项生活辅助器具，还需要有专人照顾和看护，这时候就需要考虑社会化的养老服务。根据老年人的能力等级来分配住房保障资源，不仅能够使有需要的老年人真正得到保障，还有利于资源的合理配置，减轻财政负担。有学者依据健康程度和自理能力将老年人划分为四类，根据自理能力由弱到强的顺序，分别提出不同类别的老年人所需要的保障："第一类老年人重点是满足基本生活照料需求，在此基础上增加对老年人的精神和社会交往支持；第二类老年人应在注重满足基本生活需求的基础上采取适当方式满足社会参与的需求；第三类老年人在必要的时候给予适当的生活照料，重点是给老年人提供一定的资源；第四类老年人其养老服务的重点是为老年人提供一些供其娱乐、健身的设施、资源等。"①

第三节　老年人住房保障制度比较分析

一、美国老年人住房保障制度

（一）美国住房保障法律法规

国外存在两种老年人权益保障立法模式，一种是不针对老年人群体单独立法，而在相关的法律制度中分散地制定老年人权益保障条文，这些法律条文大多从属于社会福利制度和社会保障制度；另一种是针对老年人权益单独立法保护，这种模式的老年人权益保障法规专门针对老年人群体的特殊需求，分别制定了老年人权益保障法、老年人就业促进法、护理保险法等，每一部都是相对独立规范老年人相关问题的法律。美国的老年人权益保障立法属于后一种单独立法模式，

① 赵雅宜、丁亚萍、李现文、崔焱：《老年人能力等级的分类与判定》，载《中国卫生统计》2015年第6期。

制定了专门的《美国老年人法》。

1930年，美国颁布的《社会保障法》首次把养老问题纳入立法，这部法律的重点在于老年社会保障。1956年8月7日，艾森豪威尔总统签署了《综合住房法案》，“提出帮助60岁以上的老人取得由住房管理局保险的抵押贷款”①。“1959年颁布的《住房法案》第二百零二条规定了以直接贷款形式向老年人住房项目提供资助：第一，向非营利机构提供一定的预付款来支持他们建设、改造或购买住房，若该机构能保障低收入老年人居住达到40年，则该笔预付款无需偿还；第二，通过‘项目房租补贴合同’来填补租户调整后收入的30%与项目运营总成本之间的差额。”② 1961年《综合住房法》增加了老年人住房贷款基金储备，从1959年的5000万美元增至1.25亿美元，为老年人住房提供低利率的贷款，住房贷款保险利率从5.75%下调到5.50%，后再次降至5.25%。1962年正式颁布的《老年人住房法》（Senior Citizens Housing Act of 1962），再一次增加了贷款基金，从1.25亿美元增加至2.25亿美元，农村老龄贷款额也增加了0.5亿美元，这笔贷款基金包括提供给农村老龄非营利性房租资助者和用于农村老龄租房的保险贷款。为了使老年人的房产保值，使其免受通货膨胀影响，1964年，美国《国内税收法》规定，65岁以上老年人变卖房产所获得的收益享受税收减免。一开始只规定65岁老年人变卖房产受益时，可享受20000美元的免征税收，后来美国国会考虑到当时的物价水平不断上涨，把免税额提高到125000美元，享受收益免税的人口年龄界限也下降到55岁。1965年，美国颁布了专门的《老年人法》，这部法律在美国社会老龄化发展过程中具有里程碑意义，它出台的背景是美国老年人口不断增加，老年贫困现象没有得到有效、实质的改善，越来越多的老年人生活水平降低到贫困线附近。《老年人法》提出了保障老年人住房的目标，要求为老年人提供合适宜居的住宅，住房设计能够满足老年人的生活需要，且花费必须在老年人能够负担的范围内。在美国，居家养老和社区养老仍是大部分老年人的选择，为保障老年人的居住权益，美国联邦政府和各州政府针对中、低收入的老年人提出一系列住房保障措施：如公共住宅方案、低收入者补助方案、低租金国民住宅方案、针对房屋开发商的利息补贴、提供房屋开发商之低贷款利率及住房倒按揭计划，等等。住房保障是美国社会福利制度中的重要内

---

① 黄安年：《美国政府的住房福利保障政策——从罗斯福新政到约翰逊“伟大社会”时期》，载《山东师范大学学报（社会科学版）》1998年第4期。

② 张卫国：《美国养老社区研究》，载《世界经济与政治论坛》2012年第5期。

容，为贫困老年人提供适宜的住房向来是美国政府关注的重点问题之一。

这一系列法律制度为老年人住房保障构建了一张安全网，使得老年人住房问题有法可依。20世纪上半叶，欧美等发达国家在经济繁荣时期兴建了大量的老年人福利廉租公寓，推动发展社会养老模式，在接下来半个多世纪随着人口老龄化进一步加深，人们对养老有了更广义的认识，传统居家养老方式再一次回到大众视野，“美国65岁以上老年人口有93%选择居家养老”①。美国居家养老模式是同住房分不开的，这一模式是为了使老年人在自己住房内，在一定的帮助条件下可以实现自我养老支持。目前美国已经形成以政府资金和政策为基本依托，社会各类机构和社团积极参与的老年人住房福利保障体系。

（二）退休社区

1980年以来，推广的老年人社区是美国住房保障体系建设中一种比较有特色的住房，兼具实现居住和养老服务双重功能，是根据不同年龄阶段、不同健康状况和自理能力的老年人生理心理需求建造的不同区位规划的老年人社区。这些社区又被称为“退休社区”，相对于其他社区来说这里有更多的适老化设计和配套设施，是许多美国老年人在退休后会选择的住房。退休社区根据提供的不同服务划分为两种：一种主要提供医疗服务，以80岁以上老年人居住为主；另一种主要提供休闲生活服务，以60–70岁的健康老年人居住为主。根据老年人社区照顾模式，又可以进一步细分为五种形式：自住型社区、协助型社区、护理型社区、活跃长者社区和综合社区。② 第一种自住型社区针对的是年龄在55–64岁之间的退休老人，在健康状况方面能够完全自理，并且有独立生活的意愿。这类社区提供最基础的配套服务和援助，不需要特殊服务，因此在这类社区居住的老年人既可以坚持自己独立自主的生活习惯，又不需要花费太多费用。第二种协助型社区针对两类老年人，一类是年纪较大，70周岁以上，没有重大疾病但需要基本生活协助的老年人；另一类是为大病初愈的老年人或家人外出的老年人提供临时住所。协助型社区为老年人提供一些日常生活协助，包括餐饮、应急、社区体检、维修、保洁等，同时提供有偿的特殊服务，例如对轻度老年痴呆患者的照顾。第三种护理型社区针对的是失能老人、患长期慢性疾病老人和重度老年痴呆老人，这些老年人都需要长期的照顾和护理。这类社区大多数参加了医疗保险、

① 张彩华、熊春文：《美国农村社区互助养老“村庄”模式的发展及启示》，载《探索》2015年第6期。

② 张卫国：《美国养老社区研究》，载《世界经济与政治论坛》2012年第5期。

长期护理保险和医疗救助计划，费用由保险公司和个人分摊，因此费用也不太高。第四种活跃长者社区面向55-60岁刚退休、热爱运动的老年人，配备健全的运动设施和娱乐设施，费用花费较大。第五种综合社区融合了自住型单元、协助型单元和护理型单元三种类型住房，针对当前生活能够自理，但为担心日后需人长期照料而搬迁的老年人，为他们提供从退休到临终关怀都适用的住房，因此又被称为“持续照顾社区”。①

（三）住房反抵押贷款

从20世纪80年代开始，美国推出了一种新的房产贷款形式——住房反抵押贷款。传统住房抵押贷款被称为房屋按揭，是指买房者先向卖房者支付房屋总价的一部分作为首付，差额则以房屋作为抵押物由银行发放贷款向卖房者一次性付清，买房者可在一个较长期限内（通常期限可约定为15年至30年）分期偿还贷款。住房反抵押贷款顾名思义，不是买房者向银行偿还贷款，而是以自有房屋作为抵押物，由银行向房屋所有人支付贷款，它的现金流向与抵押贷款相反。住房反抵押贷款的主要申请对象一般要求年龄不得低于62岁，为房产单一的所有权人（夫妻共同所有除外），他们通常无固定经济来源，属于“房产富翁、现金穷人”的相对贫困阶层。贷款最高额度与房主年龄、房产价值成正比，可以一次性支付、定期支付或是由借款人在一定额度内任意提取，老年人可以利用这笔借款维持日常生活支出，支付医疗费用等。当房主永久搬出房屋或是死亡时，反抵押贷款到期，一般会将房屋拍卖用现金偿还贷款本金和利息，超出部分则作为遗产继承。“在1990年，65岁或以上的女性家庭在家庭公证资产方面大约拥有3000亿美金。然而，这些妇女中的大部分只能靠极其低的收入生活。”② 住房反抵押贷款制度正是缓解了这种固定资产与可支配资产之间的冲突，为解决老年人生活保障提供一条新的思路。

二、新加坡老年人住房保障制度

新加坡是世界上老龄化最快的国家之一，预计到2030年新加坡65岁以上的老年人将占人口总数的18%。新加坡又是一个深受儒家传统思想影响的国家，推崇家庭养老方式，政府一直以来也非常注重培养社会尊老敬老养老的氛围，认为

---

① 王方兵、吴瑞君、桂世勋：《老龄化背景下国外老年人住房发展及经验对上海的启示》，载《兰州学刊》2014年第11期。

② 柴效武：《一种以房养老的贷款方式：住房反抵押贷款》，载《金融教学与研究》2004年第3期。

孝道是道德伦理的起点，可以稳固家庭，延续社会。1995 年，新加坡颁布了《赡养父母法》，规定拒绝赡养或资助贫困的年迈父母的子女，将面临罚款甚至判刑的处罚。1996 年新加坡政府又依据《赡养父母法》，设立了赡养父母仲裁法庭。

"新加坡的保障性住房是指以中、低收入阶层为目标群体，由政府投资建设并实行有偿提供的住房（组屋），包括供出租的廉租房和供出售的廉价房两种。"① 保障性住房又称为"组屋"，为同时保障老年人住房需求和照料需求，建屋局对与老人同住的家庭申请组屋时，提供了便利和优惠措施，例如对三代同堂家庭给予价格优惠和优先安排，对和父母或残障兄弟姐妹共同居住的纳税人实行部分税收扣除。政府推出了一系列津贴计划，用于支持低收入家庭养老和医疗方面的需求，提高低收入家庭赡养老人的积极性，同时减轻他们的负担。

（一）中央公积金制度

早在 1955 年殖民时期，新加坡已创建中央公积金制度，这是一项面向中小企业员工的社保强制储蓄计划，由雇员和雇主共同缴纳薪资的一定比例到雇员个人公积金账户，缴纳比例在雇员 50 岁后会逐渐降低，其目的是维持他们退休后的养老生活，然而土地的稀缺、人民生活的贫困，使新加坡政府不得不将目光重点放在住房方面。② 随着时代的发展和经济政策的不断改革，当前中央公积金制度已涵盖住房、养老、医疗、教育等多重社会保障内容。

20 世纪 60 年代开始，新加坡政策推出"居者有其屋"政策，政府一方面大量兴建公共组屋，另一方面通过允许公积金会员使用公积金来鼓励中低收入阶层购买组屋，实现了资金链的持续，从而又可以投入住房建设。为了鼓励子女与父母同住，建屋局设计了一种可供几代同堂家庭居住的房屋，巧妙利用空间和户型，在主体房屋旁建造了一个附属单元，既保证彼此生活的私密性，又可相互照顾共同生活。"经审核通过，与父母同住的子女在买房时可享受一次性减免 3 万新元的优惠政策。"③ 若子女在其父母住房周边购置二手组屋，可以获得 40000 新加坡元的政府资助，并在部分小区可享有免停车费的优惠措施，为的是鼓励子女

① 俞永学：《新加坡的住房政策及其对中国的启示》，上海交通大学 2008 年硕士学位论文，第 20 页。

② 曹鹏飞、曹婧：《新加坡中央公积金制度及其对完善我国住房公积金制度的启示》，载《金融纵横》2017 年第 3 期。

③ 张国平：《农村老年人居家养老服务体系研究》，中国社会科学出版社 2015 年版，第 126 页。

多去探望年迈的父母。

新加坡政府为每一个新加坡公民建立个人公积金账户，中央公积金实际上是一种由政府立法强制个人储蓄的制度，兼具储蓄与保障双重功能。① 这项制度自实施以来，表现了众多方面的优势，带来了良好的社会和经济效益。作为一个强制性个人储蓄制度，它与每一位公民的实际收入挂钩，能起到有效激励公民努力工作、不断提高自身收入水平的作用，公民有动力也有义务通过劳动为日后提供更有保障的退休生活。另外，这一制度的实施大大减轻了政府的财政负担，政府通过大量吸收国民稳定而持续的存款，形成资金链条，将其一部分投入投资需求大、回报周期长的国民基础设施建设项目，另一部分用于投资福利保障住房方面，有效调解了收入分配不均的问题，实现了社会经济的健康可持续发展。经过半个多世纪不断的发展完善，这一制度目前成为覆盖了老年人包括住房、养老、医疗等多方面的社会保障制度，能够实现多样、全面的各项保障计划，给予老年人“老有所养、居者有其屋”的福利保障能力。

（二）乐龄公寓

在新加坡社会，60 岁以上的老年人通常被称作“乐龄人士”，体现了整个社会对老年人尊重的态度，这种积极的态度主要源自政府引导。为顺应人口老龄化的发展变化，新加坡政府设立了 6 个人口老龄化跨部门委员会，包括住宅、健康护理、社会融入、就业、经济领域，从国家到社区各个层面都建立乐龄理事会、设立乐龄中心专门组织开办老年人文体活动，鼓励老年人继续学习。

随着独居老人和不与儿女共同居住的老年夫妻人数增多，1998 年，新加坡建屋发展局推出了“乐龄公寓计划”②，可使这些老人多一种住房选择。乐龄公寓房屋产权一般为 30 年，房屋使用面积有 35 平方米和 45 平方米两种，售价低廉，在 6 万新币至 9 万新币之间。公寓为一室一厅，卧室客厅之间用活动夹板隔开，内部许多建筑设计体现了适老化的特点，公寓铺设防滑地砖，有扶手栏杆可供老年人助力，卧室厨房家居齐备，房屋内还装有紧急拉铃和烟火感应器，在老人发生一些突发情况时，可以第一时间向外界发出警报寻求救援。住宅的出入口面积偏大，这是为那些坐轮椅的老人考虑的，开关、门铃和门窗把手等设施相应降低，便于行动不便的老人控制。公寓选址在交通便利、靠近社区的地方，老人

---

① 袁莉、余桔云、王华强：《新加坡老年保障体系建设的多元协同治理机制研究》，载《财经问题研究》2017 年第 11 期。

② 陈琪：《新加坡老年人住房》，载《中外房地产导报》1998 年第 22 期。

出行购物都很便利，乐龄公寓留有举办社区活动和提供服务的场地，包括保健、房屋清洁、洗衣服务和看护服务等。

有意向购买乐龄公寓的老年人向新加坡建屋局提出申请，申请人须为年满55周岁的新加坡公民，居住在政府组屋内至少十年，没有私人住宅产业，同时家庭月收入不能超过8000新元。收到申请表格后，建屋局根据抽签顺序来决定购屋次序，但是申请与子女住所在同一片区乐龄公寓的老年人享有优先选购权，这既方便了子女就近照料老人，同时该优先政策也鼓励了子女选择邻近父母的寓所。1998年新加坡建屋局首次向市场公布这一计划时，得到了热烈反馈，预计建设650套乐龄公寓很快就收到500多份申请。为更好地满足老龄人的实际需求，建屋局增加了大面积公寓的建筑比例，提供了更多优惠措施包括免租金、提供暂住条件等给有需要的老年人。为更好地支持乐龄公寓各项服务设施建设，新加坡社会发展部专门为每座公寓拨款20万新元，作为设立社区服务设施的经费。

（三）退休村计划

退休村是针对收入水平较低的退休人士而推出的一项福利计划，“由新加坡全国合作社联合会、新加坡职工总会下属保险合作社以及新加坡联合服务合作社共同管理”①，不仅为老年人提供住房保障，还提供基础医疗服务。退休村只允许出租，不提供产权，所使用土地由政府划拨，退休村建筑费用的三分之二由政府出资，剩下则由新加坡全国合作社联合会负担。相较于乐龄公寓，退休村的基本设施没那么充足，缺乏可供共同活动的空间，但相应地，老年人所需交付费用也很低。退休村有两种类型住房，一种全自费单位可供一对老年夫妇居住，另一种受津贴单位可同时居住六人，受津贴单位的居住者每月只需缴纳三分之一的房租和看护等费用，剩余由全国合作社联合会进行补助，有效保障中低收入老人。

三、我国香港特别行政区老年人住房保障制度

香港地狭人多，住房问题一直为政府所关心和重视。香港的公共住房政策可以追溯到19世纪五六十年代，受一些因素影响，不少人从内地城市离开到香港，加上香港本身人口增长和住房紧缺，导致香港人口激增和住房问题突出。为解决住房问题，许多人在市区边缘违法搭建了棚户、寮屋，形成了拥挤密集的寮屋区，十分不安全。1953年圣诞夜在石硖尾寮屋区发生火灾，数万人居住的寮屋

① 陈琪：《新加坡老年人住房》，载《中外房地产导报》1998年第22期。

被烧毁，民众流离失所。迫于众多灾民的压力，当时的港英政府启动了“徙置计划”，这成为香港公共房屋政策的起始。尽管当时大量兴建的徙置大厦只能保证给灾民提供一个简陋的遮风避雨的场所，没有任何质量可言，但随着香港经济的高速发展，民众要求改善居住环境的呼声越来越高，港英政府也具备相当财政实力。因此，1972 年，“时任港督的麦理浩推出‘十年建屋计划’，标志着香港公屋政策由主要安置灾民转向致力于为低收入居民提供住所，为香港公营房屋的架构和发展奠定了重要基础”①。

1973 年，港英政府为更全面管理和推进“十年建屋计划”，将一些政府机构整合重组成一个独立的公营房屋主管部门——香港房屋委员会。自此以后，在房委会的监督管理下，该计划顺利进行，建设的公屋陆续为 100 万人提供可租住的居所，同时推动了市区周边城镇的发展。尽管这一计划成功为大量低收入群体提供了居所，但随着居民收入的增长，那些“条件不够入住公屋，又缺乏足够经济能力自置楼宇或缴付昂贵租金的‘夹心阶层’”② 却被排除在保障之外。1976 年，港英政府推出“居者有其屋计划”，这些居屋的售价低于市场价，但在转让时也受到相应制约，主要是为了提供给“夹心阶层”人士另一种类型的住房保障。

香港房屋委员会官网公开的资料显示，2017 年香港公共租住房屋共有 756800 户，每户平均入住 2.8 人，长者住户共有 145500 户，所占比例近 20%。2013 年至 2017 年，长者住户数量呈不断递增的趋势。整个香港社会的老龄化趋势也在不断加深，据政府推断，到 2039 年，香港 65 周岁以上老年人将占全港人口的 28%，人口的老龄化对香港房屋政策提出了新的要求。

（一）公共租住房屋

香港公共租住房屋简称公屋，由香港房屋委员会管理，目的是为负担不起私人楼宇租住的低收入家庭提供居所。

长者（年满 60 岁）申请公屋时，可以获得优先编配，房委会专门推出了多个长者优先租住计划。独居老人可加入“高龄单身人士优先配屋计划”；两位或以上长者，可联名申请“共享颐年优先配屋计划”；与家人同住的长者也可以选择申请“天伦乐优先配屋计划”，此类计划最受推广，旨在鼓励家人与老人同

① 魏成、李骁、赖亚妮：《进退维谷——香港公营房屋政策的困境与挑战》，载《国际城市规划》2016 年第 4 期。

② 冯邦彦：《香港地产业百年》，东方出版中心 2007 年版，第 187 页。

住，互相照顾，以实现老年人居家养老。[①] 通常，合资格的高龄申请者会比一般家庭优先获得处理，轮候时间也短于一般申请者。2018 年 2 月香港房屋委员会公布的最新文件显示，长者一人申请的平均轮候时间为 2.6 年，而一般家庭的平均轮候时间则为 4.6 年[②]，而且一般家庭只能在非市区的几个地区择一区申请公屋，而长者申请则不受此限制。

高龄单身人士优先配屋计划和共享颐年优先配屋计划的申请者必须年满 58 岁，而在配屋时必须年满 60 岁，同时还要满足一般家庭的申请条件，例如申请者不得拥有或与他人共同拥有香港任何住宅物业或该类物业的任何权益，不得签订购买香港住宅物业的协议，也不得直接或间接拥有香港住宅物业公司一半以上的股权。天伦乐优先配屋计划推动了年青家庭与最少一名年长的亲属共同居住，在申请房屋时，亲属必须年满 60 岁并且愿意与其他成员共住，双方需要签署一份声明，声明较年轻的一方成员会照顾年长亲属，并一同居住。天伦乐优先配屋计划还可以申请分别入住两个就近的房屋，但是申请地点要除去市区。在轮候期间，若年轻家庭的申请先获得审查资格，那么年长者可获得提前一起审查的资格，双方也需要签署声明约定年轻家庭会给予其年长亲属适当的照顾，如果违反了该条款，双方租约都会被终止。

2001 年 8 月开始，房委会还试行了一项长者租金津贴计划，为那些租住私人楼宇的长者提供津贴减轻经济压力，尽管该计划已逐步撤销，然而已参加计划的长者不受影响，只要他们符合当时资格，便可选择继续领取租金津贴，也可以选择接受公屋单位的编配。在长者住屋的每一个居住单位内，都设置了警钟按钮，连接舍监办事处及宿舍，当户内长者遇到事故便可按键通知舍监前来帮助。对于房屋内未安装警报系统的长者住户，社会福利署推出了紧急召援系统特别津贴计划，房委会也提供了紧急警报系统安装津贴，供长者自行在市场上购买自己所需要的警报系统。对于那种户主及全部家庭成员均已年满 60 岁的长者租户，在签订租约时可以豁免保证金，对于已缴付的，可以申请退还。

（二）长者安居乐住屋计划

香港房屋协会是一个非政府机构，目的是为香港市民提供房屋及相关的服

---

① 张婧、张文华、吴超、赵铮：《香港老龄化与长者住屋建设——香港公屋建设的调查与思考之三》，载《住宅产业》2012 年第 7 期。

② 香港房屋委员会及房屋署：《香港房屋委员会议事备忘录：香港房屋委员会配合政府“居家安老”政策的各项政策和措施》（2019 年 10 月 18 日），https：//www.housingauthority.gov.hk/tc/flat-application/application-guide/elderly-persons/index.html，2020 年 1 月 19 日访问。

务，与香港房屋委员会类似，也是香港主要致力于房屋工作的机构之一。1996年，房协进行了一项关于长者住房问题的调查，调查显示中等收入的长者对专为老年人设计的房屋需求很大，而市面上供给不足，基于此，房协决定推行长者安居乐住屋计划，以满足长者高枕无忧和颐养天年的目的。长者安居乐住屋计划实行的也是长期租约制度，长者一次性缴付租住权费后，即可长期租住，日后无须再次缴纳租金，只需支付管理费和基本服务费，相当于买下了一定年限的租住权。当长者决定终止租约时，房协会按照长者入住的年限扣减相应租住权费，将剩余费用返还长者。目前房协列入的长者安居乐计划的小区有彩颐居、乐颐居、安颐阁护理安老院和喜颐阁护理安老院，这些小区的每一个单位都是设备齐全的独立式单位，房内有适老化的软硬件设施，以应对长者身体的逐渐衰弱。小区的运营机构还提供了康乐、社交活动和健康护理服务等免费或可自费的项目，为长者提供全方位的护理，满足其生活需求。

长者安居乐住屋计划主要提供的是住户的租权而并非产权，申请对象必须是年满60周岁的老年人，且60-69岁老年人个人资产达到150万-330万元，二人家庭资产须达到225万-495万元；70岁以上老年人个人资产须达到100万-330万元，二人家庭资产须达到150万-495万元。若申请对象自身的经济能力不足，有担保人作保证表示愿意负责生活费用，也满足申请条件。这些申请者经过几十年辛勤工作，有了一定的储蓄，有改善生活条件的能力，却负担不起香港的高房价，这类长者安居乐的小区因为享受了政府用地方面的优惠政策，由政府无偿或者低价提供土地，因此这种单位的售价仅为香港市价的三分之一。除了价格较低，安居乐住屋都按照市场化的规则运作，既保障了老年人的住房需求，同时也维持了项目的可持续运转，避免政府财政负担过重。

长者安居乐住屋计划以老年人为本，在房屋设计方面充分考虑各类老年人的生理特征，例如无门槛设计就是专为坐轮椅的老年人考虑的，房间内有低位插座可插安全夜灯，浴室内的热水炉有最高温度预警设置，厨房内有烟雾警报器和自动防火洒水系统，浴室和卧室都设置了平安钟等，对老年人居住有较好的保障。

（三）居家安老政策

随着香港老年人口的迅速增长，香港特区政府也推出“居家安老为本，院舍照顾为后援”的政策。为此，政府加强社区照顾服务，鼓励老年人通过运动强身健体，并于2014年12月公布了新的《长远房屋策略》，以期扭转房屋供求失衡局面，有针对性地提供更多公屋单位，完善长者公屋编配政策。在政府公布的

《香港2030+：跨越2030年的规划远景与策略》中提到，为配合迅速增长的老年人口，在建设规划城市房屋时，要预留足够的空间以供建设护理中心和安老院，在设计中要引入适宜老年人使用的通用设计。在用地规划方面，则要在优先考虑建设足够居住的公屋前提下，有剩余土地资源才继续支持为中等收入长者而推出的长者安居乐住屋计划。经过数十年的发展，房委会在房屋类型的提供上已有丰富经验，他们会根据住户的反馈意见不断修整计划，例如以前曾专门为长者设计的长者住屋，因为需要长者住户和他人共享厨房和厕所，因此不受欢迎，空置率高，而房委会也在推进转型计划，通过改造长者住屋大厦和老人住屋，以提高入住率。

自2002年起，房委会在新建的公共屋邨陆续采用通用设计，包括公共区域和房内的无障碍设施，地板是防滑地砖和预留可安装扶手的空间，还为一些楼龄较老的屋邨加装电梯或更换老化的电梯。自2002年起的无障碍通道改善计划一共耗资3.3亿元，而在未来六七年的电梯工程改造方面，预计需耗资10亿元。① 凡是现居租户或准租户家中有60岁以上的长者，房委会会承担改装工程费用，对他们的居住环境进行调适，并听取治疗师和医生意见。若经考察住户内环境不适宜进行改造，长者住户可与家人申请搬迁至别的屋邨，而且无须再进行资产和住宅权等资格审核。现行租约规定，租户承租公屋后，若因家庭成员迁出、离世、结婚、移民等原因而删除户籍，所享有居住面积超出编配标准的，需举家迁入适合其家庭人数的公屋单位，此条限制不适用于长者和残疾人士。70岁以上的长者可在一直居住的单位安老，对于60-70岁的长者，则会被置于宽敞户调遣名单的最后。除此之外，房委会支持和鼓励一些非政府机构为长者租户提供免费的健康检查和健康教育服务，亦支持慈善机构提供一些医疗服务。

可以看到，在面对香港人口老龄化现象的同时，香港市政府积极推动了一系列措施以积极应对，并有专门的机构负责协调和管理，不断研究和探索，以满足老年人住房的需求，这些经验对我们具有借鉴意义。

四、对我国（内地）老年人住房保障制度的启示

（一）扩大住房公积金制度覆盖范围

新加坡已推行住房公积金制度长达半个多世纪，《新加坡中央公积金中心

---

① 香港房屋委员会及房屋署：《香港房屋委员会议事备忘录：香港房屋委员会配合政府“居家安老”政策的各项政策和措施》，https：//www.housingauthority.gov.hk/tc/flat-application/application-guide/elderly-persons/index.html，2019年10月18日访问。

2016年年度报告》显示，截至2016年，参加新加坡中央公积金的成员达380万人，占新加坡公民和永久居民的九成以上。[①] 我国《全国住房公积金2018年年度报告》显示，2018年，住房公积金实缴单位291.59万个，实缴职工14436.41万人。[②] 根据《中国统计年鉴2018》，截至2017年，全国共有企业单位1809.77万个，就业人员77640万人，参加城镇职工基本养老保险40293.3万人，缴纳住房公积金的职工仅占参加养老保险职工的35.83%。[③]

住房公积金对于保障公民住房有着重要意义，不仅是因为这一强制储蓄制度可以帮助公民积累财产，也是因为公积金房屋贷款利率相对于商业银行贷款利率更低，大大减轻了房贷压力。因此，可以借鉴新加坡中央公积金全覆盖的做法，进一步扩大我国住房公积金的覆盖范围。

新加坡中央公积金规定了会员可于55岁提取公积金账户的存款，但没有规定缴存年龄的上限，会员可一直缴纳，只是按年龄段实行梯级费率。35-55岁的雇员需要自行缴纳20%，55-60岁需要缴纳13%，60-65岁需要缴纳7.5%，65岁及以上需要缴纳5%。[④] 而我国职工退休后就不再继续缴纳住房公积金，相应如有购房需求也无法享受公积金贷款优惠，不利于保障老年人住房需求。

（二）保障性住房政策适当向老年人倾斜

香港保障性住房有效解决了超过香港一半人口的中低收入市民的居住问题，缓解了因贫富差距造成的住房困难，是香港特别行政区政府对香港土地和房屋市场化的补充和协调措施，在一定程度上促进了社会的公平和稳定。

在保障性住房政策方面，我国内地可以借鉴香港地区的经验，将政策适当向老年人倾斜，例如放宽对老年人申请保障性住房的条件限制，优先为有60周岁以上老年人的家庭提供住房保障，老年人有权利优先选择出入方便、楼层较低的住房等。在保障性住房的设计方面，要充分考虑到老年人的生理特征，在卧室起居、厨房浴室等地都要有一定的适老化设计，如卧室警报、防滑地垫，防止老年

---

① 新加坡中央公积金局：《2016年年度报告》，https：//www.cpf.gov.sg/Assets/Common/Documents/ViewAnnualReport2016inPDF.pdf，2019年10月22日访问。

② 财政部：《关于印发〈全国住房公积金2018年年度报告〉的通知》（2019年6月4日），http：//www.mof.gov.cn/zhengwuxinxi/caizhengxinwen/201906/t20190604_3271078.htm，2019年10月22日访问。

③ 国家统计局：《中国统计年鉴2018》，http：//www.stats.gov.cn/tjsj/ndsj/2018/indexch.htm，2019年10月22日访问。

④ 曹鹏飞、曹婧：《新加坡中央公积金制度及其对完善我国住房公积金制度的启示》，载《金融纵横》2017年第3期。

人因行动不便摔倒或突发疾病。

（三）加快老年社区建设

我国城市社区面向老年人群体的服务体系，是在民政部针对孤残老年人提供福利服务的基础上发展而来的。随着人口老龄化程度的加深，我国北京、上海、广州等城市开始建设和发展老年社区，提高服务水平。首先需要政府加大对老年社区建设的财政投入。老年社区的服务主体一类是公益性的街道、居委会组织，另一类是家政公司和其他专为老年人提供有偿服务的组织。老年人收入来源普遍有限，除了保障基本生活的退休金外大多无力支付额外的有偿服务，与此同时还需考虑日常生活和医疗支出，因此需要政府给予一定的财政支持。其次需要鼓励志愿者、社工人员、低龄健康老年人加入老年社区服务队伍。服务人员的不足也是老年社区常常面临的一个问题，因此可以充分调动可利用的人力资源共同建设老年社区。针对老年人住房需求多样化的问题，需要制定有区分的保障规范，满足其不同群体老年人需求。建立老年社区的评估机制，建立基层老年社区档案，深入调查了解老年人住房保障、高龄老人照顾等问题，促进老年人良好生活。老年人身心健康及自我价值的实现需要将物质空间与社会空间相结合，才能通过推动社区物质环境、社会服务、参与互动等方面的建设，促进积极老龄化的实现。①

（四）住房反向抵押制度的启示

在住房反向抵押贷款领域，美国制度最具有借鉴意义，其成功的主要原因在于政府的支持。美国的住房反向抵押贷款制度被视作政府养老保障的一项工具，旨在提高老年人的生活品质，让不具有足够现金的老年人可以充分发挥房屋价值。这一制度在政府的主导下推进，政府参与住房反向抵押贷款产品的发行，监督制度运作，为住房反向抵押贷款制度提供税收优惠，同时还提供了足够的资金担保，因此广受民众信任。② 与此同时，美国法律明确规定了住房反向抵押贷款的主体、法律地位以及抵押人、中介机构等各方的权利义务关系等，制定了详尽的反向抵押程序和运行机制。

我国鼓励开展老年人住房反向抵押养老保险试点。当前我国的住房反向抵押主要是作为金融产品推出，在未来可以逐渐加大财政补贴，将反向抵押贷款作为

① 李小云：《国外退休社区的发展及对国内老年社区建设的启示》，载《城市发展研究》2018 年第 5 期。

② 刘雅丹：《住房反抵押贷款的借鉴与完善》，中国政法大学 2013 年硕士学位论文，第 28 页。

社会养老保障体系的补充，制定配套的法律法规制度，设立监管措施，细化实施标准。

第四节　完善老年人住房保障法律制度

一、提升效力等级，完善相关法律法规

在当今社会的银发浪潮之下，我国关于老年人住房保障的条文散见于《老年人权益保障法》《住房公积金管理条例》《廉租住房保障办法》等住房保障法律制度和国务院出台的一些规范性文件。这些规定除了效力等级问题，主要是比较分散、抽象、简单，这些不明确的规范性文件更会降低其权威性，不利于构建完整的老年人权益保障体系。法律条文的分散还会导致条文之间出现互相冲突或者立法空白的情况，因此，有学者建议全国人大及其常委会制定一部单行的《老年人住房保障法》，以此作为老年人住房保障相关法律制度的核心；如果不制定单行法，也应考虑在现有《老年人权益保障法》中增设专章规定老年人住房保障的若干制度、规则和规范。在修改《老年人权益保障法》之前，应当做好充分的理论准备和深入细致的调查研究，让立法人员形成“以人为本”的基本共识，充分论证老年人权益与社会发展的关系。[①] 政府应在老年人住房权益保障中体现出主导作用，让社会参与更加充分具体，给予老年人法律援助和适当的诉讼程序便利制度。如果制定《老年人住房保障法》，则在该法中需要界定老年人住房保障及老年人住房保障法的概念、立法原则、主体权利义务、适用范围和法律责任，为老年人住房保障提供效力等级和具体规范上的法治保障。

制定一部专门的法律需要经过一系列复杂的程序，因此当前最为可行的是采用混合立法模式，建立包括老年人住房保障权益的老年法学体系。[②] 既通过专门的《老年人权益保障法》保护老年人这一特殊群体的权益，又要在其他法律法规中明确、具体、切实可行地突出保障老年人各项权益，这也符合当代社会发展状况。尽管《老年人权益保障法》存在可操作性弱、权益保护不周延等缺陷，

① 曾庆敏：《〈老年人权益保障法〉应予以修正》，载《法学杂志》2004 年第 5 期。

② 李春斌：《人口老龄化的法律应对——以老年法学的立法模式和体系构建为中心》，载《甘肃社会科学》2011 年第 2 期。

但也不能否认其在保障老年人权益以及号召呼吁社会“尊老爱老”方面的功绩。我国《民法典》对老年人权益保障的作用也很明显。

构建老年法学体系，要形成以《老年人权益保障法》为核心，以老年人住房保障、禁止歧视、虐待老年人、老年人长期照护、老年人终身教育、老年人护理保健、老年人福利等为基础依托的体系，不断完善法律法规，提升其效力等级。

二、制定具体法律制度，指引实践操作

国外在治理人口老龄化问题、建立老年人保障和福利措施时，都是首先完成法律和制度方面的建设，让各项政策措施实现有法可依、有据可循。以韩国老人福利法律制度建设为例，韩国不仅制定了《老年基本法》，还制定了《年金保险法》《国民基本生活保障法》《老年就业促进法》《老龄产业振兴法》《老年长期疗养保险法》《关于防止家庭暴力及保护受害者的法律》《关于促进和保障残疾人的法律》《关于老人及孕妇等便利的法律》《低出生率老龄社会基本法》《住宅法》《成人教育法》等相关制度①。

目前，我国缺乏针对老年人住房保障问题的具体法律制度，在今后应该加快立法进程，建立老年人住房保障法律体系，保障老年人住房用地。国家在推动建设住房福利保障体系时，要从生产力发展水平出发，遵循以下三点住房保障原则：“一是要让各种不同收入的居民都能参加住房消费；二是政府提供的社会保障基本适合国家对住房的经济承受能力；三是社会保障重点是中低收入者，目标是人人享有适当的住房。”② 老年人住房保障法律制度的构建，同样适用于该原则。对于没有住房的老年人，针对其不同收入水平、家庭和经济状况，应当采取不同的保障方式，直接保障与间接保障相结合、救济性保障和援助性保障相配合。例如，为经济困难、无家庭合适住房支持、经济状况不能购买或者租赁其自有住房的老年人，要采取建立老年公寓的形式；对于有一定经济实力，可以自租合适住房的老年人，可以采取住房财政补贴的形式。总之，不能让老年人到了年老流离失所，也不能让老年人住在不适合老年人生活居住、狭隘黑暗的“楼梯笼子阁楼屋”或者其他偏僻、安全性差、就医生活不方便的“泥土坯屋”里，等等。

---

① 林宗浩：《韩国老年人福利法的变迁及对我国的启示》，载《法学论坛》2012 年第 5 期。

② 沈君：《住房社会保障制度基本原则研究》，载《山西省政法管理干部学院学报》2009 年第 1 期。

国家要继续出台老年人工程建设标准、无障碍设施工程建设标准。在健全养老服务体系方面，要明确居家社区养老服务、公办养老机构、民间养老机构的职能定位，规范政府、市场和其他社会组织在其中的作用，明确划分中央政府和地方政府老年人住房保障的职责。

三、建立多层次、多样化的住房保障法律制度

住房保障制度的意义在于保障困难人群有房可住，而不在于保障他们获得房屋的产权，对于老年人的保障也是同样的道理，主要目的在于保障老年人有适宜的环境可以居住。不同年龄层次、健康状况和经济情况的老年人，对居住环境和保障条件的需求与要求不同，参考国外的立法经验，也是运用多种手段方式合理保障老年人的居住权。比如为身体健康良好、生活基本能够自立的老年人提供基础的社区生活保障，为生活不能自理的老年人提供全方位的照顾护理保障条件。

建立老年人住房保障法律制度应提供多种可供选择的保障模式，包括政府直接供应老年人公寓、参与养老机构价格制定等供应方保障模式，例如将老年人较多的社区打造成为老年人居家社区，配备无障碍设施和老年活动场所，或是对老年人聚居的旧城区进行统一改造；对老年购房者进行财政补贴、实施税收减免措施等需求方保障模式和包含上述两种保障模式的供应方保障和需求方保障相结合模式。

如何选择与构建适合老年人住房保障的各项具体制度，要综合考虑政府财政能力、老年人分布情况、老年人住房市场参与情况，分析各项制度对国家发展、老年人福利保障和市场运作带来的影响等因素和条件，并根据社会发展变化，适时地作出科学动态的调整。

近年来我国建设法治国家的目标不断前进，法治建设也有了许多喜人的成果，然而在老年人住房保障法律制度的构建方面仍有很长的路要走，国家没有出台专门的老年人住房保障法，在相关的配套制度中也缺乏经验，没有采取立法的形式进行规制，只是作出政策性的宣传与倡议。人口老龄化问题迫在眉睫，老年人的住房权益必须得到我们的重视，光是靠政策和行政命令指引工作与我国依法治国的要求不匹配，还要依靠法律制度的制定和实施，明确各方主体的权利义务与责任，创建和谐稳定的法治养老环境，构建友好老龄社会。

第七章
长期照护制度比较分析和中国选择

第一节　长期照护概述

随着老龄化速度的加快、老龄化程度的日益加深，以及失能老人数量的迅速增加带来对长期照护需求的增加，使得长期照护逐渐从养老的概念中独立出来，成为广受关注和讨论的一项独立制度，各国纷纷建立起长期照护制度。

一、长期照护的基本内涵

长期照护英文为Long-Term Care。长期照护一个比较经典的定义是，在较长的一段时间内，持续地为有功能性损伤的人提供的照顾和护理。主要内容是为失能及半失能人群提供生活照料、精神慰藉、社会交往、临终关怀和必要的康复护理。目标是满足失能和半失能人群对日常生活和保健的需要。世界卫生组织的界定为：长期照护是由非正规照护提供者（家人、朋友、邻居等）、正规照护提供者（卫生、社会及其他专业人士）以及志愿者进行的护理照料活动体系，以保证那些因身体、精神及认知能力障碍而不具备完全自我照料能力的人能继续得到其个人喜欢的及较高的生活质量，获得最大可能的独立程度、自主、参与、个人满足及人格尊严。不同的国家、组织和学者对长期照护的定义并不完全一致，但其内容、目标都有比较明显的趋同性。在我国对Long-Term Care的翻译不尽相同，如长期照护、长期照顾、长期护理等。

长期照护制度最初是西方发达国家为解决失能、失智老人的照料问题而提供的一项社会服务。对失能、失智老人的照料开始是依附于医疗服务的，照料费属于医疗支出，这给医疗保障基金造成了很大压力，但实际上失能、失智老人在生活中最需要的并不是医疗服务而是日常生活照料服务，这导致一些医疗资源的浪费。各国逐渐认识到将长期照料服务与医疗服务交织在一起无论是资金方面还是服务资源的利用方面都是不经济的。因此，各国纷纷将针对老年人长期照料的服务从医疗服务中脱离出来，并探索适合本国国情的老年人长期照护制度。

严格地讲，长期照护的对象并不限于失能、失智的老人，而是所有因疾病或意外事故等导致失能、失智生活无法自理的人。但是长期照护在产生之初针对的是失能、失智老人的照护问题，而且失能、失智的老年人始终是长期照护需求的主要群体。因此，国内外都将失能、失智老人作为长期照护制度的研究基础和对象。

二、失能程度判断标准

失能程度是判断老人是否可以享受长期照护服务及享受何种等级照护服务的标准，因此失能程度的判断标准要具体量化。失能程度通常是通过对老年人的日常生活自理能力（Activities of daily living，ADL）的测评来判断的。国际上比较通用的测评工具是 Katz 指数表，其设计了 6 项活动，包括穿衣、吃饭、洗澡、上厕所、室内运动、购物[①]。中国老龄科学研究中心课题组设计的测试项目为吃饭、上下床、洗澡、上厕所、穿衣和室内走动 6 项活动，有其中 1-2 项不能独立完成为轻度失能，3-4 项不能独立完成为中度失能，5-6 项不能独立完成为重度失能[②]。

三、长期照护服务方式及内容

长期照护服务提供方式一般分三种，即居家服务、机构服务以及社区服务。

（一）居家服务

居家服务是指有服务人员提供上门服务或由家人、朋友、邻居在家为老年人提供照料服务，其主要特点是老年人无须离开其居所，在家享受照料服务。

（二）机构服务

机构服务指由专门的照护机构负责失能老人的日常照护，为失能老人提供日常照料、必要的医疗护理等服务，老人的日常生活基本在照护服务机构进行，家庭成员起辅助作用。

① 潘金洪等：《中国老年人口失能率及失能规模分析——基于第六次全国人口普查数据》，载《南京人口管理干部学院学报》2014 年第 4 期。

② 中国老龄科学研究中心课题组、张恺悌、孙陆军、牟新渝、王海涛、李明镇：《全国城乡失能老年人状况研究》，载《残疾人研究》2011 年第 2 期。

（三）社区服务

社区服务是以社区为依托设立老年人日间服务中心，为老年人提供日托服务及为失能老年人家属提供喘息服务等。社区服务可以算是一种介于专业机构照护和居家照护之间的照护方式。既可以满足老人不愿离开熟悉的居住环境的需求，又可以缓解家庭成员日间没有时间照料老人的问题，而且其对老人的照料并不是完全依赖机构，照护费用相对机构照护会较低。社区服务因其灵活性和方便性受到很大的关注。

四、我国老年人长期照护需求现状

2010 年第六次全国人口普查结果分析显示，我国 60 岁及以上人口超过 17764 万人，占总人口的 13.26%，其中 65 岁及以上人口超过 11883 万人，占总人口的 8.87%。同 2000 年第五次全国人口普查相比，60 岁及以上人口的比重上升 2.93 个百分点，65 岁及以上人口的比重上升 1.91 个百分点。[①] 民政部最新数据显示，2016 年 60 周岁及以上人口 23086 万人，占总人口的 16.7%，比 2015 年增加了 0.6 个百分点；65 周岁及以上人口 15003 万人，占总人口的 10.8%，比 2015 年增加 0.3 个百分点。[②] 据人社部、全国老龄委等有关部门预测，到 2035 年，中国老年人口将达到 4 亿人。[③] 我国老年人口持续增长，老龄化程度日趋加深，随之而来的就是养老问题。在养老问题中一个核心问题是老年人的长期照护问题。老年人随着年龄的增长，健康状况下降，身体机能逐渐衰退甚至部分或全部丧失，以致生活无法自理，而且这种失能状态多数是长期性和持续性的状况。所以，随着老年人口的增加，随之增加的是对长期照护服务的大量需求。

中国有“养儿防老”和“百善孝为先”的传统，过去老年人养老和照护责任主要是由家庭承担，主要是家庭中的成年子女。但随着时代的发展和社会的变化，家庭承担照护责任的能力和功能逐渐减弱。第一，随着社会的发展，家庭结构发生了很大变化。中国传统家长制的大家族家庭结构逐渐瓦解，现代家庭模式主要向以夫妻二人为核心的小家庭模式转变。[④] 夫妻家庭由夫妻和未成年子女构

---

① 国家统计局：《2010 年第六次全国人口普查主要数据公报（第 1 号）》（2011 年 4 月 28 日），http：//www.stats.gov.cn/tjsj/tjgb/rkpcgb/qgrkpcgb/201104/t20110428_30327.html，2019 年 12 月 4 日访问。

② 中华人民共和国民政部：《2016 年社会服务发展统计公报》（2017 年 8 月 15 日），http：//www.mca.gov.cn/article/sj/tjgb/201708/20170815005382.shtml，2019 年 12 月 4 日访问。

③ 新华网：《中国逐渐进入老龄化社会到 2035 年老年人口将达 4 亿》（2016 年 1 月 22 日），http：//www.xinhuanet.com/politics/2016-01/22/c_128656651.htm，2019 年 12 月 4 日访问。

④ ［法］涂尔干：《乱伦禁忌及其起源》，汲喆等译，上海人民出版社 2006 年版，第 58 页。

成，而其中夫妻是家庭的永恒要素。一般子女成年会脱离原来的家庭组成新的家庭。第二，在我国经济发展和城镇化过程中人口流动大。2010 年第六次全国人口普查中，居住地与户口登记地所在的乡镇街道不一致且离开户口登记地半年以上的人口为 26139 万人。[①] 尤其是年轻劳动力择业范围不再局限于原先生活的地方，使得老年人与子女同住存在空间上的障碍，空巢老人越来越多。空间的阻隔使得子女无法为老年人提供家庭照护。第三，老年人在家庭中的地位发生了改变。过去，老年人在家庭中享有较高的地位和权威。现代社会年轻人与老年人的成长经历、见识、思想、心理甚至道德观念会有很大不同，老年人的经验对年轻人的借鉴意义不大，因此老年人在家庭中失去了其影响力和权威性。使得老年人在家庭中的地位越来越边缘化，年青一代的父母更加注重对下一代的投入和自身的发展，重幼轻老的现象越来越普遍，使得对老年人的家庭照护有所缺失。第四，由于独生子女比例增加，他们承担的家庭压力增加，独生子女夫妇要承担四位老人和至少一名未成年人的照护责任和经济压力，无论在精力还是时间上都无法为老年人提供良好的家庭照护。第五，女性参与劳动率、参与社会率大幅度提高。根据社会分工，过去一般由女性具体承担对老人的照护，随着社会的发展，女性参与劳动的比例越来越高。各种原因导致家庭对老年人的照护履行能力下降，家庭对老年人的照护功能不断减弱，而随着老年人口的增加和人均寿命的延长，老年人长期照护需求急剧增加。

我国家庭照护能力减弱，而社会照护和国家照护制度还未普遍建立。在老年人照护需求急剧增长的背景下，我国需要分析总结不同国家的长期照护制度并结合我国长期照护需求的现实状况和现有的社会保障制度，尽快建立符合我国当前和未来社会情况的长期照护制度。

第二节　长期照护制度的比较分析

随着人口老龄化程度在世界范围内的加重，以及家庭结构的变化等因素造成家庭照护履行能力的减弱，老年人照护成为一个世界性的问题，各国开始探索不同的长期照护政策和提供长期照护的服务模式。“贝蒂奥和普兰滕加

① 国家统计局：《第六次全国人口普查主要数据发布》（2011 年 4 月 28 日），http：//www. stats. gov. cn/ztjc/zdtjgz/zgrkpc/dlcrkpc/dcrkpcyw/201104/t20110428_69407. htm，2019 年 12 月 4 日访问。

（Bettio&Plantenga）认为照护体制是可以折射出一国的政治、经济、社会制度；同时还可以反映一国的历史文化脉络，表达出特定家庭—市场—国家的三角关系。”① 根据各国或地区长期照护制度中资金来源及长期照护给付条件和给付标准的不同，可以将长期照护制度分为三种比较典型的模式，一是补贴救济模式，二是福利模式，三是社会保险模式。补贴救济模式的长期照护制度资金来源于国家财政，主要是针对有长期照护需要的贫困主体，对申请者的收入和家庭情况按照一定标准进行资格调查、审查，给付模式一般是金钱给付。这种模式下长期照护更倾向于是国家为贫困者提供的一种社会救济，采用这种模式的国家有美国、加拿大、澳大利亚等。福利模式下，在需要时享受国家提供的长期照护服务是每个公民的权利，不以收入和家庭情况做标准限制，有需要的公民都可申请国家提供长期照护服务，给付的内容多为照护服务，以国家财政作为资金主要来源，采用这种模式的国家以芬兰、瑞典为代表。社会保险模式即将长期照护制度参照社会保险的模式，由政府主导、带有一定的强制性，资金主要来自保险对象形成的保险基金，在保险对象符合预定的条件下，保险人要做出保险给付，可以是金钱给付，或长期照护服务给付，也可以混合给付。长期照护制度作为养老服务体系中的重要组成部分，其在实施过程中不可能如理论上这样简单，其运作过程是极其复杂的，需要精细设计安排。

一、美国长期照护制度

美国的长期照护模式从整体来看是救济补贴模式加自助商业保险的模式。美国对长期照护的保障十分有限，只通过医疗救助给予低收入者，一般是贫困者长期照护救济，其他群体则是通过自购商业长期照护保险的方式解决失能时候长期照护的问题，国家干预较少。这种模式也显示了美国自由主义的理念。但是商业长护保险保费偏高、核保严格，在美国持有长期照护保单的比例并不高。美国老龄协会 2008 年的一项调查显示，60 岁以上的老年人中只有 13.8%持有商业长护保单，同时高收入水平老年人的保单持有率明显高于低收入老年人。②

（一）服务类型及具体服务项目

美国长期照护服务类型分为机构型、社区型与居家型。美国长照服务机构包

---

① 张立龙：《福利国家长期照护制度及对中国的启示》，载《社会保障研究》2015 年第 6 期。

② 何杨、明帮胜、周渭兵：《美国长期照护保险制度研究及对中国的启示》，载《中国医疗保险》2015 年第 11 期。

括护理院（nursing homes）、住宿照护社区（residential care communities）、成人日间服务中心（adult day services centers）、居家照护机构（home health agencies）。提供机构照护服务的是护理院与住宿照护社区，成人日间服务中心同居家照护机构则主要提供社区与居家照护服务。美国的长照服务机构有严格的准入机制，而且要定期接受检查。照护机构提供照护服务都是有偿的而且价格不菲。

（二）救济对象

联邦政府规定的医疗救助对长期照护的救济对象是收入低于贫困线的 65 岁以上老年人、残疾人和有幼儿的家庭，要对申请者进行严格的资产和收入审查。联邦政府只是提供部分经费，由各州具体实施，因此获得长期照护救助的对象的资格、给付标准由各州根据各自收入水平来具体确定。

（三）经费来源

如前文所述，美国的长期照护制度是救济补贴模式加自助商业保险模式，但由于商业长期照护保险保费高、审查严格等原因，导致美国公民商业长期照护保险持单率并不高。从美国长期照护服务的整体支出结构来看，长期照护服务的主要资金来源还是社会政策下的“医疗救助”这个项目。[①]“医疗救助”项目可以为长期照护提供较为充足的资金，是因为其没有预算限制，其支出只考虑申请者是否符合救助标准，也为部分不实、虚假的申请带来了动机，以及削弱了私人购买商业长期照护保险的积极性，还造成较大的财政压力。

（四）存在的不足

能够受到长期照护服务的给付对象范围是比较狭窄的。实际上，在美国长期照顾服务主要由家人和朋友提供，其中居家长期照顾占到 80%。[②] 由于长期照护资源的有限性，即使是长期照护服务给付对象也可能需要较长的等待期，且长期照护服务接受者所接受的照护类型（居家型、社区型或机构型）是由相关助管部门审查决定的，服务接受者没有自由选择的权利。

二、德国长期照护制度

德国是一个社会保险制度发展很早的国家，其社会保险制度至今已发展了

---

① 石琤、叶冰清：《美国长期照护服务的筹资改革及启示》，载《国际比较》2017 年第 4 期。

② 何杨、明帮胜、周渭兵：《美国长期照护保险制度研究及对中国的启示》，载《中国医疗保险》2015 年第 11 期。

100 多年，德国也是第一个将长期照护列入社会保险制度的国家。因此，德国长期照护制度经过了漫长的发展历程，制度设计越来越完善，照护保险实际运营系统也越来越成熟，对许多国家都有相当的借鉴意义。德国的长期照护服务分不同等级，医疗卫生部门和审查委员会根据参保申请人的实际情况确定其可以享受的服务等级，不同的等级服务内容、服务次数和服务时间都有所不同。

（一）筹资机制

德国长期照护制度是长期照护社会保险加长期照护商业保险的模式。这种模式满足了不同收入人群对长期照护服务的不同需求。两种保险参保的选择由公民个人的收入水平决定，收入低于某水平的公民必须参保长期照护社会保险，收入高于一定水平的公民则可以选择参保长期照护社会保险或在其购买健康保险的保险公司购买商业长期照护保险。长期照护社会保险的保险资金，政府财政负担三分之一，员工和雇主承担剩余部分。

（二）给付方式及内容

德国长期照护服务给付方式有服务给付、现金给付。服务给付有居家照护和机构照护两种，居家照护又有居家专业照护（由专门的长期照护服务机构提供的居家照护服务）和居家自行照护（由参保人家庭成员提供的居家照护服务）。在德国提倡以居家照护为主、以机构照护为辅。当居家照护不能满足参保人的照护需要时，才具有享受机构照护服务的资格。当参保人没有达到享受机构照护标准时，除了参保人员应享受的等级标准给付外，其余部分可自付享受机构照护服务。为了激励参保者选择居家照护模式，德国长期照护提供许多项优惠政策，例如为照护的家庭成员免费培训和提供津贴补助。优惠条件有两类：第一类是家庭成员为需要长期照护的参保者每周提供长达 14 小时以上的照护，且照护者无业；第二类是照护者每周照护服务时间达到 30 小时以上。针对这两类家庭照护者，他们可免费获得政府提供的照护培训课程以及每年不低于 460 欧元的照护津贴①。

选择居家专业照护的参保人，根据参保人员被评定的照护等级，由专门的长期照护服务机构为其提供卫生、饮食、行动、家务等方面的照护服务。相比居家专业照护，居家自行照护更受到鼓励，接受居家自行照护的参保者，因非正式照护服务者疾病、出行等原因导致参保者暂时无法享受照护服务时，参保者可每年

---

① 王凯：《德国长期照护保险制度概述及对我国的启示》，载《科技经济市场》2015 年第 7 期。

获得四周的暂时照护。暂时照护也是由专门的照护机构提供。

除了多种服务给付可供参保人选择外，参保人也可选择现金给付。现金给付是参保人根据评定的等级直接领取保险金，参保人领取保险金后可以自行选择购买长期照护服务，也可以选择家庭自行照护即由家庭其他成员进行居家照护，甚至可以将保险金用于其他方面，但必须用于改善参保人员的生活质量。为了规范居家自行照护，参保人必须要向专业照护机构申请服务建议，家庭成员依照专业照护机构给出的专业照护建议给予参保人相关照护，否则长期照护保险基金可以停止保险金的给付。在一定情况下，服务给付和现金给付可以相互转换，在家庭成员可以保证足以提供参保者长期照护服务的情况下，可以将剩余的服务给付转换为保险金给付。由此可见，德国在长期照护给付方式方面，设计了多种给付方式，参保者有较大的选择权，参保者可以选择适合参保者和参保者家庭的长期照护给付方式，满足参保者多元化的需求，而且给付方式在满足一定条件下可以转换，灵活性很高，可以很好地应对参保者照护条件的变化。

（三）服务供给体系的运营监管

德国长期照护制度中不仅对给付方式进行了多元化和灵活性的设计，而且德国长期照护服务的提供者多样化，国家、市场、家庭、社会组织、社区等都是长期照护服务的提供者。在德国，在众多的长期照护提供方中，私营照护机构和社会公益性质的照护机构，不论是在机构数量还是提供的照护服务量中都占了绝大多数。国家公立性质的照护机构在服务提供中所占比例并不大。

长期照护服务管理方面，长期照护保险的核心监管部门是德国联邦劳工部，负责长期照护保险的政策指导和监管运营。在具体运营中，发挥最大作用的是长期保险基金和商业保险公司，保费的收缴、参保人照护等级的评估和审查、服务提供方的选择及费用协商、保险的给付等具体操作，都由长期保险基金和商业保险公司具体实施。

三、日本长期照护制度

日本现行的长期照护制度模式是典型的社会保险模式，但这种模式并不是日本最初的选择，日本现行的长照制度模式多次变动，最终在借鉴德国长期照护制度的基础上发展形成。

（一）日本长期照护制度的发展

日本政府承担老年人福利开始于 1963 年的《老人福利法》，在此之前养老责任由家庭承担。老年人福利制度明确规定了有关老年人长期照护的内容。老年人长期照护的服务类型分为老人援护服务和入所设施服务。老人援护服务包括派遣家庭帮手、日常生活用具借予、卧床老人短期援护、老人日间照护服务四个部分；入所设施服务包括养护老人院、特别养护老人院、低收费老人院三种。① 可以接受政府长期照护服务的对象仅限于接受生活救助的老年人。给付方式是直接由政府提供长期照护服务。

20 世纪 70 年代日本经济发展迅速为社会保障的发展积累了充足的资金，日本希望建设成高福利国家，因此在 1973 年确立了“老年人免费医疗制度”。70 岁以上老年人医疗全面免费。在此背景下，众多需要长期照护服务的老年人选择进入医院“以医代养”，造成了医疗资源的浪费，而且随着老年人口数量的增加和医疗成本的提高，医疗财政逐渐出现赤字并扩大，最终“老年人免费医疗制度”难以为继。

1982 年日本通过了《老人保健法》，有关长期照护的内容被包含在《老人保健法》中。1989 年日本开始实施《发展老人保健福利 10 年战略》，之后又推出了《新发展老人保健福利 10 年战略》，在此期间为了应对急剧增加的长期照护需要，日本加强了居家照护服务的发展，并形成了居家式和机构式相结合的长期照护服务供给体系。

2000 年日本的《长期照护保险法》正式实施。日本长期照护最终确定为社会保险模式。它旨在利用社会保险的方式筹措资金来应对老年人长期照护需求攀升所需要的巨额资金问题，同时丰富了长期照护服务供给主体，将民间力量引入长期照护服务供给体系。

（二）日本长期照护保险的具体方案

1. 被保险人范围及缴费方式

日本长期照护保险的被保险人有两大类。一类是 65 岁及以上的老年人，一类是被健康保险项目覆盖的 40-64 岁的人群。第一类被保险人缴费一般由政府从年金中直接扣除，第二类被保险人的保险费由保险公司随健康保险一起征收。②

2. 给付对象、给付标准

被保险人要经过评审符合给付条件才可以享受长期照护服务，评审标准是全

① 谭睿：《日本老年人长期照护政策的变迁及其借鉴》，载《社会福利》2017 年第 8 期。
② 周晶：《长期照护保险制度：日本经验及对中国的启示》，载《社会建设》2017 年第 5 期。

国统一的“照护需求评估表”。被保险人根据评估结果享受相应的长期照护服务，给付方式绝大部分是服务给付。

3. 资金来源结构

日本长照保险资金主要来源于缴纳的保费和政府财政预算。小部分来自长期照护服务使用者的自费。一般是服务使用者在使用服务时自己缴纳10%费用，其余大部分则由缴纳的保险费形成的保险基金和财政预算各承担50%。另外，使用长期照护服务机构的对象要自己支付伙食费、生活费等，目的是减少人们对长期照护机构的依赖，防止长期照护资源的浪费。

四、我国台湾地区长期照顾制度

（一）我国台湾地区长期照顾制度的发展历史

我国台湾地区自20世纪末开始逐渐迈入老龄化社会，比大陆更早面临人口老龄化的社会问题。为了应对人口老龄化带来的问题，我国台湾地区大力推行“在地老化”政策，大力倡导“在地养老”的长期照顾模式和养老模式。“在地老化”政策的核心是不使老年人离开其熟悉的环境，使其在原来熟悉的地方养老。“在地养老”模式就是通过提供上门服务或社区服务，配合家庭成员为老年人提供不同需求的服务，尽量使老年人在家中或社区等其熟悉的环境中安度晚年。在地养老制度既可以指老年人在熟悉的环境中生活养老，增加老年人安享晚年的体验，又可以充分整合社会和家庭照顾资源，使长期照顾资源得到充分利用，减轻家庭的负担。

以1980年颁布“老人福利法”为开端，我国台湾地区开始建构长期照顾服务体系。1998年我国台湾地区通过了“加强老人安养服务方案”，“卫生署”颁布了“老年人长期照顾三年计划”，提出“在地养老”的计划，通过设置或指定长期照顾负责单位、成立跨卫生和社政体系的工作小组、制订区域长期照顾计划、引导公立医院将部分床位转型为“护理之家”、引导民营资本投入、鼓励成立志愿者团队、加强职业培训、建立护理之家评鉴标准等措施，整合长期照顾的社区资源，建立起养老服务网络。[①] 到2003年年底完成了每县、市设有一家长期

---

① 田甜、张承惠：《“在地养老”的台湾养老产业》（2017年1月24日），http：//www. thepaper. cn/newsDetail_forward_1607614，2019年12月4日访问。

管理中心。[①] 此阶段是我国台湾地区长期照顾制度的发展时期。2007 年我国台湾地区颁布实施“长期照顾十年计划”（2007 年到 2017 年），台湾长期照顾服务进入“长照 1.0”模式，我国台湾地区通过此计划将长期照顾立法和长期照顾服务资源进行有效整合，长期照顾服务网迅速优化。

自 1980 年开始至 2015 年前后我国台湾地区长期照顾制度和服务体系先后经历了萌芽、发展、整合时期，长期照顾制度得到了长足的发展。但仍有很多不足之处，“长照 1.0”在实施过程中显露了长期照顾服务预算严重缺乏、覆盖对象范围窄、服务资源缺乏等一系列问题。2015 年我国台湾地区核定通过了“长期照顾服务法”和“长期照顾保险法（草案）”，对长期照顾保险财务、保险给付、支出、保险对象、保险人、保险服务机构以及长期照顾服务体系、机构人员管理、接受服务者的权益保障等事项作了规定，[②] “长期照顾服务法”和“长期照顾保险法”对长期照顾制度的规定与先前实施的“长照 1.0”模式有所不同。2016 年我国台湾地区在总结“长照 1.0”模式的基础上，通过了“长期照顾十年计划 2.0”。

（二）“长照 1.0”模式的具体方案

1. 服务对象与服务时数

长期照顾服务的对象是部分或完全丧失者，这个丧失包括身体和心智失能，且持续时间已达或预期达到六个月以上，经评估其日常生活需要他人协助或照顾者。[③]

2. 服务类型及具体服务项目

我国台湾地区以“在地老化”作为其政策目标，积极构建以社区为基础的长期照顾服务体系，积极发展社区居家式长期照顾及联结式资源服务模式。[④] 主要以家庭为核心、以社区为依托平台，整合社区内各种长照服务资源，为老年人提供以解决日常生活困难为主的照顾服务。我国台湾地区长期照顾服务有居家型、社区型和机构型。居家服务，服务人员提供上门服务在家为老年人提供照料服务。社区服务，在社区设立老年人日间服务中心，为老年人提供日托服务。除

① 陈杏子、曾智、沈永健：《我国台湾地区长期照护体系对大陆居家养老的启示》，载《中国全科医学》2017 年第 9 期。

② 谭睿：《中国台湾失智老年人长期照护策略及其借鉴意义》，载《老龄科学研究》2017 年第 3 期。

③ 罗萌：《中国台湾地区长期照护制度及其启示》，载《老龄科学研究》2017 年第 3 期。

④ 谭睿：《中国台湾失智老年人长期照护策略及其借鉴意义》，载《老龄科学研究》2017 年第 3 期。

了社区式的服务类型，还有机构服务类型即专门的长期照顾服务机构。居家型、社区型和机构型除了服务地点不同，在提供的具体服务项目内容上，也会有所差异，但主要服务内容是相同的，包括身体照护和生活服务。其中身体照护又包括协助沐浴盥洗、穿脱衣服、协助服药、协助活动肢体、上下床、陪同散步、健康评估、健康管理、疾病预防和控制及帮助老年人维持机体健康等；生活服务包括协助使用日常生活辅助工具、膳食服务、陪同购买或代购生活必需品、陪同就医等，满足其家务及日常生活照护需要。[①] 除此以外，还为老年人提供必要的精神照护，丰富他们的精神生活。

3. 资金来源及给付方式、给付标准

长期照顾服务政策实施资金以我国台湾地区税收为主，地方经费为辅。给付方式有实物（提供服务）给付、现金给付以及混合给付，其中实物（提供服务）给付为主要给付方式，现金给付为辅，并且以失能者接受照顾服务为前提。根据申请者的失能程度和家庭情况提供科学合理的给付。实物给付，根据申请对象的失能程度不同，每月享受的服务时数不同。轻度失能者每月服务时数为 25 小时（每天约 50 分钟）；中度失能者，服务时数是每个月 50 小时（每天 100 分钟）；重度失能者，可享受每月 90 小时（每天 180 分钟）的照护服务。金钱给付主要依据申请对象家庭经济情况的不同给付不同的补助标准。低收入户（家庭总收入未达“社会救助法”规定最低生活费用 1.5 倍）由政府全额补助；中低收入户（家庭总收入在“社会救助法”规定最低生活费用 1.5 倍至 2.5 倍）政府补助 90%，服务使用者自行负担 10%；一般收入户由政府补助 60%，服务使用者自行负担 40%。另外，超过政府规定的服务时数，由服务使用者自行负担费用，不予补助。

（三）“长照 1.0”实施的困境

“长期照顾十年计划 1.0”在实施中最大的困境是资金预算不足，因为长期照顾服务政策的实施是以我国台湾地区税收为主要资金来源，政府财政紧缩，但长照服务需求却急剧增加，使得供需严重不足。资金供给不足，使得长照服务人员待遇低下，无法吸引更多的人员进入长照服务体系，因而服务人员不足，且服务人员得不到专业化的照护培训，人员不足和专业技术不够，又进一步影响了服务提供的质量。因此，长照资金不足、供给不稳引发了长照制度发展中的一系列

---

① 罗萌：《中国台湾地区长期照护制度及其启示》，载《老龄科学研究》2017 年第 3 期。

问题，严重阻碍了我国台湾地区长照制度的发展。另外，有限的照护资源配置不合理，一是在城乡分配上严重不均，二是机构式服务类型过剩，而社区居家式服务严重不足。

（四）“长照 2.0”

针对“长照 1.0”在实施中所暴露出的一系列问题，“长期照顾十年计划 2.0”在总结其经验的基础上做了改进，在不少方面弥补了“长照 1.0”的部分缺陷。该计划扩大服务对象范围，增加服务项目，提高补助标准，优化评估标准，制订吸引和培养长期照顾人力资源，进一步完善、整合长期照顾服务体系。其中最明显的是对长期照护服务体系的优化升级，为了提高长照资源的利用率，满足对居家型和社区型照护服务的需要，我国台湾地区在利用原有长照资源的基础上规划发展社区整体照顾模式（即 ABC 模式）。其具体内容是以社区整合服务中心（A 级长照旗舰店）、复合型服务中心（B 级长照专卖店）、巷弄长期照顾站（C 级长照柑仔店）为主的三级照护服务模式。C 级巷弄长期照顾站可提供短时照顾服务、营养餐饮服务、预防失能和防止失能恶化服务，其亮点是可提供初级预防失能的照顾。B 级复合型服务中心可提供日托服务以及预防失能、营养餐饮、简单康复、咨询等服务中的至少一项服务。[①] A 级社区整合服务中心可提供全套长照服务并承担着整合和衔接 B、C 两级资源，提供宣传和咨询的功能。

（五）我国台湾地区老年人长期照顾的资金

我国台湾地区的长期照顾资金一直以税收为主要来源，预算不足已成为制约我国台湾地区长期照顾体系进一步完善的重要阻碍。2015 年我国台湾地区通过了“长期照顾服务法”和“长期照顾保险法（草案）”，拟将长期照顾的资金筹措由依靠财政税收转向依靠保险，将长期照顾制度改为保险模式。在长期照顾保险制度下，建立以保险作为长期照顾体系的资金来源；长照机构由政府主导，同时引导非政府组织和个人或是营利机构共同参与这一产业的发展。也有理论支撑继续由政府税收为长期照顾制度提供资金保障，以期减轻民众负担。[②]

我国台湾地区长期照护的资金来源还是一个正在讨论中的问题，不可否认的是我国台湾地区的长期照护政策经过多年的探索和发展，已经取得了应对老龄化

---

① 杨成洲：《台湾“长期照顾十年计划”研究》，载《社会保障研究》2015 年第 3 期。

② 中国青年网：《靠保险、靠税收？台湾选举养老政策大辩论》（2015 年 12 月 4 日），http：//news. youth. cn/jsxw/201512/t20151204_7380899. htm，2019 年 12 月 4 日访问。

养老护理的一些成就，长期照护资源得到了补充和有效整合，照护服务提供模式使得照护资源得到了有效利用，服务对象范围也大大扩大。

五、对我国（大陆）长期照护模式选择的借鉴

通过以上对长期照护模式的介绍，可以总结出，福利模式的长期照护制度需要大量且稳定的财政支持。长期照护的庞大资金支出容易使财政不堪重负，在财政供给不足或不稳的情况下，会严重影响长期照护服务的供给和发展。日本在其经济高速发展积累了相对充足的资本时，欲建立高福利、老年人免费医疗等模式的长照制度，但最终以失败告终。另外，福利模式的长照制度容易造成照护资源的浪费。我国是世界上老年人口数量最多的国家，而且老年人口数量不断增加，福利模式的长照政策在我国不具有可持续发展性、不具有可借鉴性。

津贴式的长期照护模式可以被细分为两种类型，一种是普惠式照护津贴，一种是社会救助式津贴。普惠式照护津贴模式，如我国台湾地区，其特点是覆盖对象范围比较广，主要以是否有长期照护服务需要作为审核条件，给付标准则以失能程度为标准。津贴式长照模式的资金也是来自政府预算，其覆盖范围比较广，所以当老年人口数量比较庞大时也会面临资金供给不足的问题。社会救助式津贴模式，例如美国，其覆盖范围一般比较狭窄，除了以是否需要长照服务作为审核条件，还要对申请者的收入情况和资产情况作严格调查和审查，容易产生一些假冒者或者遗漏一些不愿意接受调查、审查的真正需求者。这种模式一般被视为为那些贫困且需要长期照护的人提供的一种社会救济。因此这种模式只针对贫困群体，多数人需要自费购买商业长期照护保险或在使用长照服务时自付服务费。要适用社会救助式津贴长照模式，需要发达和成熟的商业长照保险相匹配，且对国民收入有一定要求。我国商业长照保险还处于萌芽阶段，我国老年人普遍存在“未富先老”困境，若我国适用此种模式，不利于我国长期照护制度广覆盖、普遍化的社会发展基本需求。

社会保险模式可以减轻政府财政压力，可以通过社会互助分担风险，每个人所要承担的保费也比较低，还可以实现长期照护服务对象的广覆盖。因此，社会保险模式是我国长期照护的可选模式。

第三节　我国长期照护制度的探索与发展

一、我国的长期照护政策

2011年9月国务院颁布的《中国老龄事业发展“十二五”规划》确立了“建立以居家养老为基础，社区养老为依托，机构养老为支撑的养老服务体系”的发展目标，将发展居家养老服务和社区照料服务及统筹发展机构养老服务作为重点任务。2013年9月发布的《国务院关于加快发展养老服务业的若干意见》确定养老服务业发展目标：“到2020年，全面建成以居家为基础、社区为依托、机构为支撑的，功能完善、规模适度、覆盖城乡的养老服务体系。”2016年5月，习近平总书记在中共中央政治局就我国人口老龄化的形势和对策举行第三十二次集体学习时强调：“要建立老年人状况统计调查和发布制度、相关保险和福利及救助相衔接的长期照护保障制度、老年人监护制度、养老机构分类管理制度。”2016年7月人社部发布了《关于开展长期护理保险制度试点的指导意见》（以下简称《长护保险意见》），“探索建立长期护理保险制度”并公布了长期护理保险制度试点的15个城市名单。[①] 2017年3月国务院印发的《“十三五”国家老龄事业发展和养老体系建设规划的通知》中强调“使居家为基础、社区为依托、机构为补充、医养相结合的养老服务体系更加健全”。从我国一系列有关政策来看，长期照护更多地被作为养老体系的一部分被提及，随着长期护理保险制度试点的逐步展开，长期照护制度逐步作为一项独立政策受到关注，尤其在学术界，对长期照护制度的研究和讨论日益深入。

二、长期照护在我国的实践

针对我国急剧增加的养老服务需要，我国正逐步建设以居家为基础、社区为依托、机构为支撑、覆盖城乡的养老服务体系。2016年7月人社部发布《长护保险意见》后，各试点城市积极整合和增加原有的养老、医疗、照护资源，逐步开展实施长护制度保险。青岛市在2014年12月印发了《青岛市长期医疗护理保

---

① 马福云：《探索建立全国统一的长期护理保险制度》，载《中国人口报》2019年5月9日第3版。

险管理办法》（以下简称《青岛办法》），对长期医疗护理保险作出了详细的规定，《青岛办法》从2015年1月1日起施行。上海市在2016年12月印发了《上海市长期护理保险试点办法》（以下简称《上海办法》），《上海办法》自2017年1月1日起施行。

（一）筹资模式

各试点城市的长期护理保险基金的筹资渠道有所不同，但都没有脱离医疗保险基金。青岛市主要是通过基本医疗保险基金定期划转，分设了职工护理保险资金和居民护理保险资金，分别从职工医疗保险基金和居民医疗保险基金中划拨资金。上海先行试点（徐汇、普陀、金山三个区）的长期护理保险基金在市医保中心的医疗保障专项资金账户下开设子账户进行核算。现行试点结束后保险基金由用人单位、个人和财政支持共同构成。

（二）覆盖范围、给付条件、给付标准

青岛市长期医疗护理保险覆盖了参加职工医疗保险的城市职工和参加居民医疗保险的城乡居民。给付条件除了依据参保人的护理需求，还依据缴纳医疗保险费的不同，限定医疗护理服务给付内容和护理费用支付比例。上海市长期护理保险的覆盖范围包括两类，一类是参加上海市职工基本医疗保险的人员（以下简称“第一类人员”），另一类是60周岁以上参加上海市城乡居民基本医疗保险的人员（以下简称“第二类人员”）。给付条件为60周岁及以上、经评估失能程度达到评估等级二至六级且在评估有效期内的参保人员。第一类人员还需按照规定，办理申领城镇职工基本养老金手续。给付标准依据评估的失能程度确定长期护理服务给付的类型，各服务类型长期护理保险基金的支付比例也不同。

（三）护理服务类型

青岛市医疗护理服务分医疗专护（二级及以上住院定点医疗机构医疗专护病房为参保人提供长期24小时连续医疗护理服务）、护理院医疗专护（医养结合的护理服务机构为入住本机构的参保人提供长期24小时连续医疗护理服务）、居家医疗护理（护理服务机构派医护人员到参保职工家中提供医疗护理服务）、社区巡护（护理服务机构派医护人员到参保人家中提供巡诊服务）四种类型。上海市服务护理类型有三类：第一类是社区居家照护，由护理人员为居家老人上门提供照护服务，或者在社区日间中心等场所集中提供照护服务；第二类是养老机构照护，由养老机构为其住养的参保老人提供照护服务，服务内容涵盖了基本生活照料和常用临床护理两类；第三类是住院医疗护理。

三、我国长期照护制度存在的问题

（一）定位问题

为了解决老年人养老保障问题，我国在社会保障体系中已经设计了基本养老保险以应对老年人的收入风险、基本医疗保险用以保障老年人的医疗需求。长期照护制度是养老体系中的一项重要内容，我国一系列有关长期照护制度更多地被作为养老体系来提及和建设，而在实践中其内容多以照护服务为主，对于日常生活的协助内容涉及很少。其实从长期照护制度发展比较成熟的国家或地区可以看出，“大部分长期照护服务包括日常基本事务或其他日常事务协助两方面内容，例如洗澡、穿衣、如厕、转移、吃饭、协助处理家务、进行财产保管、协助服用药物、购买基本生活用品等”①。青岛市由于其试点工作开展较早，其着眼点更是局限在医疗护理服务。对长期照护制度进行清晰的定位，完善长期照护制度的服务内容，培训和支持长期护理人员就业及收入保障，为老年人提供稳定、优质的长期护理服务，是我国长期照护制度的关键。

要准确定位长期照护制度在社会保障及养老体系中的作用，可以从长期照护制度的产生过程来了解。从各国长期照护制度的产生来看，各国的长期照护制度一般都是从医疗保障制度中发展脱离出来的。将医疗、护理、日常照护三者区分开来，避免浪费不必要的医疗资源是致使长期照护制度脱离医疗保障制度的原因。“照护保险的保障对象主要是因年老体衰或慢性疾病而逐渐失能的老年人，对他们而言，日常照顾的需求远大于医疗需求，不能简单地将照护保险放入医疗保险框架内，这会导致医疗负担同时包含了日常生活需求的内容，不仅法理上不通，还会加大协调管理的难度，同时加重医疗保险运行成本。”② 日本在老年人免费医疗政策实施阶段，因未将医疗和照护分离开，导致众多社会性入院现象，造成了医疗资源的浪费，也使医疗保险不堪重负，导致不得不将老年人保健和长期照护分离出来。在德国，医疗费用和疾病导致的急性护理费用由健康保险承担，而由于失能导致的长期护理费用和日常照护费用则属于长期护理社会保险的保障内容。目前我国各试点城市还主要集中在失能老人的护理方面，而对于日常

① 蔡毅、崔丹、毛宗福：《美国长期照护服务体系对中国的启示》，载《中国卫生政策研究》2017年第1期。

② 姜日进、王圆：《青岛市构建长期照护保险的探索与展望》，载《中国医疗保险》2016年第9期。

照料和日常事务的提供内容涉及较少。这从人社部发布的《关于开展长期护理保险制度试点的指导意见》中所使用的名称也可以看出，主要是针对长期医疗护理而非长期日常生活照护。

（二）长期照护资源的匮乏和配置不合理

讨论研究长期照护制度的构建和完善，首先应认识到长期照护制度实质上就是对长期照护资源的收集、分配、使用和管理等一系列制度，所以长期照护资源是长期照护制度发展的物质基础，没有长期照护资源，无论长期照护制度设计得如何完美，都只是纸上谈兵。而长期照护资源的匮乏不仅是我国长期照护制度中存在的难题，世界上多数国家也都面临长期照护需求无法全面、及时满足的困境。我国长期照护还处于探索阶段，又面临老年人口剧增的阶段，长期照护资源匮乏的问题尤其严重。

从我国开展长期照护保险制度的几个城市来看，长期照护服务的提供机构多是国家公立机构，长期照护资源的配置也主要是靠政府。长期照护资源配置的不合理主要体现在城乡资源配置差异悬殊，由于长期照护资源的匮乏性，长期照护资源主要集中在城市。农村由于青年人口外流严重，留守老人问题非常突出，老年人长期照护问题在农村尤为严重，农村老年人无人照护的问题普遍存在。长期照护资源配置的不合理也有其更深层次的原因，长期照护保险在一定程度上虽然可以减轻参保人支付不能的风险，却无法消除这种风险，为减少支付不能可能带来的负面影响，即使参保了长期照护保险，参保人在享受长期照护服务时仍需承担部分费用。[①] 而在农村尤其是老年人的经济能力是极其有限的，由于负担不起自行承担的这部分费用，更多的老年人选择由家人照护或处于无照护状态。所以长期照护保险如果不能全部覆盖或覆盖绝大部分长期照护费用，即使强制配置照护资源，也可能造成资源的闲置和浪费。

由于长期照护制度还未在我国全国范围内实施，只是在几个试点城市中开展，而且宣传和开展力度也欠缺，所以问题还没有完全暴露出来。

① 唐钧：《创建长期照护保险制度需把握的若干问题》，载《中国医疗保险》2018年第9期。

第四节 我国长期照护制度构想

一国长期照护制度的设计必以其经济发展、人民生活水平、老龄化程度、老年人口数量及历史传统等基本国情为基础构建适合本国国情的长期照护制度。

一、长期照护保险模式的选择

从宏观的长期照护模式的选择上来看，社会保险模式更符合我国老龄化程度不断加深加快和老年人口数量庞大的实际情况，与我国现有的长期照护制度的实践也更相衔接。通过前文的分析可以看出社会保险模式筹资方式是多样的，一般建立长期照护保险制度的国家都是通过国家财政补贴、个人缴费、雇主缴费、社会筹集等多种渠道筹资的，这比较适合我国老年人口数量庞大对长期照护需求量大的现实情况。长期照护制度所要求的人力、物力资源是巨大的，没有持续、稳定的资金支持构建长期照护制度就是无源之水、无本之木，是不切实际的。长期照护制度的发展和完善也需要有持续、稳定的资金支持。长期照护保险的这种筹资模式可以较大程度保证长期照护资金持续、稳定的供给，同时可以避免给政府财政带来沉重的负担。另外，长期照护社会保险模式的覆盖范围也是比较广的，不像救济补贴模式覆盖主体只限于贫困主体，其余社会成员要通过其他方式，一般是购买商业保险才能获得长期照护。社会保险模式具有一定的强制性，其覆盖范围会更加广泛。为了促进我国长期照护保险制度可以尽快落地，需要在顶层设计、照护服务供给及监管、照护资源配置等方面着力。①

为了满足不同人群的长期照护保险和服务需求，除了长期照护基本社会保险外，我国也应该鼓励发展提供更优质更高端养老服务的商业长期照护保险。

二、长期照护保险与养老保险的结合

长期照护保险制度作为产生较晚的社会保障制度，常与原有的社会保险制度相联系。从成功建立长期照护保险制度的国家来看，其常与医疗保险相联系。如德国和日本，德国的长期照护保险基金隶属于健康保险基金，所有参加社会健康保险的公民自动被纳入长期照护保险计划的覆盖范围。日本，被健康保险覆盖的

① 谢冰清：《我国长期护理制度中的国家责任及其实现路径》，载《法商研究》2019年第5期。

人群其长期照护保险费由保险公司随健康保险一起征收。将长期照护保险制度与原有社会保险制度相联系的原因是长期照护制度作为后来产生的一种社会保险制度，与原有的社会保险制度相联系后，更容易进入社会保障体系、成为社会保障体系的一部分，同时可以利用已经形成的社会保险管理和运营系统对新增的长期照护保险进行保险费的征收和管理运营，可以节约公共管理成本。众多国家选择将长期照护保险制度与医疗保险相联系的原因可能有两个：一是长期照护保险的给付内容部分会涉及医疗护理等医疗资源的利用，将长期照护保险与医疗保险由同一部门管理可以更好地统筹分配医疗资源；二是许多国家长期照护本身就是从医疗保险给付项目内容中分离出来的，两者有根源上的联系。

虽然从长期照护制度的产生发展来看，其与医疗社会保险的联系是最紧密的，但是从其保障主体、根本目的、作用和运营来看，其与养老保险应该是联系最密切的、最相似的。养老保险的保险对象是老年人，长期照护保险的保险对象有些国家是针对老年人，也有国家的长期照护保险对象不仅局限于老年人而是面向全民的照护需求，但就长期照护的给付对象即享受长期照护服务对象分析，有照护需求的绝大多数是老年人。从保险所要实现的目的来看，养老保险和长期照护保险都旨在保障老年人的基本生活，只是两者在保障内容上分工不同。养老保险是保障老年人在退出劳动领域或者丧失劳动能力后仍然可以有稳定的经济来源保障物质生活不会出现大的下滑。长期照护保险是保障老年人在身体机能部分或全部丧失无法自理生活的情况下，可以获得长期的生活辅助以保障老年人的生活。另外，长期照护保险与养老保险在运营过程中也有相似之处，都是在年轻时缴纳保险费而在年老时享受保险给付内容，需要经过比较长的缴费积累期，在缴费积累期间内非发生法定事由是不享受保险给付的。不像医疗保险不需要缴费积累期，城乡居民医疗保险保险期间一般为一年，一个保险期间结束参保人可以选择继续参保或停止参保。但是养老保险和长期照护保险因为缴费积累期较长，保险的断续处理都需要一定的技术。我国长期照护保险费随基本医疗保险费收缴对于城乡居民部分是有难度的。

长期照护保险与养老保险相结合，从保险费的收缴和保险的给付方面具有较强的可操作性和实用性。从目前我国开展长期照护保险的几个试点城市来看，长期照护保险的保险基金来自医疗保险基金，进行分账管理。如果我国要全面推进长期照护保险制度，这种做法的可持续性值得探讨。要建立长期照护保险制度首要解决的就是资金筹措问题，也就是保险费的收缴问题。长期照护保险在德国发展较早，长期照护保险被列为法定的独立的一种社会保险，因此在德国长期照护保险费单独收缴，是被广泛接受的。在其他长期照护保险发展较晚的国家，由于国家的社会保险体系已基本形成，因此多数国家选择的是随健康保险即医疗保险费一起征收。我国长期照护保险费的收缴模式也不外乎这两种。第一是将长期照护保险列入我国现有的社会保险体系即形成第六种社会保险险种，第二是随现有的社会保险险种一起征收。第一种方式需要对我国现有的社会保险体系做出较大的改动，并且新加入一种保险类型在短时间内可能无法普遍获得认可，导致对长期照护保险费的收缴形成障碍。第二种即是随现有的某种保险费征收，以这种方式阻碍会较小。而在与长期照护保险结合的保险的选择上，依然是养老保险最为合适，主要原因是养老保险和长期照护保险的给付有较强的结合性和实用性。目前我国的养老保险的给付方式只有现金给付一种，这也是世界上绝大多数国家的做法，但是老年人的养老问题不仅仅是经济的问题，也不仅仅是现金给付就可以简单解决的问题。比起现金给付可能老年人更需要的是服务，比如长期照护服务，因此需要鼓励、培训和支持更多从事长期护理的专业人员。所以将老年人长期照护保险的给付与养老保险的给付相结合是一种可以探索和具有可操作性的模式。

我国在具体设计和实施长期照护保险制度时可与养老保险制度相结合，这样不仅可以节约立法、管理等成本，还可以使各种养老资源更好地整合利用。但是针对在退休前的长期护理问题，如何处理，也是一个困境，这也是目前各地试点将长期护理与医疗保险相结合的原因。如果将退休前的长期护理与医疗保险结合，而将退休后的长期护理与养老保险结合，将导致长期护理制度的分割。因此，从构建全国统一、长期、稳定、持续的长期护理保险制度看，似乎应该单独出长期护理保险。加上我国现在改革了养老保险与医疗保险，将这两个保险分别由人社部门和医疗保险部门管理，使得长期护理、养老保险、医疗保险之间的衔接更是一个存在争议的难点。从社会保障统一规划、管理的角度看，将养老与医疗分由不同部门管理的改革，存在可商榷之处。

三、长期照护服务供给和监管

目前我国长期照护服务提供机构较少，主要是公立机构。在今后长期照护制度的建立中应该开放长期照护服务供给系统，实现长期照护服务提供的适度市场化，鼓励服务提供主体的多元化，主要包括允许私营照护机构进入长期照护服务供给体系和鼓励非营利性的社会慈善组织进入作为长期照护服务提供主体。私营照护服务机构可以根据服务成本和参保者的购买力提供服务，还可以满足一些有高质量要求的服务需求者，除了保险覆盖的部分外，服务使用者可以自付其余部分。近几年我国慈善事业发展迅速，在未来老年人长期照护的供给体系中，社会慈善机构在长期护理服务方面也会有很大的发展空间。长期照护供给市场化更有利于各种资源进入长期照护服务领域，转化为长期照护资源，可以更好解决我国长期照护资源长期匮乏的难题。长期照护服务提供者的多元化和市场化有助于加强服务提供主体之间的竞争，可以提供更加高质量和不同方式、不同等级的照护服务，长期照护保险管理部门可以选择最优的服务提供者进行合作。

四、长期照护资源的配置

长期照护服务资源的配置涉及参保人的范围、保险给付对象的条件、给付标准、保险给付方式等方面。在设定具体标准时，要根据各地区的经济发展情况、老年人口数量等因素进行调查分析和计算，但就目前我国实施的情况来看，在制定具体标准进行资源配置时，有一些共同的问题应引起注意。

一是参保人范围的选择。我国各试点城市对于参保人范围的划定不尽相同，以覆盖城镇职工基本医疗保险的参保人群为原则，比较多的城市覆盖范围是城镇职工基本医疗保险和城镇居民基本医疗保险的已参保人员，这样划定范围的主要原因可能是保险基金的有限性，而且多数城市的长期照护保险基金是从医疗保险基金中划拨而来的，所以将长期照护保险覆盖范围限定在已参加基本医疗保险的人群是有一定科学性的。将农村居民排除在范围外的原因可能是考虑到农村居民经济支付能力和农村照护资源的匮乏，即使将其纳入保障范围，保险的给付也会存在困难，反而增加了其保险费承担负担。但是，在全国推行长期照护保险制度的情况下，不应将农村这块亟须长期照护服务的大量需求区域排除在保险覆盖范围外。

二是保险给付对象的选择。保险给付对象即满足一定条件可以享受照护保险待遇的对象。有城市对享受保险待遇的对象设置了年龄条件，规定 60 周岁或 65 周岁以上的参保人才可以享受保险待遇，有的城市在给付条件中没有年龄限制。第一种情况是老年人长期照护保险，而不限制年龄的是广义上的长期照护保险。针对这两种意义上的保险，在未来我国建立长期保险制度时建议选择老年人长期照护保险。因为长期照护保险的最终给付对象老年人占绝大多数，青年人因为疾病、意外导致的生活无法自理可以通过医疗保险、商业保险或者社会救助等来代替。将我国的长期照护保险制度定位为老年人长期照护，可以更好地与我国的养老保险制度相结合，有利于老年人长期照护保险在全国的普遍推进。

三是服务类型、内容和服务等级方面。服务内容上应该以生活照护为主要内容，在服务类型上应以居家照护和社区照护为主、以机构照护为辅。[①] 这是从长

---

① 王莉、王冬：《老人非正式照护与支持政策——中国情境下的反思与重构》，载《人口与经济》2019 年第 5 期。

期照护资源的成本、目前我国老年人的支付能力及老年人需求方面进行分析的。居家生活照护不需要照护人员有很高的专业性，这样的照护资源比较容易获得，成本也较低，既能保障老年人的基本生活又不会超出老年人的支付能力，可以缓解我国长期照护资源短缺，致使老年人处于完全无人照护的问题，尤其是农村等经济比较落后的地区，更要注重居家生活照护资源的配置。另外，要注意服务等级间转换的灵活性。例如低等级的机构照护可以与高等级的居家照护或社区照护相互转换，除了长期照护保险应给付的基础部分，服务接受者可以自费享受更高级的照护等级。这样可以满足不同支付能力、有不同需求的照护接受者，多元化的照护需求还可以最大限度地利用照护资源，促进照护质量的提升，避免照护资源的闲置和浪费。

资金的筹措和照护资源的供给是长期照护制度发挥作用的前提和基础，照护资源的配置则是照护制度能否发挥其应有作用的关键。以长春市的试点为例，长春市在长期照护保险实施一年后已经有 53 家定点医疗照护服务机构，享受保险服务者 16997 人，医疗照护费用总支出 5476 万元，照护保险基金支出 4355 万元，补偿比例达 80%，但是照护保险基金累计结余为 7. 85 亿元，[①] 照护保险基金的使用率不到 6%，从其照护保险基金使用率可以推断长春市长期照护资源的配置是存在一些问题的。长春市《关于建立失能人员医疗照护保险制度的意见》，其长期照护的定位是医疗照护，不涉及多数老年人需要的日常生活照护服务；保险保障的对象是城镇职工基本医疗保险和城镇居民基本医疗保险的参保人员，未参加基本医疗保险的城镇人口和老年人口众多、长期照护需求大的农村地区人口没有参保资格；照护服务给付的类型也仅限于机构照护，提供照护服务的是经有关部门批准的医疗服务、养老和护理等机构，居家照护和社区照护不在保险服务类型之列。从以上分析可以看出，长春市长期照护资源的配置并不合理、不符合实际需要，导致长期照护保险基金利用率极低，这些在普遍推进长期照护制度改革中是要注意的。

我国长期照护保险制度还处于试点阶段，如何使长期照护保险更好地融入我国现有的社会保险体系，如何调动广大公民参与的积极性，如何以最低的成本集中最大的长期照护资源，如何使有限的照护资源发挥最大的效用，如何推进普惠性长期护理的覆盖面，如何兼顾效率和公平，这些都需要在长期照护制度实践中探索构建最佳、最优的方案。

---

① 杨菊华、王苏苏、杜声红：《中国长期照护保险制度的地区比较与思考》，载《中国卫生政策研究》2018 年第 4 期。

第八章
老年人监护制度国际比较和中国制度

第一节　老年人监护制度发展概况

监护制度是由成年人监护和未成年人监护组成的重要法律制度。各国监护制度从古罗马至今，为了适应不同的时代特点历经发展与变革。老龄化的社会背景与对身心障碍者的人权保护观念对各国成年人监护制度产生了深远影响，尤其是对老年人监护制度产生重大影响。社会的发展要求我国立法对监护制度与老年人相关的成年监护制度进行重新审视与构建。

一、监护制度的定义与性质

监护一词滥觞于罗马法，在拉丁文中为“tutela”。监护（tutela）在罗马法中被定义为“权力”（protestas）。大陆法系中法语中的“tutelle”，意大利语中的“tutèla”，与德语中的“Vormundschaft”都源于罗马法中的监护制度。日语中用“后见”来指代“辅佐、保护和监护”的含义，表示监护人对被监护担任的保护和照顾职责。英美法系国家用 custody 或 guardianship 来指称监护。

我国学者对监护制度进行了不同的界定。我国台湾地区学者史尚宽先生认为：“监护谓为不在亲权之下的未成年人子女或被宣告禁治产人，为身体财产之照护所设私法上之制度。”① 由于我国台湾地区“民法”将父母对未成年子女的财产和人身权益进行监督和保护的制度定义为亲权，并将亲权排除在监护制度之外，与大陆民法对监护制度的定义有所差异。魏振瀛先生认为：“监护是对未成年人和精神病人的人身、财产以及其他合法权益进行监督和保护的法律制度。”② 杨大文先生认为：“监护是依照法律规定，对特定自然人的人身权益和财产权益

---

① 史尚宽：《亲属法论》，中国政法大学出版社 2000 年版，第 693 页。
② 魏振瀛：《民法》，高等教育出版社 2000 年版，第 62 页。

进行监督和保护的法律制度。”① 彭万林先生将监护定义为：“对未成年人和精神病患者的人身、财产以及其他合法权益的监护和保护。”② 上述有关监护概念的界定与旧的《民法通则》有关监护的规定相一致，将监护对象主要界定为未成年人与成年的精神病人，监护的职责包括对被监护人的人身和财产进行监督与保护。可见，我国大陆民法没有像我国台湾地区“民法”一样将父母对子女的监督保护界定为亲权，从而区分亲权与监护。

为了适应老龄化社会和保护老年人法律利益的需求，我国《民法典》将成年人监护制度的适用者扩大到了精神病人之外，也适用于各种先天、后发等各种疾病不能辨认、不能完全辨认自己行为的成年人。对被监护人的规定已经摈弃了用“未成年人和成年精神病人”作为划分的标准，用“不能辨认或不能完全辨认自己行为”的标准替代了原“精神病人”的规定。因此，监护是对未成年人与不能辨认或不能完全辨认自己行为的成年人，或因各种原因需要他人或组织保护或辅助的成年人，进行的人身、财产或其他权益方面的保护或辅助。本书侧重从完善成年人监护制度的角度去研究建立和完善老年人监护制度。

学术界对监护的性质在界定上不尽相同，概括起来主要有权利说、义务说和职责说。权利说认为监护是一种亲属法上的身份权。该学说的局限性在于很难说明监护权是监护人的权利还是被监护人的权利。如果按照现代监护制度的精神，被监护人的权益是监护制度的核心，那么该学说忽略了监护人本身存在的职责。我国《民法典》第三十四条第二款规定：“监护人依法履行监护职责产生的权利，受法律保护。”该规定说明监护人存在一定的权利，但却不能理解为监护制度的核心仅为监护人的权益。义务说认为监护制度对于监护人来说不是一种权益，而是一种义务。彭万林先生认为，监护是一种法律加诸监护人的片面的义务。这种学说也与《民法典》的规定以及现代监护制度发展的趋势相违背。早在罗马法时期，监护就被视为一种公职。职责说避免了单纯的权利说与义务说的弊端，说明了监护制度对监护人而言是一种责任。我国《民法典》倾向于将监护权界定为一种职责与权利的集合，与传统学说中的职责说否定监护人的权利有所区别。

---

① 杨大文：《亲属法》，法律出版社 2000 年版，第 315 页 。

② 彭万林：《民法学》，中国政法大学出版社 1994 年版，第 62 页 。

二、成年监护制度的发展

监护制度作为一项古老的民事制度起源于罗马法。自罗马法起，监护法律制度由成年人监护制度与未成年监护制度组成，其中成年人监护始终是监护制度的一个重要组成部分。成年人监护是对基于特定原因（如精神病、智力障碍、身体残障、老年痴呆等原因）不能自我保护的成年民事主体而设立的人身、财产等方面的保护制度。现代西方各国已经形成了比较完善的监护制度，从 20 世纪 60 年代开始掀起了对成年人监护制度的改革浪潮，以保护老年人的特殊权益。因此，探究成年人监护制度的发展历程对完善老年人监护制度有重大意义。

（一）成年人监护制度的起源

1. 成年人监护制度的罗马法起源

早在罗马法时期就有了监护和保佐制度。罗马时的监护和保护制度是为了保护家族和法定继承人的利益而设置的。保佐制度主要针对成年精神病人和浪费人而设置，是成年人监护制度的滥觞。在第一部罗马成文法《十二铜表法》第五表“继承与监护”中，专门针对成年人监护进行了专门规定。如第五表第五条规定，妇女终身受监护。第七条第一款对精神病人的身体与财产权益设立了保佐制度；第二款对成年人中的浪费人设立了保佐。而之后的罗马大法官法将保佐制度扩张到精神衰弱者、聋哑人以及因老弱病残不能处理自己事务的人。罗马共和时期法学家赛维乌斯·苏佩修斯（Servius Sulpicius）曾将监护定义为：“对于那些由于年龄原因而不能自我保护的自由人给予保护的、由市民所赋予的权力。”①由此，可以说成年人监护制度起源于罗马法。

而与罗马时期的经济基础发展趋势相一致，成年人监护制度的设立目标也经历了由最初为了保护家族的利益向保护被监护人个人利益的转变，在优士丁尼时期将监护制度的重心由保护家族利益转移到保护个人利益上，并使监护和保佐成为具有公益性质的制度。

从上述内容可知，罗马监护制度具有三方面特点：第一，罗马成年人监护体系比较完善，制度的适用主体不局限于精神病人与浪费人，同时涉及因为各种老弱病残等原因需要保护的人。成年人监护制度不仅保护成年人的财产权益，也涉及对人身权益的保护。第二，罗马成年人监护制度虽然实现了从家族利益向个人

① 徐殿春：《论我国成年监护制度完善》，广西师范大学 2014 年硕士学位论文，第 3 页。

利益的转变，但监护的本质仍然体现为权力，监护权具有支配权的属性。具有独立人格的自权人对需要保护的他权人拥有不平等的支配权。这种不平等性也体现在对女性的终身监护方面。第三，罗马成年人监护制度为身心残障的老年人保留了监护制度适用的空间。

2. 成年人监护制度的普通法起源

英国普通法上关于成年人监护制度最早的记载为中世纪英格兰爱德华二世时期（1307-1327 年在位）的《国王权力法》。该法的颁布第一次昭示国王负有保护和照管行为能力有欠缺的成年人的人身和财产的义务。该法案将成年痴呆病人和精神病人规定为被监护人，同时把他们视为与未成年人具有同等的法律地位，由国王承担监护责任。

英国早期成年人监护制度将行为能力欠缺的成年人（痴呆病人和精神病人）视为被监护对象。成年痴呆病人和精神病人一旦被视为被监护对象则与未成年人一样失去了独立的民事主体资格。虽然名义上国王对需要监护的成年人的人身和财产权益都负有监护义务，但监护制度更侧重于对财产的管理。如果痴呆病人和精神病人没有财产，也不能得到国王的监护。对于痴呆病人，国王除了对其所有的土地有义务收集和保管由该土地所产生的收益，同时也是土地受益人。但是，国王应为痴呆病人提供生活必需品。国王对于精神病人的土地代为管理，精神病人和其家人仍有权享有土地产生的收益。

与罗马法比较，普通法中最早的成年人监护制度监护范围更窄，仅局限于痴呆病人和精神病人，并不包含其他年老或身体残障的民事主体。另外，普通法早期的成年人监护制度更侧重管理被监护人的财产权利，而忽略对人身权利的保护。相对罗马法，早期普通成年人监护对精神病人和痴呆病人以外，因其他原因导致意思能力减弱的老年人没有提供更多的监护空间。罗马法和普通法的成年人监护制度的共同点在于都体现了他治和法律家长主义或父权主义，被监护人的自治权受到了极大的限制。

（二）现代成年人监护制度的发展与改革

12 世纪末到 16 世纪初，欧洲商品经济高度发展，罗马法迎来了复兴，大陆法系国家在传统罗马法监护与保佐制度的基础上明确设立了禁治产及准禁治产制度。继受罗马法遗产的代表性法典《法国民法典》与《德国民法典》，都通过禁治产和准禁治产制度对成年人进行监护。

第二次世界大战后，随着经济的发展，社会与人口结构都发生了巨大的变化。监护制度所体现的一些陈旧的观念与概念体系已经不能适应社会发展的要求。尤其是监护制度中的成年人监护制度已经不能适应老龄化社会的需求，也与国际社会倡导的尊重残障人士人权观念相违背。在人口老龄化和国家人权保障新趋势的要求下，从20世纪中后期开始，两大法系各国从价值理念和制度构架方面对成年监护制度进行了大规模的改革。大陆法系各国于20世纪中后期开始，如法国（1968年）、德国（1992年）、瑞典（1974年、1989年两度修改）、奥地利（1984年、1990年两度修改）、加拿大魁北克（1994年）、日本（2000年）等国或者地区先后对成年人监护制度进行了大规模的改革。此外，美国弗吉尼亚州在20世纪50年代制定了《持续代理权授予法》；1969年美国示范法委员会在此基础之上制定了《示范持续性代理权授予法》。1978年，加拿大通过了《示范代理权法》。1985年，英国制定并于1986年施行《持续性代理权授予法》。这种体现尊重被监护人意思自治的持续性代理权制度也先后被澳大利亚、新西兰等英美法系国家采纳。可以说，正是因为国际社会人口老龄化与国际人权观念的普遍提升促成了成年监护制度的发展与改革。

1. 人口老龄化

第二次世界大战以后，许多国家社会经济的发展使人民生活水平、医疗水平得到不断提高和改善，随着欧美国家人们生育观念变化，以及一些国家的控制人口增长政策，导致全球人口出现了低自然增长率，人口结构趋于老龄化的局面。法国作为最早进入老龄化社会的国家，率先对成年人监护制度进行了改革。早在1865年，法国65岁及以上老年人口比例就超过7%。第二个进入老龄化的国家是瑞典，1890年瑞典65岁以上的老年人已经占总人口的7%。德国、美国先后于20世纪30年代和40年代进入老龄化社会。在70年代，日本65岁以上的人口占比超过了7%。①

由于受到罗马法的影响，近代各国民法主要通过禁治产和准禁治产宣告的方式设立成年人监护制度。对禁治产人即没有判断能力的人，剥夺其民事行为能力，使其成为无民事行为能力人。对准禁治产人即判断能力不充分的人，限制其民事行为。在经济水平、医疗水平发展低的情况下，高死亡率导致人均寿命低，制度设计没有必要为逐渐丧失意思能力或判断能力的老年人建立监护。然而，随着老龄化社会的到来，精神病人的行为能力划分已经不再适合老龄人复杂、渐进

① 张芳：《老年人监护制度研究》，扬州大学2008年硕士学位论文，第19页。

的动态过程。因此，人口老龄化是各国改革成年人监护制度的直接原因。

2. 国际人权观念和意识的提升

20 世纪中期以来，伴随国际人权运动的发展，身心障碍者和老年人权益受到国际社会的广泛关注。联合国制定的一系列文件，如 1975 年《残疾人权利宣言》、1971 年《智力迟钝者权利宣言》、1991 年《保护精神病患者和改善精神保健的原则》等人权保障文件兴起了保障人权的国际化运动。这些国际人权保障性文件在推动各国保护身心残障人士和老年人权益方面的立法发挥了重要作用。1982 年联合国《关于身心障碍者的世界行动纲领》中提出，关心身心障碍者的世界行动的目标是，促使身心障碍者得以充分参与社会生活与发展，并享有平等地位。1991 年联合国通过的《联合国老年人原则》规定了老年人应当享有“尊严、参与、照顾、自我充实、独立”的政策。联合国大会通过的《经济、社会和文化权利国际公约》对老龄人的权利进行了规定。联合国 1982 年通过的《老龄问题国际行动计划》也对保障老龄人权利的 62 项建议政策进行了规定。这些国际性人权规范文件对世界各国的立法起到了相当大的影响和指导作用，并得到国际社会广泛的拥护和赞同。

尊重老年人的特殊权益的人权观要求保障老年人的合法权益，并要求老年人监护制度尊重老年人的人格尊严和意思自治。在国际人权框架的影响下，德国遵循保护被监护人利益与尊重被监护人意愿相结合的立法原则，于 20 世纪 90 年代先后三次对成年人监护制度立法进行了修订。为了推崇以人为本和私法自治的立法原则，日本也于 1999 年通过了有关成年人监护的四部法案。国际人权观念使传统监护制度所体现的家长主义让位于成年人监护制度中的自我决定权、维持生活正常化等新理念。

综上所述，在老龄化社会到来和人权观念提升的背景下，基于传统监护制度基础之上的禁治产和准禁治产宣告制度已经被世界各国逐渐修正，以达到保护老年人特殊权益的目的。

第二节　大陆法系老年人监护制度的立法发展

从 20 世纪 60 年代开始，发端于法国的一场成年人监护制度的改革浪潮席卷了欧洲大陆，并对亚洲部分成文法系产生了深远的影响。这些国家或地区重新构建成年人监护制度的价值理念，以“维持本人生活正常化”和“尊重本人的自我决定权”的理念为指导，改革传统的家长式监护制度内容，在尊重成年被监护人尤其是老年人意思自治的基础上，在保障被监护人的最大利益的基础上，同时保障其享有最大限度的自主决定权。

一、法国的成年人监护制度

（一）改革前的制度

法国是最先继受罗马法的国家之一，1804 年《法国民法典》以查士丁尼编撰的《罗马民法大全》中《法学阶梯》为蓝本，继承了罗马法的遗产，包括罗马法的成年人监护制度。在罗马法的基础之上，设立了禁治产和准禁治产制度，根据成年人的不同精神状态分别设立了监护和辅助制度。在拿破仑制定民法典时期战争频繁，社会物质生活和医疗条件比较落后，绝大多数人在精神意志尚未衰退的时候就因为各种原因离世了，人均寿命不长。因此，旧的成年人监护制度设计主要针对精神病人，并没有考虑到老年人监护制度的需要。

1804 年的《法国民法典》第一编第十一章对成年人中精神病、精神相对不正常或者生活态度浪费的人，确立了禁治产和准禁治产宣告制度。根据成年人的精神状态的不同分别设立监护人和辅助人，从而对其进行监护或辅助。对因精神病（痴愚、心神丧失或疯癫）而被宣告为禁治产人的自然人，视同未成年人。被宣告成为禁治产人意味着其本人会丧失一切民事行为能力，没有监护人的代理所实施的一切法律行为都是无效的。对禁治产人设立任命监护人和监护监督人各一人，由监护人全面照顾其身体和管理其财产。对于没有宣告为禁治产人的成年人，可以根据该成年人的精神情况，或者是根据法院的判决为其指定辅助人，协助实施有关财产的法律行为。对因浪费被宣告为准禁治产人的自然人，由法院任命辅助人以协助其进行诉讼、和解、借款、受领产并交付受领凭证、让与以及就其财产订定抵押权的行为。

（二）改革后的制度

法国于 1865 年成为世界上第一个进入老龄化社会的国家，并于 1968 年通过第 95-5 号法律，率先对成年人监护制度进行了改革。修改后法国成年人监护制度规定三类成年人可成为被监护（广义的监护）人，并对不同类型的障碍者提供不同程度的保护措施。这三类成年障碍者包括：第一类，精神官能受到疾病损害或因残疾或年龄而衰竭的人（《法国民法典》第四百九十条）；第二类，身体官能受到损害且妨碍意思表达的人（《法国民法典》第四百九十条）；第三类，挥霍、浪费、游手好闲，有可能自陷贫困或影响履行家庭义务的成年人（《法国民法典》第四百八十八条）。对这三类成年障碍者分别设置了监护、财产管理和司法保护制度。新法废除了原来的禁治产和准禁治产宣告制度，摈弃了原来对行为能力的司法抽象判断，转为完全通过个案审查衡量当事人的意思能力，以决定需要的监护类型。

1. 监护

新修订的立法规定两类成年人可以适用监护，即三类成年障碍者的前两类，因精神官能受到疾病损害或因残疾或年龄而衰竭的人与身体官能受到损害且妨碍意思表达的人可以受到监护。相对于旧法的规定，增加了“因残疾或年龄而衰竭的人”和“身体官能受到损害且妨碍意思表达的人”，对因年龄而衰竭或因身体官能受到损害产生的意思能力减弱的老年人提供了监护的可能。

可以应本人或者利害关系人或者检察院的申请开始监护，也可由监护法院的法官依职权开始监护。法官可以根据治疗医生的意见，具体确定哪些行为由受监护人单独进行或在监护人的协助下进行。《法国民法典》第四百九十三条规定了监护“因第四百九十条所指原因之一，成年人在民事生活中需要由他人持续代理时，得对其设立监护，原则上监护人代理受监护人全部民事活动，监管受监护人身体、谨慎稳妥管理受监护人财产”。[①] 设立监护的目的在于，规定监护人负责代理被监护人的民事活动，保护被监护人人身权益，妥善保管其财产。

2. 财产管理

《法国民法典》第五百零八条规定：“因第四百九十条所指的原因之一，处于尚不属于自己完全不能行为的状态，但成年人在民事生活的行为中需要得到指导与监督时，可以对该人实行财产管理，对第四百八十八条第三款所指的成年人，得同样实行财产管理制度。”[②] 财产管理可以针对全部三类成年障碍者设置，第一类、第二类成年人处于尚不属于自己完全不能实施行为的状态，但在民事生活中需要得到指导和监督时，对其设立财产管理。对于第三类成年人则不需要医疗证明即可对其设立财产管理。

受财产管理的人相对受监护的人而言，尚不处于自己完全不能行为的状态。因此，该类成年人不必每笔交易都征得管理人的同意，其有权单独实施日常生活

---

① 《法国民法典》，罗结珍译，中国法制出版社 1999 年版，第 157 页。

② 《法国民法典》，罗结珍译，中国法制出版社 1999 年版，第 161 页。

中的小额交易和经常发生的日常交易行为，可以自行订立遗嘱。在管理人的协助下，还可以根据自己的意愿完成赠与行为。

3. 司法保护

司法保护又被称为特殊司法保护，是临时性的监护措施，也是新的成年监护制度中最大的亮点。《法国民法典》第四百九十一条规定：“因第四百九十条所指的原因之一，在民事生活的行为中需要受到保护的成年人，得置于司法保护之下，受司法保护的成年人保留行使其权利。任何成年人，均可因欠缺实际行为能力，主张合同无效。”[①] 司法保护的设立为那些具有一定行为能力的成年人，在其行为能力丧失的程度较轻的情况下，给予一定的保护保障。司法保护的时间为诉讼的整个期间。在此期间，受保护的成年人仍然保留其权利，法官将考虑受保护人财产的多寡和与其订立契约人的善意还是恶意，以及交易是否受益等多方面情况，撤销合同或变更过分的负担。当被监护人恢复正常状态时法院裁定终止司法保护，此时被监护人具有完全民事行为能力。司法特殊保护于监护或者财产管理开始时即停止，可以说司法保护也是监护或财产管理制度的前置程序。

司法保护在尊重被监护人的自我决定权的基础上，为因身体功能衰退、精神功能失常妨碍表达意志，以致无法独自维护其利益的成年人，以及因挥霍、浪费、游手好闲，以致陷入贫困或影响家庭义务的成年人提供保障。这种特殊保护制度对行为能力丧失程度比较轻的成年人，尤其对于老年人以及因为身体或精神原因导致意思能力减退的成年人更具有人性化的意义。

二、德国的成年人监护制度

（一）改革前的制度

1896年制定的《德国民法典》，根据垄断资本主义经济发展的当时需要，在继承了罗马法《学说汇编》传统法律体系的基础上，兼顾了日耳曼的一些习惯而制定。德国旧法在罗马法成年人监护的基础上，规定须为受到禁治产宣告的人设置监护或者保佐。

1. 禁治产宣告制度

德国立法改革前的禁治产宣告制度是设立监护制度的前提。禁治产宣告制度主要是指针对一些因精神障碍导致不能处理自己事务的成年人，由法律设计一套

---

① 《法国民法典》，罗结珍译，中国法制出版社1999年版，第160页。

合理的程序对外宣告，并对其设立相应的监护及保佐，以弥补其行为能力之不足，充分保障其利益不受损害的制度。

设立禁治产宣告制度的目的主要在于保护交易安全，通过剥夺被禁治产人的行为能力，一方面保护被宣告人的利益，另一方面通过法院对外公示的程序保护交易相对人的利益。一旦禁治产宣告生效，被宣告人的行为能力即被剥夺，不仅使被宣告人的人身自由和思想意志受到侵害，同时也使被宣告人的家庭蒙羞。因此，在德国司法实践中，往往避免这种以剥夺成年人行为能力为前提的制度，而是通过其他各种措施规避使用禁治产制度。

2. 监护与辅佐制度

监护制度开始于禁治产宣告生效之后。监护人享有对被监护的成年人人身照顾和财产管理权。其中监护人的法定代理权及财产管理权适用未成年人监护的规定。辅佐制度针对精神障碍尚未达到受监护的程度，但因身体方面的障碍（如聋哑等原因）或精神方面的障碍不能处理自己的事务的，由监护法院行使职权为该成年人设立并选任辅佐人。但在本人有沟通能力的情况下，应征得本人的同意。

（二）改革后的制度

德国于20世纪30年代进入老龄化社会，并在接下来的60年内迅速进入超老龄化阶段。60年代以来，西欧大陆法系的国家大规模修改了成年人监护制度以加强对老年人权益的保障。德国面临老龄化社会亟待解决的问题，并受国际人权运动以及欧洲其他国家立法改革的影响，也对本国的成年人监护制度进行了一系列改革。在德国国内一些致力于保障身心障碍者权益的社会福利团体积极推动下，联邦政府于1989年2月1日向联邦参议院提出“关于改革成年人监护和代管法的法律”的建议。联邦众议院通过审议，于1990年9月12日公布《关于改革监护法和成年保佐法的法律》（以下简称“照管法”），并于1992年1月1日起施行。改革后的成年人监护制度建立在“保护被监护人利益与尊重被监护人意愿相结合”的立法原则之上，其立法理念及制度内容对其他国家产生了较大的影响。以下是德国涉及老年人监护方面的一些修法重点：

1. 取消禁治产宣告制度，建立一元照管制

由于旧的禁治产宣告是在100年前设计的制度，因为侵犯了被宣告人的人身自由权，并使被宣告人家庭成员受到歧视，在司法实践中未达到预期效果。新制度废除了禁治产宣告制度，采取由法官基于个案的当事人“事实上的精神状态”对成年人的行为能力进行裁决。

在废止了禁治产制度的基础上，以一元照管制度替代了原监护与保佐的二元制度。照管制度的利用者从以前较为单一的精神障碍者扩大到精神、智力、身体障碍者。与以往成年人监护最大的不同之处在于，照管的侧重点从财产管理转向对被照管人的人身和财产权益的保护方面。对身体与日常生活方面的照管成为成年人照管制度的主要内容。另外，值得一提的是身体障碍者也被纳入被照管人的范围中。新的照管制度为非精神障碍的老年人提供了受保护的机会。

2. 照管制度的立法理念

照管制度以被照管人为中心，将身心障碍者的人权保障融入具体法律规定中。

第一，最核心的立法价值观念是尊重和强化被照管人的自我决定权。“照管”一词的本身比监护更尊重被监护人的人格尊严和自我决定权。德国照管法避免了禁治产制度对被监护人行为能力的宣告与剥夺，充分尊重了被监护人的残存行为能力。在设立及选任照管人的程序上，要听取被监护人本人的意见。照管人在协助被照管人完成法律行为时，有义务在维护被照管人最佳利益的基础上，尊重被照管人的意愿。

第二，遵循必要性原则。根据《德国民法典》第一千八百九十六条规定，仅得就必要照管的职责范围内选任照管人。如果该成年人的事务属于意定代理人的职责范围，或者由其他辅助人可实现照管同样的效果时，照管即没有必要存在。此外，《德国民法典》第一千九百零三条与第一千九百零六条规定照管必须避免对被照管人的人身或财产的显著损害为必要限度，以及对被照管人最佳利益为必要的原则。必要原则在保留老年人行为能力的前提下，须严格审查适用老年人照管的必要性，以及照管是否以被监护老年人的最佳利益、最少损害及比例为原则。

第三，遵循补充性原则。补充性原则说明了照管制度是对其他更有利于需要保护的成年人补充性制度。如果被照管人本人已经得到了家庭、亲友及社工良好的照顾，则应充分尊重被照管人的意愿，仅在必要范围内对其设立照管。

第四，遵循防老授权原则。防老授权原则是尊重被照管人的意思自治与赋予被照管人自我决定权的表现。该原则主要体现为授权照管制度，即在当事人丧失心智之前，可授权他人作为将来处理自己事务的任意代理人，于自己丧失行为能力时，由其受托之人代理其活动。授权照管制度优先于法定照管制度。该制度的设立在尊重本人自我决定权的同时，尤其适合老年人的判断能力逐渐衰退的特性。体现了对身心障碍者意思表示和残存意思能力的尊重，也增加了制度的灵活性和人性化特点。

3. 修改后的立法更体现了公法化趋势

修改后的照管法使成年人照管制度更具公法化特点，也体现了监护责任国家化的趋势。由于修改后的立法更注重尊重受照管人的自我决定权，但是当受照管人的意思能力逐渐减弱时，没有公权力机关进行必要的监督，有可能将身心障碍者置于危险的境地。因此，修订后的新法加强了法院在成年人照管制度中的监督作用。法院对某些被照管人的身心有特别影响的决定，如重大医疗行为、约束人身自由的收容、处分被照管人居所或特定财产等重大决定，拥有最终决定权。此外，法院对照管人有监督的职责，照管人有义务向法院提交有关被照管人财产损益情况并将其制作成清单。当不存在法律上规定的适格的监护人时，德国的成年人照管制度直接规定，此种情形最终将由国家主管机关作为照管人。

三、日本的成年人监护制度

（一）改革前的制度

日本自明治维新开始效仿西方立法，1898 年日本民法典主要借鉴德国民法典的立法模式，建立了比较完备的民法制度，堪称其他亚洲国家的立法典范。其中成年人监护制度也继受了罗马法的历史传统，并实施了 100 年之久。

直到 1999 年的日本民法典修改之前，日本成年监护制度沿袭了大陆法系的禁治产宣告制度，在日本民法典第一编的总则第一章“人的能力”中，规定监护的适用对象包括禁治产人与准禁治产人。将没有判断能力的人归为禁治产人，而将判断能力不充分的人归为准禁治产人。由被监护人的近亲属申请，由家庭裁判作出“禁治产人”或“准禁治产人”的宣告，并在日本政府公报上公示，同时记载于被宣告之人的户籍中。旧的监护制度为禁治产人设立监护人，为准禁治产人设立保佐人。监护人代为管理禁治产人的财产和对禁治产人进行人身看护和财产代管。保佐人不享有对被保佐人的人身事务与财产管理的法定代理权，在被保佐人从事一些重大民事行为时，应得到保佐人的同意。

日本旧的监护制度是 19 世纪市民法的产物，其主要宗旨在于保护交易安全。在制度设计层面忽略了尊重被监护人的人格尊严、意思自治和最佳利益，制度内容欠缺弹性，无法适应判断能力逐渐衰退的高龄者和轻度精神病患者的需要。因此，日本旧的成年人监护制度在实践中的适用情况并不理想，也未被广泛适用。

（二）改革后的制度

“二战”以后，尤其是20世纪70年代以来，随着社会、经济的发展和国民生活水平的提高，日本经历了一个空前的老龄化过程。1950年65岁以上的老龄人仅占日本人口总数的4.8%，直到1970年这个比例才超过了7%。但此后日本在老龄化的道路上飞速发展，成为世界上老龄化速度最快的国家。日本厚生劳动省的统计数据表明：日本65周岁以上的老龄人占总人口的比率从1970年的7%到1994年翻了一番达到14%，时至2005年更是高达27%。而随着老年人数量的增加，阿尔茨海默病（俗称老年痴呆症）的患者呈现倍增势头。① 在这样的背景下，老年人的身心健康状况随着年龄的增长逐渐衰退，日本成年人监护制度也很难适应老龄化社会的趋势，无法满足老年监护的任务。

从适应日本社会老龄化和保护社会弱势群体的立场出发，尤其是保护因为年老等原因导致精神障碍判断能力不充分的人，日本国会于1999年12月1日通过了《关于修改民法一部分的法律》《关于任意监护合同的法律》《关于监护登记的法律》《与〈关于修改民法一部分的法律〉有关的施行法》等四部法律，废除了日本旧民法中的“禁治产、准禁治产”制度，修改了家庭法编中的监护制度，新设任意监护制度。此次民法典的修订也是有史以来最大规模的立法修改，建立了较为完善的日本成年人监护制度。

日本改革后的成年人监护制度包括法定监护和意定监护制度，两方面制度的改革都更加有利于老年人身心利益的监护。

1. 法定监护

改革后的成年人监护制度以法定监护制度替代了原有的禁治产、准禁治产宣告制度。新的成年人监护制度根据成年人的精神障碍程度为其设立了监护（狭义）、保佐、辅助三项制度。法定监护的三种制度组成了三级保护模式，家庭法院可根据被保护人的判断能力衰退的程度和状态，在三种法定监护内部转换适用，为不同需要的成年被监护人和高龄者提供保护。

（1）监护

依据1999年修订的《日本民法典》第七条规定：“对于那些由于精神障碍而丧失事理辨识能力并处于常态的人，家庭法院可以依据本人、配偶、四等亲内

① 周媛：《论高龄化社会下我国成年人监护制度的构建与完善》，中国社会科学院2013年硕士学位论文，第16页。

的亲属、未成年人监护人、未成年监护监督人、保佐人、保佐监督人、辅助人、辅助监督人或检察官的请求，启动监护开始审判程序。”成年人监护制度也被称为成年后见制度，是为那些因精神障碍、痴呆症、智力障碍等原因而经常性缺失辨识事理能力的人而设立的一项制度。成年监护的申请人除了上述五类人外，根据老人福祉法、智力障碍者福祉法、精神障碍者福祉法等法律，市町村长、国家及地方公共团体也享有申请权。因此，从监护启动的申请人范围可见，新的监护制度已经将私法上的监护制度与公法和社会法相衔接，并使成年人监护制度与社会福利法更好地结合。

成年监护人的职责包括对被监护人享有财产管理和生活照料的职责，同时负有善良管理义务，尊重本人意思义务以及身心关心义务。修改后的成年人监护制度与禁治产的区别在于：并非全面剥夺被监护人的民事行为能力，监护人拥有对被监护人的民事行为的代理权和撤销权，但日常生活的民事法律行为（如购买生活用品、外出就餐、正常交通出行等行为）不在可撤销行为的范围内。因此，修改后的成年人监护制度更尊重和活用了精神障碍者的残存能力，使监护制度更加灵活，更有利于老龄人的监护。从行为能力划分的角度看，修改后的监护制度中成年人的行为能力只有完全民事行为能力和限制民事行为能力的划分。

（2）保佐

修订后的《日本民法典》第十一条规定：“对于那些由于精神障碍，事理辨识能力显著不充分的人，家庭法院依本人、配偶、四等亲内的亲属、监护人、监护监督人、辅助人、辅助监督人或检察官的请求，应当启动保佐开始审判。但是符合第七条中所设定的原因的人除外。”保佐是为那些因精神障碍而导致辨识事理能力明显不足的人而设立的一项制度。对被保佐人实施的一些重要法律行为，保佐人被法律赋予同意权和撤销权。保佐人对被保佐人行为的同意权仅限于其实施的重要法律行为，如对不动产等重大财产进行处分；拒绝他人赠与或者放弃遗赠；诉讼及分割遗产等行为，但不包括有关日常生活的行为。此外，家庭法院还可以根据实际情况规定其他应当经过保佐人同意事项。在必要的情况下，经被保佐人之外的人向法院申请赋予其代理权时，并且在经过被保佐人的同意前提下，可以赋予保佐人一定的代理权。因此，保佐制度保障了那些因精神障碍而导致辨识能力明显不完全的人（但尚未达到被监护的精神障碍程度的成年人）一定程度的自我决定权，有益于被保佐人的身心和利益。

(3) 辅助

修订后的《日本民法典》第十四条规定："对于那些由于精神障碍事理辨识能力变得不允许的人，家庭法院依据本人、配偶、四等亲内的亲属、监护人、监护监督人、保佐人、保佐监督人或检察官的请求，应当启动辅助开始审判程序。但是符合第七条或第十一条所设定的原因的人除外。"以因精神上的障碍而导致判断能力不充分但尚未达到判断能力显著不充分，或基本上缺乏判断能力的人为保护对象的制度。相对于监护与保佐，辅助是以轻微程度的身心障碍者为保护对象，为行为能力轻微障碍但尚未达到被监护或被保佐程度的成年人提供保护。辅助制度以家庭法院的宣告开始。家庭法院依据本人、辅助人或辅助监督人的申请，以被辅助人的同意为条件裁定辅助人，为被辅助人选任辅助人，赋予辅助人对"特定的法律行为"行使同意权或代理权。该"特定的法律行为"由被辅助人或本人确定，因此更体现了对被辅助人的自我决定权。对代理权授予对象的法律行为并无法律上的限制，主要包括：①与财产管理有关的法律行为；②与人身照顾有关的监护行为；③与辅助事务有关的登记、寄存；④确认是否需要人身照顾等公法上的行为与诉讼行为等。根据日本民法有关法定监护的规定，辅助同意权的范围不能超过保佐同意权的范围。辅助人依据法律的规定以及被辅助人的同意取得同意权，被辅助人所为的未经辅助人同意的法律行为，被辅助人或者辅助人可以将其撤销。在并不损害被辅助人利益的情况下，辅助人仍不同意被辅助人所为的民事法律行为时，被辅助人可以向家庭法院申请许可取代辅助人的同意，家庭法院应当尊重本人决定权。

辅助的适用范围极为广泛，包括一切因为精神障碍事理辨别能力变得不充分的成年人，相对旧的监护制度将被监护人的范围扩大到具有轻度精神障碍的成年人。辅助适用的前提是赋予其对被辅助人为特定行为的同意权，该制度将保护轻度精神障碍者的利益与尊重障碍者自我决定权相结合，也防止了辅助人滥用权利的情形发生。辅助是修改后的成年人监护制度增设的制度，使得日本法定监护制度更具弹性、更加人性化。

2. 意定监护

日本为了适应高龄化社会的要求，同时完善残疾人福利制度，创设了一种新的意定监护制度，也称任意监护制度。任意监护制度主要由《意定监护合同法》《日本民法典》《家事审判法》《家事审判规则法》规范。《意定监护合同法》第二条规定：身心障碍者本人在具有完全判断能力时依自己的意思决定选任监护人并与之订立委托监护合同，由本人将有关自己的监护事务（财产管理和人身照顾等事务）的全部或部分委托授权任意监护人，在本人因为年老、精神障碍或其他原因丧失判断能力的事实发生后，意定监护合同开始生效。因此，意定监护制度尤其适合老年人的精神状态呈渐进性衰退的特点，在老年人尚存在判断能力时，为自己将来丧失判断能力后的监护事务提前做好安排。意定监护制度创设的主要目的是适应高龄化社会并为身心障碍者提供更多的选择，通过尊重精神障碍者在健康时的自我决定权，以补充其由于判断能力不充分带来的不便。

意定监护在效力上优于法定监护制度。意定监护人的职权范围是由意定监护合同加以规定，包括对被监护人的财产管理和人身照顾方面的职责。意定监护制度本身体现了尊重被监护人的自主决定权的精神，也是民法意思自治原则的体现。另外，在尊重身心障碍者自由意愿的同时，日本也通过国家公权力机关的监督保障弱势群体的利益。首先，意定监护合同必须经过公证，根据约定将该任意监护合同在指定的法务局进行登记。通过公证、登记制度为防止代理人滥用代理权设置了坚实的安全保障。其次，在本人的判断能力衰退时，依本人、配偶、四亲等以内的亲属或者被委托任意监护的人的申请，经家庭法院选任监督人后，意定监护合同才得以生效。监督人监督任意监护人履行合同，向法院定期报告监护合同的履行情况，提交监护报告。意定监护合同须经公证的要式性及法院作为意定监护监督制度的后盾，从一定程度上体现了监督制度的国家责任和公法性。家庭法院通过选任意定监护监督人，参与对意定监护监督人的监督，使意定监护契约最终起到保护被监护人的作用。意定监护制度成为私法监护制度与国家监护的结合点。

四、我国台湾地区成年人监护制度

（一）改革前的制度

台湾地区沿袭了大陆法系的传统，禁治产制度一直在家庭法中起着重要的作用。禁治产一词源于日本民法，有禁止管理和处分财产之意，是为保护意思能力薄弱的精神障碍者而设立的一种宣告制度，旨在通过对精神障碍者的行为进行限制从而实现对其保护和监督的作用。

台湾地区的“旧法”将心神丧失或精神耗弱而导致不能处理自己事务的情形作为宣告禁治产的事由，成年人一旦被宣告禁治产后，其行为能力将被全部予以剥夺。禁治产制度为了满足禁治产人生活和身体上疗养的需要，同时出于交易安全的考虑，禁止受监护人处分自己的财产，赋予监护人一定的代理权，代受监护人对其财产进行管理。

台湾地区的禁治产制度由于内容僵化，对精神障碍者的行为能力“一刀切”，不问禁治产人是否存在残余的意思能力，对其行为能力进行剥夺，不能适应多样化的精神障碍者的需求。另外，该制度为了保护交易安全而采取对外宣告的公示方法，也被视为一种具有歧视性的制度，因而在我国台湾地区司法实践中多采用其他措施来回避该制度的适用。

（二）改革后的制度

由于我国台湾地区经济快速发展，人民生活水平与社会医疗水平提高，也逐渐迎来了高龄化的发展。1994 年我国台湾地区 65 岁以上的人口占总人口的 7.21%；到 2007 年年底，老年人口占总人口比例高达 10.2%。① 随着老龄化社会的到来，僵化的成年人监护制度已不能适应多样化和渐进化发展的老年人精神状况的需求。与德国、日本的改革路径相同，我国台湾地区的成年人监护制度的改革始于 2002 年，并于 2009 年实施改革后的相关规定的制定。新的规定以受监护宣告与受辅助宣告制度替代了原禁治产宣告制度。

1. 成年人监护制度

修改后的“新法”规定，受监护宣告之成年人为“对于因精神障碍或其他心智缺陷，致不能为意思表示或受意思表示，或不能辨识其意思表示之效果者”。相比原“心神丧失或精神耗弱”将受到禁治产宣告的原因，“新法”所规定的受监护宣告的原因更加明确和宽泛。但受监护宣告的法律效果是使受监护宣告的成年人无行为能力，相对旧的禁治产制度没有太大的区别。

在监护职责方面限定监护人管理财产的范围。对于受监护人的财产，监护人只能作为法定代理人对本人的财产作出代为处分或同意的意思表示。代理权的职权范围仅限于财产方面的代理，不能为身份方面的代理。

台湾成年人监护制度也吸取了大陆法系在监护监督制度方面的长处。法院为监护人指定一名监护监督人，监督人通过向法院呈报财产清单的方式对监护人进行监督。如果监护人对本人财产的处分行为，对本人利益有重大影响（如购置或处分不动产、对本人居住的房屋或宅基地予以出租等行为），应经过法院许可才能生效。除了可以购买由政府发行或有金融机构负担保责任，安全性较高的有价

① 李昊：《大陆法系国家（地区）成年人监护制度改革简论》，载《环球法律评论》2013 年第 1 期。

证券，监护人不得以受监护人的财产进行投资。“新法”规定执行监护职务的必要费用由受监护人的财产负担。

2. 成年辅助制度

台湾地区改革后的成年人监护制度最大的进步在于增订辅助宣告制度。辅助宣告制度改变了原有的单级制禁治产宣告制度，使成年监护制度类型更具人性化，更符合老龄化社会发展和保护残障人士权利的要求。宣告辅助是指对于意思能力明显不足且尚未达到宣告监护程度的成年人，因其精神障碍或心智缺陷的状况轻微，而将其宣告为受辅助人。

辅助宣告的效果是受辅助人原则上具有完全的行为能力，但其行为受到辅助人同意权的限制。由于受辅助人在辨识能力上的不足，为保护其利益不受损害，仅在特定的事项或重要财产上（如财产继承或一定数额以上的经济行为）需要经过辅助人同意。对于应经辅助人同意的行为，受辅助人所为的单独行为无效，契约行为效力待定。但受辅助人所为的纯获利益的行为或日常生活所必需的行为，无须经过辅助人同意即可施行。

此外，法院对辅助人与受辅助人的意见相冲突的情况下，拥有最终的裁量权。对应经辅助人同意之行为，若对受辅助人的利益将不致产生损害，而辅助人仍不为同意时，受辅助人向法院申请法院许可后为之。监护与辅助制度之间可相互转换，辅助制度的增设弥补了原禁治产制度一律剥夺监护人行为能力的不合理性，并对健康状况逐渐衰退的老年人权益有积极的保护意义。

第三节　英美法系老年人监护制度的立法发展

为了适应老龄化社会的要求，从 20 世纪 50 年代开始，美国、英国、加拿大等国相继对本国的成年人监护制度进行了改革，废除了完全监护的法律制度，并在尊重高龄人的自我决定权的基础上确立了持续性代理权授予制度。

一、美国成年人监护制度的改革

虽然美国的成年人监护制度建立在英国成年人监护制度基础之上，但在满足老年人特殊监护需求的立法改革方面却走在了英国之先。美国的成年人监护制度根据本人是否同意分为法定监护和意定监护两大类。下文将对美国的法定监护和持续代理权授予制度分别进行介绍。

（一）法定监护制度

美国的法定监护制度是指在非紧急的状况下，由需要受监护和受保护的利害关系人进行申请，法院接受申请后依据法定程序对本人的行为能力进行评估，然后为其任命监护人的制度。自 1988 年以来，美国各州先后进行了成年监护制度的改革。美国成年监护制度由《示范遗嘱检验法典》《示范持续性代理权法》《示范老年法》《联邦社会保障法》《精神保健法》和各州法组成老年监护的基本法律体系。

1. 法定监护制度遵循必要性原则

必要性原则也称为有限监护原则。1969 年美国示范法全国委员会制定并于 1982 年修订的《示范遗嘱检验法典》（Uniform Probate Code），增加了有关“有限监护”的规定。该原则要求：只有在必要时才能为成年人指定监护人或保护人。[①] 美国法院视老年人监护为最后的一道防线，申请人必须阐明拟受监护之人没有其他可替代的方式。美国的法律体系为保护老年人的权益提供了其他可供选择的方案，包括生前信托（living trust），指老年人可以将其经济方面的事务委托给他人处理；代理收款（representative payeeship），老年人可以委托他人代为管理来自政府的福利收入；代理授权（power of attorney），老年人可以委托他人代理自身行使权利；备用监护（standby guardianship），老年人可以指定他人作为备用监护人，在老年人丧失能力时照顾自己的生活。因此，在法院受理监护申请时，需要申请人阐明申请理由，并且没有其他可供选择或可替代监护的方式。此外，监护制度只能在老年人以及受监护的成年人的行为损害自身或他人利益时，才能限制受监护人的行为自由。因此，美国的监护制度最大限度地保障受监护的成年人的人身和财产自由。

2. 法定监护制度的内容

美国成年监护法的保护对象是：无能力及能力欠缺的成年人，主要指因为心理疾病、心智低下、身体疾病、高龄或者其他导致其缺乏足够理解能力的成年人。美国成年人监护对象范围宽广，为老年人监护提供了制度保障。弗吉尼亚州

---

① David M. English. *Amending the Uniform Guardianship and Protective Proceedings Act to Implement the Standards and Recommendations of the Third National Guardianship Summit*, *Naela Journal* 12 (2016): 33.（大卫·英格利希：《修改〈美国统一监护和保护程序法〉以实施全美第三届监护峰会的标准和建议》，载《全国老年人法律师学会杂志》2016 年第 12 期，第 33 页。）

的《成人监护改革法》规定无能力的成年人可以被监护，将需要监护的成年人的无能力定义为：缺乏接受或者接受信息的能力，或者对公众、环境等事务缺乏反应能力，以至于缺乏监护人的监督和保护，他将不能保护自身的人身、健康与安全，也无法处理自己的财产与经济事务。美国监护制度对成年人需要监护的标准主要采纳了功能性的判断标准，而不是简单的医学标准，是近年来美国成年示范监护制度的一大进步。

广义的成年人监护制度是管理和保护被监护人的人身和财产方面的权益。根据《示范遗嘱检验法典》规定，由法院指定“监护人”，负责个人护理事项；由法院指定“保护人”，负责管理财产。各州为了尊重对被监护人的人权，在立法语言上也逐渐以“受监护人”或“受保护人”替代原“受监护病人”或“无民事行为能力人”等歧视性词语。①

监护人在医疗保健、住宅、财务等方面对被监护人的人身和财产有监护责任。监护人作出任何的监护决定都须遵循“以人为本”的原则，最大化地尊重被监护人的意愿，同时最小限度地限制被监护人的行为自由和自主决策权。

3. 老年人监护制度的程序

近 20 年来，美国非常重视老年人监护制度的程序保护方面的改革。为了配合扩大被监护人的范围的实体法的规定，并减少对被监护的成年人包括老年人的歧视，美国法律在程序方面落实对被监护人的权利保障。

在程序方面的改革首先表现为通过人性化的行为能力评定标准，摈弃单纯的临床医学标准，倾向于采纳认知能力的社会“功能性”标准。美国老年人监护的行为能力评估主要是在美国律师协会中的老年与法律委员会以及美国心理协会指导下进行的。根据美国《示范监护和保护程序法令》的规定，对老年人监护的行为能力评估的人员必须包括一名医师、心理学家和其他由法院授权参与评价的职业者。美国大多数州的法律都规定监护行为能力评估专家必须至少有一名心理学家，其他的评估专家包括医师、精神病学家、社会工作者、护士以及其他有资格的职业者。其中，在老年人监护评估中起主导作用的是心理学家。建立对老年人行为能力综合性、多学科的评价团队旨在对老年人的行为能力进行人性化、社会化的评估，最大可能地尊重老年人自身的认知能力和自我决策能力，而非仅限于根据生理或精神的简单临床诊断对老年人的行为能力进行判断。

---

① ［美］大卫·英格利希：《修改中的美国成年人监护法律制度》，周贤日译，载《温州大学学报（社会科学版）》2016 年第 1 期。

其次，在程序方面由老年人的家庭成员、社会服务代理机构、成年人保护机构向老年人办公室申请就老年人行为能力进行评估。老年人委员会收到老年人办公室提交的申请后，由该部门的心理学专家对被申请人进行事先的预备评估工作。对被申请人行为能力的预备评估的考量范围非常广，如对被申请人接受医疗同意能力、理财能力、立遗嘱能力、驾驶能力、独自居住的能力等进行评估。评估行为能力主要通过心理学家与被申请人面对面的方式进行，同时也有可能邀请医生、精神病学家参与。

此外，法院在对老年人监护制度的监督方面也起着重要作用。以加利福尼亚州为例，法院在接受老年人监护的申请后，就监护申请事宜通知老年人及其亲属。法院须对监护的必要性进行审查，即对是否存在其他可替代监护的方式进行审查。最后，法院通过听证方式决定老年人是否具有照顾自身的行为能力，以决定是否准予监护申请。

（二）持续代理权授予制度

与大陆法系意定监护制度相对应，英美法系的持续性代理制度的创设目的亦在于尊重需要监护的成年人在监护制度中的自我决定权，弥补法定监护中的强制性和他治的制度缺陷。持续代理制度突破了普通法代理制度的传统，不同于普通代理协议，持续性代理权协议在本人意思能力衰退或丧失时仍继续有效，不以被代理人或被监护人的行为能力的减损而使代理关系终止。

1954 年，美国弗吉尼亚州成为世界上第一个通过有关持续性代理立法的地区。1969 年，美国示范法全国委员会通过《示范遗嘱检验法典》建立了持续性代理制度。1979 年，在《示范遗嘱检验法典》的基础上制定了《示范持续性代理权法》（Durable Power of Attorney Act）。到 20 世纪 80 年代中期，美国 50 个州通过成文法确立了持续性代理权制度。《示范持续性代理权法》第一条规定：持续性代理权指本人以书面形式指定代理人，该代理人的代理权不受本人无意思能力、精神障碍的影响。除非指定了结束时间，当本人无意思能力时该代理权开始生效，代理权的效力自设立开始，不受时间限制。授予持续性代理权允许本人在意思健全时，选任自己可信赖之人在本人未来可能失去意思能力的情况下，为本人的持续性代理人。配偶、亲属、朋友、一些非营利性代理机构等可担任持续性代理人，本人与代理人签订持续性代理协议可以是持续性财产性授权代理或者持续性健康护理授权代理。当本人意思能力丧失或衰退时，持续性代理协议生效，授权代理人代理本人处理有关财务、法律，或者健康护理方面的事务。在本人意思能力健全时，可随时撤销该授权。

2007 年实施的《示范代理权法》（Uniform Power of Attorney Act）替代了《示范持续性代理权法》。《示范代理权法》的立法目的在于保护代理关系中本人或委托人的自主决定权以及保障本人的最佳利益，并通过详细的规定在两个目标原则之间进行平衡。该法案为了充分保护委托人的自主选择权，并没有对代理授权范围进行明确的限定，而是创设了弹性的代理授权制度。弹性代理授权制度允许协议当事人选择适用法定的授权内容或约定的授权内容。法案将委托人的合理期望置于首要地位，在委托人的合理期望与其最佳利益发生矛盾时，前者优于后者受到法律保护。在充分地尊重委托人的自我决定权的同时，通过限制代理人超越授权范围的交易行为、自我交易以及与委托人期望相反等交易行为，实现对委托人利益的保护。

二、英国成年人监护制度的改革

自“二战”结束后，英国社会的稳定发展推动了经济的增长。国民生活水平的提高和医疗卫生事业的发展使老年人口数量不断提高。1985 年英国 65 岁以上的老年人已达总人口的 15%，截至 2010 年 65 岁以上的老年人口数量达 1030 万人，占总人口的 17%。[①] 面对人口老龄化的社会现实，英国对成年人监护制度进行了改革，通过了《英国精神健康法》（1983 年）、《持续性代理权授予法》（1985 年）、《英国老年法》（2003 年）以及《意思能力法》（2005 年）等一系列立法，使成年人监护制度以及老年人监护制度得以完善。

英国由《英国精神健康法》和《英国老年法》规范成年人监护制度。法定监护主要对精神障碍成年人包括老年人进行监护。《英国精神健康法》规定：由法院和公共信托局对精神障碍者的财产进行管理。精神障碍者的人身权益由保护法院（court of protection）行使。英国为了适应老龄化社会的要求，在尊重老年人的自主决定权的基础上，对意定监护制度方面进行了全面的改革。

（一）《持续性代理权授予法》：持续代理权制度的建立

1986 年实施的《持续性代理权授予法》（Enduring Powers of Attorney Act）首次突破从中世纪英格兰判例法产生的“代理权授予者的意思能力丧失则代理权当然失效”的普通法原则。持续性代理权制度的确立使得代理人仍可持续享有代理

① 王玲、张红、苗润莲：《英国老龄化问题及应对措施》，载《管理观察》2015 年第 24 期。

权。依据《持续性代理权授予法》，持续性代理权制度是指本人在有意思能力时，可以预先选定年满 18 岁的自然人或信托公司为代理人，并通过书面形式与受托人签订代理契约，一旦本人丧失意思能力，则由该代理人依据契约向英国保护法院申请登记，代理协议经法院登记而发生效力的制度。

《持续性代理权授予法》对代理人的条件，持续性代理权的范围，授予持续性代理权协议的形式，授予代理权的程序等方面都进行了详细的规定。首先，在代理人的条件方面规定代理人可是年满 18 周岁并未受破产宣告的自然人或者信托公司。本人可选任复数代理人，被选任的复数代理人应为共同代理或连带代理。共同代理人之间可以相互监督，连带代理人均可单独代理本人。其次，为了防止代理人滥用代理权，持续代理权协议必须以书面形式签订。再次，法律规定持续性代理权的范围只限于财产管理方面，并不涉及人身代理事项。最后，持续代理权授予协议须由法院登记并经过通知和异议程序后方能生效。在本人丧失意思能力时，由授权代理人向法院申请代理权的登记。代理人在申请登记之前，须通知本人及其亲属。由法院对本人和亲属持的异议进行审查。在无异议或者异议被法院驳回的情况下，法院对持续性代理权协议进行登记。此时，持续性代理权方能生效，代理人自此拥有代理权。

然而，《持续性代理权授予法》在实施的过程中出现了一些问题。调查数据显示，经法院登记授权代理生效的案件仅占申请案件的五分之一，[①] 与持续性授权代理制度尊重本人的自我决定权宗旨相违背。另外，持续性授权代理制度建立之初只局限于财产代理权，使得该制度不能全面保障本人的人身和财产权益。

（二）《意思能力法》：持久性代理权制度的完善

基于《持续性代理权授予法》的局限性，英国于 2005 年制定了《意思能力法》（Mental Capacity Act），该法在以下几个方面对持续代理制度进行了完善：

1. 确立了判断行为能力的标准

《意思能力法》确立了清晰的标准以判断持续性代理委托人是否具有行为能力。该判断标准分为两个步骤：第一步是判断委托人大脑是否受到损坏或冲击，以致影响委托人的正常思维判断能力。如果答案是确定的，则进入第二步的测试，即委托人的大脑受损是否达到委托人在适当的时候作出适当决定的程度。因此，判断委托人的行为能力主要看思维判断能力与作出决定的能力。该标准以委

① 李玲君：《我国老年人监护制度的法律构建》，甘肃政法学院 2012 年硕士学位论文，第 15 页。

托人客观行为表现为标准，而非以医学临床诊断结论为标准，更能体现新法的灵活性和人性化。

2. 确立了几项基本原则

《意思能力法》以尊重委托人的自我决定权和最大利益保护原则为核心，确定了五项基本原则作为持续性代理制度的基石。第一，意思能力推定原则。除非有相反证明，立法假定成年人具有意思能力。第二，决定能力推定原则。除非在各种方法都用尽的情况下，一般不能推定成年人不具备决定能力。第三，尊重不明智行为原则。每个人都有权作出在别人看来不明智或奇怪的决定。不能仅凭一次愚蠢的决定就判断某人没有行为能力。第四，最佳利益原则。意思能力欠缺者的代理人必须为被代理人的最佳利益进行代理行为或作出决定。第五，最少限制原则。丧失行为能力的代理人或受托人应当以最小限制委托人的基本权利和自由的方式保护其权益。立法的目的是在保护行为能力有缺陷的人的同时，帮助他们尽可能地参与对自身权益有影响的决定。上述五项原则中以第四项“最佳利益”原则为核心。

（1）创设了持久性代理权制度

《意思能力法》第九条创设的“持久性代理”（lasting powers of attorney）明确规定将代理授权范围扩大到财产权代理以外的权益方面，包括医疗行为及生活照护方面的意思决定。相对以前的持续性代理权（enduring powers of attorney）制度，不仅在代理权范围方面有所扩充，持久性代理权制度更加强了防止受托人对委托人或被监护人进行经济剥削的强制性规范。

（2）创设了保护法院和公共监护负责人

《意思能力法》第二章专门对保护法院和公共监护负责人进行了规定。公共监护负责人由大法官任命，其薪酬由大法官决定并由议会支付，大法官还可以根据需要为公共监护负责人配备工作人员。公共监护负责人的主要职责包括对持久性授权进行登记管理；接受持久性代理权的代理人以及法院任命的助理的报告；就《意思能力法》所规定的程序性事项向法院汇报。保护法院有权要求公共监护负责人或保护法院巡督员对其进行汇报，汇报应当涉及持久性代理权委托人的事宜。《意思能力法》加强了持久代理制度的公共监督职能，通过公共监护负责人和保护法院两级监督体系加强了对持久性代理权委托人的权益保护。该监督体系尤其有利于认知能力逐渐衰退的老年人权益的保护。

然而，《意思能力法》仍然存在一些局限性：首先，在费用方面相对昂贵，创设程序相对复杂。其次，持久性代理权一经登记即发生效力，无须通知他人，不利于其他亲属朋友对委托人利益的监督保护。最后，因为代理人在接受代理权之前必须被告知《意思能力法》的相关规定和行为规则，致使一些代理人因为对监护责任存有担忧而不愿意担任代理人。

第四节　我国老年人监护制度的发展和完善

一、我国老年人监护制度的沿革

（一）我国老年人监护制度的发展

在我国古代宗法制度的影响下，家长制的存在要求家庭成员服从家长的权力管控，未形成监护制度。除非极端例外的情况，存在将未成年人托付他人收养的托孤现象。但对于成年精神或身体障碍者，并不存在特别的监护制度。直到清王朝末年制定的《大清民律草案》，在继受德国、日本立法经验的基础上，在第四编亲属编部分对成年人监护制度有所规定，在成年人受禁治产宣告时，设置监护人；在成年人受准禁治产宣告时，设置保佐人。同时，规定亲属会议对监护人、保佐人的监护行为进行协助、监督。虽然《大清民律草案》最终因为清王朝覆灭未施行，但却成为我国成年人监护制度的发端，并对我国后来的立法有深远的影响。

1930年国民党政府颁布的《中华民国民法》的亲属编中将监护分为不在亲权下的监护和禁治产的监护。对无民事行为或限制行为能力的成年人设置监护人，并没有根据行为能力欠缺的程度分别设立监护和保佐。此外，此时的成年人监护制度将亲属会议作为监护机关。成年人监护制度仍然带有比较强的家庭和亲属的色彩。由于该法存在的局限性，我国台湾地区对成年人监护制度进行了多次修改，以适应老年化社会的需求。

1949年新中国成立之后，通过1950年《婚姻法》和1980年《婚姻法》确立了有关父母子女之间的扶养制度，但缺乏监护制度的体系化规定。直到1986年颁布的《民法通则》对监护制度进行明确规定，辅之以1988年《最高人民法院关于贯彻执行〈中华人民共和国民法通则〉若干问题的意见（试行）》的司法解释规定，成年人监护制度得以初步确立。《民法通则》在有关公民的第二章

第二节对成年人监护作了原则性规定，如成年人监护的对象是无民事行为能力或限制民事行为的精神病人（司法解释增加痴呆病人作为被监护成年人的规定），成年监护人主要是其近亲属、关系密切的其他亲属、朋友、精神病人所在单位或住所地的居民委员会、村民委员会或民政部门；监护人的职责是保护被监护人的人身、财产及其他合法权益，以及失职时承担责任等。《民法通则》有关监护制度的规定侧重对未成年人监护制度的规范，较少涉及成年人监护制度，特别是缺乏意定成年监护制度，缺乏针对老年人特殊监护需求的身心方面的监护规范。此外，我国《老年人权益保障法》中也对意定监护等老年人监护作了原则性的规定。然而，有关老年人监护制度的规定仍然不能适应老龄化社会的需求。

（二）我国老年人监护制度的现状

为了满足老龄化社会的要求，我国现行《民法典》相对于《民法通则》增设了有关尊重老年人的监护需要的相关规定，对设立和完善老年人监护制度迈出了开创性的一步。相对于《民法通则》的规定，《民法典》在与老年人监护有关的成年人监护制度方面有如下改进：

第一，《民法典》对被监护的成年人从精神病人的范围扩大到“无民事行为能力与限制民事行为能力的成年人”，相对于以前不仅在立法语言上减少了对精神障碍者的歧视，也扩大了被监护成年人的范围。同时，对无民事行为能力人和限制民事行为能力人的界定从“精神病人”扩大到不能辨认自己行为的成年人和不能完全辨认自己行为的成年人。此规定为精神病患者以外的老年人提供了受监护的法律规范。

第二，《民法典》明确规定了无民事行为能力与限制民事行为能力的成年人的监护人范围。将《民法通则》中“关系密切的其他亲属、朋友愿意承担监护责任、经精神病人的所在单位或者住所地的居民委员会、村民委员会同意”改为“其他愿意担任监护人的个人或组织”，一方面在立法语言上更加规范，另一方面增加了组织机构担任监护人的可能性。此规定也为养老机构等社会组织作为监护人打开了大门。

第三，《民法典》规定在不具备监护资格的人时，由民政部门担任。取消了原法律规定中由成年精神病人所在单位或者住所地的居民委员会、村民委员会在没有监护人时担任监护人的规定。新规定更适合市场经济下人才流动的要求，也对那些没有单位的成年人更有利。通过拓宽监护人的范围，“构建了家庭监护为基础、社会监护为补充，国家监护作为兜底的监护制度”。[①] 此规定为那些没有单位归属或无人监护的老人提供了公权力机关充当监护人的坚强后盾。

第四，针对成年人增加了意定监护制度。将意定监护界定为成年人在具有完全民事能力时，可以与其近亲属、其他愿意担任监护人的个人或者组织以书面形式协商，事先确定自己的监护人。在该成年人全部丧失或者部分丧失民事行为能力时，协商确定的监护人履行监护职责。意定监护的确立对老年人尤为有益，符合老年人的意思能力往往是随着年龄的增长逐渐衰退的特征。意定监护制度充分尊重了老年人在意思能力尚未衰减之前的意思自治，是集中体现老年人作为被监护人的自我决定权的核心内容。

第五，明确规定了监护人的职责范围为代理被监护人实施民事法律行为，保护被监护人的人身、财产权利以及其他合法权益。同时，明确监护人在履行职责时也享有法律保护的权利。此外，明确规定监护人不履行监护职责或者侵害被监护人合法权益时，应当承担法律责任。此规定很大程度地在保护老年人权益的同时，防止老年人权益被侵害的情形发生。

第六，明确规定了监护人履行职责的原则和要求。《民法典》将最有利于被监护人原则置于监护人履行职责的原则之首。要求监护人除为了维护被监护人利益外，不得处分被监护人的财产。新规定特别针对成年人监护制度，规定了监护人应最大限度地尊重被监护人的真实意愿，监护人不得干涉被监护人有能力独立处理的事务。该条规定也符合老年人作为被监护人存有的意思能力，在保护作为被监护人的老年人最佳利益的同时，最大限度地尊重被监护人的意愿，使《民法典》体现了现代监护制度以被监护人为中心的理念。

纵观我国监护制度的发展历程，成年人监护制度也体现了由“为家之监护”的宗法家族法转移到“为被监护人之监护”的个人监护法。我国《民法典》有关成年人监护制度的新规定，从某种程度上满足了老年人监护制度的特殊性。同时，使私法上的监护制度更带有国家监护的成分，与公权力介入老年人监护制度的国际立法趋势相一致。

二、我国老年人监护制度的完善

（一）完善我国老年人监护制度的必要性

在国际人权观念的渗透和老龄化社会的影响下，世界各国开始对成年人监护

① 李适时主编：《中华人民共和国民法总则释义》，法律出版社 2017 年版，第 76 页。

制度进行改革，力图使成年人监护制度为精神障碍以及老年身心障碍者提供制度保障。在完善我国的老年人监护制度时，需将制度的改革建立在我国当今社会现实的基础上。

1. 高龄化社会背景下老年人身心健康状况提出的要求

我国从1999年进入老龄化社会以来，老龄化速度加快，到2016年60岁以上的老年人占人口总数的16.7%，65岁以上的老年人占人口总数的10.8%，已经达到联合国对高龄化社会的界定标准。① 由于我国人口基数大与生育率低的社会影响，仅用18年时间就完成了高龄化的进程。高龄化速度加快，经济发展和社会发展尚未为老年人的权益保障体系做好准备，可以说我国社会的老龄化呈现出未富先老、未备先老的特点。

随着高龄人口逐年增长，失能和半失能的老年人数量也在上升。老年人易患的疾病也在逐渐增长，如帕金森综合征、阿尔茨海默病等病症随着老年人年龄的增长逐渐提高。② 除了患精神病的老年人，多数老年人可能会因为身体的残障，无法亲自进行一些必要的行为。根据第二次全国残疾人抽样调查结果可看出，老年人在生理方面的残障比例较高，听力、语言残障的比例最高（36.6%），其次是肢体残障（23.7%），再次是视力残障（19.4%）和多重残障（17.2%），而智力和精神残障的比例偏低。③ 可见我国多数老年人尚不欠缺意思能力，但是由于生理原因可能陷入无法正常生活和进行民事行为的困境。因此，高龄化社会的背景下，老年人对监护制度的需求是多样化的，除了精神、心理障碍原因需要监护制度的保护外，在生理上也需要法律制度的辅助。

2. 家庭养老功能弱化，空巢老人增多

当今社会家庭结构以小型化、核心化的家庭为主，少子化使得长期照料老年人的人力资源弱化。在城市，交通便利使得劳动力流动频繁；在农村，随着年轻劳动力向城市移转，使得城市和农村的空巢老人数量急剧上升。全国老年办2011年《中国城乡人口状况追踪调查研究报告》表明我国的城市空巢老人占49.7%，

---

① “高龄化社会”最早出现在1956年联合国报告书中，以联合国发表的65岁以上老年人口占总人口的7%以上为认定标准。

② 如帕金森综合征一般在50岁到60岁开始发病，60岁发病率约1‰，70岁发病率为3‰到5‰。在60岁到80岁之间老年痴呆症的发病率为4%，而80岁以上的发病率估计在20%到40%。

③ 仇雨临、梁金刚：《我国老年残疾人口生活护理及康复体系构建研究》，载《西北大学学报（哲学社会科学版）》2011年第6期。

农村空巢老人占 38.3%。[①] 家庭养老的传统被人口流动与城乡二元化的格局打破，导致许多老年人面临养老危机。虽然我国法律规定子女对父母有赡养义务，但赡养的前提依然是父母无劳动能力或生活困难需要赡养，子女履行赡养义务的形式主要是给付赡养费用。相对于监护制度，赡养制度不能充分保障老年人的人身和财产权益。此外，《老年人权益保障法》所规定的与老年人分开居住的家庭成员应经常看望或者问候老年人，因为缺乏现实操作性，成为倡导性的软法。因此，监护制度应当承担起对缺少家庭养老的老年人的多样化监护需求，必要时应当大力发展社会组织和公权力机关作为监护人，使需要监护的老年人没有后顾之忧。

（二）我国老年人监护制度的完善

虽然《民法典》在成年监护制度方面较之《民法通则》的规定有所完善，但现行规定仍然缺乏针对老年人监护制度特别规范。在高龄化社会的大背景下，只有建立更加完善的老年人监护制度的立法规范，才能适应社会发展的需求。

1. 老年人监护制度的立法体例再思考

传统大陆法系习惯将成年监护制度置于亲属编进行详细规定。《德国民法典》在家庭编第三章中专节对成年人照管进行了规定。《日本民法典》在总则部分对成年人监护进行了基本规定，在第四编亲属法中以专节的形式对后见、保佐和辅助进行了详细的规定，并对成年监护关系中的权利、义务、责任与监护监督等具体制度内容进行了规定。

一方面，大陆法系国家立法改革倾向于使监护制度与传统的行为能力制度脱钩。如日本在废除禁治产制度后，取消了“无能力”的划分，成年人的行为能力只有完全民事行为能力和限制民事行为能力两种类型。另一方面，对成年人的监护制度却根据成年人因精神障碍所产生的事理判断能力的程度划分为监护、保佐和辅助。德国对成年人监护根据个案来判断是否适用照护。大陆法系的监护类型不再根据行为能力的分类进行划分。

我国《民法典》仍然将监护制度归入民事主体的自然人相关内容中，将监护制度与民事主体的行为能力相关联，将监护制度作为对无民事行为能力与限制民事行为能力人的监督与保护。如《民法典》第二十八条规定：“无民事行为能力或者限制民事行为能力的成年人，由下列有监护能力的人按顺序担任监护

---

① 石会：《老年人监护制度研究》，西北大学 2013 年硕士学位论文，第 5 页。

人……”我国仍然把监护制度包括成年监护制度仅仅视为行为能力制度的补充，已经与现代监护制度的发展趋势相背离。但是考虑到我国立法历史，可以借鉴日本在民法典总则中对监护制度进行原则性规定，在亲属法中对监护制度进行详细规定。虽然现代监护制度已经突破了传统亲属的范围，但是不可否认亲属仍然是与被监护人利害关系最密切的人。另外，我国现行婚姻法也遵循对老年人权益的保障原则，为未来民法典在亲属编中对涉及老年人的成年监护制度进行规定奠定了基础。

2. 老年人监护制度的立法理念

《民法典》第三十五条对成年人的监护人履行职责应遵循的原则进行了规定，使成年人监护制度遵循最有利于被监护人的原则；最大程度地尊重被监护人的真实意愿原则；保障并协助被监护人实施与其智力、精神健康状况相适应的民事法律行为；对被监护人有能力独立处理的事务，监护人不得干涉。这几项原则已为老年人监护制度的立法完善奠定了基础。结合国际人权理念和世界各国在老年人监护制度方面所做的开创性立法，建议将来在完善有关老年人监护制度方面的立法应当遵循如下理念：

第一，正常生活化理念。被监护人在传统监护制度中被视为“特殊的人”，不仅禁止其处理其自身的财产，其行为自由和参与日常生活的权利也被剥夺。正常生活化（normalization）理念是丹麦一位智力残障者的父母在社会活动中提出并倡导的理念，概念的核心内容是：不应当将身心残障人士看作“特殊群体”，而使他们过着与世隔绝的生活。相反，应当让他们与普通人一样，过着正常的生活。该理念的本质在于消除对身心残障者的歧视，并使身心残障人士在心理上认为自己与普通人一样，有权过与普通人一样的生活。在过去半个世纪里，该理念受到许多国家的认可，同时对成年人监护制度产生了巨大的冲击。老年人随着年龄的增长，身心健康状况逐渐衰退，失能概率也随之上升。然而，生理机能的衰退是大多数老年人的必经阶段，因此失能或半失能老年人虽然需要监护制度的辅助，但是其正常生活化的要求不能被忽视。

反观我国立法，《民法典》只规定了受监护的限制民事行为能力的成年人可以独立实施纯获利益的民事法律行为或者与其智力、精神健康状况相适应的民事法律行为。《民法典》第一百四十四条规定：“无民事行为能力人实施的民事法律行为无效”。现行立法没有规定无民事行为能力的成年人仍然可以从事与其日常生活密切相关的事务，包括一些自身能够独立进行的小额交易行为等。因此，建议立法将正常生活化理念体现到具体的法律规定之中，如对老年人有益的监护制度不必建立在剥夺或限制老年人民事行为能力的基础上，而依据老年人的需要为其设立适合的监护制度，并尽可能地保障身心残障的老年人进行正常生活。

第二，尊重自我决定权理念。该理念建立在现代精神病学的基础上，认为真正完全丧失自我决定权的人很少。虽然被监护人因为某种程度身心残障需要他人或者其他组织的辅助和照管，但现代监护制度应当最大程度地尊重被监护的成年人所拥有的自我决定权。该理念也是反对立法父权主义思想，使监护制度的“他治”理念向“自治”理念转变。特别是对于意思能力逐渐衰退的老年人，在需要监护制度保护其权益的同时，通常还具有不同程度的正常的意思能力。因此，老年人监护制度尤其应该遵循该理念。

《民法典》所规定的“最大程度地尊重被监护人的真实意愿”也可以说是尊重被监护人自我决定权的体现，也是民法尊重意思自治原则的体现。但是，各国立法都通过成年人监护制度中的具体规定将该理念细化和具体化。比如德国民法规定如果被照管人已有亲属、朋友对其进行照顾，或者自己已经选任了意定照管人，使被照管人能受到与法定照管人同等程度的照管，则应该尊重被照管人的意愿，不能为其强行选任法定照管人。日本民法对于成年人辅助的法律规定中，可以由辅助或被辅助的本人来确定需要辅助（同意或代理）的特定行为的范围，即被辅助的人在决定被辅助的事项方面有自我决定权。美国的必要性原则本质上也是对被监护人自我决定权的尊重。在美国，老年人监护是没有其他可替代的方式（如信托等方式）的情况下的最后一道防线。因此，尊重被监护的成年人的自我决定权，对那些意思能力尚未完全丧失，但是却需要他人辅助的老年人尤为重要。

第三，保障被监护人的最佳利益。该原则不仅要求被监护人以为被监护人谋求最大利益为行为宗旨，同时要求在决定本人是否需要监护，监护人的选任、监护人的数量、监护人的职责范围、行使监护职责的方式或时间等事项时，应当充分考虑被监护人的利益，最大限度地维护被监护人的利益的同时，使其利益受到最少的损害。

美国在完善老年人监护制度的过程中专门对如何平衡保护被监护人的最佳利益和被监护人的自我决定权原则方面值得我国立法所借鉴。《统一代理权法》在创设弹性代理授权制度的同时，将监护委托人的合理期望标准置于其最佳利益标准之上。即使客观上受托人认为其代理行为是为了委托人的最佳利益，但却违背了委托人的意愿，则监护委托人的自我决定权仍然优于其自身的最佳利益。

3. 老年人监护制度内容的完善

完善老年人监护制度需要在我国《民法典》所规定成年监护制度基础之上，根据老年人的权益和主体的特殊性，在监护制度具体内容方面有所变化，以满足老年人作为被监护人的特殊需求。

第一，改变现有的无民事行为能力和限制民事行为能力的二元划分方法，建立更灵活和更具弹性的监护制度。如可以借鉴日本的三级监护制度。日本面临老年化社会的挑战，设计了三级监护制度以满足因为精神障碍导致不同程度的事理辨识能力丧失或不足的成年人的需要，尤其满足了老年人意思能力的丧失呈渐进状态的多层次需求。我国可以借鉴日本成年人监护制度中人性化的设计，根据意思能力欠缺程度不同的要求将监护制度分为监护、保佐和辅助。

监护适用于经常性不具备基本辨识能力、决定能力和行为能力的人。对被监护人的民事法律行为主要采取代理的方式。但是仍然允许被监护人在日常生活中独立进行一些小额交易行为或者其能够理解的行为。经常性不具备基本辨识能力、决定能力和行为能力的老年人可以使用监护。

保佐是对辨识能力、决定能力和行为能力明显不足，但相对被监护的人的精神或智力障碍程度较轻，仅需要他人对其行为的决定事先同意、事后追认或事后撤销，而无须保佐人直接代理的制度。保佐通常仅限于对被保佐人有重大影响的民事法律行为进行同意或追认，如处分不动产等重大财产；拒绝他人赠与或者放弃遗赠；诉讼及分割遗产等行为。受保佐人仍然可以独立进行有关日常生活的行为。

辅助是针对轻微程度的身心障碍者设立的。受辅助人的辨识能力、决定能力和行为能力尚未达到受保佐人的明显不足的程度。因为上述各种能力的轻微障碍，需要他人辅助作出决定或民事行为。因为受辅助人往往具备基本的意思能力和行为能力，仅在特定事项方面需要辅助人的帮扶。具体需要受辅助的特定行为范围由辅助人或受辅助人决定，在对需要辅助的行为范围有争议的，根据本人、辅助人或辅助监督人的申请由人民法院裁决。辅助制度对意思能力逐渐衰退的老年人尤为重要。在老年人具有基本判断能力，但是在一些复杂事项或一些特定行为方面需要他人辅助才能完成的情况下，辅助制度既尊重了老年人自身的决定权，又使受辅助人在辅助人的帮扶之下完成其不能独立完成的行为。

辅助制度可以借鉴加拿大艾伯达省的成年监护制度，将辅助分为援助型辅助和共同决定型辅助。援助型辅助人没有权利直接对被辅助人的事务作出决定，只能帮助被辅助人作出决定，或者帮助被辅助人与相对人沟通。而共同决定型辅助则允许辅助人与被辅助人共同做出决定。虽然加拿大艾伯达省的辅助制度只限于对被辅助人的人身事务进行决定，但是我们在立法时可以将辅助制度的适用范围拓宽至被辅助人财产权益方面，借鉴这种灵活性和人性化的决策机制，根据被辅助人的意思能力和行为能力的障碍程度为被辅助人提供多重选择。

第二，扩大被监护人的范围。各国对被监护人范围的规定有所区别，如日本只将精神障碍者列为被监护对象的范围；德国将被监护对象扩大到精神、智力、身体障碍者的范围。我国《民法典》将被监护的成年人根据其智力、精神状况划分为限制民事行为能力人和无民事行为能力人，仅局限于精神障碍者和智力障碍者，然而许多身体功能残障或心理问题导致意思能力有欠缺的成年人，尤其意思能力和行为能力逐渐衰退的老年人非常需要监护制度的保护和辅助。在梁慧星教授主持的《民法典草案建议稿》对可以使用监护的成年人的范围界定为“因精神、智力、身体障碍而不能处理自己事务”的成年人。遗憾的是，现行立法并没有考虑到老年人的多样化需求。因此，今后的立法完善应该考虑拓宽被监护的老年人的范围，制定出集保护与辅助等更灵活的老年人监护制度，以满足老年人的多样化的身心障碍需求。

第三，完善监护人的选任和资格。《民法典》对监护人的范围的规定较之《民法通则》的规定更加有利于被监护人的利益保障。如把“其他关系密切的亲属、朋友”修改为“其他近亲属”与“其他愿意担任监护的个人或组织”，扩大了监护人的范围，尽量减少缺少监护人的情况，为社会机构担任老年人监护人提供了法律依据。但《民法典》第二十八条仍然规定了成年人监护人承担监护职责的顺序：（一）配偶；（二）父母、子女；（三）其他近亲属；（四）其他愿意担任监护人的个人或者组织。在老年人作为被监护人的情况下，规定其配偶作为第一顺序监护人，老年人的配偶很有可能也是高龄人，其健康状况往往使其不能胜任监护人的职责，不利于被监护人最佳利益的保护。因此，建议在老年人监护制度中，取消监护人顺序的规定，应当尊重仍有辨识能力的老年人，由其在监护人的范围内确定监护人选，被选定的监护人没有正当理由不能拒绝担任监护人。

为了保障被监护人的权益，立法应对监护人的资格进行规定。虽然《最高人民法院关于适用〈中华人民共和国民法典〉总则编若干问题的解释》第六条原则性地从“年龄、身心健康状况、经济条件等因素”对自然人的监护能力进行了规定，但仍然缺乏具体可操作的规范保障监护人具有真正的监护能力。建议立法从消极方面更具体地对监护人的任职资格进行限制。参考国外的立法经验以及我国的实际情况，建议立法规定具有下列情形的人不能担任监护人：无民事能力人或者限制民事行为能力人；年老或身体健康状态方面欠缺监护能力者；被判处有期徒刑正在接受刑事处罚者；担任两个以上被监护人的监护人者；有赌博、吸毒等不良嗜好者；在经济方面欠缺监护能力者；与被监护人有利害关系者；其他可能损害被监护人的利益的人不能担任监护人。

第四，完善监护人职责和权利。《民法典》第三十四条对监护人的职责和权利进行了规定。该条文规定监护人有两方面的职责：一是代理职责，即监护人代理被监护人实施相关的民事法律行为；二是保护职责，即监护人保护被监护人的人身权利、财产权利以及其他合法权益。如果监护人未履行监护职责或者履行过程中侵害被监护人合法权益都要承担法律责任。新法相对旧法虽然有所进步，但对监护人的具体职责范围的规定仍然有待完善。在完善老年人监护制度时，可借鉴其他国家和地区的立法，从以下几个方面对监护人的职责进行完善：

首先，应完善人身监护的内容。当今各国在完善成年人监护制度立法时，都倾向于重视人身监护方面的规范。我国在规定老年人监护人的职责时，应当对监护人（包括监护人、保佐人和辅助人）对老年人衣、食、住、行等日常生活方面给予关心和照顾，对老年人的医疗、健康护理等与老年人人身健康密切相关的权益进行保护。此外，人身监护还应当包含对老年人其他人身权方面的监护，如对老年人肖像权、隐私权、姓名权、名誉权等权益应当提供保护。监护人还需要对老年人的精神生活方面给予一定的关心和照顾。在老年人的人身行为方面，如收养、结婚、遗嘱等行为，应当最大限度地尊重老年人的自决权，除非老年人的健康状况使其不足以实施此类行为，监护人不应当对上述身份行为任意干涉。

其次，完善财产监护的内容。监护人有保护和管理被监护人财产的职责。监护人应当及时清点被监护人的财产并列出财产清单。财产清单应对财产的增加、减少等变化情况进行记录，登记造册并妥善管理。监护人除为被监护人的利益外，无权处分被监护人的财产。在被监护的老年人有一定的辨识能力和意思能力的情况下，应当最大限度地尊重被监护老年人的意愿。及时记录被监护人的生活费、医疗费以及因被监护人造成他人损害进行赔偿的费用等各项开支；及时记录被监护人的财产收益以及债权情况，并保存好收据、发票等单据，并及时记录于财产清单之中。因为被保护的老年人的智力、精神和身体健康状况因人而异，应当根据监护、保佐和辅助区分监护人、保佐人和辅助人不同的财产管理和处分职责。

再次，明确规定监护人可以代理被监护人进行相应的民事活动。保佐人拥有对被保佐的老年人所为的民事法律行为进行同意、追认或撤销的权利。辅助人有权辅助需要帮助的老年人进行相应的民事法律行为。监护人、保佐人和辅助人都有代理或辅助老年人进行诉讼行为的权利。

最后，监护人（包括监护人、保佐人和辅助人）不履行监护职责或侵害被监护人的合法权益时，应当承担责任；给被监护人造成财产损失的，应承担赔偿责任。法院可根据有关人员或组织的申请撤销其监护资格。

在规定监护人的权利时，《民法典》在三十四条第二款规定：监护人依法履行监护职责产生的权利，受法律保护。该条款仍然停留在比较原则性的规定的层面。建议新法赋予监护人（包括监护人、保佐人和辅助人）报酬请求权和辞任权。监护人可以要求从被监护人的财产中支付相应的报酬。该权利符合现代社会监护制度超越家庭成员或亲属范围的倾向，也符合现代成年人监护社会化的趋势。同时，可以规定监护人监护职责的期限，并赋予监护人合理的辞职权。如在监护职责期限届满、监护人客观经济条件、身心健康状况或地理条件发生变化的情况下，允许监护人有合法的辞任权。以此规定可以鼓励更多监护人积极承担对老年人的监护职责，使监护职责和权利和谐统一。

第五，完善意定监护制度。《民法典》为了满足人口老龄化趋势下老年人多样化的监护需求，制定了意定监护制度，体现了民法意思自治的精神，并在监护制度中最大限度地尊重了老年人的自我决定权。然而，现行法律只对意定监护的概念进行了基本的界定，在意定监护制度的可操作性方面还有待完善。首先，立法者应当厘清意定监护和法定监护的关系，明确规定意定监护的效力优先于法定监护。在有意定监护的情形下，不能强制实施法定监护制度。其次，加强对意定监护监督制度的完善。建议借鉴日本的意定监护制度，规定意定监护协议应当进行公证，并在民政部门进行登记方能生效。同时，规定意定监护人应当定期向民政部门或法院进行监护情况的报告，发挥公权力机关对意定监护协议的监督。此外，规定在被监护人部分或完全丧失辨识能力、决定能力和行为能力时，意定监护协议生效。因为意定监护协议的生效以被监护人精神、智力或身体方面的障碍发生而生效，必须在意定监护协议生效前安排相应的意定监护监督人。被监护人应当在意定监护协议中指定愿意承担监督职责的亲属、自然人或组织作为意定监护监督人。由意定监护监督人对意定监护人的监护行为进行监督。当意定监护人违反监护职责或者侵犯被监护人权益时，可以向法院申请撤销监护人的资格，并要求监护人承担赔偿责任。

第九章
老年人财产信托制度的法律构建

由于医药卫生进步，国民生活水平提升，我国公民平均寿命大幅延长，老年人的人口数增长快速，再加上目前我国的人口基数较大，我国已经成为世界上老年人口最多的国家。据联合国统计，到21世纪中期，中国将有近5亿人口超过60岁，而这个数字将超过美国人口总数。数据显示，目前中国80岁以上的高龄人口已接近2400万人，占整个老龄人口的11%。[①] 老年人随着年龄的增长，身体与心理功能逐渐衰退，存在意识混乱、失向感、行动障碍等问题，以及关节炎、帕金森、偏瘫、心血管等疾病也常伴随而来。一旦老年人的身心状况呈现以上不健康的情况，就会面临自行照料生活的困难。同时，老年人在财产管理运用上易遭他人诈骗、盗窃、冒领等侵害。为此，我国《宪法》对妇女、儿童、老人、华侨等特定主体的权利有特别的规定。其中，我国《老年人权益保障法》还专门规定了老年人对个人财产的权利。党的十八大以来，我国政府十分重视老年问题，党的十九大报告中更是提出要“坚持在发展中保障和改善民生，在幼有所育、学有所教，劳有所得、病有所医、老有所养、住有所居、弱有所扶上不断取得新进展”。其中，就“老有所养”来说，政府加强了对老年人生理、心理和财产权保护，为老年人提供多元化社会保障服务。之所以要对老年人进行特别保护，是因为如果人在生理上进入老年了，个体的心肺功能、平衡能力、柔韧性、情绪等身心功能状态也会下降，呈现与青年人的差异，其身心和财产易受不法侵害。

实践表明，老年人常常成为遭受财产侵权的高危人群。一旦老人财产或物质受剥削或滥用，老年人的经济生活将会遭受极大的危险。对此，随着信托业和银行等金融机构财富管理的高速发展，有一定财产基础的老年人，在心智健全时期通过法定程序将财产交付信托，由受托人以其专业能力运用，能有效管理老年人信托财产，以确实保障进入老年、心智减弱或者丧失状况下的经济生活和物质来源。

① 中国产业信息：《2016年中国人口老龄化现状：老龄化加速，中国成世界老年人口最多国家》（2016年10月15日），http：//www. chyxx. com/industry/201610/457005. html，2019年1月20日访问。

第一节　老年人财产信托概述

一、老年人

要定义“老年人”这一概念，可从积极地位和消极地位两个层面来表述。所谓积极地位是指年满60周岁的人，也许将来随着人的身体素质越来越好，这个年龄会进一步提高。因为几十年前50岁就显得很老了，但是现在很多六七十岁的人仍然精力充沛；所谓消极地位是如果人在生理上进入老年了，与青年人相比，个体的心肺功能、平衡能力、柔韧性、情绪等身心功能状态也会下降。美国各州法律给予老年人消极地位的定义存在差异，老年人或者无能力人，指的是：(1) 亚利桑那州法律规定，“失去能力的人”，是指任何一个因年长而受到伤害的人……而且此一伤害程度又达到缺乏足够了解或能力说明或作成有关其本人权利的决定；(2) 印第安纳州法律规定，“无能力的人”是指因年长、老年或其他无能之故，不能处理自己财产或不能照顾自己，或者两者兼有之人；(3) 肯塔基州法律规定，“头脑不健康的人”指一个人由于老年等缘故，头脑已经退化，或是不健康，以致他没有能力处理自己的财产；(4) 内布拉斯加州法律规定，一个人由于非常老的缘故，已经没有足够的精神管理及处理他自己的财产，因此他需要有一个监护人；等等。

二、老年人经济虐待问题

根据联合国对老年人虐待的分类，“虐待老年人”问题分为：身体虐待、精神虐待、疏忽照顾、经济剥削四类。其中，经济剥削（或物质虐待）指运用不当方式或非法手段剥夺老年人处理自由财产的权利，或是对老年人的财产、资产或资金做非法或不当的处置，包括：非法或不当侵吞或使用老年人的财产、资产或资金；剥夺老年人掌控或使用本人资金的权利；强迫老年人更改与财产、资产或资金相关的法律文件，如遗嘱等；欺诈老人、设计经济骗局侵害和掠夺老年人财产。[①] 在美国，美国国家中心（The National Center）对于老年人受虐形式的估

① 刘珊：《中国“虐待老人”现象、成因及对策》，载《中国老年学杂志》2016年第1期。

测显示，遭受财务剥削的受虐老年人约占12.3%。在中国，2010年上海市法律援助中心涉及老年人的信访案件4000多件，其中侵犯人身的94件、未尽赡养义务的149件、房屋侵权的1299件、财产相关的801件。另一组数据是，2009年上海市妇联办理的信访案件中，老年妇女案件占23.7%，其中，财产侵犯、未尽赡养责任、情感忽视占前三位。[①] 可见，老年人的财产或任何老年人年金等资源容易遭他人侵占、诈欺或盗窃等。但是，从目前来看，由于我国老年人经济受虐缺乏一致性指标，老年人保护的解释与定义方式也缺乏法律上的认同与释义。例如，有学者在针对经济虐老的一次调查中发现，66.7%的受访者认为骗老年人的钱或财物是虐老，58.3%的受访者认为擅自拿取老年人财物是虐老的行为。[②] 特别是因为传统上多认为老人受虐乃家务事，基于家丑不可外扬或法不入家门的观念，就一般而言，在小区中均不愿承认有这类问题。但事实上，无论家庭还是机构的照顾者对老年人的财产、金钱、物品，非法盗取、谋取利润、移转、诈骗、侵占、任意使用、偷窃、自行代卖、隐瞒等行为，怂恿老年人不正当使用金钱，欠债强迫由老年人偿还，没收老年人财物以及不准老年人拥有个人物品等个案，不但在老年人社会工作中时有所闻，报章杂志亦有登载。在老年人口持续增长，平均寿命增加，家庭、社会与环境方面急剧变迁的情况下，老年人处于潜在或严重经济生活维持的危险中，如何保障老年人财产以维持老年人的基本生活，是刻不容缓的工作。如果能将有条件的老年人的财产以交付信托方式，委托受托人以善尽善良管理人注意之义务，以老年人之利益为前提进行管理，势必能保障老年人经济安全，将老年人财务受虐的可能性降至最低，让老年人不仅活得好也能活得有尊严。换言之，老年人财产信托如运用得当，对年长者的经济安全保障来说乃一大福音，使得个人纵使在年迈失智或失能时，财产权、生存权及生活权仍能得到应有的保障。

三、老年人财产信托

（一）信托之内涵

关于信托的思想萌芽问题，大体可以分为大陆法说与英美法说。大陆法系学说认为，信托以代理和合伙为理论基础。前者起源于古罗马法上的委任制度，在

① 王海燕：《虐老案件中，经济、精神类虐待增多》，载《解放日报》2011年6月16日第14版。

② 刘春燕：《中国公众虐老认知、态度和应对行为的实证研究》，载《社会工作与管理》2015年第6期。

查士丁尼《法学总论》中，委任作为契约的一种被规定下来①，而后者起源于罗马法上的信托遗嘱制度。在英美法系，信托得益于教会法上“教会用益”的广泛推广，中世纪之后，“用益”与“信托”之概念统一于“信托”，从“用益”（use）转化成“信托”（Trust）是《1535年用益法》颁布的直接结果②。概括起来，信托行为起自人类社会私有财产的观念，因为人们有了属于自己私人财产之后，相继产生财产管理与继承等相关事务，并出现将自己的财产委托他人管理的情形，这就是最初的信托行为。信托行为是一种法律行为，也就是借由一种高度信赖关系，将财产交由受托人管理，而受托人亦仅为受益人之利益管理运用信托财产。

简单地说，信托就是为了他人的利益而持有和管理财产。③“信托”的本质为一种“信义关系”（Fiduciary relationship），它是指基于一定的信赖，一方将自己的特定财产交与另一方掌管，另一方则承诺为对方的最佳利益行事的特定关系。④信托行为中的主体系由委托人、受托人以及受益人三者所组合而成，并据以发生权利义务关系，亦即在信托行为中，委托人将财产权移转给受托人，受托人接受委托并秉持诚信以及善良管理人之注意全权处理信托财产，同时受托人将管理处分信托财产所获得之利益，归受益人享有。从对信托的界定可知，信托就是将财产之管理或处分完全委托他人（受托人）之制度，亦即指有财产权之人（委托人），以法律行为（信托行为）将其财产权之名义及管理权转移给受托人，对方就该财产（信托财产）依照约定的信托目的为本人或第三人（受益人）管理或处分财产的制度。在信托法律关系中，主体是委托人、受托人、受益人，客体是信托财产。信托财产的所有权（财产权）独立于委托人的其他财产，也独立于受托人自己的财产，成为独立的特殊信托财产。他们之间的相互关系架构表示如图9-1所示：

① ［古罗马］查士丁尼：《法学总论：法学阶梯》，张企泰译，商务印书馆1997年版，第181-184页。
② ［英］D. J. 海顿：《信托法》，周翼、王昊译，法律出版社2004年版，第12页。
③ 解锟：《英国慈善信托制度研究》，法律出版社2011年版，第4页。
④ 王继远：《控制股东对公司和股东的信义义务》，法律出版社2010年版，第34页。

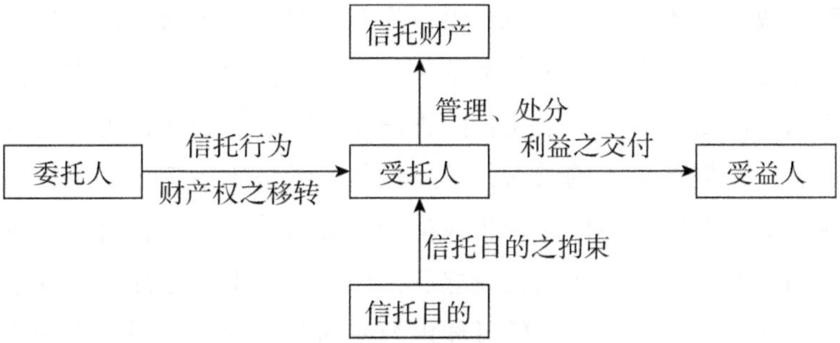

图 9-1　信托架构图

而信托制度化，起源于 17 世纪的英国，在美、日两国繁荣与发展。现今世界各国的信托思想与业务内容，均源于英国或继受于英国的信托制度，但后来也逐渐为一些大陆法系国家所采用，进而结合本国的文化传统和客观需要而各自发展成不同的法治与运作模式。在英、美社会中一般大众除利用信托制度为自己或亲属的利益从事财产管理外，也利用这一制度从事增进公共利益的活动，而金融事业也多以受托人地位担任个人或法人交付财产信托的受托人，从事民事信托、公益信托和商事信托。因此，在国外信托制度十分健全，业务发展也很兴盛。反观国内，信托观念尚未普及，信托业还不是很发达。但有鉴于国内高龄人数逐年增大以及个人私人财富增长，为保障老年人不受家庭成员或照顾者侵占、诈欺、骗取钱财的“经济虐待”或为保障年长者失智、失能状况下，食、衣、住等基本生活，老年人财产信托十分必要。

（二）老年人财产信托

英、美、日有关信托理论的资料相当多，有关“老年人”财产信托的相关研究在国内相当有限，我国专门针对身心障碍者、老年人财产信托制度尚未有完整的数据。

身心障碍者属于社会上的弱势群体，基于宪法上权利的保障，在社会福利政策方面，国家予以适当的扶助与救济。但除了政府予以社会救助和经济援助以外，也应该在立法层面给予身心障碍者进行维权和救济的制度安排，而信托制度无疑便是其中一种重要的途径。除了身心障碍者，有条件的老年人可通过信托制度运用，加强对其财产管理，或借助由别人设立公益信托，而解决其经济上的困境。

老年人财产信托属于信托业务中的一种类型，具体要归属于签订信托合同的生前信托模式。当健康的老年人有意愿为自己的财产设定信托，或者当老年人因为身心障碍导致老年人无自理能力或无行为能力时，则可由监护人或信托监察人代替老年人主张各项权利并处理各类事务，寻找值得信托且专业素养高的信托机构担任受托人，由受托人依照信托合同管理信托财产。当然，为了符合老年人财产信托的宗旨，依据老年人的需求，保障老年人经济生活安全，维护老年人生活质量，故签订信托合同应以保障老年人持续受益为前提，以稳健、保本方式操作信托财产。因此在老年人财产信托成立后，信托关系中的委托人与受益人均为老年人本身。换言之，信托合同中的具体内容应为私益信托。但在考虑中国传统亲情观念下，当子女面对财务困难或临时有急用时，父母亲仍会将自己的财产拿出来给子女应急，因此，借由信托具有高度灵活性与极富弹性的原则，老年人在设定信托合同时，只要信托目的符合确定、可能及合法等要件，老年人完全可以依据自己的需求设定信托合同的具体内容。在这种信托原则之下，老年人不必受限于因为自己已将财产交付信托而无法自由支配的状况。不过，老年人与受托人在签订信托合同时，仍应谨守以老年人利益为优先考虑，遵循让老年人利益最大化与持续化的原则。

此外，由于老年人财产受托的信托机构必须有专业能力，善尽各种义务，全力帮助老年人管理财产，故老年人所设定的信托必须为主动信托，使受托人拥有足够的裁量权，能够满足老年人利益，对信托财产依照信托的宗旨与法律的规定积极履行管理老年人财产的权利义务。而基于信托具有信托财产独立、所有权与利益分立以及保护受益人等信托原则，均可保障老年人将财产交付信托之后，受托人将尽善良管理人的信义义务，妥善管理信托财产，并将所有利益全部归于老年人。

因此，所谓老年人财产信托是指心神状况健全的老年人有意愿为自己的财产或者在老年人无自理能力或无行为能力时，其监护人或信托监察人代替老年人所设定的信托。其目的是由专业素养高的信托机构担任受托人，由受托人依照信托合同管理信托财产。通过老年人财产信托，让老年人免除自行管理财产可能面临的不当风险或困难。同时，由于信托财产的受益人为老年人，因此这种安全、稳健的理财方式，将可使老年人的经济生活维持在一定的水平，并且可以过有尊严、快乐的老年生活。

第二节　境外老年人财产信托制度之比较法考察

一、美国老年人财产信托

信托业务在美国人的生活以及社会经济活动中扮演着十分重要的角色。其中，老年人财产信托旨在使老年人能够通过信托方式，由专人打点财务管理，并防范避免未来发生财务危机或经济虐待事件。美国常见的老年人财产信托运作方式主要有生前信托与个人代理业务。

（一）生前信托

生前信托，也有文献称为生命信托，顾名思义，是指在生前设立，通常由律师制定信托文件，详细列明遗产安排指示和条款。简单来说，生前信托是一种类似于遗嘱的法律文件，办理生前信托可将个人资产交付受托人来管理，在成立信托的人去世以后，资产转让给信托受益人。另外大多数人会将生前信托受托人设为自己，这样既能继续管理，又能在去世后保证资产的正常交付。在美国，生前信托之所以能够盛行，一是为保障日后生活预作准备。为了面对未来的不确定性因素，以生前信托方式将部分财产分割，独立管理，防范万一未来生活环境骤变，仍能保障自身经济来源。二是为节省税收。根据美国税法的规定，成立生前信托有许多税率上的优惠，以及各种延递课税的优点，因此父母亲可将欲赠与未成年子女的财产以此种方式操作，避免缴纳巨额的赠与税并享受优惠税率。三是为委托人的特定目的。美国法律为保障遗产继承人应有的权益，对于遗产的处理监督很严格，而且法定程序很长。这样会增加费用的支出，延长处理时效。因此，为规避烦琐的法律规定，一般人多采取生前信托方式，将部分财产从遗产中独立分割出来设定信托。在生前信托关系下，委托人可不受遗产法规的限制，直接处理财产分配。四是为保障委托人隐私权。遗产认证是一个公开的法律过程，令隐私权尽失。为避免遗产需要通过法庭的认证手续，可以选择设定生前信托。从目前来看，生前信托经营范围十分广泛，几乎涵盖了全部个人财务管理项目。其设定方式有三：（1）财产所有人以财产交付、移转或送交于受托人，为某人或某些人的利益而管理信托。（2）财产所有人可以宣告自己为其财产的受托人，为某人或某些人的利益持有财产。（3）财产所有人可以以其财产移转于第三人，同时设定、宣告以自己为受益人。在这三种设定方式中，第一种属私益信托中的他益信托或公益信托，第二种属公益信托中的宣言信托，而第三种则属私益信托中的自益信托。当然，若是按照信托人保留的权力区分，又可将生前信托细分成可撤销信托与不可撤销信托。可撤销信托系指委托人自己与他所指定的人共同拥有或行使撤销信托合同之权力。签订可撤销生前信托，保有撤销权者可以任何时候将交付信托的财产所有权回归于委托人，一切物归原主。相反，不可撤销信托系指合同一旦签订即不可撤回。不过委托人若对不可撤销者的期限无一定把握，可在立信托时规定可撤销的期限，或约定在某一特定事件发生前，该信托合同为可撤销者，之后自动转变为不可撤销者。

（二）个人代理

个人代理业务基本上是针对个人需求而产生的代理业务。若以其代理关系中的代理范围而言，可分为涵盖式的代理及特定式的代理。所谓涵盖式的代理系指代理人对本人所有的法律行为皆可代理，而特定的代理则指代理人的权利及义务受到相当的限制，其仅能就本人所特别指定的范围为代理权限。由于个人代理来自双方所签订的协议，因此一般而言，信托公司在承办代理之际，都会向被代理人索求指示的文件、代理合同或授权书。其中，财产授权书、健康照护授权书以及遗嘱，这三种法律文件是每个人都应该为自己设定的必备文件，因为这些文件可让自身在年老时，维持个人尊严，并且掌控自己的健康医疗照护；授予他人在维护自身最大权益的前提下，代替自己处理并管理财产的权力，同时，年长者可事先做好遗产之配置，决定谁能在自己过世之后获得财产的分配和分享权力，避免不必要的纷争。在这里，财产授权书在美国是一种常见的个人代理制度。事实上，财产授权书和信托合同是类似的，因为代理人和受托人均与委托人之间具有高度的信义关系，而且代理人必须避免与被代理人产生利益冲突，一旦发生代理人以个人私益使用被代理人的财产的情况，代理关系将被撤销，代理人也将丧失管理财产的权力。

特别指出的是，在个人代理中授权书具有一般的授权和永久的授权两种形式，其中，一般的授权书系由老年人指定一位代理人以老年人的最大利益或者最佳利益，代替老年人处理某些财产或生意上的相关事项，例如，当老年人外出旅游时，代理人可代替老年人支付账单。但这种代理关系在老年人罹患重病或无行为能力时即自动丧失效力。因此一般的授权书较适合健康，或短期内需要他人协助管理财务的老年人使用。而持久的授权书较适合用来保障失智、失能老年人，这种形式的授权文件上很清楚地陈述，即使老年人出现失智、失能现象，此种代理关系仍然持续具有效力，直到老年人去世这种授权才会失效。

之所以在老年人财产管理中设定个人代理，是因为个人代理具有下列五种特性：（1）老年人可选择自己信任的人来担任代理人。（2）代理人可代替老年人支付日常费用与账单。（3）代理人有权替老年人（不论健康抑或失能、失智老年人）管理财产。（4）在老年人失智、失能或心神丧失之后，代理人可替老年人管理财产，而不必再浪费老年人的财产去向法院申请监护人。（5）可以避免由法院来控制有关老年人财产的决策，而由老年人所信赖的代理人协助处理老年人的财务事项。其中，基于以下六种理由，被代理人可以随时调整代理权：（1）支付日常的花费和账单。（2）支付所得税。（3）协助领取社会安全津贴、医疗保险补助和政府其他方案的津贴。（4）协助被代理人管理投资所获得之利润。（5）协助被代理人管理退休账户。（6）协助被代理人经营生意。

二、英国老年人财产信托

信托起源于英国，从最初的宗教目的、家庭财产管理走向社会公益，并在18世纪中叶工业革命以后进入商业领域，信托立法从16世纪至18世纪，持续了长达300多年的时间。[①] 19世纪后，营业信托的法律比较完备，目前英国信托业务的内容涉及财产管理、执行遗嘱、财富管理、财务咨询，接受公司债、年金基金管理、投资管理信托及契约型投资信托，等等。其在老年人财产信托方面的制度相当健全，而这套制度中最核心的制度有两个：依据个别老年人健康状况差异分别选择代理制度和被指派人（appointee）制度。

（一）代理制度

当老年人心理状态相当健全，只是因为行动不便而无法自行领取社会安全津贴时，老年人可以自行任命一位“代理人”（agent）来代替自己领取津贴。老年人每星期会授权给代理人，以便代理人在领取津贴时不会遭到质疑。老年人与代理人之间为一种非正式关系，且代理人的职权系老年人每星期一次的短暂授权。为避免每星期均需授权的麻烦，当这位代理人执行这项代理老年人领取津贴事务有很长一段期间之后，当地津贴管理处（local Benefits Agency）会发给代理人一张代理卡（agency card），以证明该代理人有权代替老年人领取津贴，不再需要

① 霍玉芬：《信托法要论》，中国政法大学出版社2003年版，第3页。

老年人每星期授权给代理人。但是代理人不能代替老年人使用这笔年金，如何处理财产仍由老年人自己决定，代理人不可干涉。

（二）被指派人制度

当老年人出现痴呆、精神分裂等疾病导致心智不健全或心神丧失情况，或者老年人无法自行有效地运用管理年金或社会安全津贴时，社会安全部（Department of Social Security）会指派一个代表，通常是由当地津贴管理处的主管担任，再由此代表在看过医生诊断证明后，接受申请并选任一位被指派人，代替老人行使他的权利并且能够以老年人的利益为前提来领取、使用这笔津贴。这位被指派人需要在考察老年人的状况或借助医学数据证明老年人确实无法自行管理财产之后，由津贴管理处接受当事人的申请而选任。一般来说，这个被任命的被指派人由和老年人同住的亲属或时常探访老年人、与老年人交往密切的朋友担任最适合。除此之外，津贴管理处也会审查这位代表是否适合担任协助老年人管理财产的任务，以避免老年人的津贴遭到被指派人恶意侵占、盗领等滥用情况。若在老年人的亲属或朋友当中找不到适当的被指派人时，津贴管理处则指派疗养机构的负责人，由他来帮助无法自理财产的老年人处理、运用这些财产。

除了以上“代理人”或由津贴管理处主管任命被指派人之外，还有保护法院（Court of Protection）与公立信托局（Public Trust Office）提供协助财产管理的服务。其中，保护法院隶属英国最高法院，其职务为专门针对某些因心智能力不足，无法清楚表达意思的人，协助并保障他们的财产等相关事务。保护法院还在苏格兰与北爱尔兰设有分院。为了保护个人隐私，在保护法院中的一切程序均以项目方式进行处理。而公立信托局是英国财政部下属的一个行政机关，旨在协助英国民众处理私人资产和各种管理财产的问题。公立信托局总局位于伦敦，与保护法院相同，在苏格兰与北爱尔兰设有分局。公立信托局将其所负责的涉及心智能力不足、无行为能力，以致无法自行管理财务的民众的业务分别交由保护部门（Protection）、财产委托管理部门（Receivership Services）、信托部门（Trust Division）和法院基金处（Court Funds Office）四个部门来管理。他们与公立信托局的职员担任无行为能力者的财产委托管理人相关，其担任民众的信托受托人、遗嘱执行人或遗嘱管理人，并且负责处理遗嘱以及信托等行政业务，同时为信托关系中的受益人服务及为在保护法院进行诉讼程序的民众提供各种财产管理服务。

此外，财产委托管理人通常由无行为能力者的近亲属、朋友，甚至律师、会计师、银行主管和其居住地的地方行政机关，向保护法院提出申请，申请的办理手续需提供两份申请书、无行为能力者拥有全部财产之资产证明书和由医生开立的诊断证明书，并说明无行为能力者无法自行管理财产的原因等必要文件。一旦保护法院接受申请，便会指派申请者或公立受托人（Public Trustee）担任财产委托管理人，并授予此人适当的合法权力，由他依据保护法院的指示，全权负责处理无行为能力者的各种财务事项。该财产委托管理人的职务为：（1）代替无行为能力者收取所得、津贴以及支付账单等费用。（2）在无行为能力者能够获得最大利益的前提下，管理他的一切财务事项。（3）尝试了解无行为能力者的需求。（4）在无行为能力者生前，完全为其利益使用财产。

另外尚有借着签署具有法律效力的永久授权书（Enduring Power of Attorney）方式，由代理人替授权者管理财务事项。永久授权书是一种私人法律文件，由授权者（donor）合法授权一人或数人担任代理人（attorney），替授权者管理财务。之所以称为“永久”授权书，是因为这份文件即使在授权者心智障碍后，仍然具有合法的法定效力，可以确实且持续保障心智能力不足授权者的权益。要成为授权者与代理人的要件为年满 18 岁以及心智健全，具有行为能力者。另外，代理人还需要满足符合在签订永久授权书时没有破产状况这一因素。因此，一份具有效力的永久授权书，除了上述基本要件外，在签订此份文件时，授权者必须清楚了解代理人对于授权者的事务有全权处理的能力、代理人将可以对授权者的财产做任何授权者自己可以做的处理、代理人的权利在授权者心智障碍之后仍然持续及在授权者心智障碍之后，该份授权书必须由代理人尽速向公立信托局办理登记，并且除非经过保护法院核准，否则任何人不得任意撤销永久授权书这四点事项，加上授权者的自由意志，此份永久授权书才算正式成立生效。

签订永久授权书的好处在于代理人能为被代理人的利益自由行使权力，不仅可让代理人在老年人心智健全时协助老年人处理财务，也可以事先请老年人信赖的人担任代理人，等老年人万一有心智能力不足障碍的现象时，再由代理人开始执行其职权。再者，授权者可依老年人需要，授予代理人全部权力或在代理权限范围内来执行职务。

三、日本老年人信托业务

日本信托业务发达，信托银行为照顾老人生活，发展出许多具有长期、高利与安全特质的金融商品，并且协助老年人管理财产、办理继承与处理遗产等事项。此外，随着日本社会的老年化人口的增多，日本政府相当重视老年人社会福利，各地方政府针对特殊老年人还提供全方位的财产服务，协助老年人进行财产管理。由于考虑到老年人多半以金钱方式持有财产，交付信托的标的物以金钱为主，并辅助与地方政府为老年人提供属于福利服务范畴的财产保全、管理等服务。

（一）金钱信托

所谓金钱信托，系指信托银行或信托公司在受理信托时，信托财产以“金钱”为之，并在信托终了或其他依信托合同规定，在应给付信托财产时，对受益人也以金钱作为给付标的的信托。其中，作为信托财产的金钱主要包括由日本银行发行的日本银行券，以及依照日本通货法令的规定所发行的辅助货币及小额货币，以日本银行为付款行的政府公债支票（日本银行支票）及以银行为发票人的支票、小额邮政汇票、邮政储金支出转账凭证，以及本票、公债、公司债的本金、息票及股利的领取凭证。信托银行在办理金钱信托时之主要法源依据包括日本的信托法、信托业法及其施行细则、普通银行兼营信托业法律及其施行规则等。

金钱信托的主要特点是信托期限和存入时间可以自由设定，信托约定可以变更。根据金钱信托的特点能够进行组合，设计出各种信托商品。如有一种信托期满时不领取本金及收益，而在一定时期以年金（养老金）方式领取信托金额的个人年金信托，对准备老年后的生活费相当有利。另外，信托银行办理的国债信托账户（国债组合商品）更是经常利用金钱信托来运用长期国债或中期国债的利息。[①] 金钱信托收益的计算时期与方法、给付受益人信托财产的种类与给付时期、给付方式等相关事项，均应于签订信托合同时约定并载明于信托合同或信托凭证。以特定金钱信托与单独运用指定金钱信托为例，其信托收益的计算及给付，需按个别信托合同，依照信托目的与当事人需要，分别计算与决定。而共同运用指定金钱信托，基于信托事务处理具有一致性，故可将信托收益的计算、给付事项在某一特定的定型化合同中予以规定。

若依信托内涵和作业方式，可将金钱信托区分成下列几种形态：

1. 自益信托与他益信托

委托人与受益人同为一人时，称为自益信托，若受益人为委托人以外的第三人，则称之为他益信托。在自益信托中，由委托人兼具受益人之性质，因此委托

① 李春华：《金钱信托》，载《新金融》1995 年第 2 期。

人对财产管理及获利方面之要求，较为积极与强烈。而在他益信托中，受益人为第三人，因此该信托除具有财产管理、获利性的目的外，尚隐含赠与之性质和意味。

2. 固定型金钱信托与追加型金钱信托

金钱信托于成立之际，需以委托人之要约与金钱之交付、所有权之移转为要件，因此若信托之金钱仅以一次交付称为固定型金钱信托，反之，若其所交付之信托金钱不以一次为限，而是以数次交付于受托人的方式，则称为追加型金钱信托。

3. 单独运用金钱信托与共同运用金钱信托

依日本《信托法》之规定，信托财产应将自有财产与其他信托财产分别管理，就此项分别管理原则，在金钱信托方面另有特别的规定：对于信托财产之金钱，只要能够明确计算，则可与其他信托财产共同运用，不必分别管理。因此，在金钱信托中，金钱的管理方法可分成单独运用与共同运用两种，其分别适用信托财产分别管理原则，以及依例外规定办理。在共同运用金钱信托中，受托人系将属于同一信托契约之信托财产组成一个运用团体再个别运用，就该运用团体之信托财产所为运用结果产生之利益或损失，归属于该运用团体之共同利益或损失。

4. 特定金钱信托、指定金钱信托与无指定金钱信托

所谓特定金钱信托是指其运用方式应特定的金钱信托，而所谓运用方式应特定则是指委托人对运用财产的种类及数量均有个别、具体的指示。

所谓指定金钱信托是指信托财产运用时只需说明运用方式及标的种类即可，就运用的范围做概括指示。换言之，信托财产运用方式全部委托由受托人在指定范围内自行选择具体的运用对象，其中，包括放款信托在内的指定金钱信托，为日本最具代表性之信托业务。

无指定金钱信托是指在运用方式上，既不特定也不指定运用方式，受托人可以自由运用信托财产。这种信托对主要运用方式没有另外规定加以规范，忽视了安全性和确定性，因此《信托法》自1923年施行以来，无指定金钱信托在实务上几乎没有设定办理之实例。

（二）老年人财产服务

日本相当重视老年人社会福利事业发展，在老年人经济生活的照顾上，除开办厚生年金、共济年金等提供年老时期经济来源的社会安全制度外，也办理老年

人财产保全、管理、运用等相关财产服务，不仅让老年人有钱生活，更协助没有亲属的独居老年人管理财产。日本所实施的老年人财产服务种类包括以下两种：

1. 财产保全与财产管理

其中财产保全包括存款、有价证券、不动产权利证书的安全保管与代理服务。而财产管理为存款的提领与存入的服务。在财产保全与管理服务上，完全尊重老年人自己的决定权，在签订合同时，实施主体只是居于辅助、援助的立场，这也显示出日本对于人权的尊重。一般而言，高龄者的财产保全与金钱管理，由其本人或配偶自理为主流。但对于80岁以上的老人，由于身心功能退化与日渐衰弱，行为能力逐渐丧失，所以财产自理情况大幅降低。此外，在与子女同居的家族中，老年人财产一般由家族辅助管理。因此老年人若是独居，可能会发生理财困难的情况。再加上日本社会中，高龄者持有房屋与存款比率比起领薪劳动阶层更高，所以常常成为不肖人士诈骗的对象，因此如何保全财产就显得特别重要。

2. 财产运用服务和财产有效运用服务

财产运用服务包括自有不动产设定担保，利用信托制度将自有住宅融资。财产有效运用服务则是指接受高龄者咨询等服务，一般由民间金融机关提供服务。

第三节　我国老年人财产信托

一方面，由于我国目前60岁以上老年人已超过2亿人，到2025年将突破3亿人。每个家庭平均下来只有3.1个人，我国80岁以上高龄老年人超过200万人，失能、半失能老年人达3300多万人，对社会照料的需求日益增大。如何使老年人安度晚年，除了需要人伦孝道的弘扬，更需要为其提供合理的制度安排，尤其是在财产管理方面。[①] 另一方面，就个体而言，目前在社会中老年人财产被盗领，甚至对老年人使用暴力，强行抢夺财产，或者移转老年人财产后将其弃养的财务性虐待案件时有发生。而目前多数老年人理财方式可分成“存放金融机构”与“带在身边”两种。虽然他们将现金等财产存放在金融机构较藏在家中或带在身边看似安全，但是却有不肖人士或子女借着替行动不便的老年人提钱之

① 赵英：《民事信托制度与老年人财产管理》，载《现代经济信息》2006年第1期。

际，盗领或移转老年人财产。此外，也有老年人因为不谙理财之道，过着“寅吃卯粮”的生活。不过随着社会发展和老年人文化程度提高，部分老年人的理财观念已经转变，老年人意识到自主性的重要，因此财产管理渐渐不假他人，同时有的老年人开始进行股票投资，部分老年人懂得利用各种途径管理财产。综上，在我国老年人财产信托的可行性上涉及政府、法律、社会和金融机构等四个方面。

一、政府的监管与教育职责

（一）政府各部门的管理职责

老年人财产信托属跨部门业务，老年人福利事业的主管机关为民政机构，而财产信托监管部门则为中国银行保险监督管理委员会（根据2023年3月16日，中共中央、国务院印发的《党和国家机构改革方案》，中国银行保险监督管理委员会现已变更为国家金融监督管理总局）。目前我国金融信托业呈现综合经营态势，在当前“分业经营、分业监管”的体制下，产生了类信托资产管理业务属性定位不明；信托业务多头监管且缺乏协调性；监管规则不一，监管套利难以遏制等问题。[①] 作为政府，应该规范金融机构资产管理业务，统一同类资产管理产品监管标准，防范和控制金融风险。

（二）政府的宣传教育

财产信托虽不是新名词，但老年信托观念在国内并未深植，所以老年财产信托若要顺利推行，各级信托监管部门均要在老年财产信托的宣传、教育和倡导等方面承担起职责，待普通大众对其有进一步了解后，老人财产信托制度才有可能顺利推动。

二、老年人的信托意愿与社会的认同因素

（一）老年人的信托意愿

目前老年人的经济来源多半为存放在银行的储蓄，而这些储蓄主要来自退休金或配偶的遗产等，另外有些老年人的经济来源为子女每月奉养的金钱。在管理财产的方式上，部分老年人认为财产应该由自己来掌控，对于金钱的运用，必须具有自主性。同时，老年人多半认为由自己管理财产会比由子女代管好。也就是说，由于传统的价值观，老年人均相当重视经济和理财的自主性，同时自己管理

① 陈星宇：《金融信托业的监管困境与对策》，载《内蒙古社会科学（汉文版）》2017年第6期。

财产有安全感与独立感，比较少有老年人愿意将财产全部交由子女管理，而孝顺的子女一般也尊重老年人的自主性。社会也存在普遍的观念认为，父母的钱应由父母自行配置管理，除非父母无法自理财产时，再由子女协助管理。至于有关老年人财产信托的意愿则存在两个方面：一是若老年人身心健康时，除了上述传统价值观外，有些文化程度很高的老年人愿意在有钱或是待信托实施成效良好后，考虑将财产交付信托。二是当老年人有失智、失能现象时，一般老年人愿意在自己无法自理财产时，由孩子帮忙管理，不会考虑财产信托。

究其原因，由于中国人的家族制度和文化传统观念多崇尚“父业子承”或者实物为上的观念，因此老年人的财产多半由自己管理或交由子女代管，很少将财产交付信托的观念。概括起来，老年人财产信托主要存在以下三点社会障碍因素：

1. 心理因素。老年人多半希望钱能够放在自己看得到与摸得到的地方，才觉得较有安全感。因此，将财产交由不认识的信托业者管理运用，老年人无法安心，也担心自己辛苦挣来的血汗钱会因信托业者不当管理导致亏损。所以就心理因素而言，让老年人主动将财产交付信托的可行性不大。

2. 家庭因素。虽然子女均赞同父母的财产应由父母自行管理与配置，但前提为父母的身体健康状况良好，具有自行理财的能力。但是，若父母随年龄增长出现智力衰退甚至痴呆等现象，子女希望能由他们代其管理父母的财产。另外，子女也因为不信任信托业者及不愿支付信托手续费等缘故，不支持父母将财产交付信托。由此可知，不论是老年人主动将财产交付信托，还是失智、失能老年人财产强制信托，均会遭到家庭因素的阻碍而降低可行性。

3. 老年人及其家属对财产信托认知不够。我国财产信托虽在20世纪90年代就已起步，但配套制度和规则相对滞后，有关信托知识与观念也一直未大力倡导，老年人及其家属对财产信托虽有所认知与深入了解，但还不一定在观念上接受。故此，在不清楚财产信托的意义、信托方式与优点之前，让老年人及其家属愿意将财产交付信托的社会可行性较低。

（二）实施老年人强制财产信托还不成熟

信托是一种基于“信任”基础，以财产转移为核心，由他人代为进行财产管理并以受益人利益为目的的财产管理增值行为。而在美国及我国台湾地区对成年障碍者可实行强制财产信托制度。所谓强制财产信托则是需公权力介入，要求智力残障人的财产必须交由信托管理。具体规定如下：第一，因为公权力的介人，故强制财产信托的受益人（对象）需为行为能力或财产管理能力欠缺的智力、精神障碍者，这些障碍者不能通过其自我的意思表达对自己的财产进行管理；第二，强制财产信托的信托财产包括受益人的自有财产及尚未继承的财产，目的是保护智力、精神障碍者在继承财产后，不因家人照管的缺失以及财产管理能力的欠缺而不能长久生活；第三，鉴于信托本质为民法中意思自治的体现，因此强制财产信托并非所有智力、精神障碍者都予以强制信托，若障碍者与家属共同生活，且能证明家属对其可以合理照顾，此时不予强制信托。另外，强制财产信托通常由智力残障人家属、鼓励机构、福利保障主管部门以及检察官联合向当地法院申请，由法院经审查决定是否对智力残障者实施强制财产信托，故尽管强制财产信托是公权力介入的一种特殊信托，但其启动条件需无或者限制行为能力的智力残障者的相关人员联合提出，这很好地平衡了公权力与智力残障人权益保障。[①] 而在对政府是否应该对所有老年人实施强制财产信托态度的实践调查中，一般认为，政府不应该在老年人身心健康或子女孝顺情况之下，采取强制手段，使用自愿信托方式比较适当。强制财产信托若适用于失智、失能老人，则可获得多数受访老年人的赞同，并且提出没有子女或是独居老年人也应该使用强制信托方式，避免老年人财产遭到不肖人士的诈骗。

此外，在美国及我国台湾地区成年障碍者财产信托制度中一般可将成年障碍者分为两类：一类是肢体语言障碍者。此类障碍者心智齐全，具有一定民事行为能力，即能够通过自己的意思表示对财产进行管理、支配。另一类是智力、精神障碍者。此类障碍者属于无民事行为或限制民事行为能力人，对自己的财产难以管理，且通常由监护人对其进行照管。不同类型的成年障碍者所适用的财产信托制度不同。具体来说，还要依照老年人失智、失能程度与家庭状况，决定不同程度的强制信托所采用的方式。在信托的财产额度上应该考虑“部分财产信托制，保留一部分财产让健康老年人自理”“考虑老年人财产与子女的意见”“依照老年人失智、失能程度以及家庭状况决定”与“失智、失能老年人财产全额信托”。

三、金融机构在信托财产的管理与运用上应尽信义义务

由于人口老龄化、生活丰富化、社会分工专门化，人们越来越需要求助于专业人士的服务，追求存款之外稳定而又高的投资回报，银行顺应社会发展，拓展

---

① 吴梦瑶：《论成年障碍者财产信托法律制度保障》，载《法制与社会》2017 年第 11 期。

经营富有家庭和个体的财富管理业务。银行在信托财产的管理与运用上，由于办理的业务属于委托人指定用途信托，因此资金运用是根据委托人的需要和指示办理。以赡养信托为例，委托的老人不希望本金遭受投资风险，因此，可利用活期存款或定期存款的方式运用资金。若是欲从事有风险的投资行为，则必须给予信托机构充分的指示和说明，属于盈亏自负的“无裁量权信托”。另外，对金融机构而言，业务推广与承办过程中所遭遇的最主要困难为委托老年人病、死的辨识问题，因此金融机构开始以“盖指纹”方式确保老年人的信托权益。但是对于失智、失能老年人信托权益的保障，如果已达无行为能力的失智、失能老年人尚未向法院申请限制行为能力宣告，法律上仍然认定老年人具有行为能力，其一切作为均有效力，因此就算不肖子女或人士带老年人至金融机构办理解约手续，在所有形式要件齐备之下，金融机构也只能终止信托合同，会使老年人经济生活陷于困境危险。在老年人财产信托关系中，在老年人财产信托制度的设计方面，要重视受托人的选任和金融机构的信义义务，[①] 因为信托业者具有专业理财专员，并且不会像自然人有死亡的情况发生，因此较适宜担任受托人角色。老人的信托对身心健康老人可以依个人需求设置监察人，需要特别留意的是失智、失能老年人的财产信托中一定要设置信托监察人，负责监督资金运用状况，定期访视老年人，或是赡养机构是否善尽其职照顾老年人，了解他的生活状况，维护老年人应有的权益。除此之外，由于老年时期所追求的是一个安稳、舒适的生活，因此信托财产必须以高获利、低风险的方式管理，将老年人的财产以“安全保本”方式运作，避免高风险投机的投资操作，维持老年人在有生之年能够享有温饱的保障与享有尊严的生活。另外，在开办老年人财产信托业务上，政府可以鼓励各金融机构参与，提供奖励或补贴措施，增加老年人财产信托业者的承办意愿，同时政府应该确定各项业务和政策方向，给从业者明确指示，如此方能顺利、快速地推动各种信托商品和业务。从老年人财产信托技术来看，在财产信托关系中，最重要的是找到具有足够专业理财能力与公信力的受托机构。

四、老年人财产信托法律制度的完善

老年人财产信托涉及宪法、民法、信托法等相关法律法规，有些规范、规则尚需改革、完善。

---

① 王继远：《论商业银行个人理财业务人员之信义义务》，载《社会科学家》2016 年第 8 期。

1. 我国宪法。宪法保障人权，包括人民所享有的财产权。也就是说财产的自由处分是不可任意剥夺的基本人权之一。对于具有行为能力的老人，必须尊重其理财自主权，由老人自行决定是否将财产交付信托，但是2004年我国宪法修正案中规定基于公共利益也可对人民的财产权做限制，由此可衍生出强制失智、失能老年人且无近亲属代理理财的，将其财产交付信托应属可行。

2. 我国民法。根据现行法律制度，失智、失能老年人必须在法院判定其为限制或无行为能力后，由监护人为受监护的老年人的利益，按受监护老年人的财产状况，养护治疗其身体，并管理老年人的财产。但由于法院认定标准严格且过程手续繁杂，因此为确实保障失智、失能老年人的财产安全，政府可为保障弱势老年人之经济安全，实施强制财产信托制度。

3. 我国信托法。信托法虽是规范信托行为的基本法，但适用规范对象为全体进行信托行为的民事主体，因此无法对特定人群例如老年人进行特别规范。信托法约束信托业者行为，也是健全信托业经营与发展所依托的法律，但信托法律没有保障老年人经济安全的条文，尚无法达到确实保障特殊委托人与受益人之目的，在老年人财产信托制度和规则方面尚需完善。

4. 我国老年人福利法。我国《老年人权益保障法》第二十二条第一款规定："老年人对个人的财产，依法享有占有、使用、收益和处分的权利，子女或者其他亲属不得干涉，不得以窃取、骗取、强行索取等方式侵犯老年人的财产权益。"但是并未对老年人的经济安全、财产信托有特殊规范、保障，需要健全保障老年人经济安全的配套法律规则。

第四节　老人财产信托的法律保护

在全球步入高龄化社会之际，各国政府无不致力于健全老年人福利服务体系，我国也应该在老年人经济生活保障中加强财产信托立法，具体建议如下：

一、尽快推动老年人财产信托立法工作

由于我国法律目前还没有针对老年人经济生活保障作出明确有效的法律规定，因此，顺应我国人口老龄化的时代要求，及时修法，可制定老年人福利法，明确“建立老年人财产信托制度”。尤其在强制失智、失能老人且无可委托之近

亲属的情形之下进行财产信托，须在法律中明确规定失智、失能老年人的定义与程度认定，以及失智、失能无近亲属之老年人应强制财产信托，使得老年人财产信托有法源依据，积极推动试点。

二、构建老年人财产信托制度

建议建立身心健康老年人自愿信托和失智、失能老年人强制信托制度。

（一）身心健康老年人自愿信托

由于老年人重视财产自理，因此对身心健康的老年人，可仿照美国采取生前信托方式，尊重老年人自主性，视个人意愿决定是否将财产交付信托。使用生前信托方式，不但可为未来生活预作准备，同时若我国开征遗产税，还可达到节税的目的。而从我国台湾地区现有的信托商品来看，则有赡养信托以及保险金信托可供老人选择，其中保险金信托结合保险与信托观念。利用保险金信托，其信托合同可设计成老人在失智、失能（保险事故）后，保险理赔金即由保险公司交付信托业者管理，如此可达到不论老年人在身体健康还是出现失智、失能现象时，其财产均可充分享有自主权和确实的保障之目的。

（二）失智、失能老年人强制信托

老年人在逐渐老化至失智、失能时，由于心智能力渐渐丧失，无法自行正确运用和管理财产，且失智、失能前无指定、委托财产管理人的，建议仿效英国公立信托局和保护法院之做法，由政府介入协助管理与保障老年人的财务。此外，针对失智、失能老年人实行强制财产信托，让经由法院判定心智状态障碍不适合自理财务，达到强制信托程度的老年人，其财产可借助公权力的介入，由具公信力的信托机构，代替失智、失能老年人管理，并将运用所得之收益完整确实用在老年人的疗养照顾上。

除了财产信托体制外，还可参考先进国家对老年人财产管理服务的其他方式，例如美国的持续性个人代理业务，可在老年人外出旅游或丧失行为能力后，代替老年人管理财产，并支付日常账单等财务事项。日本的老年人财产服务则是各地方政府自行依其状况，为不同条件之老年人保管现金、存折等财产，并且负责协助购买老年人日常用品，或存、提款，办理各项手续等有关财产的服务。英国则依老年人身体与心智健康状况不同，分别有永久授权书、代理制度与被指派人制度[①]。以上各项不同运作模式均可作为国内老年人财产信托之辅助配套措施。

三、建立老年人财产信托监察人选任制度

由于信托监察人除了要监督信托财产的管理运用外，还应关怀老年人是否获得完善的照顾，享有良好的高质量生活。因此建议由公、私部门合作，由民间社会福利机构行业协会自行成立信托小组，负责监察人业务，或者由各地区老年人福利组织担任监察人，政府则担任总监察人职务，负责监督民间福利机构，并且鼓励各地区成立关怀老年人的福利组织。此外，由于监察人负责工作多元，因此最好能够由法律、财务会计、身体疗养与心理扶助等专家共同组成，一起保护老年人的生活福祉、基本生活质量与尊严的维持。

四、加强政府的倡导和教育工作

由于财产信托在国内尚属新兴理财方式，了解信托本质与意义的人不多，若要老百姓接受并使用信托方式理财，更是难上加难。因此当务之急为政府善用各式媒体，积极向国人倡导财产信托的意义、内容、好处及必要性。并且要加强理财教育，让民众改变传统理财观念和方法，教导人们应该从年轻时开始规划老后经济生活的维持和管理。政府要积极举办相关执行人员的信托培训课程，诸如培训社工人员，使其具有财产信托之相关专业知识，同时法律与会计专业人员亦应修习社会福利的有关课程，加强社工员、律师与会计师之各项专业能力，并相互配合，提供老年人专业化之高质量服务。通过充分的倡导与教育，确立民众的信托观念与认识，使老年人财产信托得以顺利推广。

在实践中，由于老年人着重理财自主性，因此财产较少采用财产信托，而仍以自己管理、将钱存放在银行等为主要方式。若是将来有失智或失能现象则是被动将钱交由自己信赖的人代为管理，或是由子女处理。老年人若有行动不便、无法自行存取款时，则由其委托代理人员帮忙处理。

针对我国信托法律、法规在老年人财产信托中可适用规范的有限性，例如没有对特殊群体的信托设置特别法律规范，对于财产信托这种解决失能、失智老年人的较有保障的理财及供养方式，建议政府应加强宣传，尽快进行调研论证，推进立法，让有条件的老年人选择财产信托有足够完整之法源和实践之可能。

---

① 官玉琴：《意定监护制度框架下的老龄人财产信托》，载《东南学术》2019 年第 2 期。

第十章
老年人人身权利的刑法保护

公民的人身权利，是指法律所规定的与公民的人身不可分割的权利，只有权利人本人才享有，包括生命权、健康权、性的自主权、人身自由权、名誉权、隐私权等。老年人的人身权利是老年人最基本、最重要的个人专属法益，是老年人实现其他合法权益的前提和基础。刑法作为最严厉的法律，在其他法律不能充分保护老年人人身权利的时候，必须发挥其法律保障的作用，对侵犯老年人人身权利的犯罪行为进行刑法规制。其中，虐待老年人刑事犯罪与遗弃老年人刑事犯罪尤为值得关注。

第一节　虐待老年人的刑法规制

一、虐待老年人刑事犯罪之立法现状

世界卫生组织给虐待老年人的定义是：在本应充满信任的任何关系中发生的一次或多次以不适当行动的方式致使老年人受到伤害或处境困难的行为。虐待老年人的行为严重侵犯了老年人的人身权利，当情节严重时，这种行为需要受到刑法的规制。根据虐待老年人的主体不同，我国刑法分别规定了虐待罪和虐待被监护、看护人罪。

（一）虐待罪之立法及犯罪构成

我国《刑法》第二百六十条规定：虐待家庭成员，情节恶劣的，处二年以下有期徒刑、拘役或者管制。犯前款罪，致使被害人重伤、死亡的，处二年以上七年以下有期徒刑。第一款罪，告诉的才处理，但被害人没有能力告诉，或者因受到强制、威吓无法告诉的除外。

虐待老年人，是指家庭成员对老年人进行肉体上与精神上的摧残、折磨的行为。情节严重的，构成虐待罪。在刑法理论上，虐待罪的犯罪构成如下：

1. 行为主体：虐待老年人的行为主体必须是共同生活的同一家庭成员，即虐待人与被虐待的老年人之间存在一定的亲属关系或收养关系。如子女虐待父母、媳妇虐待公婆等。一般来说，虐待者在经济上或家庭支配关系上占优势地位，而被虐待的老人往往是家庭中的弱势者，但这只是案件事实而不是法律要求。

2. 虐待老年人的行为：虐待老年人的行为表现为肉体上的摧残与精神上的折磨，包括使被害人产生肉体上或精神上痛苦的一切行为。肉体上的折磨如殴打、冻饿、强迫劳动，有病不予治疗等，精神上的折磨如侮辱、咒骂、讽刺，不让参加社会活动等。这两种虐待手段可以同时使用、单独使用或交替使用。虐待行为的方式既可能是作为，也可能是不作为，还可能同时包含了作为与不作为。但是需要区分的是，单纯的不作为，如有病不予治疗、不提供饮食等，难以成立虐待罪，有可能构成遗弃罪。

3. 虐待程度必须达到情节恶劣的程度。情节是否恶劣，要从虐待的行为性质、手段、持续时间、造成后果等方面进行综合评价。

4. 责任形式为故意。行为人明知自己的虐待行为侵害了被害人的人身权利，并且希望或放任这种结果发生。

（二）虐待被监护、看护人罪之立法及犯罪构成

我国《刑法》第二百六十条之一规定：对未成年人、老年人、患病的人、残疾人等负有监护、看护职责的人虐待被监护、看护的人，情节恶劣的，处三年以下有期徒刑或者拘役。单位犯前款罪的，对单位判处罚金，并对其直接负责的主管人员和其他直接责任人员，依照前款的规定处罚。有第一款行为，同时构成其他犯罪的，依照处罚较重的规定定罪处罚。

虐待被监管、看护人罪是《刑法修正案（九）》新增的罪名。2012 年，浙江幼儿园老师的虐童案引起了社会的热议，该女教师两手拎着一名小男孩的双耳，将他双脚提离地面约 10 厘米。这个过程，老师一脸微笑，而男童的耳朵被扯得变形，张着嘴巴哇哇大哭。事发之后，女教师的行为却无法受到刑法的制裁。由于不构成轻伤，行为人不成立故意伤害罪，而刑法中虐待罪主体仅规定为家庭成员，行为人也不能成立虐待罪。2015 年，《刑法修正案（九）》将虐待的行为主体由家庭成员扩大到了“负有监护、看护职责的人”，从而将养老院、幼儿园、孤儿院等单位的相关工作人员，即只要是对老年人、孤儿、儿童等具有监护、看护职责的单位与个人，都可以成为本罪的行为对象，弥补了之前立法的

漏洞。

在刑法理论上，虐待被监管、看护人罪的犯罪构成如下：（1）行为对象：仅限于未成年人、老年人、患病的人、残疾人等没有独立生活能力或者独立生活能力低下的人。（2）行为主体：对上述人员负有监护、看护职责的人，包括自然人与单位。至于哪些人负有监护、看护职责，应当根据不作为义务的来源进行判断。例如，养老院、孤儿院、幼儿园等单位的相关工作人员，对于老年人、孤儿、儿童等具有监护、看护职责；被雇请看护未成年人、老年人、患病的人、残疾人的人员，能够成为该罪的主体。（3）虐待行为既包括以积极的方式给被害人造成肉体上或者精神上痛苦的一切行为，也包括以消极的方式不满足未成年人、老年人、患病的人、残疾人生活需要的行为。（4）本罪的责任形式为故意。

由于实施虐待老年人行为，不仅存在于家庭成员中，养老院、医院等对患病、残疾的老年人进行虐待的现象也是常见的，因此该罪的成立更大限度地保护了老年人的人身权利。

二、虐待老年人刑事犯罪之司法现状

为更好地探究我国老年人人身权利刑法保护的司法现状，本书对 2019 年 7 月之前司法机关公开的虐待老年人刑事案件进行了实证研究。此实证研究的数据来源于威科先行法律信息库（Wolter Kluwer），将检索模式设置为“高级检索”，匹配方式为“精确”，将标题的检索词设置为“虐待”，并分别以“老人”“父母”“儿媳”“赡养”作为关键词在全文内进行搜索，去掉重复案例，检索出虐待老年人的刑事裁判文书共 52 例。其中，刑事裁定书 19 篇，刑事判决书 33 例，此为司法机关公开的涉及虐待老年人的刑事裁判文书全样本，它们反映了我国虐待老年人刑事犯罪的司法现状。经分析，此研究样本存在以下几个特点：

（一）从刑法规制结果看：虐待老年人案件的定罪率低

根据司法机关公开的数据，与虐待老年人有关的刑事裁判文书共 52 例，其中刑事裁定书 19 例：3 例为自诉人撤诉，14 例是因为证据不足不予以立案，2 例是开庭前当事人达成和解。在 33 例刑事判决书中，被告人被判无罪的 12 例，有罪判决仅有 21 例。从比例上看，有罪判决仅占所有案件的 40.4%。定罪率低的原因与“告诉才处理”有关，再加上虐待罪属于家庭暴力，是“关起门来的犯罪”，证据有时比较难收集。

(二) 从定罪上看，绝大多数犯罪人仅成立虐待罪

在有罪判决的21例刑事判决书中，检察院提起公诉的案件有14例，其中有13例是造成被害人死亡或重伤，比重为61.9%，此数据反映了虐待老年人的案件大都在酿成恶劣后果后才进入刑法的视野，刑法对虐待老年人行为的规制滞后。从罪名上看，21例有罪判决中，虐待罪为15例，虐待被监管、看护人罪为2例，[①] 故意伤害罪为4例。虐待被监管、看护人罪不多见，这与《刑法修正案（九）》出台不久有关；而69.2%的犯罪人即使造成老年人重伤或死亡，也仅成立虐待罪，虐待罪无法及时保护老年人人身权利，反成为家庭成员侵犯老年人人身权利的“保护伞”。

(三) 从量刑上看，犯罪人所获刑罚畸轻

在52例与虐待老年人相关的刑事案例中，有19例案件由于自诉人证据不足或自诉人撤诉等原因无法进入刑事审判程序，另有12例案件中被告人被法院判决无罪，即获刑罚的行为人仅占40.4%。而经详细阅读有罪判决的21例（含造成老年人死亡的13例案件）相关案例，犯罪人被判3年以上有期徒刑的有2例，占9.5%；而犯罪人被判缓刑或1年以下有期徒刑的14例，占66.6%，这反映了我国刑法对虐待老年人的犯罪人规制力度不大。

(四) 从案件分布上看，地区犯罪率存在差异

从地区分布上看，涉及虐待老年人的刑事案件主要分布在北部、西部，其中河南省的相关刑事案例最多，而广东、广西等省份的相关案例数为0。造成虐待老年人刑事案例分布上不平衡的原因是多方面的，与不同地区间经济发展水平、文化教育水平、历史传统等因素有关。

综上，我国虐待老年人刑事案件的司法现状存在定罪率低、量刑轻、地区分布不均匀等特点，这与现实生活中虐待老年人的现象大量存在形成强烈反差。这种反差说明了对于虐待老年人的犯罪行为，我国刑法的规制力度不够，无法充分保护老年人人身权利。

---

① 北京市房山区人民法院（2016）京0111刑初630号刑事判决书；山东省青岛市市北区人民法院（2016）鲁0203刑初622号刑事判决书。

三、虐待老年人刑事犯罪之成因

（一）世界范围内虐老案件的原因理论

防止对老年人的虐待问题已经成为重要的世界人权问题。世界范围内对于虐待老年人案件的原因分析有很多，总结起来有压力论、暴力循环论、个人行为论和老人无能论。[①]

1. 压力论

压力论认为：虐待老年人主要由于照顾者面临着双重压力：照顾老人和工作生活压力。在这种背景下，照顾者可能将压力转移发泄到老年人身上。例如：虐待福利院老人行为产生的原因就与护理人员较低的社会地位和工资待遇有关，因为这些护理人员来自社会中较低的阶层，受到的教育不够，并且在福利院内还要受专家和管理者的监督，他们的护理工作不仅得不到专业方面的承认，而且要承受福利院老人的差使，所以面临巨大的心理压力和工作负荷，在特定情景下便有可能将压力转化为虐待行为予以释放。

2. 暴力循环论

暴力循环论认为：家庭暴力是一种可沿袭的行为，在有暴力倾向的家庭中，家庭成员在照顾老年人过程中，往往习惯用虐待、暴力来解决冲突。例如：父母之间的虐待以及成年子女对老年父母的虐待行为，会对家庭其他成员带来严重影响，导致他们在成年后也以粗暴的方式对待父母、配偶、子女，甚至进行暴力虐待。

3. 个人行为论

个人行为论认为：较之没有虐待行为的成年人，虐待老人者多数有酗酒、吸毒、精神或心理不健康等这样或那样的个人行为问题，这些有行为越轨倾向的成年子女平时对其父母有一定的依赖性，一旦年老的父母不能向他们提供支持，或不能满足他们的要求时，以老年父母为施暴对象的虐待行为就容易发生。[②]

4. 老人无能论

这是美国学者提出来的原因理论。美国是一个“实用主义”盛行的国家，

---

① Thomas Lee Wright, *The Family Guide to Preventing Elder Abuse*: *How to Protect Your Parents-and Yourself*. Skyhorse Publishing (April 18, 2017). [托马斯·李·怀特：《防止虐待老年人指南：如何保护你的父母以及你自己》。天马图书出版社（2017年4月18日）。]

② Thomas Lee Wright. *The Family Guide to Preventing Elder Abuse*: *How to Protect Your Parents-and Yourself*. Skyhorse Publishing (April 18, 2017). [托马斯·李·怀特：《防止虐待老年人指南：如何保护你的父母以及你自己》。天马图书出版社（2017年4月18日）。]

社会明显地向年轻人倾斜而老年人受到歧视。青年人与老年人之间的隔阂和代际矛盾日趋加深。青年人往往抱怨说："美国老年人口占全国人口总数的 11%，但占去国家财政预算的 25%。"他们忽视老年人过去的贡献，抱怨老年人占了青年人的"便宜"。[①] 这种埋怨越深，当老年人需要他们照顾时，他们实施虐待的可能性就越大。

上述几种理论已经从宏观上分析了虐待老年人案件的原因，下面将结合我国虐待老年人刑事案件的数据，分析我国现阶段虐老案件发生的具体原因。

（二）我国虐待老年人犯罪的罪因分析

以我国司法机关公开的所有虐待老年人刑事裁判书（52 例）为数据，我国虐待老年人犯罪的罪因分析情况如下：

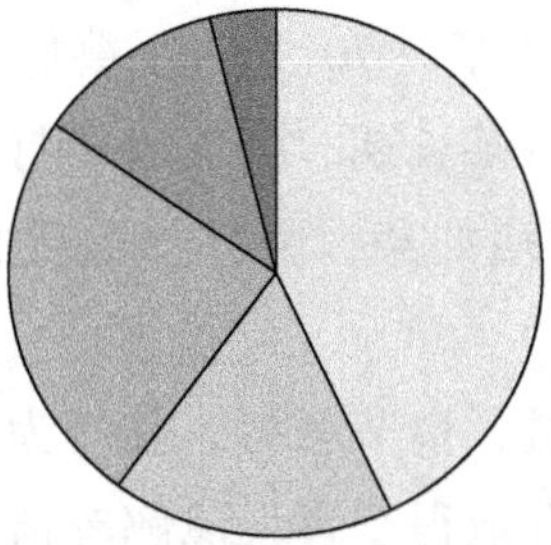

图 10-1　我国虐老案件的罪因分析

从总体上看，导致虐待老年人案件发生的原因主要有 4 个：（1）从虐待的主体上看，儿媳妇实行虐待的案件占全部案件的 44%；（2）从内因和外因的角度看，没有重大外因诱发的，因被告人自身原因引起的案件占 12%；（3）由重大外因引发的虐待中，主要集中在两类：一是经济冲突，占 25%；二是踢皮球现象，即多个子女之间的相互推诿，占 18%；（4）还有小部分案件是由于其他生活琐事引起的，占 4%。下面结合具体案例对各个罪因进行展开。

1. 儿媳妇是虐待行为的主要主体

儿媳参与、指使不赡养老人，甚至辱骂、殴打老人的现象在社会中屡见不鲜。在所有的虐待老年人刑事案件中，老年人直接以儿媳为起诉对象的就占了 44%。因此，在探讨虐待老年人案件的成因时，不可忽视儿媳是拒养、虐待行为

① Jan R. Greenberg, Martha McKibben MSSW, Jane A. Raymond MS. *Dependent adult children and elder abuse*. Journal of Elder Abuse and Neglect, Volume 2, 1990.（简·格林伯格、马萨·麦克基本、简·雷蒙德：《对不能独立生活的成年子女和老年人的虐待》，《对老年人的虐待与忽视杂志》1990 年第 2 卷。）

人或者指使人的作用和角色。详见以下案例一和案例二。

案例一：杨某秀故意伤害案

基本案情：被告人杨某秀系刘某财（殁年88岁）的儿媳。共同居住期间，杨某秀长期与丈夫刘某甲打骂、虐待父亲刘某财。2014年9月5日14时许，杨某秀在外劳动时得知刘某财到自家梨树上摘梨的消息，即返回家中拿了一根红花杆（中药材茎杆）和一根竹片到其卧室殴打刘某财，致刘某财死亡。一审法院认为，被告人杨某秀无视国家法律，因家庭琐事持械殴打其公公刘某财，致刘某财身体多处损伤而死亡，其行为已构成故意伤害罪，且后果严重，应依法严惩。以故意伤害罪判处被告人杨某秀死刑，缓期二年执行，剥夺政治权利终身，并已由云南省高级人民法院核准。①

案例二：严某某虐待案

基本案情：被告人严某某与受害人吕某某（70岁）系婆媳关系。由于受害人吕某某年老体衰无经济来源，被告人严某某长期、多次以殴打、辱骂、不许吃饱饭等方式对其进行虐待，致使吕某某骨瘦如柴，身体多处受伤，经鉴定为轻微伤。

法院认为，被告人严某某虐待家庭成员，情节恶劣，其行为已触犯刑法，构成虐待罪，考虑被告人严某某自愿认罪，并取得受害人谅解等情节，对其从轻处罚，判处其有期徒刑一年，缓刑二年。②

2. 经济冲突

当今中国家庭代际关系出现失衡，很多子女已经习惯了向父母索取，而不肯向父母承担同等的赡养义务。在自身面临的社会关系、经济方面等压力面前，子女们更是把老人当成一种负担。在这种情况下，一旦发生经济冲突，例如家产分配不均等，就容易发生拒绝扶养父母的现象，甚至打骂、虐待父母。详见以下案例三和案例四。

案例三：刘某财虐待案

基本案情：被告人刘某财一贯好逸恶劳，2008年12月，刘某财与其堂兄刘某因互换地基之事发生纠纷，便要父亲刘某金、母亲曾某去找刘某。因刘某金和曾某不肯去，刘某财便迁怒于父母，将其父母赶出家门。刘某金和曾某只好在自家旁边的牛栏里架了一张简易铺，床铺上只有一些稻草，再无其他御寒物品。由

---

① 云南省高级人民法院（2015）云高刑复字第144号刑事裁定书。

② 四川省宁南县人民法院（2016）川3427刑初53号刑事判决书。

于刘某财不准其父刘某金进住房，也不给其饭吃，刘某金只有在饥寒和病困中艰难度日。2008 年 12 月 23 日早晨，刘某金死在牛栏里。经法医鉴定：刘某金系因肌体功能极度衰竭而死亡。

法院认为，被告人刘某财对其父亲刘某金负有赡养义务，因自己心情好恶而任意采取打骂、赶出家门、不给饭吃的恶劣手段对待其父亲，致其父亲在饥寒中死亡，其行为已构成虐待罪。同时，刘某财虽在归案后如实供述自己的犯罪事实，但无悔改之意，而且，该案在当地造成了极坏的社会影响。因此，法院对刘某财从重处罚，判处其有期徒刑六年。①

案例四：刘某顺虐待案

基本案情：自诉人刘某某、梁某某是夫妻，膝下有被告人刘某顺、刘某义两子，被告人杨某香系刘某顺之妻。2012 年 4 月 4 日，刘某顺与刘某义因争执土地界线而发生纠纷，被告人刘某顺、杨某香认为刘某某、梁某某偏向刘某义，致双方发生矛盾，后刘某顺、杨某香拒绝扶养父母刘某某、梁某某，且经常打骂刘某某、梁某某。

2012 年 7 月 9 日，刘某某、梁某某以虐待罪向法院提起自诉，控告刘某顺、杨某香，双方在法院主持下达成调解协议：自诉人刘某某、梁某某撤回刑事自诉；刘某某、梁某某的赡养义务由其两个儿子刘某顺、刘某义共同负担；刘某某、梁某某两人过世后，其共同财产由刘某顺、刘某义平分。②

3. 踢皮球现象所致

养儿防老、多子多福是中国传统的敬老、养老观念，然而，近现代以来，传统孝道经历了被抛弃、批判、改变的历史，伴随着个人主义思想的冲击，中国传统家庭伦理道德逐渐淡化。有些人视老人为“包袱”“累赘”。在一些多子女家庭中，有的子女只顾小家庭利益，对于扶养父母推诿扯皮，互相攀比，生怕吃亏，这种子女间相互推诿，经常会发生“三个和尚没水喝”的现象，这种情况在农村更为多见。详见以下案例五和案例六。

案例五：聂某文等虐待案

基本案情：1985 年农历 2 月，聂某甲、聂某丙、聂某文兄弟三人分家时立下字据，聂某甲表示其放弃祖遗房屋和财产分配，让给聂某丙、聂某文弟兄二人，并每年给付老人赡养费；聂某丙、聂某文分得房屋和财产，并每年给付老人赡养

① 湖南省衡阳县人民法院（2009）蒸刑初字第 27 号刑事判决书。

② 湖南省溆浦县人民法院（2012）溆刑初字第 95 号刑事调解书。

费；老人在家看病药费归聂某丙、聂某文均摊，医药费超过 80 元的部分由弟兄三人均摊。由于两个老人不能做饭，字据还写明，父亲归聂某文照管，母亲归聂某丙照管。

然而，在共同生活期间，被告人聂某文、柴某某对父亲聂某并没有履行赡养义务，不仅经常不为聂某做饭，还对其实施殴打，致聂某不得不出外乞讨，后更是患病卧床不起。2007 年 10 月 25 日，经医生诊断，聂某左尺桡骨远端陈旧性骨折、左股骨颈陈旧性骨折、高血压 3 级、褥疮。同年 10 月 28 日，聂某在家里去世。

法院认为，两名被告人虐待家庭成员，情节恶劣，已构成虐待罪，判处有期徒刑六个月，缓刑一年。[①]

案例六：解某英案

基本案情：解某英有四子三女，和其丈夫含辛茹苦将 7 个孩子抚养长大。大儿子李某猛结婚时，解某英将自己翻盖的小洋房让给大儿子和大儿媳，自己搬到破旧的土房里居住。后来土房因为年久失修，不能住人，解某英只能在几个儿子家轮流居住。但四个儿子却一直觉得父母偏心，对其他兄弟比对自己好，心怀不满，把母亲视为累赘，谁也不想负更多赡养责任。老人就像皮球一样被几个孩子踢来踢去。后经调解，四兄弟轮流赡养母亲，一人负责一个月，但大儿子李某猛经常殴打老人，致其入院治疗。2014 年 1 月 1 日，解某英老人在四儿子李某武家居住“期满”，被李某武之妻强行送至大儿子李某猛住处，但李某猛住处空无一人。老人被迫来到二儿子李某奎和三儿子李某丰的住所外面呼救，希望他们能给自己开门，然而，深夜里，李某奎李某丰明明听到了母亲的呼救，却觉得当时“没轮到”自己，便假装没听见母亲的呼救，继续睡觉。2015 年 1 月 2 日凌晨，老人因摔伤出血，又饥寒交迫，在冰冷的冬夜里孤独地死去。[②]

重庆市万州区人民法院最终认定四人行为恶劣，成立遗弃罪，判处李某奎、李某丰、李某武一年零六个月有期徒刑；李某猛因具有虐待情节，则被判处有期徒刑两年。

4. 施虐者个人素质低下

除了受外界因素影响，施虐者的个人行为、生理及心理素质等也可能导致虐待老年人案件的发生。例如，施虐者如果有酗酒、吸毒、个人品性等方面的问

---

① 河南省焦作市中级人民法院（2010）焦刑二终字第 20 号刑事判决书。

② 《母亲的呼救》，央视网《今日说法》（2014 年 12 月 26 日），https：//tv. cctv. com/2014/12/26/VIDE1419576960806169. shtml，2022 年 7 月 10 日访问。

题，可能会更加容易虐待老年人。尤其是在失去父母的经济支持后，面对着照顾老人的压力，往往会逐渐失去照顾老人的耐性，将自身面临的社会压力发泄到老人身上。详见以下案例七。

案例七：王某玉虐待、故意伤害案

基本案情：被告人王某玉曾犯流氓罪（1983 年）、抢劫罪、强奸罪分别被判有期徒刑，其刑满释放后与其父王某某同住。在共同生活期间，王某玉经常因家庭矛盾辱骂、殴打王某某。2014 年 10 月，王某某因腿骨骨折卧病在床，11 月 24 日，王某玉因琐事对病床上的王某某进行殴打，致王某某死亡。经鉴定，王某某的头部和面部均受钝性暴力，致颅脑损伤死亡；其多发性损伤及严重营养不良、身体机能低下等是其辅助死因。

法院认为，被告人王某玉对共同生活的家庭成员，经常以打骂等方法，从肉体上和精神上肆意进行摧残迫害，情节恶劣，构成虐待罪和故意伤害罪，判处其有期徒刑十二年，剥夺政治权利二年。[①]

四、虐待老年人刑法规制之难题

（一）虐老现象普遍，但刑事保护启动率低

随着世界人口老龄化的不断发展、传统家庭模式的不断改变，根据学者们的统计数据，虐老案件日趋增长，逐渐成为一个世界性的社会问题。在世界范围内，库珀（Cooper）等的研究显示，虐待老年人案件的检出率在 3.2%至 27.5%之间，这个差距主要是由于各国对老年人虐待的定义以及选用的测量工具不同。[②] 而在我国，虐老现象的调查与研究也成为社会学家关注的重点。2011 年，有学者对安徽省农村老年人的调查显示，老年人虐待的检出率为 29.9%。[③] 2013 年，有学者对湖北省麻城地区的老年人进行调查，其虐待检出率为 36.2%。[④] 这些数据都表明，虐待、遗弃老年人的现象在世界各国是普遍存在的，其中有些案

---

① 河南省洛阳市老城区人民法院（2015）老刑初字第 95 号刑事判决书。

② Cooper C，Manela M，Katona C，Livingston G. *Screening for elder abuse in dementia in the LASER-AD study：prevalence，correlates and validation of instruments*. Int J Geriatr Psychiatry，2008 Mar：23（3）：283-8.（克劳迪娅·库珀、莫妮卡·马内拉：《在激光阿尔兹海默病研究中检视对痴呆症老年人的虐待：患病率、相关性及仪器确认》，《国际老年精神病学杂志》2008 年第 3 期。）

③ 苏普玉、郝加虎、熊黎明等：《安徽省农村老年人受虐待与忽视现状及其影响因素研究》，载《中华流行病学杂志》2011 年第 2 期。

④ 武丽、胡洋、张涛等：《农村老年人身心健康状况与虐待关系》，载《中国公共卫生》2013 年第 1 期。

例让人震惊和愤慨，造成极为恶劣的社会影响。然而，在我国，虐待老年人的刑事案例却极少，这一问题的存在主要与我国虐待罪的立法设置有关。

根据《刑法》第二百六十条规定：虐待家庭成员，情节恶劣的，处二年以下有期徒刑、拘役或者管制。犯前款罪，致使被害人重伤、死亡的，处二年以上七年以下有期徒刑。第一款罪，告诉的才处理，但被害人没有能力告诉，或者因受到强制、威吓无法告诉的除外。由于我国虐待罪是告诉才处理的犯罪，因此虐待罪的启动一般由原告直接去法院立案，证据也主要由原告收集提供。

虽然刑法修正案（九）对虐待罪进行修改，增加了第三款“第一款罪，告诉的才处理，但被害人没有能力告诉，或者因受到强制、威吓无法告诉的除外”。增加的原因是考虑到被虐待的对象往往是幼儿或是重病、卧床不起的老年人，为充分保障他们的人身权，但被害人没有能力告诉的，由公诉机关介入。然而，司法实践的案例数据显示，由公诉机关介入的虐待老年人案例只占总数据的 23%，这些案件均具有“致人重伤、死亡”的情节。也即，从目前的司法实践看，只有致老人重伤、死亡的虐老案件才由公诉机关介入。因此，有些被虐待的老人，或者因为重病卧床没有能力到法院起诉，或者碍于情面，考虑到家丑不外扬而放弃对自己权利的刑法保护。据统计，在全国虐待老年人的刑事案件中，自诉人撤诉的占所有案件的 12.5%，例如：吴某芝等虐待案①、聂某文等虐待案②，而这一统计当然无法包括大量当事人根本没有起诉或法院根本没有立案的案件。在聂某文等虐待案中，老父亲聂某某在 20 年间，先后三次向法院起诉三个儿子虐待、遗弃。其中经历起诉、调解、撤诉，再次起诉、和解、撤诉，第三次起诉、撤诉。

（二）虐待老年人的证据收集难

由于虐待老年人的行为多发生于家属之间，具有隐蔽性、长期性。再加上作为亲告罪，普通虐待罪立案时的证据应由自诉人提供，然而，受虐待的老年人举证能力较弱，少有人证及物证，导致证据收集难成为虐待老年人案件在刑事司法实践中的另一难题。

2015 年，最高人民法院、最高人民检察院、公安部、司法部颁布《关于依法办理家庭暴力犯罪案件的意见》（以下简称《意见》）。《意见》明确指出：“人民法院在审理家庭暴力自诉案件时，对于因当事人举证能力不足等原因，难

① 贵州省天柱县人民法院刑事裁定书：（2017）黔 2627 刑初 39 号。
② 河南省焦作市中级人民法院刑事裁定书：（2010）焦刑二终字第 20 号。

以达到法律规定的证据要求的，应当及时对当事人进行举证指导，告知需要收集的证据及收集证据的方法。对于因客观原因不能取得的证据，当事人申请人民法院调取的，人民法院应当认真审查，认为确有必要的，应当调取。”虽然这样，但司法实践中，《意见》的精神并没有得到很好的贯彻执行。在全国的虐老刑事案件中，由法院立案后因证据不足撤销案件或判处行为人无罪的案件比例高达60%。例如：李某某诉李某航等虐待罪案，由于自诉人未能提供足够证据，法院直接裁定不予受理。其基本案情如下：2016年11月14日，李某某向法院提起自诉，控告李某航、廖某、宋某瑞虐待、殴打老人，请求法院追究三名被告人的刑事责任，并要求三名被告人给予医药费、精神损失费、误工费等赔偿。法院经审查认为，自诉人未提供足够证据证明李某航、廖某、宋某瑞的犯罪事实，裁定对李某某的起诉不予受理。①

（三）投诉无门，以暴制暴

如上所析，虐待老年人的现象普遍，刑事保护的启动率极低。这些被虐待的老年人又是社会的弱势群体，家庭是其唯一栖身之处。在忍受暴力、求助不能、走投无路的情况下，往往导致精神濒临崩溃，作出过激行为：杀人或自杀。这种“以暴制暴”“以暴抗暴”甚至“以死抗争”的案例，在司法实践中并不少见。

例如：岑某某故意杀人案。

基本案情：被害人岑某甲系被告人岑某某的儿子，岑某甲长期与父母不睦，经常虐待父母。2014年7月22日中午，岑某甲当面扬言要杀其父母岑某某和黄某乙。当日19时许，岑某某和黄某乙外出务农回到家，岑某某当时手持一根木质锄柄，看到岑某甲手拿一根木棍站在门口要打自己，即用手中的锄柄击打岑某甲头部数次，致其倒地。岑某甲倒地后，岑某某又用岑某甲的木棍连续殴打岑某甲的头部和身体，致岑某甲死亡。

法院认为，岑某某构成故意杀人罪，综合考虑该案是家庭矛盾引发，被害人有严重过错，被告人岑某某又系75岁的老人，且自首、当庭自愿认罪，认罪态度好，有悔罪表现，判决其有期徒刑三年，缓刑四年。②

岑某某案酿成如此悲剧，与虐待老年人案件未能及时得到干预和制止有关。如一味强调“告诉才处理”，将公安、检察机关的侦查、审查排除在外，将可能

---

① 四川省井研县人民法院（2016）川1124刑初88号刑事裁定书。

② 广西壮族自治区田阳县人民法院（2014）阳刑初字第183号刑事判决书。

导致更多的悲剧发生，产生更多严重的社会后果。

五、虐待老年人刑法规制之难题的突破

（一）加强司法机关对虐待老年人案件的干预和查处

追诉犯罪本是国家应当承担的责任，我国的虐待罪作为“亲告罪”，其立法设置的主要理由是“对于有些侵犯个人权利的轻微犯罪处理时应当充分考虑到被害人的隐私、意愿等，以更好地保护被害人的权利”。这种设置是公权力对个人私权的一种妥协和让渡，充分尊重当事人的诉讼意愿。然而，虐待罪是侵犯公民生命健康权的一种犯罪，如果缺乏公权力在一定情况下的强力介入，就无法很好地保障被虐待者的人身权利，而且，被害人追诉意愿也很难得到顺利实现。因此，在处理虐待老年人的刑事案件过程中，协调好“保护法益”与“尊重追诉意愿”的关系，显得特别重要。因此，提出以下几点建议：

1. “告诉才处理”不等于排除司法机关干预

根据四部门颁布的《意见》，虐待罪的“告诉才处理”是指：“尊重被害人意愿。办理家庭暴力犯罪案件，既要严格依法进行，也要尊重被害人的意愿。在立案、采取刑事强制措施、提起公诉、判处刑罚、减刑、假释时，应当充分听取被害人意见，在法律规定的范围内作出合情、合理的处理。对法律规定可以调解、和解的案件，应当在当事人双方自愿的基础上进行调解、和解。”

2. 司法机关也是收集证据的主体

其一，四部门《意见》中明确指出：“公安机关在办理家庭暴力案件时，要充分、全面地收集、固定证据，除了收集现场的物证、被害人陈述、证人证言等证据外，还应当注意及时向村（居）委会、人民调解委员会、妇联、共青团、残联、医院、学校、幼儿园等单位、组织的工作人员，以及被害人的亲属、邻居等收集涉及家庭暴力的处理记录、病历、照片、视频等证据。”其二，加强司法机关对自诉案件举证指导。家庭暴力犯罪案件具有案发周期较长、证据难以保存，被害人处于相对弱势、举证能力有限、相关事实难以认定等特点。这些特点在自诉案件中表现得更为突出。因此，人民法院在审理家庭暴力自诉案件时，对于因当事人举证能力不足等原因，难以达到法律规定的证据要求的，应当及时对当事人进行举证指导，告知需要收集的证据及收集证据的方法。对于因客观原因不能取得的证据，当事人申请人民法院调取的，人民法院应当认真审查，认为确有必要的，应当调取。

（二）美国强制报告制度的引入

强制报告制度是指：各种机构及人员，包括医生、家庭或机构的健康照护人员、心理医生，社区工作者、法律执行官员、律师、教师、长期照护人员、成年人保护机构服务人员、人权保护机构人员、监护人、代理人等发现任何达到 60 岁的老年人，不论其身体及精神状态是否健康，只要存在被侵害、忽视或经济剥夺或者自我忽视的现象或危险，都应当向相关部门报告。目前，美国 50 多个州中已经有 43 个州规定了对老年人虐待的强制报告义务，其余各州实行自愿报告制度。

在我国，刑法规定虐待罪只有在特殊情况下，告诉主体才由被虐待人扩大到近亲属和检察院。但是四部门的《意见》已将"强制报告"规定在内，即家庭暴力被害人及其亲属、朋友、邻居、同事，以及村（居）委会、人民调解委员会、妇联、共青团、残联、医院、学校、幼儿园等单位、组织，发现家庭暴力，有权利也有义务及时向公安机关、人民检察院、人民法院报案、控告或者举报。

（三）注意虐待老年人犯罪与其他犯罪的转化

1. 虐待罪与故意伤害罪、故意杀人罪

以下两个案例均为虐待老年人的案例，但两名被告却分别成立不同的罪名。

案例一：索某平故意伤害案

基本案情：被告人索某平从小脾气不好，稍不顺心，便打骂父母及妹妹。索某平的母亲病逝，妹妹出嫁后，其对父亲索某秀的打骂逐步升级，索某秀不堪忍受，外出打工不归。2006 年，索某秀因工伤左手食、中指被切断，手背皮骨被切碎回到家中。索某平嫌索某秀不能干活了，非打即骂，甚至有时不给饭吃。

2007 年 5 月 31 日早上，索某平嫌索某秀摇晃家中大门，便朝其背部踹了十余脚，后索某平拿馒头给索某秀吃时，因索某秀将嚼碎的馒头吐出来，索某平再次发火，又朝索某秀身上踹了几脚，致其当场死亡。当地中级人民法院认为，检察机关指控被告人索某平的犯罪事实清楚，证据确实充分，但定性故意杀人罪存在错误。被告人索某平无端滋事，对父亲多次拳打脚踢，致其当场死亡，其行为构成故意伤害罪，且犯罪手段残忍，情节恶劣，后果特别严重，依法应予严惩。法院最终以故意伤害罪判处被告人索某平死刑，剥夺政治权利终身。[①]

---

① 《刑事审判参考》2009 年第 1 辑，总第 66 辑第 524 号案例。

案例二：郝某某虐待案

基本案情：2011 年 10 月 25 日以来，被告人郝某某对共同生活的婆婆杨某先经常以殴打、咒骂、冻饿的方式进行虐待，其间还因琐事将杨某先打伤。2012 年 4 月 19 日，杨某先不堪忍受，上吊自杀。

法院认为，被告人郝某某对杨某先具有赡养义务，却以殴打、谩骂、饥饿的方式对其进行虐待，致其自杀死亡，郝某某行为符合虐待罪特征，构成虐待罪，判处其有期徒刑二年。①

这两个案例的相同之处在于：同样具有虐待老年人的情节，同样造成被害人死亡，但这两个案例中的被告却分别成立故意伤害罪与虐待罪。区分这两个罪名，应注意以下几点：

首先，虐待罪是以打骂、冻饿、强迫过度劳动、有病不予治疗、限制自由、凌辱人格等手段，对共同生活的家庭成员从肉体上和精神上进行摧残、折磨，情节恶劣的行为。施暴人长期或者多次实施虐待行为，逐渐造成被害人身体损害，构成虐待罪。

其次，施暴人长期或者多次实施虐待行为，逐渐造成被害人身体损害，进而导致被害人重伤或者死亡，但施暴人对被害人的重伤与死亡结果没有故意，仅有过失的，不能认定为故意伤害或故意杀人，只能认定为虐待致人重伤、死亡。

再次，虐待行为完全可能跟故意伤害行为或故意杀人行为并存。在情节恶劣的经常性虐待过程中，其中一次产生故意伤害或杀人故意，进而实施伤害或杀人行为的，应当构成虐待罪与故意伤害罪或故意杀人罪，实行数罪并罚。是否具有伤害故意或杀人故意可以从暴力手段是否残忍、暴力程度、使用工具等进行判断。案例一中，被告人索某平长期对父亲索某秀实施虐待，非打即骂，甚至有时不给饭吃，在此过程中，踹打老父亲并致其当场死亡，应成立虐待罪与故意伤害致人死亡罪，数罪并罚。

最后，虐待罪的第二款规定：犯虐待罪，致使被害人重伤、死亡的，处二年以上七年以下有期徒刑。这里的致人重伤、死亡，要求重伤和死亡的结果与虐待施暴行为具有因果关系。案例二中，被告人郝某某经常以殴打、咒骂、冻饿的方式对婆婆杨某先进行虐待，杨某先不堪忍受而上吊自杀，被告人郝某某能否成立虐待罪致人死亡呢？由于杨某先的自杀与郝某某的虐待行为不具有刑法上的因果

① 河南省濮阳县人民法院（2013）濮刑初字第 23 号刑事判决书。

关系，因此既不能成立故意伤害罪或故意杀人罪，也不能成立虐待致人死亡罪，而应成立虐待罪第一款“虐待他人，情节恶劣”，按照第一款的法定刑进行量刑。

2. 虐待罪与遗弃罪

（1）虐待罪与遗弃罪的主要区别在于行为方式不同：虐待罪一般以作为的行为方式，而遗弃罪一般以不作为的行为方式。具体来说，遗弃罪是指对于年老、年幼、患病或者其他没有独立生活能力的人，负有扶养义务而拒绝抚养，情节恶劣的行为。遗弃罪的行为内容是“拒绝扶养”，行为方式是不作为。虐待罪的行为内容是进行肉体上的摧残与精神上的折磨，行为方式主要是作为，当然也可以是作为与不作为交替或同时使用。

单纯的有病不予治疗、不提供饮食等行为，不构成虐待罪，而是构成遗弃罪。

（2）对精神虐待的行为应当如何认定？《老年人权益保障法》第十八条规定：“家庭成员应当关心老年人的精神需求，不得忽视、冷落老年人。与老年人分开居住的家庭成员，应当经常看望或者问候老年人。用人单位应当按照国家有关规定保障赡养人探亲休假的权利。”对于精神虐待，应当具体分析：第一，虐待罪的行为内容既可能是肉体上的损害，也可能是精神上的折磨。前者如殴打、冻饿、强迫过度劳动、有病不予治疗等，后者如侮辱、咒骂、讽刺、不让参加社会活动等。作为式的长期的精神折磨，如辱骂、侮辱、讽刺，达到情节严重的，应认定为虐待罪。第二，单纯的不作为式的精神忽视，如冷暴力，不闻不问、拒绝交流、拒绝回家的行为，不应认定为虐待罪，在情节严重时应属于“负有扶养义务而拒绝扶养”，成立遗弃罪。

第二节　遗弃老年人的刑法规制

一、遗弃罪的概念及犯罪构成

我国《刑法》第二百六十一条对虐待罪进行了如下规定：遗弃罪是指对于年老、年幼或者其他没有独立生活能力的人，负有扶养义务而拒绝扶养，情节恶劣的，处五年以下有期徒刑、拘役或者管制。

遗弃罪的构成要件内容为，对于年老、年幼、患病或者其他没有独立生活能力的人，负有扶养义务而拒绝扶养。

（1）行为主体必须是对于年老、年幼、患病或者其他没有独立生活能力的人负有扶养义务的人。义务来源不限于亲属法的规定，而应按照刑法总论中所讨论的作为义务来源予以确定。

（2）行为对象是年老、年幼、患病或者其他没有独立生活能力的人。其中的年老、年幼并无清晰的年龄界限，患病的种类与程度也无确定的标准，需要联系“没有独立生活能力”来理解和认定。

（3）行为内容为拒绝扶养。对此，应做出符合法益保护目的的解释。扶养实际上是指扶助没有独立生活能力的人，使其能够像人一样生存。除了提供生存所必需的条件外，在其生命、身体处于危险状态的情况下，必须给予救助，更不能将其置于危险境地。

（4）成立遗弃罪要求情节恶劣。对此，应根据遗弃行为的方式、行为对象、结果等进行综合判断。对此，2015 年 3 月 4 日最高法、最高检、公安部、司法部联合制发的《意见》明确指出：负有扶养义务且有扶养能力的人，拒绝扶养年幼、年老、患病或者其他没有独立生活能力的家庭成员，是危害严重的遗弃性质的家庭暴力。根据司法实践，具有对被害人长期不予照顾、不提供生活来源；驱赶、逼迫被害人离家，致使被害人流离失所或者生存困难；遗弃患严重疾病或者生活不能自理的被害人；遗弃致使被害人身体严重损害或者造成其他严重后果等情形，属于《刑法》第二百六十一条规定的遗弃“情节恶劣”，应当依法以遗弃罪定罪处罚。

（5）责任形式为故意，即明知道自己的行为会使年老、年幼、患病或者其他没有独立生活能力的人的生命、身体处于危险状态，并希望或放任危险状态的发生。

二、遗弃罪在司法实践中的争议及厘清

在现实生活中，很多老年人丧失了独立生活能力，其子女不尽赡养义务，导致很多令人悲愤的案例出现。但在司法实践中，能进入刑法视野的遗弃老年人刑事犯罪案例却并不多。为加强刑法对老年人人身权利的保护，应对司法实践中的相关争议加以厘清。

（一）养老院、医院等义务机构能否成为遗弃罪的主体

1. 从王某民等遗弃案谈起

基本案情：1996 年至 1999 年 8 月间，被告人刘某新、田某莲、胡某基、于某枝，在乌鲁木齐市精神病福利院院长王某民的指派下，安排该院工作人员将精神病福利院的 28 名“三无”公费病人遗弃在甘肃省及新疆昌吉附近。这些被遗弃的病人中，只有杜某新一人安全回到家，其他 27 名被遗弃的病人均下落不明。

一审法院认为：被告人王某民等身为福利院的工作人员，对依赖于福利院生存、救助的“无家可归、无依无靠、无生活来源”的公费病人，负有特定扶养义务，应当依据其各自的职责，积极履行监管、扶养义务，而不应将被扶养的 28 名病人遗弃，拒绝监管和扶养。被告人王某民等人的行为均已触犯我国刑法中关于对于年老、年幼、患病或者其他没有独立生活能力的人，负有扶养义务而拒绝扶养，情节恶劣的处五年以下有期徒刑的规定，构成了遗弃罪。被告人王某民起主要作用，系主犯，判处其有期徒刑二年，缓刑三年；其他四名被告系从犯，判处有期徒刑一年，缓刑二年。[①] 二审法院维持原判。[②]

本案的主要争议是：被告是否为遗弃罪的适格主体？被告是否具有“扶养义务”？

2. 争议的厘清

遗弃罪的范围是否还仅限于家庭成员之间在刑法理论界与司法实务界一直存在分歧。

观点一：1979 年制定的刑法所规定的八章罪中，妨害婚姻家庭罪只有六个条文，显得十分单薄，与其他章的犯罪相比极不协调。因此，主张将原来单设一章的妨害婚姻家庭罪归并到刑法第四章即侵犯公民人身权利、民主权利罪中。[③] 在 1997 年刑法修订以后，妨害婚姻家庭罪一章虽然归入侵犯公民人身权利、民主权利罪，但由于刑法关于遗弃罪的规定未作任何修改，因而在我国刑法学界一般认为遗弃罪的含义并无变化。例如有学者指出：遗弃罪的客观方面表现为对没有独立生活能力或者不能独立生活的家庭成员，有扶养义务而拒绝扶养的行为。[④]

观点二：遗弃罪既然被 1997 年刑法规定在侵犯人身权利、民主权利罪这一

① 新疆维吾尔自治区乌鲁木齐市新市区人民法院（2002）新刑初字第 120 号刑事判决书。
② 新疆维吾尔自治区乌鲁木齐市中级人民法院（2002）乌中刑终字第 194 号刑事裁定书。
③ 周道鸾等主编：《刑法的修订与适用》，人民法院出版社 1997 年版，第 522 页。
④ 周道鸾等主编：《刑法罪名精释》（第二版），人民法院出版社 2003 年版，第 426 页。

章中，说明遗弃罪的同类客体要件是公民的人身权利。在此前提下，遗弃罪直接客体要件的内容不应超出这一限制，否则，遗弃罪就不可能属于侵害人身权利、民主权利罪这一章。申言之，遗弃罪是对公民人身权利的侵犯，遗弃罪直接客体要件是公民的生命、健康，而不能像以前那样将遗弃罪理解为对婚姻家庭关系、对公民在家庭中受扶养权利的侵犯，因为婚姻家庭关系不属于人身权利的范畴。基于此，应对遗弃罪客观要件的内容重新界定。只要是年老、年幼、患病或其他没有独立生活能力的人，都可能成为本罪的犯罪对象，不再要求犯罪对象与犯罪主体是同一家庭的成员。遗弃罪的义务也不再仅仅来源于《民法典》婚姻家庭编中规定的夫妻、父母子女之间的相互扶养义务，其来源呈现多样化①。

从我国保护老年人权益的实践看，遗弃罪的主体不应仅限定为家庭成员。理由如下：

第一，从法益来看，遗弃罪置于刑法分则侵犯公民人身权一章中，其保护的法益应该是被害人的生命、身体的安全，而不是传统观点的保护家庭成员间的伦理关系。显然，并非只有家庭成员之间的遗弃行为才能对被害人生命、身体产生危险，家庭成员以外的负有扶养义务的其他人的遗弃行为，也可能对被害人的生命、人身产生危险。因此，不能将遗弃罪的主体限定为家庭成员。

第二，遗弃罪是“负有扶养义务而拒绝扶养”，是一种身份犯。是否成立遗弃罪，关键看行为人是否具有“扶养义务”。何谓扶养义务？传统的理论和司法实践习惯单纯地从婚姻法律上理解刑法中的“扶养义务”，认为只是具有法定扶养义务的亲属遗弃被扶养人的，才能成为遗弃罪的特殊主体，将遗弃罪主体范围仅限于具有法定扶养义务的亲属间。不可否认，《民法典》确认了配偶、亲属之间的扶养义务，但这并不意味着除此之外不存在其他的扶养义务。随着社会的发展，扶养呈现出社会化的趋势，如各种养老院、福利院等就成为专门的社会扶养机构，非家庭成员间的遗弃不仅客观存在，而且有多发的趋势。从我国《刑法》第二百六十一条规定的精神看，该条中所指的“扶养义务”是广义的，不仅包括亲属间的法定扶养义务，也包括职业道德、职责所要求必须履行的扶养义务。因为刑法在这里只是明确了对于年老、年幼、患病或者没有其他独立生活能力的人有扶养义务而拒绝扶养，情节恶劣的，即构成遗弃罪，而并没有明确必须是有法律上扶养义务的人实施遗弃行为才构成本罪。

---

① 苏彩霞：《遗弃罪之新诠释》，载《法律科学》2001 年第 1 期。

因此，本案5名行为人所在的精神病福利院，是当地人民政府为给“三无”病人提供救助所设立的专门机构，其开支费用由国家负担。5名行为人作为该精神病福利院的领导、部门负责人和直接从事护理工作的人员，对收留在该精神病福利院的所有“三无”病人，无论是在职业道德上还是职责上，都直接负有给他们提供食宿和治疗疾病等救助的义务。但他们在有能力和条件的情况下，拒不履行这种救助义务，将28名“三无”病人送到异地予以遗弃，情节甚为恶劣，人民法院认为他们分别构成了遗弃罪主体并以遗弃罪追究他们的刑事责任，符合刑法的有关规定。

第三，从国外立法例看，遗弃罪主体的范围比较宽。如法国、德国、日本、奥地利等一些国家根据行为人对他人是否负有法律上、职责上、业务上或契约关系引起的扶助义务，而将本罪分为无义务遗弃罪、有义务遗弃罪。[①] 本案中5名行为人与被遗弃的28名“三无”病人无亲属关系，对他们没有法定的扶养义务，他们遗弃这28人的行为，如果按外国刑法的规定，无疑会构成无义务遗弃犯罪的主体，也会受到刑事责任的追究。

（二）遗弃罪与故意杀人罪的关系如何

1. 从解某英案谈起

基本案情：解某英有四子三女，和其丈夫含辛茹苦将7个孩子抚养长大。大儿子李某猛结婚时，解某英将自己翻盖的小洋房让给大儿子和大儿媳，自己搬到破旧的土房里居住。后来土房因为年久失修，不能住人，解某英只能在几个儿子家轮流居住。但四个儿子却一直觉得父母偏心，对其他兄弟比对自己好，心怀不满，把母亲视为累赘，谁也不想负更多赡养责任。老人就像皮球一样被几个孩子踢来踢去。后经调解，四兄弟轮流赡养母亲，一人负责一个月，但大儿子李某猛经常殴打老人，致其入院治疗。2014年1月1日，解某英老人在四儿子李某武家居住“期满”，被李某武之妻强行送至大儿子李某猛住处，但李某猛住处空无一人。老人被迫来到二儿子李某奎和三儿子李某丰的住所外面呼救，希望他们能给自己开门，然而，深夜里，李某奎李某丰明明听到了母亲的呼救，却觉得当时“没轮到”自己，便假装没听见母亲的呼救，继续睡觉。2015年1月2日凌晨，

① 陈兴良：《非家庭成员间遗弃行为之定性研究——王某民等遗弃案之分析》，载《法学评论》2005年第4期。

老人因摔伤出血，又饥寒交迫，在冰冷的冬夜里孤独地死去。①

重庆市万州区人民法院最终认定四人行为恶劣，成立遗弃罪，判处李某奎、李某丰、李某武一年零六个月有期徒刑；李某猛因具有虐待情节，则被判处有期徒刑两年。

本案的主要争议在于：四名被告之定罪量刑是否过轻？尤其是二儿子李某奎和三儿子李某丰，明知道自己的母亲在寒冷的深夜里在自己的屋外呼救，仍不开门让其进屋，致其死在屋外，是否已构成不作为的故意杀人？对此，主要有四种观点：（1）李某奎和李某丰有杀人的主观故意，其通过不作为放任危害结果的发生，构成故意杀人罪；（2）四人的行为均属于遗弃家庭成员，并造成严重后果，应认定为遗弃罪；（3）被害人系被告人的亲生母亲，被告人并无杀人故意，其故意不让母亲进屋的行为系虐待行为，应构成虐待罪；（4）四名被告作为被害人的儿子，虽有扶养义务，但主观上并无杀害被害人的故意，其行为属于过失犯罪，应认定为过失致人死亡罪。

2. 争议的厘清

我们认为，被告李某奎和李某丰应同时成立遗弃罪与故意杀人罪，数罪并罚。原因如下：

（1）被告李某奎和李某丰不仅仅构成遗弃罪。遗弃罪是给被害人的生命、身体造成危险的犯罪；故意杀人罪是剥夺被害人生命的犯罪，二者的性质与法益侵害程度相差较大。两者的主要区别在于：在特定的时空条件下，被害人之生命安危是否依赖于对其负有特定扶养义务的行为人，如果存在这种支配依赖关系，而行为人不仅自己不履行扶养义务，还切断、排除了其他人对被害人进行救助的可能，主观上对被害人死亡结果持放任态度，那么行为人就构成故意杀人罪；相反，扶养义务的不履行如果不会给被害人生命带来必然的、紧迫的现实危险，客观上仍存在其他人介入履行扶养义务的可能，行为人主观上既不希望也不放任死亡结果的发生，那么行为人就属于遗弃罪。例如，将婴儿扔在有人经常路过的地方，婴儿有可能被人施救，生命面临的危险尚不紧迫，行为人有合理依据相信婴儿无生命危险的，就属于遗弃行为；反之，如果将婴儿扔在偏僻处所，婴儿难以被人施救，生命面临必然、紧迫的现实危险的，那么行为人对可能造成的婴儿死亡后果持无所谓的放任态度，就应当认定属故意杀人。本案案发的特定时间是夜

① 《母亲的呼救》，央视网《今日说法》（2014 年 12 月 26 日），https：//tv. cctv. com/2014/12/26/VIDE1419576960806169. shtml，2022 年 7 月 10 日访问。

深人静的冬季深夜，地点是被告李某奎和李某丰自家院内，两被告将年老的母亲拒绝于门外，应当明知其母亲将面临紧迫的生命危险，且获得他人实施救助的可能性极小。因此，李某奎和李某丰不仅仅构成遗弃罪。

（2）被告李某奎和李某丰不仅仅构成虐待罪。虐待罪是指对共同生活的家庭成员，经常以打骂、冻饿、禁闭、有病不给治疗或者强迫从事过度劳动等手段，从肉体上和精神上进行摧残迫害，情节恶劣的行为。虐待罪既可能以积极行为实施，如经常肉体折磨、精神摧残，也可能以不作为方式实施，如有病不给医治。根据《刑法》第二百六十一条的规定，虐待家庭成员情节恶劣的，处二年以下有期徒刑、拘役或者管制，可见，虐待罪是一种相对较轻的罪行，不会侵犯被害人的生命权利，一般表现为经常或者连续折磨、摧残家庭成员身心的行为。在本案中，被告人李某奎和李某丰明明听到自己的母亲在寒冷的冬夜里呼救，仍不履行救助义务，致其母亲在屋外被活活地冻死，其行为已非折磨、摧残年老母亲身心，而是使其母亲生命面临被剥夺的严重危险，已超出虐待罪所能调整的范畴。

（3）被告李某奎和李某丰的行为属于不作为故意杀人。所谓不作为，是指行为人有法定义务实施并且能够实施某种积极的行为而未实施。不作为犯罪应当具备三个条件：第一，行为人负有某种特定的义务。特定义务一般有三个来源：一是法律明文规定的特定义务；二是职务上或者业务上要求履行的义务；三是由行为人先行的行为使法律所保护的某种利益处于危险状态所产生的义务。第二，行为人有履行特定义务的实际可能性而未履行。第三，因行为人不履行该项义务，造成严重后果。本案中，被告李某奎和李某丰的不作为行为包括以下四方面：

①李某奎和李某丰具有作为义务。李某奎和李某丰作为被害人解某英的儿子，对其母亲有法定的赡养义务，即对老人有经济上供养、生活上照料和精神上慰藉的义务，照顾老人的特殊需要。

②李某奎和李某丰有作为的能力。案发时，对于屋外正在呼救的老母亲，两个儿子完全有能力救助。正如庭审时法官所言：“那么寒冷的夜晚，85 岁的老母亲露宿户外，你们怎么能睡得那么安稳？在这一夜，如果有任何一个儿子对母亲进行救助，悲剧就不可能发生！”

③李某奎和李某丰未履行作为义务。老人的四个儿子均未履行应有的赡养义务，李某奎和李某丰更是置母亲的呼救而不管，在明知道母亲正处于紧迫的生命危险而不实施救助。

④李某奎和李某丰之不作为与其母亲的死亡有直接的因果关系。虽然，其母

亲在案发当天曾摔倒，并且法医鉴定其死因是摔倒造成的创伤性休克死亡，但当天夜里，如果李某奎和李某丰在听到其母亲的呼救时对其实施救助，将其及时送往医院，其母亲就不会死于寒冷的冬夜。因此，两兄弟的不作为与其母亲的死亡有直接的因果关系。

综上，客观上，被告人李某奎和李某丰对被害人具有赡养和救助义务，也有救助的能力，且案发的环境（深夜、自家院子）使其对老母亲的生命安慰具有支配关系；主观上，李某奎和李某丰明明听到母亲的呼救声从大声到微弱到完全没有声音，仍安稳入睡，完全置其母亲生命安危于不顾，最终导致其死亡。二人对其母亲的死亡结果的发生持放任态度，故二人的行为并非过失致人死亡，完全符合故意杀人罪的构成要件，应当认定其成立不作为故意杀人。

（三）将老人送老人院的行为能否成立遗弃罪

1. 从吴某良遗弃案谈起

基本案情：被告人吴某良的母亲刘某某身患短暂性脑缺血、帕金森综合征及脑梗后遗症等严重疾病。2009 年 12 月 22 日，被告人吴某良的妻子贾某等人将刘某某带到邯郸市委门口，便不知去向。后工作人员将刘某某送回吴某良家，吴某良家中无人。因刘某某无子女接管，且浑身颤抖，身体状况较差，政府工作人员只能将刘某某送至医院就医，在此期间，刘某某一直由政府工作人员护理。至 2010 年 2 月 11 日临近春节，吴某良等子女仍拒绝接管，政府被迫将刘某某送至当地一家养老院。2012 年 5 月，经政府工作人员对吴某良等子女多次教育及通知，吴某良等子女仍拒绝将身患疾病的母亲刘某某接回进行赡养，也拒绝支付刘某某在养老院的生活护理及治疗费用，刘某某在养老院居住期间几次病危，吴某良等子女均不予理会。至 2014 年 6 月 30 日，当地政府共为刘某某垫付在养老院的生活护理及治疗费 170580 元，而吴某良自 2008 年 5 月至 2014 年 5 月的收入达 46 万余元。

法院认为，吴某良对其母亲刘某某负有法律上的赡养义务，且具有赡养的经济能力，但在其母亲刘某某患有严重疾病，并已丧失劳动能力的情况下，拒绝履行赡养义务多年，情节恶劣，其行为已构成遗弃罪，依法判处其有期徒刑四年。①

2. 案件的分析

遗弃罪的行为内容为“拒绝扶养”。对此，应做出符合法益保护目的的解

---

① 河北省邯郸市复兴区人民法院（2016）冀 0404 刑初 20 号刑事裁定书。

释。扶养实际上是指扶助没有独立生活能力的人，使其能够像正常人一样生存。因此，除了生存所必须的条件外，在其生命、身体处于危险状态的情况下，必须予以救助，更不能将其置于危险境地。因此，拒绝扶养应当包括以下几种行为：一是将需要扶养的年老、年幼、患病或者其他没有独立生活能力的人移置于危险场所。这里的危险场所只是相对于特定的被害人而言，如父母将出生不久的婴儿置于医院大门前的，应当认定为将需要扶养的人移置于危险场所。二是将需要扶养的年老、年幼、患病或者其他没有独立生活能力的人遗留在危险场所。三是将需要扶养的年老、年幼、患病或者其他没有独立生活能力的人从一种危险场所转移至另外一种更为危险的场所。四是离开需要扶养的年老、年幼、患病或者其他没有独立生活能力的人，如吸食毒品的父母长期离家出走，使应当受其扶养的年老父母独自留在家中而得不到扶养。五是严重妨碍需要扶养的年老、年幼、患病或者其他没有独立生活能力的人接近其他人。六是不向年老、年幼、患病或者其他没有独立生活能力的人提供扶助，如不提供经济供给，不给予必要的照料。上述行为的实质是使年老、年幼、患病或者其他没有独立生活能力的人不能得到扶养。

将老人送老人院的行为能否成立遗弃罪？关键要看送到养老院之后，是否提供必要的经济支持。如果有，相当于委托养老院对没有独立生活能力的人进行照顾，使其像其他人一样生存。从保护法益来讲，委托养老院进行照顾，没有将老年人的生命、人身置于一种危险的状态。因此，虽然从道德伦理上讲，该行为破坏了家庭伦理，但没有侵犯刑法所保护的法益。

这并不代表行为人如果将老年人送到老人院，就一定不会构成遗弃，而应该根据具体案情进行判断。如果行为人完全将老年人丢下不管，拒绝支付经济支持，是完全的不作为，也构成遗弃罪。该案件中，经政府工作人员对吴某良等子女多次教育及通知，吴某良等子女仍拒绝将身患疾病的母亲刘某某接回进行赡养，同时也拒绝支付刘某某在养老院的生活护理及治疗费用。刘某某在复兴区康某养老院居住期间几次病危，吴某良等子女均不予理会，因此被告人应成立遗弃罪。

此外，经被害人有效承诺的遗弃行为，一般情况下可以阻却违法性认定。例如：老年人让其子女将其送往外地乞讨的，让其子女将其送去养老院的，子女的行为不构成遗弃罪。但是，与对有生命危险的、重伤等的情况下，遗弃行为对被扶养老人的生命具有具体危险时，被害人的承诺无效。这种情况与老人要求子女对其实施“安乐死”，但子女并不能因此就实施或者安排其他人实施，否则构成犯罪是同样的道理。

第三节　境外老年人人身权利保护的法律制度及启示

在中国传统思想文化中，尊老爱幼是一项传统美德，也是一项道德要求和社会伦理规则。孔子说过：孝悌也者，其为仁之本欤。意思是，孝敬是所有美德的根本。在封建社会国家的刑律中，以下犯上，虐待、遗弃父母是重罪。这些道德伦理法律传统应当认真地研究如何传承，如何通过规范家庭之间的责任和义务关系，加强对老年人人身权利保护制度的研究和完善，促进老年人权益保护工作的法制化和规范化，在当今中国社会尤其具有现实意义和长远意义。

在老年人人身权利保护方面，我们要注意研究、吸取国外的好做法。应当注意到，孝敬老人在西方文化中也是重要的美德。当然，各个国家在保护老人人身权利等方面的制度也各有不同，我们以有典型性的美国、德国和日本的有关法律制度为例，介绍一下国外发达国家是如何通过法律保护老年人权益，特别是人身权利的。

一、美国、德国、日本等国家老年人人身权利保护制度

（一）美国老年人人身权利保护制度的特点

进入20世纪以后，美国老年问题日益严重，老年人权益保障议题随即浮出水面。20世纪60年代，美国老年人口的数量迅速增加。从1900年时的308万人，猛增到1963年时的1756万人，增长6倍。此外，老人贫困现象相当严重。1959年，社会保障署报告指出，65岁以上的老人有35.2%没有足够的收入。1963年2月21日，美国总统肯尼迪向国会递交关于老年问题特别咨文——“关于援助老年人的特别咨文”，随后，美国制定了《老年人法》《医疗保障法》《监护法》等法律制度，把老年人的权益纳入较为全面的法律保护体系之中。[①] 有这样几个特点：

1.《老年人法》：保障老年人权益的制定法

1965年，美国国会通过《老年人法》，这部法律列举了为保障老年人的幸福所定的十项国家战略目标：一是老年人退休后有足够的收入，这一收入是根据当

① 杨冠琼：《当代美国社会保障制度》，法律出版社2001年版，第96页。

时的生活标准来确定的。二是在科学许可的条件下，老年人可以获得尽可能最好的生理和心理健康保障，而不受其经济地位影响。三是合适的住房，这些住房是特别设计来满足老年人需求的，并且在花费上能够让老年人负担得起。四是对那些需要社会照顾的老年人有良好的服务。五是禁止在雇佣过程中对老年人进行年龄歧视。六是由于常年工作对国家经济做出贡献的退休以后的老年人应该得到社会的尊重。七是给予老年人最广泛地参与各种文艺活动的机会。八是当老年人有需要时，对其提供有效的社区服务来进行社会援助。九是老年人能够受益于那些为提高老年人健康和幸福的科学研究。十是老年人能自由独立地计划个人的生活。① 这部法律还规定，设立老龄署，负责整理有关老年问题的信息，对州和地方处理老年问题提供协助，并且建立了国家资源中心来宣传和调度各种为老年人提供援助的资源和服务。联邦政府对56个州和629个地区的老龄机构的计划、服务和培训给予补助。对那些在老龄领域工作或即将进入老龄领域工作的人进行专业培训补助。

《老年人法》的制定和实施，对于建立规范的家庭成员之间的法律关系发挥了重要作用。

2. 《监护法》：调整家庭成员间的权利义务关系

虽然看起来美国家庭关系中，子女对父母几乎没有法律和经济上的责任，但并不能就此认为美国人就没有义务照顾或者说就可以不关心上年纪的长辈、父母。虽然成年子女没有照顾年老父母的法律义务，但大多数被指定为监护人的人都关心自己的父母和家庭成员。各州都制定了保护老年人的《监护法》，并以此作为调整父母与未成年子女、成年子女与年老父母关系的基本法。

在美国，大多数父母和成年子女不住在一起，要么独立生活，要么由养老院或社区陪助型公寓照顾。为此，美国各州都有针对老年人的监护法。如果老年人失去了生活能力（主要是自理能力）或者判断能力，州政府有关机构通常会帮他寻找一名监护人，负责他所有的法律决定。首先，失去生活能力、判断能力的人需要监护人为他的生活作出决定，医疗保健就是一项非常重要的决定。其次，一旦失去独立生活的能力，监护人要安排他住到养老院里。而且，失去判断能力的人还需要监护人代管产业和钱财。人们不能随便到法庭声称老年人自己无法做主而获得监护权，而必须证明老年人的确失去判断能力才能获得监护权。监护权是法庭设立的一种关系，它指定一名监护人照管失去思维能力的被监护人。

---

① Henry，J. Pratt. *The gray lobby*，p. 114，Chicago：University of Chicago，1976.（亨利·普拉特：《灰色大厅》，芝加哥大学1976年版，第114页。）

美国法律倾向于让家庭成员，而不是让老年人不熟悉的专业人士担任监护人。在老年人失去了判断能力，而没有事先指定某人代他作出有关医疗、经济或个人决定的情况下，政府机构或家庭成员可以到法庭，通过法律程序为他指定一名监护人。只有在没有家庭成员或家庭成员不愿意作监护人的情况下，法庭才在家庭成员以外寻找其他监护人，因为法庭的看法是，家庭成员最了解情况。一旦实施监护权，监护人就有法律规定的权利和义务。法律监护人不能剥夺被监护者的宪法权利，例如被监护者依然有权信奉自己的宗教等。但是，他的决定权要移交给监护人。

当然，监护人没有偿付被监护的老年人的债务的责任。“如果子女成为父母的监护人，而父母住在养老院里，就要用父母的钱财支付养老院的费用。一旦父母的钱财用完，孩子没有义务自己掏腰包继续支付养老院的费用。这个时候，就要由政府通过医疗援助计划提供帮助。”

监护人虐待老人的法律救济：大多数州建立了为老年人提供人身权益保护服务的公益性机构。如果发生虐待老年人的情况，警察及法庭也会进行及时的干预。通常情况下，如有虐待老年人的情况发生，这可能是身体虐待，也可能是经济虐待，还可能是精神虐待，法庭以及各州的老年人保护服务机构可以介入，代表老年人寻求服务，把虐待老年人的人赶出家，或者更换监护人等。比如，子女要把父母安排到养老院或陪助公寓居住，父母却认为可以照顾自己。子女希望父母生活得安全，父母则希望保持自主权和个人尊严，这样双方关系就会变得紧张。父母可以请求法庭变更监护人。另外一种常见的情况是，子女作为监护人从经济上剥削父母，有时不把钱用在养老费用上，而是窃为己有。那么，父母也可以通过老年人机构向法庭提出控告。如果老年人的人身权利受到侵害，包括受到其家庭成员的侵害，其他的家庭成员、邻居、朋友或者公共监护人有权代表老年人到法庭提出诉求。

3. 政府：提供高福利待遇满足老年人生活需要

在美国，由家庭成员赡养老人的观念，越来越多地转变为依靠社会福利制度和税收来满足老年人的需要。各州政府，特别是联邦政府通过各种现金、补助金、养老院和住房补助以及食物券等向老年人提供帮助。政府给老人提供的社会福利主要有三个方面：一是社会保险。对老年人来说，一项很重要的福利是社会保险。美国法律规定，凡缴纳社会保险税，年满 65 岁的公民都可以享受养老退休金。这项退休保险是强制性的，雇主和雇员共同投保，从雇员的工资中扣除。二是针对老年人和残疾人的医疗照顾计划（Medicare）。这是为 65 岁以上老年人提供的全国统一医疗保险计划。这个保险分两部分，第一部分主要用于支付住院费用；第二部分是第一部分的补充，包括医生诊疗费等。美国医疗照顾计划实施以来，已使90%多的老年人得到医疗保险。大多数老年人的基本医疗保健需要由医疗照顾计划支付。医疗照顾计划是美国唯一不以收入为基础的医疗保险计划。任何人只要年满65岁，或者终身残疾，领取退休社会福利待遇，就有资格享受这个计划。三是最低生活保障金计划。政府为无收入或低收入的老年人提供最低生活保障金。①

通过上述高福利待遇的提供，老年人基本上实现了“老有所养”，养老费用由政府买单，和成年子女在经济上发生矛盾和冲突的可能性大大降低，因此，美国的家庭成员虐待、遗弃甚至伤害老人的违法犯罪现象是比较低的。

（二）德国老年人法律权利保护制度的特点

德国是欧洲大陆国家中较早建立老年人权益保障法律制度的国家。作为世界上最早制定社会保障法的国家，德国于1881年制定社会保障法，建立医疗保险制度。使劳工享有对可能遭受的疾病、意外事故、人身安全和老年困境等社会生活风险享受国家保障的权利，大大缓解了社会矛盾。1930年，德国65岁以上人口比例就已达到社会总人口数量的7%，率先进入老龄化社会。20世纪以来，德国在原有基础上，建立了较为完备的社会保障制度。②

1. 把老年人权益保护纳入社会保障法范畴，法规具体明确，涵盖面广

《德国社会保障法典》共12卷，其中社会保险法总章、法定医疗保险法、法定养老保险法、社会护理保险与社会救济等5卷都有涉及老年人权益保护的内容。德国有三种养老保险模式，法定养老保险、企业养老保险和个人养老保险，前者比重最大，份额高达85%，覆盖面涵盖全社会从业人员的90%。政府、雇主与雇员共同承担老人的养老保障。对于老人，有五种养老方式：居家养老、机构养老、社区养老、异地养老和“以房养老”。1994年的社会护理保险，对超高龄老人、严重残疾老人、护理需要较强的人群，按照“共同承担援助义务”的社会保险原则提供护理救济。

2. 对于保护老年人权益的经济投入巨大，不遗余力

德国的基本理念是，公民养老保障体系是国家和所有国民共同协作的成果，

---

① 邓大松：《美国社会保障制度研究》，武汉大学出版社1999年版，第44页。

② 高小珺：《特殊群体权益保障法概述》，东北大学出版社2008年版，第25-26页。

老人不是国家施舍的领取者，而是社会发展成果的共享者。因此，在制度建设、机构设置、资金来源和救济渠道等具体操作方面，不断加大老年人生活保障方面的投入。近年来，由于人口老龄化浪潮冲击，养老金支出数额水涨船高，缴费难度越来越大，给德国养老保险基金带来巨大的支付压力。2001 年，德国国会通过《养老保险改革法令》，将养老金折算率从 2000 年的 70%，逐步降至 2030 年的 67%。同时大力发展职工养老保险和个人自愿养老保险，给予免税待遇。1994 年的社会护理保险，是新增加的一项社会保险项目，对超高龄老人、严重残疾老人、护理需要较强的人群，按照“共同承担援助义务”的社会保险原则提供全面的护理救济，更加减轻了家庭在对生活不能自理的老人护理方面的负担。

3. 刑法关于虐待（家庭成员）罪的规定主体更加广泛、量刑更加细致

在德国刑法典中，虐待罪被称为“受保护者乱待罪”。与我国刑法中虐待罪的规定相比，德国虐待罪的犯罪主体更加广泛、量刑更加细致。

在德国刑法典中，虐待罪的犯罪对象是 18 周岁以下者或因衰弱、疾病等原因而无法自卫者。具体包括：在施虐者的照顾或者保护之下；属于施虐者的家庭；受施虐者照料；在职务或者工作关系的范围从属于施虐者。客观方面是进行折磨或者粗暴的乱待，或行为人通过恶意疏忽照顾而损害受照顾者健康。刑期为半年以上十年以下的有期徒刑。

在德国的虐待罪中，犯罪主体可以概括为义务照顾未成年人或义务照顾无自我保护能力的被害者的人，犯罪主体和被害人之间存在法定或通过合同产生的义务和权利关系，犯罪主体有义务照顾被害人，被害人有权利受到犯罪主体的保护和照顾。从该罪的客观构成要件来看，犯罪主体积极实施了折磨或者粗暴对待被害人的作为行为或恶意疏忽照顾被害人的不作为行为，造成了被害人身体健康受到损害的危害结果。该罪的基本犯可以认定为结果犯，必须出现损害被害人身体健康的危害结果，既可以认为是身体上的损害也可以认为是精神上的损害。由此可见，德国刑法对于虐待行为以处罚为常态，着力打击虐待行为引发的犯罪。

德国刑法根据犯罪行为的情节，对虐待犯罪类别进行了细分，使得量刑更加规范。德国刑法将虐待罪根据情形分为四类，即基本犯、基本犯中的情节较轻的情形、结果加重犯、结果加重犯中犯罪情节相对较轻的情形。在基本犯量刑幅度的基础上，分别作了加重或者减轻量刑的限制，在限制法官自由裁量权的同时又给予法官一定的自由裁量空间。基本犯的法定刑处于 6 个月到 10 年以下有期徒刑这个区间，情节较轻的情况下最高刑不得高于 5 年；出现受虐者死亡或严重的

身体损害结果或造成被害人身体或精神发展的显著损害危险时，最低刑不低于1年有期徒刑。与我国的虐待罪的量刑标准相比，更加详细、具体。

4. 刑法中对于遗弃罪的具体表现形式作了细化，更具可操作性

《德国刑法典》第二百二十一条遗弃罪规定："（1）行为人将某人 ①置于无助的状况或者 ②在无助的状况丢下不管，尽管行为人保护着该人或者其他有义务帮助该人，和因此使该人遭受死亡或者严重的健康损害的危险的，处三个月以上五年以下的自由刑。（2）处一年以上十年以下的自由刑，如果行为人 ①针对其儿童或者委托他教育或者进行生活指导照料的人实施该行为，或者 ②由该行为导致被害人严重的健康损害。（3）如果行为人由该行为导致被害人死亡的，处不低于三年的自由刑。（4）在第二款的较轻的严重情形中处六个月以上五年以下的自由刑，在第三款的较轻的严重情形中处一年以上十年以下的自由刑。①"

（三）日本老年人人身权利保护制度的特点

日本是个老年人大国，预计2025年老龄化率将达到30%。"二战"后，日本先后出台四部老人权益保障基本法：1959年《国民年金法》、1963年俗称"老人宪章"的《老人福利法》、1982年《老人保健法》与2000年《护理保险法》。四大支柱，分别从经济收入、社会福利、医疗保健、生活护理四个方面，保障老人基本权益。②

1. 以房养老，为老年人提供可观的养老资金

1981年，东京都武藏野市第一个"吃螃蟹"，引入以房养老的"倒按揭"制度。2002年，日本厚生劳动省以各地福利部门为主体，正式向全国推广实施。针对低收入老人囊中羞涩的实际问题，以自有住房为抵押，预支贷款，为其提供可观的生活资金。

2. 鼓励大学生租住老年人的房屋，与老人共同生活，互帮互助，实现"双赢"

2011年日本厚生劳动省发布数据显示，日本的独居老人"孤独死"问题越来越严重，仅在东京，一年的"孤独死"案件就多达2718宗，比7年前增加了两倍。究其原因，日本传统家庭制度崩溃，年轻人一成年便离开父母独自居住。独居的年轻人在社会高压下奔波，自然少了和父母之间的交流。孤独死，折射出在养老方面缺乏对残障及高龄人士的精神关心和心理帮助。面对日益严重的人口老龄化问题，日本一些机构共同发起一个寄宿项目，鼓励学生租借老年人的房

① 《德国刑法典》（第一版），徐久生、庄敬华译，中国方正出版社2004年版，第112页。

② 朴成日：《日本保护老年人权益的对策模式及对我国的启示》，载《延边大学学报（社会科学版）》2017年第5期。

屋，共同生活。项目要求，房东老人生活上必须能够自理；房东和房客自行协商宵禁和房客试住时间；月租金不超过 2 万日元（约合 202 美元）。寄宿项目的主要目的不在于为老人谋求租金收入，而在于促进老少之间相互帮助。

3. 日本刑法对遗弃罪作了详细的规定，加强对老年人的保护

《日本刑法典》第三十章遗弃罪中规定："第二百一十七条，遗弃因年老、年幼、身体障碍或者疾病而需要扶助的人的，处一年以下惩役。第二百一十八条对于老年人、幼年人、身体障碍或者病人负有保护责任而将其遗弃，或者对其生存不进行必要保护的，处三个月以上五年以下惩役。第二百一十九条犯前两条之罪，因而致人死伤的，与伤害罪比较，依照较重的刑罚处断。"这三条是对三种遗弃罪名的规定，第二百一十七条规定的是单纯遗弃罪，其犯罪主体无特别限制，除对被遗弃者没有保护责任者外，任何人都是本罪的主体。

犯罪对象是因为老、幼、残废和疾病而需要扶助之人；犯罪行为指"换地方"，即将被遗弃者转移到危险境地。犯罪结果要求被遗弃者在生命、身体上处于被侵害的危险状态。第二百一十八条规定的是保护责任者的遗弃罪。其犯罪主体应是在法律上对之负有保护责任的老人、幼儿、残废或病人，必须是居于特殊地位的人。犯罪对象是指老人、孩子、残废和患病者。犯罪行为就是遗弃或不进行其生存上所必要的保护。第二百一十九条规定的是遗弃致死伤罪，是指犯有单纯遗弃罪、保护责任者的遗弃罪以及遗弃尊亲属罪，因而致人死伤的，应比照伤害罪，从重处断。

（四）其他国家在保护老年人人身权利方面的规定

1. 印度：遗弃年迈父母者将判入狱

印度是世界上人口增长最快的国家，目前已达 11 亿人。但与此同时，老龄人口也在快速上升，到 2016 年估计会增加到 1. 13 亿人，到 2026 年这一数字会攀升到 1. 79 亿人。虐待、遗弃老年人的现象也很突出。为此，2008 年，印度议会通过法律，规定遗弃年迈父母者将被判入狱。这一法律适用于父母年龄超过 60 岁的成年子女。根据这部新法律，如果成年子女不赡养年迈的父母，将被判处 3 个月监禁，进行刑事处罚是为了起到威慑作用。这项法律还规定，政府将设立许多为贫困老人提供快速帮助的法庭，并且受罚者不得上诉。

2. 新加坡：不履行赡养老人义务者违法判一年

1994 年，新加坡制定了《赡养父母法》，规定子女对父母的赡养义务，并细化了赡养的内容。如果发现子女未遵守该法，法院将对其罚款一万新加坡元或判

处一年有期徒刑。[①] 根据该法，新加坡于 1996 年 6 月又设立了赡养父母仲裁法庭，仲裁法庭由律师、社会工作者和普通公民等组成，地方法官担任主审，若调解不成再由仲裁法庭开庭审理并进行裁决。[②]

3. 葡萄牙：刑法关注对家庭成员，特别是老年人的虐待犯罪，采取了叙明罪状的方式对虐待行为的外延进行了规定

葡萄牙刑法典中的虐待罪集中体现在第一百五十二条中，称作“家庭暴力罪”。其构成要件“对下列人员，以反复或者非反复的方式，施以包括肉刑、剥夺自由、性侵害在内的身体或精神虐待的：a）配偶或前配偶；b）与之保持或保持类似配偶关系的异性或同性的其他人；c）同父同母、同父异母、同母异父的兄弟姐妹；d）与行为人共同居住的无助人，尤其是因为年龄、残疾、疾病、怀孕或者经济依赖而处于该状态的人。刑罚规定是处 1 年至 5 年的监禁”。犯罪主体限定为：其照顾、保护，或负有指导或教育责任，或因劳动关系从属于其的未成年人或无助人。家庭暴力罪的刑罚加重情节“如果前款所指的行为是针对未成年人实施的，或当着未成年人的面实施的，或实施于被害人与行为人的共同居所或被害人的居所的，处 2–5 年的监禁。如果施虐行为导致被虐人身体遭受严重伤害的，处 2 年至 8 年的监禁；造成被虐者死亡的，处 3–10 年监禁”。在处罚的行为方式上有“利用其实施危险、不人道的活动的”“使其从事过量劳动的”。

总体而言，葡萄牙立法中的虐待罪采取了叙明罪状的方式对虐待行为的外延进行了总结，将肉体的虐待、精神的虐待、性虐待均囊括于虐待行为的具体描述中，虽然没有具体表述虐待行为的内涵，但通过外延的描述，也比较利于法官的认定。其虐待罪对家庭关系进行了扩大化的立法，家庭关系中的人，不仅仅限定于共同居住的人，在个别情况下不在一起居住的人也可包含在内（依被害者的身份而定），既可以有血缘上的关系，也可以没有血缘上的关系。如果行为人的行为同时构成比虐待家庭成员罪更重的罪时，就按照更重的罪处罚。

4. 意大利：刑法中对于虐待犯罪实行重刑主义且扩大了犯罪主体范围

《意大利刑法典》第五百七十一条和第五百七十二条规定了虐待罪。其中规定：针对因教育、培养、监督、看管、行使职业或技能等原因而受其权力支配或托付照顾的人滥用矫治或纪律手段的，如果行为导致发生身体或精神疾病的危

① 徐振华、胡苷用：《新加坡〈赡养父母法〉评介及其对我国的启示》，载《江西社会科学》2012 年第 9 期。

② 潘家永：《新加坡：养老没商量》，载《山西老年》2000 年第 4 期。

险，处6个月以下有期徒刑。如果行为造成人身伤害，适用第五百八十二条和第五百八十三条规定的刑罚，并且可以减少至三分之一；如果行为造成死亡，适用3年至8年有期徒刑。[①]

总体而言，意大利刑法中的虐待罪主体范围较大。犯罪主体的具体身份，即犯罪主体是基于教育、培训、监督、看管、行使职业或者技能等原因对被害人进行支配或者照顾的人。教育机构、培训机构、医疗机构、社会福利救助机构中的工作人员都在本条的规制范围。在犯罪客观行为的认定上，犯罪主体必须滥用了矫治或纪律手段，这种矫治和纪律手段的运用是不符合本身的职业操守和行业规定的，对于何谓"滥用"必须结合案件的具体情形加以认定。在认定该罪成立时，危险状态的出现是必要的，即犯罪主体滥用矫治或者纪律手段必须有造成被害人身体或者精神疾病的危险，产生这种危险状态是成立犯罪的最低要求，可见该罪的基本构成是一种危险犯，因而最高刑只有6个月有期徒刑。当出现重伤或者死亡结果时，刑罚处罚的力度更大，造成死亡的情况下可处12年至20年的有期徒刑。

从意大利的刑法规定来看，家庭关系中发生的虐待行为会受到刑法的加重处罚，对于造成死亡结果的情况，其法定性与故意杀人的刑罚相当，处罚力度相当大。

二、境外老年人权益保护法律制度对我国的启示

虽然世界各国由于政治经济文化等的发展水平不一致，老年人生存状态不尽相同，但对于加大对老年人的权益保护，特别是家庭关系中老年人的人身权利保护方面，还是有基本共同的理念，一些发达国家还采取了积极有效的措施，通过经济、法律、文化、伦理等多种手段不断优化老年人的生存环境，提高老年人的生活质量。自1949年新中国成立以来，始终坚持社会主义政治制度，提倡社会主义道德伦理建设，对于老年人的权益保护也通过完善法律制度，通过《刑法》《老年人权益保护法》等法律，加强对老年人权益的法律保障和权利维护，加大对侵害老年人合法权益的违法犯罪行为，包括家庭成员关系中虐待、遗弃老年人的行为的惩处力度，取得了很大的成效。但是正如前文分析的，由于受到经济文化发展条件的限制，在一些经济文化发展水平不高的地区，特别是经济落后的中西部农村，虐待、遗弃老年人的违法犯罪行为还是多发的，只不过由于法律保护和经济保障等手段缺乏，大量的老年人人身权利受家庭成员侵害的事件没有进入

---

① 《最新意大利刑法典》，黄风译，法律出版社2007年版，第194–221页。

法律程序处理，有的甚至无人过问，这就需要从政治、经济文化、道德伦理多个方面加强老年人权益保护工作，特别是法律维权机制的建立和完善。国外的做法中还有下面一些经验可供我们借鉴和参考。

（一）强化家庭伦理关系，提升亲情关系，构建和谐的家庭关系

成年子女赡养老人，在中国不仅是法定义务，而且是道德伦理责任。国家要强化社会主义道德文化建设，倡导“尊老爱幼”传统美德。要通过进一步推动《宪法》《老年人权益保障法》等的法制宣传，倡导青年一代更加关注老年人，常回家看看。给老年人，给父母精神上的关心和物质上的帮助，使老人感受到生活的幸福。中国传统文化中，“儿孙满堂”是老年人的一种精神追求，要强化成年子女对老年人的探望义务，将众多的倡导性要求中，可以法定化的内容通过法律条款的规定，转变为可操作性的法律规定。比如，可以通过法院的判决判定赡养义务人应该按时到家里去看望老人。2015 年 7 月，无锡市北塘区人民法院对一起赡养案件进行公开开庭审理，判处被告人马某、朱某除给予母亲（原告）储某一定的经济补偿外，还需至少每两个月到老人居住处看望问候一次。这起对“常回家看看”诉求的判决，是《老年人权益保障法》施行后的国内首例判决，取得了很好的社会效果。

（二）完善社会保障，提高对老年人的经济保障水平，减少家庭成员之间因赡养老人而产生的矛盾

从前文的介绍可以看到，国外发达国家遗弃老人的现象很少，虐待也不常发生，老年人老年的生活基本上由国家包揽了。养老院、老人看护设施和养老金、生活保障等社会保障的框架比较完善，老人们不用依靠儿女也能生活。相比给各个家庭强加照顾老人的义务，政府完善社会保障的框架更重要。在这个方面，中国目前的情况可谓任重而道远。中国还是一个发展中国家，经济发展的任务重，作为人口大国，人口压力大。中国目前已经进入老龄化社会，老年人比例已经超过 20%，只有让广大老年人活得没有经济压力，实现饿有饭吃、病有医看、居者有其屋这样一些基本的经济要求，才能从根本上解决老年人是成年子女累赘这一容易造成虐待、遗弃老年人现象发生的源头问题，从根本上解决问题。

（三）转变传统观念，建立现代意义上的人格相对独立的家庭成员关系

随着市场经济的发展，家庭的纽带慢慢变弱也是世界共通的现象。就像“儿女对父母的拳拳孝心总比不上父母对儿女无私的关爱”那样，绝大父母并不想给

孩子增加负担。但是也确有一些老年父母对子女还有不切实际的期望和要求，生活中，也有父母认为对子女付出多，要求子女从经济上回报，引发矛盾的。在这个意义上，美国等发达国家的做法有可参考的地方。

在美国，成年子女在法律上对年老父母一般没有法律上和经济上扶养的义务。美国的主流价值文化建立在个人主义、个人自由和个人责任基础之上，如果父亲是罪犯，子女在法律上不受父亲不法行为的束缚。反之，如果父亲非常成功，他也没有义务给子女留下任何遗产。因此，成年儿女一般来说对父母没有法律和经济上的义务。其原因主要有以下几个方面：第一，美国人口地理分布很广，很多儿女都不住在父母身边，因此为赡养老人造成了很多实际困难。第二，美国的离婚率很高，40%以上的婚姻以离婚告终，由于父母一方在孩子年幼时没有和他们生活在一起，那么孩子在父母年老时也没有义务照顾他（她）。第三，如果要求子女赡养老年人，会使子女家庭的收入减少。现在很多美国家庭面临经济压力，如果夫妻有一方给自己父母付赡养费用，就可能使另一方不满，从而造成家庭矛盾，使夫妻关系紧张。第四，美国的经济文化传统是老年人自立，没有东方“养儿防老”“四世同堂”这样的概念。老年人普遍不愿意依赖儿女，希望保持独立。第五，对老年人的社会保障到位。美国联邦和各州有各种计划，为老年人提供基本生活、医疗和养老保障。2019 年 10 月 24 日，《纽约时报》报道，匹兹堡大学法学院教授劳伦斯·弗罗利克（Lawrence Frolik）说：“目前，美国 50 个州当中，有 30 个州的法律要求子女在年老的父母无法照顾自己的情况下赡养他们，其余 20 个州没有这方面的要求。联邦没有要求儿女赡养老人的法律，即使在有法律规定的 30 个州，也几乎从来没有实施过。由州政府强迫儿女为没钱的父母出钱的想法，几乎得不到任何社会和政治方面的支持。”

虽然我国和美国的政治制度和文化传统不一样，但是美国文化中老年人“强调自立、自主、自我调节晚年生活”的精神状态和习惯做法还是值得我们思考的：我国的老年人是否能够在自立方面有所提高，是否能够摆脱晚年对子女的完全依赖，是否能更多地树立以房养老的理念。如果有多数老年人能够习惯于改变子女养老的观念，到养老机构养老、社会化养老，家庭养老矛盾必然大大减少，侵害老年人人身权利的违法犯罪问题也必然会大大减少。

第十一章
防止针对老年人的消费欺诈

第一节 老年人消费受欺诈概况

一、老年人消费受欺诈的现状

我国民政部2017年8月3日发布的《2016年社会服务发展统计公报》显示，截至2016年年底，我国60岁及以上老年人口23086万人，占总人口的16.7%，其中65岁及以上人口15003万人，占总人口的10.8%。另据国务院2017年2月28日印发的《“十三五”国家老龄事业发展和养老体系建设规划》估计，到2020年，全国60岁以上老年人口将增加到2.55亿人左右，占总人口比重提升到17.8%左右；高龄老年人将增加到2900万人左右，独居和空巢老年人将增加到1.18亿人左右，老年抚养比将提高到28%左右。我国面对老龄化的形势严峻。

在老年人口占比不断提高的情形下，老年人不仅成为生活消费的重要群体，也成为消费欺诈的目标人群。2014年，中央电视台财经频道《315在行动》节目报道的百度手机卫士监测的大数据显示，在手机短信诈骗中，女性群体、14-25岁的年轻人群、50岁以上的老年人群最容易上当受骗。2016年3月15日，腾讯科技旗下专注于研究互联网产业趋势、案例与数据分析的专业机构“企鹅智酷”独家发布了“网上315·全民大调查”，调查范围覆盖全国20余个省份，包括一线城市和县城乡村，共有109871名网上用户参与了调查，调查对各种假货和欺诈行为进行采样和分析，并最终完成了《网上315：中国网民“被骗”报告》。其中，药物类商品的调查结果显示，买假药上当的消费人群中，老年人占比高达55.2%①。由于老年人对医药的需求比其他人群高，并且判断力又相对较低，遂

① 王冠：《网上315：中国消费者“被骗”报告》（2015年3月16日），http：//tech.cnr.cn/techit/20150316/t20150316_518011573_10.shtml，2017年11月17日访问。

成为骗子和无良商家欺诈的“重点目标”。老年人易受骗不是中国独有的现象，在外国也是如此。美国斯坦福大学长寿中心和金融行业监管局的投资者教育基金会（Stanford Center on Longevity and the Financial Industry Regulatory Authority's Investor Education Foundation）研究显示，65 岁以上的老年人比 40 岁的人群受骗的概率高 34%①。

二、老年人易受消费欺诈的原因

老年人为何成为消费欺诈的主要对象？犯罪学家汉斯·冯·亨蒂希早在 20 世纪 40 年代就曾指出，“老年人握有大多数的累积财富和财富给予权。同时，他们身体虚弱、精神衰弱。财富和身心脆弱的共同作用使得老年人处于危险之中。”这在一定程度上解释了老年人易受骗的原因。我们可从生理、心理、能力、社会等多个角度解释老年人消费易受骗的原因。

（一）生理因素

随着年龄的增加，老年人的身体机能下降，特别是神经系统的生理机能发生了很大变化，脑重量减轻，感觉器官如视力、听力功能衰退，记忆力、理解力、学习能力逐渐减弱，对外部刺激的反应时间延长，这都导致老年人在消费过程中对外部事物的辨识度降低，为消费欺诈埋下隐患。

（二）心理因素

随着年龄的增加，身体机能的退化，老年人对死亡的恐惧使他们对养生保健产品和服务产生了极大的兴趣，也使他们成为这方面消费受骗的高危人群。并且，随着子女的长大，老年人渐生孤独感，特别是在伴侣去世、子女异地工作或工作繁忙照顾不周的情况下，老年人的孤独感更为强烈，此时老年人的情感极为空虚、脆弱，容易相信别人，对权威人士更是深信不疑，这导致老年人在消费中容易被商家的各种营销方式所迷惑。

（三）能力因素

现代社会的发展日新月异，年轻人尚需不断学习才能赶上时代的脚步。老年人由于学习能力降低，对外界事物的接受能力和辨识能力也随之降低，加上老年

① Kelley Holland. *These scammers are targeting your elderly parents*, *FEB* 17 2015（凯利·霍兰德：《这些骗子正准备对你们年老的父母下手》，2015 年 2 月 17 日），https://www.cnbc.com/2015/02/17/these-scammers-are-targeting-your-elderly-parents.html，2017 年 11 月 17 日访问。

人脱离工作岗位，各种资讯难以获得，与社会越发脱节。因此，在学习能力、信息储备不足的情况下，老年人面对变化的外部消费环境更容易受骗。

（四）社会因素

消费环境不够纯净，虚假广告、夸大宣传等不良经营行为大量存在是老年消费者陷入欺诈的社会因素。近年来，社会上甚至出现了专门以老年人为诈骗对象的作案团伙，看准老年人有一定经济实力、关注身体健康的心理，专门实施针对老年人的诈骗。2016 年 10 月，北京老龄办、致诚公益北京老年维权服务工作站联合发布《老年人涉众型经济犯罪被害风险调研报告》，报告显示：针对老年人的经济犯罪和诈骗趋于职业化，涉案团伙从过去的小作坊、路边店发展到进高级写字楼注册公司。这类公司企业内部组织结构严密，从而导致老年人辨别难度加大，深陷各种圈套①。

三、老年人受到消费欺诈的危害性

老年人退休后收入来源减少，经济风险承受力较弱，如果欺诈数额较大，会对老年人的老年生活产生巨大影响。并且，老年人受骗后，一般不愿告诉子女，上文提到的《老年人涉众型经济犯罪被害风险调研报告》显示，52%的老人受骗后因担心子女埋怨而不愿意告诉子女，这导致老年人受骗后，心理压力无法及时疏导，使老年人在自感能力衰退的同时更加重了对自身价值的怀疑，直接影响到老年人的身心健康。而且对老年人的消费欺诈累及其家庭和后续的赡养能力。

四、老年人易受消费欺诈的主要领域

收集总结相关数据，分析得出老年人消费易受欺诈领域的范围。2011 年广州市消费者委员会采用定点拦截访问与召开座谈会相结合的方式，对广州市老年消费者的消费意愿和需求、自我保护意识、消费权益保护等多个方面进行了调查，调查覆盖了来自各行各业的 361 名广州老年消费者，其中，60-69 岁的老年人占 60.6%，70-79 岁的占 32.8%，80 岁以上的占 6.7%。调查显示，食品、医疗、餐饮分列受访老年消费者日常消费支出的前三位，旅游、营养保健、养老服

① 中国青年报：《公益组织解读老年人涉众型经济犯罪被害风险》（2016 年 10 月 8 日），http://health.people.com.cn/n1/2016/1008/c14739-28760059.html，2019 年 1 月 17 日访问。

务等正成为新增需求点①。2017年10月26日，消费者网与北京阳光消费大数据技术研究院联合发布《老年消费维权舆情大数据报告（2017）》。报告对2017年老年消费维权舆情信息进行汇总分析，梳理出的“十大老年消费维权舆情热点问题”分别为：电话诈骗、高收益骗局、不合理低价游、以房养老骗局、免费促销陷阱、“坑老”会销、神医广告、不安全的老年代步车、投资收藏陷阱、预付卡退费难。其中，维权舆情热点中，投资理财占36.81%，医疗保健占33.27%，旅游出行占18.35%，养老生活及其他占11.57%，投资理财和医疗保健问题占七成②。从上述调查数据可以看出，老年人的消费领域不断变化，消费纠纷产生的领域也随之变化。从目前的资料看，老年人消费易受骗的领域主要有：

（一）保健品领域

老年人身体机能不断退化，对养生保健的产品服务越发关注。而一些黑心的商家也瞄上了领养老金的老年人，采用健康讲座、专家坐诊、免费体检、科学实验等多种花样将一些没有药用价值的廉价保健品或劣质药当作高价药品出售，骗取老年人的养老金，获取高额利润。长期以来，保健品领域一直是老年人消费受欺诈的重灾区。

（二）投资理财领域

2017年9月，中国养老金融50人论坛及社会科学文献出版社共同发布了《养老金融蓝皮书：中国养老金融发展报告（2017）》。报告显示：被调查的老年人中超过95.5%的人，通过不同方式进行养老投资理财。超过30%的调查对象，在这一过程中有上当受骗的经历，并且部分人群受骗金额较高。西南财经大学教授甘犁的研究结果显示，2016年，中国家庭因被诈骗产生的损失总额或超过3100亿元，而其中老年人受骗比例比其他人群更高，为7.9%，约为248亿元③。老年人辛劳一生，积累大量财富，随着理财投资观念深入人心，老年人希望通过理财实现资产的保值增值，但却遭遇金融骗局，不仅无法获得高息，连本金都难以收回。投资理财也成为老年人受骗的主要领域。

---

① 南方日报：《广州市消委会：超过1/3老年人消费权益曾受损害》（2011年11月30日），http：//news. sina. com. cn/c/2011-11-30/081123548689. shtml，2017年11月17日访问。

② 搜狐：《老年消费维权大数据报告：投资理财和医疗保健问题占七成》（2017年10月26日），http：//www. sohu. com/a/200300654_99970689，2017年11月17日访问。

③ 中国经营报：《金额或超200亿元：养老理财投资骗局高发》（2017年10月7日），http：//finance. ifeng. com/a/20171007/15710369_0. shtml，2017年11月17日访问。

（三）旅游领域

老年人退休后，生活增加了大量的空余时间。在时间、经济基础、身体状况等条件都具备的情况下，旅游成为老年人的一大爱好，也成为老年人受骗的高发领域。有些旅行社打着老年人旅游团的幌子，以低价旅游作为宣传手段，旅游中带老人在旅游景点高价购买纪念品，而旅游产品的质量低劣，许多老年人因此受骗上当。

（四）老年产品领域

随着我国进入老龄化社会，不少企业开始关注老年人产品，以老年人为目标群体的大量产品涌向市场，但许多老年人产品质量良莠不齐，危害到老年人的身体安全。老年代步车就是典型的例子。2013 年，中国消费者协会发布《老年代步车存在严重安全隐患》消费警示。2017 年，国家汽车质量监督检验中心对几款国内大品牌的老年代步车做了安全性碰撞试验，试验结果让人惊心，某些大品牌的代步车在碰撞过程中座椅与车身脱离，危险性极大。老年产品的质量难以保证，夸大产品质量的宣传为老年人上当受骗埋下了隐患。

第二节　我国消费欺诈制度体系

老年人消费欺诈是消费欺诈中的一种情形。我国法律制度规定了消费欺诈制度体系，为了防止消费欺诈危害老年人，我们有必要对消费欺诈制度进行介绍。

一、我国消费欺诈制度的法律渊源

我国消费欺诈制度的直接法律渊源是《消费者权益保护法》。我国的《消费者权益保护法》于 1993 年通过并实施，其间经过了 2009 年、2013 年两次修正。1993 年的《消费者权益保护法》就规定了消费欺诈制度，集中体现在第四十九条："经营者提供商品或者服务有欺诈行为的，应当按照消费者的要求增加赔偿其受到的损失，增加赔偿的金额为消费者购买商品的价款或者接受服务的费用的一倍。" 2009 年的《消费者权益保护法》未对消费欺诈制度进行修改。2013 年《消费者权益保护法》对消费欺诈制度进行了较大幅度的调整，主要集中在第五十五条："经营者提供商品或者服务有欺诈行为的，应当按照消费者的要求增加赔偿其受到的损失，增加赔偿的金额为消费者购买商品的价款或者接受服务的费用的三倍；增加赔偿的金额不足五百元的，为五百元。法律另有规定的，依照其规定。经营者明知商品或者服务存在缺陷，仍然向消费者提供，造成消费者或者其他受害人死亡或者健康严重损害的，受害人有权要求经营者依照本法第四十九条、第五十一条等法律规定赔偿损失，并有权要求所受损失二倍以下的惩罚性赔偿。”

我国消费欺诈制度的法律渊源还包括一些专门性的法律规范。如《食品安全法》就针对食品生产与销售中的欺诈行为进行了规定。2009 年的《食品安全法》中第九十六条规定：“违反本法规定，造成人身、财产或者其他损害的，依法承担赔偿责任。生产不符合食品安全标准的食品或者销售明知是不符合食品安全标准的食品，消费者除要求赔偿损失外，还可以向生产者或者销售者要求支付价款十倍的赔偿金。”2015 年修订的《食品安全法》对食品消费欺诈的惩罚性赔偿方式规定得更为灵活，并规定了 1000 元的赔偿下限，具体内容集中在第一百四十八条第二款：“生产不符合食品安全标准的食品或者经营明知是不符合食品安全标准的食品，消费者除要求赔偿损失外，还可以向生产者或者经营者要求支付价款十倍或者损失三倍的赔偿金；增加赔偿的金额不足一千元的，为一千元。但是，食品的标签、说明书存在不影响食品安全且不会对消费者造成误导的瑕疵的除外。”

我国《民法典》也有关于欺诈的规定，可以作为解释消费欺诈的法律基础，也可以视作消费欺诈制度的法律渊源。

二、我国消费欺诈制度的具体内容

（一）消费欺诈的概念

我国 1993 年、2009 年、2013 年《消费者权益保护法》都使用了“欺诈行为”的概念，但对“消费欺诈”的内涵及外延未在该法中进一步解释。

理解消费欺诈需先对欺诈概念进行理解。《民法通则》最早对欺诈进行了规定，其第五十八条规定：一方以欺诈的手段使对方在违背真实意思的情况下所为的行为无效。《合同法》对欺诈效力的规定有所改变，其第五十四条的规定为：一方以欺诈的手段使对方在违背真实意思的情况下订立的合同，受损害方有权请求人民法院或者仲裁机构变更或者撤销。《民法总则》肯定了《合同法》中规定的欺诈行为导致合同可撤销的思路，并在《民法总则》中统一了欺诈行为导致民事法律行为可撤销的表述，并增加了第三人实施欺诈可导致民事法律行为可撤销的规定，《民法典》总则编保留了这一规定。《民法典》第一百四十八条规定：“一方以欺诈手段，使对方在违背真实意思的情况下实施的民事法律行为，受欺诈方有权请求人民法院或者仲裁机构予以撤销。”第一百四十九条规定：“第三人实施欺诈行为，使一方在违背真实意思的情况下实施的民事法律行为，对方知道或者应当知道该欺诈行为的，受欺诈方有权请求人民法院或者仲裁机构予以撤销。”

从“欺”与“诈”的本意来看：欺，乃形声字，欺字从欠，“欠”与出气、说话有关，“欺”字本义为欺骗；诈，也为形声字，从言，说明与言论有关，本义也为欺骗、假装或冒充。从《说文解字》中“欺，诈欺也”的解释可见，“欺”与“诈”同义，都有弄虚作假之义。从《民法典》的规定来看，法律中欺诈的含义强调一方的“假”导致另一方陷入错误认识，即欺诈除包括欺诈人需具有欺诈行为外，还需有使对方陷入错误认识进行行为的后果。梁慧星教授认为，所谓欺诈，指故意欺骗他人，使其陷于错误判断，并基于此错误判断而为意思表示之行为①。王利明教授认为，所谓欺诈，是指故意告知对方虚假情况，或者故意隐瞒真实情况，诱使对方基于错误判断作出意思表示②。

至于消费欺诈的概念，1996 年原国家工商行政管理总局颁布实施的《欺诈消费者行为处罚办法》对其有所界定，其第二条规定：“本办法所称欺诈消费者行为，是指经营者在提供商品（以下所称商品包括服务）或者服务中，采取虚假或者其他不正当手段欺骗、误导消费者，使消费者的合法权益受到损害的行为。”《欺诈消费者行为处罚办法》虽被原国家工商行政管理总局 2015 年 1 月 5 日公布、2020 年 10 月 23 日修订的《侵害消费者权益行为处罚办法》替代，但其对消费欺诈的界定值得肯定。我们认为消费欺诈应包括三个要素：生活消费领域、欺诈行为、被欺诈方陷入错误认识。因此，我们给出消费欺诈的定义为：在生活消费中，经营者对消费者实施的采用虚假宣传或其他不正当手段欺骗消费者，使消费者陷入错误认识从而受到损害的行为。

至于消费欺诈概念的外延，《欺诈消费者行为处罚办法》和《侵害消费者权益行为处罚办法》用列举的方式对消费欺诈的类型进行了规定，对消费欺诈的认定具有一定指导意义。但我们认为，消费欺诈的外延是个开放的范畴，随着欺诈手段的不断翻新，消费欺诈概念的外延会不断扩大。

（二）消费欺诈法律关系主体

消费欺诈法律关系中的主体是指消费法律关系中的经营者和消费者。只有消

① 梁慧星：《民法总论》，法律出版社 1996 年版，第 170 页。

② 王利明、崔建远：《合同法新论·总则》，中国政法大学出版社 1996 年版，第 250–254 页。

法意义上的经营者对消费者实施了欺诈行为，才会产生消费欺诈的法律后果。

1. 经营者

第一，《消费者权益保护法》第三条将经营者界定为“为消费者提供其生产、销售的商品或者提供服务”的主体。由此可见，经营者是与消费者相对的概念，只有为消费者提供商品和服务的主体才是《消费者权益保护法》中的经营者，而为其他经营者提供产品和服务的主体并不是《消费者权益保护法》意义上的经营者。消费者是商品和服务的最终享受者，消费者消费是为了生活需要，是生活消费。而经营者为生产进行消费是生产消费。只有提供消费者生活消费需要的经营者才是消法意义上的经营者，才是消费者可就被欺诈主张权利的对象。

第二，经营者是否包括生产者？消费过程中，一般是销售者、服务者与消费者间发生消费交易，经营者应该包括销售者、服务提供者，但经营者是否包括生产者呢？生产者生产假冒、仿冒产品依然会产生欺诈问题。此外，从《消费者权益保护法》的规定看，生产者并未明确被排除在外，我们也无法期待销售者对所有商品信息的真实性负责，承担消费欺诈的所有责任，因此，经营者应包括生产者在内，消费者也可以要求生产者承担消费欺诈的法律责任。

第三，经营者是否包括不具有合法营业资格的经营者？根据我国法律规定，经营者应达到法律规定的一定条件才可营业，如办理工商登记、税务登记等。但现实中，未获得营业资格的主体也参与实际经营，若他们存在欺诈消费者的行为，消费者能否依据《消费者权益保护法》追究他们的责任？我们认为，经营者应做广义解释，应将不具有合法经营资格的经营者包括在内，否则消费者无法得到全面的保护，不具有营业资格的经营者应承担《消费者权益保护法》规定的法律责任。

第四，经营者是否必须以营利为目的？通常情况下，我们认为“经营者从事活动需以营利为目的[①]”，以营利为目的的经营者受《消费者权益保护法》的约束，需承担消费欺诈的惩罚性赔偿责任。但对于不以营利为目的的经营组织能否被认定为《消费者权益保护法》意义上的经营者，理论界和实务界存在一定争议。我们认为应当区分情况对待。对于供水、供电等基础性服务行业，它们承担公共服务的职能，营利并不是其主要目的，但国家为公共安全考虑，赋予其独占经营的地位，在经营过程中他们极易侵犯消费者权益，应作为经营者对待。对于

---

① 韩世远：《消费者合同与惩罚性赔偿》，载《人民法院报》2004年1月16日。

不以营利为目的的社会公共服务行业，如医疗、教育行业，它们中的经营者也需区别对待。我国学者一般认为，义务教育和学历教育不是市场经营行为，不受《消费者权益保护法》调整，而职业培训等各种非学历教育是市场化运作，不具有公益性，应由《消费者权益保护法》调整。医疗服务提供者是否属于经营者，学界存在肯定说、否定说和折中说三种观点，但都过于绝对。有学者主张根据医疗服务提供内容区别对待：如医院对于医疗合同中非技术义务的违反，像泄露患者隐私、不尊重患者尊严、歧视性服务、不合理退费服务，可以适用《消费者权益保护法》；但涉及医疗技术性质的医疗服务由于具有较高的不可预测性，一般不适用《消费者权益保护法》；但以安装假牙、假肢、修补牙齿以及美容整形为内容的医疗服务合同及恢复增进人体机能的医疗服务，由于危险性较低，医疗机构具有相当的控制能力，可以适用《消费者权益保护法》调整①。我们认为根据提供服务的类型和特点区别对待，具体判断是否属于经营者的观点值得肯定。

第五，经营者的经营行为必须具有持续性，偶为经营行为的主体不能被认定为经营者。如偶尔出售自制蛋糕给邻居的家庭主妇不能认定为《消费者权益保护法》意义上的经营者。

2. 消费者

消费者本意指个人，即自然人。现在我国一些地方立法将单位也视为消费者主体，这是对消费者概念的扩大化解释，可以看作一种立法尝试。就本章防止老年人受到消费欺诈的主题而言，不涉及单位做消费者的问题，不再赘述。

《消费者权益保护法》第二条对消费者的概念进行了框定："消费者为生活消费需要购买、使用商品或者接受服务，其权益受本法保护……"由此看出，《消费者权益保护法》通过"生活消费"的概念界定消费者。有学者将"生活消费"解释为"为满足生活需要而耗费各种物质资料、精神资料以及接受劳动的行为②"。德国民法以"非以营业或职业为目的"界定消费者消费的概念，同样强调消费者消费的生活性而非生产性。

随着生活水平的提高，人们消费的层次逐渐从生存型向享受型、发展型发展，"生活消费"的范围逐渐扩大，学者对消费者外延的认识也有所变化。像投资理财是属于生活消费还是投资，行为主体是消费者还是投资者，以前学者存在争议，如有学者认为"为生活需要购买、使用金融产品和接受金融服务的个体社

---

① 马一德：《消费者权益保护专论》，法律出版社 2017 年版，第 27-29 页。

② 岳德印：《"消保法"应否保护知假买假者》，载《网络财富》2008 年第 8 期。

会成员”是金融消费者①，也有学者认为此时的消费者已不是为生活消费而是进行投资，属于投资人②。现在学者开始扩大生活消费的外延，不仅将传统的个人存储、保险行为视为生活消费，而且将个人和家庭为了保值升值而进行的购买金融产品的行为也视为“有利于家庭的生活消费”③。由此可见，消费者的外延会随着消费范围的扩大而不断扩充。

（三）消费欺诈的构成要件

明确消费欺诈需具备哪些要件是认定消费欺诈的基础。我国学者对欺诈的构成要件有过充分的讨论，并形成了“四要件说”。王利明教授主张欺诈需具备四个要件：欺诈方需存在欺诈行为，欺诈故意，被欺诈人因欺诈陷入错误，被欺诈人因错误而做出了意思表示④。欺诈行为包括作为方式和不作为方式。所谓作为，就是用积极的行动实施欺诈行为。所谓不作为，是指行为人有告知真实情况的义务，而故意不告知从而形成欺诈。欺诈的主观方面只能由故意构成。所谓欺诈故意是欺诈的主体明知自己的欺诈行为会引起他人上当受骗的结果，并且希望或者放任这种结果发生的主观心理态度。

《消费者权益保护法》属于民法的特别法，消费欺诈的构成要件也可以从四个方面进行解释：

1. 经营者须有欺诈行为

经营者须有使消费者陷入错误的虚假陈述或隐瞒行为。德国采用主观标准，即以受欺诈人的主观立场来判断经营者是否存在欺诈行为。而我国一般采用客观标准，即以一般消费者的观点判断经营者是否存在欺诈。欺诈可以以作为的方式做出，如使消费者陷入错误的虚假陈述。欺诈能否以不作为的方式做出，沉默是否能构成欺诈？各国规则有所不同。英美法系认为“单纯的沉默不构成虚假陈述”，因为没有表示就没有陈述，更谈不上虚假陈述；消费者应“买者当心”，尽量多地了解合同的情况，不应只等着经营者告知自己。德国学理认为，沉默原则上不构成欺诈，但如果依据法律规定、约定，或依据诚实信用原则、合同双方关系或合同成立的环境，相对人具有披露义务时，这种沉默即构成欺诈⑤。从比

---

① 王伟玲：《金融消费者权益及其保护初探》，载《重庆社会科学》2002 年第 5 期。
② 王卫国、吴民许：《〈消费者权益保护法〉修订与金融消费者保护》，载《中国焦点》2010 年第 5 期。
③ 于春敏：《金融消费者的法律界定》，载《上海财经大学学报》2010 年第 4 期。
④ 王利明、崔建远：《合同法新论·总则》，中国政法大学出版社 1996 年版，第 250-254 页。
⑤ 马一德：《消费者权益保护专论》，法律出版社 2017 年版，第 243 页。

较法上看，认定沉默方式构成欺诈应以告知义务存在为前提，这个义务可以源自法定义务，也可以源自约定义务。我国的《消费者权益保护法》中的欺诈应包括经营者的沉默在内，“其过错不在于引起错误，而在于使错误保持下去①”，因此，欺诈行为应包括不作为方式。

2. 经营者须有欺诈的故意

欺诈故意是指有意识地引致他人做出错误的意思表示。根据认识因素和意志因素的不同，我们可以把欺诈故意分为直接欺诈故意和间接欺诈故意。直接欺诈故意是指欺诈人明知自己的行为会引起他人上当受骗的结果，并且希望这种结果发生的心理态度。在认识因素方面，直接故意包括认识到他人上当受骗危害结果发生的必然性，也包括认识到他人上当受骗危害结果发生的可能性；在意志因素方面，直接故意对他人上当受骗的结果抱着希望发生的态度，“希望”是积极追求他人上当受骗的一种心理状态，具有直接追求的特点。欺诈故意与欺诈目的具有一致性，欺诈行为人对欺诈后果有强烈的期望。间接欺诈故意是指欺诈人明知自己的行为会引起他人上当受骗的结果，而放任这种结果发生的心理状态。在认识因素方面，间接故意欺诈人只能认识到他人上当受骗的可能性，而不能认识到其必然性；在意志因素方面，欺诈人所持的是放纵他人上当受骗结果发生的消极心理态度。间接故意以追求其他某种目的的行为为前提，具有伴随性的特点。在欺诈的构成要件中，无论行为人的主观心理状态是直接故意还是间接故意，都不影响其行为的构成，但过失行为不能构成欺诈行为。

3. 消费者须陷入错误认识进行消费行为

只有消费者在经营者的诱导下陷入错误认识并进行相应消费，消费欺诈才成立。若经营者存在欺诈行为，但消费者没有陷入错误认识进行消费，经营者的欺诈行为没有成功，就不能构成消费欺诈。

4. 消费者的错误须因经营者的欺诈行为导致

消费者的错误认识如果不是经营者的欺诈行为导致的，则不构成欺诈，只构成误解。只有经营者的欺诈行为导致了消费者的错误消费行为，才能构成消费欺诈。因此，经营者的欺诈行为与消费者的错误消费间应存在因果关系。

（四）消费欺诈的主要类型

我国《消费者权益保护法》并未规定消费欺诈的类型。最早对消费欺诈的

① 沈达明：《德意志法上的法律行为》，对外贸易教育出版社 1992 年版，第 145 页。

类型进行规定的法律文件是我国原国家工商行政管理局 1996 年颁布的《欺诈消费者行为处罚办法》，该办法规定了 13 种消费欺诈行为，分别为：（1）销售掺杂、掺假，以假充真，以次充好的商品的；（2）采取虚假或者其他不正当手段使销售的商品分量不足的；（3）销售“处理品”“残次品”“等外品”等商品而谎称是正品的；（4）以虚假的：“清仓价”“甩卖价”“最低价”“优惠价”或者其他欺骗性价格表示销售商品；（5）以虚假的商品说明、商品标准、实物样品等方式销售商品；（6）不以自己的真实名称和标记销售商品的；（7）采取雇佣他人等方式进行欺骗性的销售诱导的；（8）作虚假的现场演示和说明的；（9）利用广播、电影、报刊等大众传播媒介对商品作虚假宣传的；（10）骗取消费者预付款的；（11）利用邮购销售骗取价款而不提供或者不按照约定条件提供商品的；（12）以虚假的“有奖销售”“还本销售”等方式销售商品；（13）以其他虚假或者不正当手段欺诈消费者的行为。上述消费欺诈行为的主观状态都是故意。该办法还特别规定了销售者的几种消费欺诈行为，但当销售者能够证明自己确非欺骗或误导消费者而实施这些行为时，不承担欺诈责任：（1）销售失效、变质商品；（2）销售侵犯他人注册商标权的商品的；（3）销售伪造产地、伪造或者冒用他人的企业名称或者姓名的商品的；（4）销售伪造产地、伪造或者冒用他人商品特有的名称、包装、装潢的商品；（5）销售伪造或者冒用认证标志、名优标志等质量标志的商品的。

2015 年 3 月 15 日，原国家工商行政管理总局局务会审议通过的《侵害消费者权益行为处罚办法》开始实施，《欺诈消费者行为处罚办法》同时废止。新规定对消费欺诈的行为类型有所调整，并将虚假宣传行为作为消费欺诈类型单独列出，具体行为包括：（1）不以真实名称和标记提供商品或者服务；（2）以虚假或者引人误解的商品说明、商品标准、实物样品等方式销售商品或者服务；（3）作虚假或者引人误解的现场说明和演示；（4）采用虚构交易、虚标成交量、虚假评论或者雇佣他人等方式进行欺骗性销售诱导；（5）以虚假的清仓价、甩卖价、最低价、优惠价或者其他欺骗性价格表示销售商品或者服务；（6）以虚假的有奖销售、还本销售、体验销售等方式销售商品或者服务；（7）谎称正品销售处理品、残次品、等外品等商品；（8）夸大或隐瞒所提供的商品或者服务的数量、质量、性能等与消费者有重大利害关系的信息误导消费者；（9）以其他虚假或者引人误解的宣传方式误导消费者。《侵害消费者权益行为处罚办法》保留了《欺诈消费者行为处罚办法》中的部分欺诈行为类型，同时又增加了一些新类型，包括：（1）在销售的商品中掺杂、掺假，以假充真，以次充好，以不合格商品冒充合格商品；（2）销售国家明令淘汰并停止销售的商品；（3）提供商品或者服务中故意使用不合格的计量器具或者破坏计量器具准确度；（4）骗取消费者价款或者费用而不提供或者不按照约定提供商品或者服务；（5）从事为消费者提供修理、加工、安装、装饰装修等服务的经营者谎报用工用料，故意损坏、偷换零部件或材料，使用不符合国家质量标准或者与约定不相符的零部件或材料，更换不需要更换的零部件，或者偷工减料、加收费用，损害消费者权益的；（6）从事房屋租赁、家政服务等中介服务的经营者提供虚假信息或者采取欺骗、恶意串通等手段损害消费者权益的。新规定仍然保留了销售者无法证明自己并非欺骗、误导消费者的情况下，属于欺诈的行为类型：（1）销售的商品或者提供的服务不符合保障人身、财产安全要求；（2）销售失效、变质的商品；（3）销售伪造产地、伪造或者冒用他人的厂名、厂址、篡改生产日期的商品；（4）销售伪造或者冒用认证标志等质量标志的商品；（5）销售的商品或者提供的服务侵犯他人注册商标专用权；（6）销售伪造或者冒用知名商品特有的名称、包装、装潢的商品。

由此可见，消费欺诈行为类型繁杂，我们有必要进一步归纳。基于本章老年人消费受欺诈的主题，我们将在后文中对老年人受到消费欺诈的主要类型进行归纳。

（五）消费欺诈的惩罚性赔偿后果

1. 惩罚性赔偿制度简介

欺诈导致受欺诈人的意思表示不真实，产生民事行为可撤销的法律后果。《消费者权益保护法》在此基础上为进一步保护消费者的利益，还确立了惩罚性赔偿制度。惩罚性赔偿也称示范性赔偿或报复性赔偿，是指由法庭所做出的赔偿数额超出实际损害数额的赔偿[①]。它要求欺诈人赔偿受欺诈人的实际损失之外，另外支付受欺诈人惩罚性的赔偿金，以达到惩罚欺诈人，遏制未来不法行为的目的。这一制度产生于英美法系。我国在 1993 年的《消费者权益保护法》中首次确立了惩罚性赔偿制度，要求具有欺诈行为的经营者按照消费者的要求增加赔偿其受到的损失，增加赔偿的金额为消费者购买商品的价款或者接受服务的费用的一倍。2013 年的《消费者权益保护法》加大了惩罚性赔偿的力度，将惩罚赔偿的金额由原来的一倍增加为三倍。惩罚性赔偿制度弥合了消费者在专业知识、信

① 马一德：《消费者权益保护专论》，法律出版社 2017 年版，第 198 页。

息充足度、经济实力等方面与经营者的差距，使消费者与经营者在消费过程中的不平等地位得到一定程度的弥补，也改变了补偿性赔偿制度下，消费者由于诉讼不经济而放弃追究经营者欺诈责任的局面，使消费者权益和市场秩序得以维护。我国《民法典》《食品安全法》《旅游法》《商标法》《最高人民法院关于审理商品房买卖合同纠纷案件适用法律若干问题的解释》都规定了惩罚性损害赔偿制度。

对于惩罚性损害赔偿金的性质，英美法系国家认为，“它属于一种私人罚款或民事制裁”，并将其作为民事损害赔偿的一种类型加以对待。大陆法系国家则认为它是刑事公法性质的责任，具有教育、恐吓的作用，同时亦有私法责任的性质，是一种公私法不分的残余。哈佛大学教授西蒙·格雷夫认为，公私法应严格区分，一项制度应要么归于公法要么归于私法，惩罚性赔偿与刑事法的目的相同，因而其应当是刑事责任，因此，主张废除民事私法制度中的惩罚性赔偿制度[①]。这说明惩罚性赔偿金的性质颇具争议。就我国目前将其规定在民事法律规范中的情况来看，我国接受惩罚性赔偿制度是损害赔偿责任的一种类型，因而它是民事责任性质。我们同样认为惩罚性损害赔偿虽有一定“公”的因素，但并不意味着在“私”的领域中就不允许有“公”的因素存在，将惩罚性赔偿制度刨除在民事责任之外是不合适的。

2. 惩罚性赔偿责任的性质

2013年《消费者权益保护法》规定了惩罚性赔偿的两种情形：一种是第五十五条第一款规定的情形：“经营者提供商品或者服务有欺诈行为的，应当按照消费者的要求增加赔偿其受到的损失，增加赔偿的金额为消费者购买商品的价款或者接受服务的费用的三倍；增加赔偿的金额不足五百元的，为五百元。法律另有规定的，依照其规定。”即构成消费欺诈但未造成消费者其他法定权利伤害的欺诈行为，其惩罚性赔偿的金额为消费者购买商品的价款或者接受服务的费用的三倍，最低为五百元。另一种是第五十五条第二款规定的情形：“经营者明知商品或者服务存在缺陷，仍然向消费者提供，造成消费者或者其他受害人死亡或者健康严重损害的，受害人有权要求经营者依照本法第四十九条、第五十一条等法律规定赔偿损失，并有权要求所受损失二倍以下的惩罚性赔偿。”即经营者明知存在缺陷的商品或服务却仍提供给消费者，结果导致消费者身体、健康受损，经营者除赔偿消费者人身受到的损害外，仍需赔偿消费者所受损失二倍以下的惩罚性赔偿金。

① 马一德：《消费者权益保护专论》，法律出版社2017年版，第204-205页。

经营者承担的惩罚性赔偿责任属于违约责任还是侵权责任？就第五十五条第二款而言，经营者承担惩罚性赔偿责任属于侵权责任并无异议。而对第五十五条第一款属于违约责任还是侵权责任，学者争议较大。有学者认为第五十五条第一款规定的惩罚性赔偿金的计算标准是“消费者购买商品的价款或者接受服务的费用”，而非实际损失，因此这里救济的消费者的损失可能包括合同预期利益的损失，但不包括固有利益的损失，它应限定在违约责任的范围之内①。而另有学者认为《消费者权益保护法》中的欺诈行为是一种特殊的侵权责任，第五十五条第一款是侵权责任中的赔偿类型。德国学者一般也认为恶意欺诈构成《德国民法典》第八百二十六条规定的违反善良风俗的侵权行为。英美法系也通过判例将欺诈作为独立的有固定名称的侵权责任类型。我国《证券法》也规定了商事领域的欺诈需承担侵权责任。可见，将第五十五条第一款的惩罚性赔偿责任理解为侵权责任更为合适，那么经营者实施欺诈是侵犯了消费者的什么法定权利？我们认为欺诈侵犯了消费者的知情权。《消费者权益保护法》明确规定经营者“应当向消费者提供有关商品或者服务的真实消息，不得作引人误解的虚假宣传”，因此，惩罚性赔偿责任应为侵权责任。另外，违约责任不考虑当事人的主观过错，不能体现《消费者权益保护法》对带有主观恶意的经营者做出欺诈行为的否定态度，所以，违约责任不宜作为惩罚性赔偿制度的性质。侵权责任针对严重的过错行为，单纯的合同关系一般不会产生惩罚性赔偿，因而，侵权责任更契合惩罚性赔偿制度。

3. 惩罚性赔偿的构成要件

根据惩罚性赔偿责任是否要求消费者因欺诈遭受损失，惩罚性赔偿的构成要件有无损失说和损失构成说。有学者认为惩罚性赔偿不要求造成消费者损失，构成要件包括：（1）主体是经营者和消费者；（2）消费者与经营者间的关系发生在消费领域；（3）经营者有欺诈行为②。而有学者认为惩罚性赔偿的构成要件应包括消费者受到损失，构成要件是：（1）消费者的行为必须是生活消费；（2）须有欺诈行为；（3）消费者必须因受欺诈而遭受损失；（4）必须由受欺诈的消费者提出双倍赔偿的要求③。也有学者认为构成要件是：（1）存在欺诈行为；（2）消

---

① 杨立新：《我国消费者保护惩罚性赔偿的新发展》，载《法学家》2014 年第 2 期。

② 杨立新：《“王海现象”的民法思考——论消费者权益保护法中的惩罚性赔偿金》，载《河北法学》1997 年第 5 期。

③ 牟瑞瑾：《〈消保法〉第 49 条的适用条件》，载《民商法论丛（第十五卷）》，法律出版社 2000 年版，第 225-246 页。

费者受到损害；（3）消费者要求经营者承担惩罚性损害赔偿责任[①]。根据大陆法系遵循的“无损害即无赔偿”的理念，我们认为惩罚性赔偿的构成要件应包括消费者因欺诈行为受到损失。从惩罚性赔偿的功能来看，其既包括补偿性功能，又包括惩罚性功能，补偿性功能以弥补消费者损失为前提，惩罚性功能以补偿性功能为基础，“惩罚性赔偿不具有独立诉讼的理由，原告获得补偿性赔偿被广泛认定为获得惩罚性损害赔偿的先决条件”[②]。因此，没有损失，惩罚性赔偿的补偿功能和惩罚性功能都不能实现。当然，《消费者权益保护法》第五十五条并不以严重的损害为要件，这与《民法典》侵权责任编规定的侵权责任的一般性规定不同。需注意，惩罚性损害赔偿必须由消费者提出，法院不能主动判决。

4. 惩罚性赔偿的数额

我国1993年《消费者权益保护法》第四十九条规定，经营者的欺诈行为导致的损害赔偿数额为消费者所付出的价款或费用的2倍，其中一半是填补性的损害赔偿，另一半是惩罚性损害赔偿。与消费者受到的损害及诉讼费用相比，学者普遍认为赔偿的数额不高，惩罚性不强。我国2013年《消费者权益保护法》仍以商品的价款或服务费用作为赔偿的基数，但提高了赔偿标准，将以价款或服务费为基准的“双倍赔偿”提高到“四倍赔偿”，增加了三倍；而对于增加赔偿的金额不足500元的，增加到500元，避免了因价金过低而导致赔偿金过低情况的出现。另外，对于经营者明知商品或者服务存在缺陷，仍然向消费者提供，造成消费者或者其他受害人死亡或者健康严重损害的情形，消费者既可以要求填补性的侵权赔偿，又可以同时要求所受损失二倍以下的惩罚性赔偿，大大提高了消费者受偿的力度。对于商品房、汽车等价款较高的商品，“四倍赔偿”的惩罚标准对于经营者而言过重，《最高人民法院关于审理商品房买卖合同纠纷案件适用法律若干问题的解释》已做了适当调整，其第八条、第九条规定了五种欺诈情形，出卖方只承担“不超过已付购房款一倍”的赔偿责任，降低了惩罚性赔偿的数额。2020年12月23日最高人民法院审判委员会第1823次会议修正了《最高人民法院关于审理商品房买卖合同纠纷案件适用法律若干问题的解释》，上述规定被删除，意味着即便因为欺诈原因导致商品房买卖合同被确认无效或者被撤销、解除后，商品房担保贷款合同也被解除的，出卖人也仅需将收受的购房贷款和购房款的本金及利息分别返还担保权人和买受人，无须承担惩罚性赔偿责任，主要

① 李昌麒、李明月：《消费者保护法》，法律出版社1997年版，第320页。

② ［美］戴维·G. 欧文：《产品责任法》，董春华译，中国政法大学出版社2012年版，第368页。

因为房产价值高、性质特殊的原因。

对于合同撤销后，消费者是否可以要求惩罚性赔偿的问题。有学者在将惩罚性赔偿视作契约性责任的前提下认为，合同被撤销，消费者无权要求惩罚性赔偿，受到欺诈的消费者可请求赔偿的范围应以恢复合同订立之前的状态为限，不允许在此之外受有“不当得利”。也有学者认为“使人负损害赔偿的，不是因为有损害，而是因为有过失”①。尽管合同已被撤销，但经营者对消费者的欺诈已经形成，这种主观恶性已经实现，从公共利益出发，有对经营者进行惩罚的必要。

（六）消费欺诈的评判标准与认定

消费欺诈的评判标准应以一般消费者的认识水平为依据，而非以消费者本人的认识水平为依据，即应以客观标准而非以主观标准为依据。一般消费者对商品的认识水平虽不能与经营者等同，但应具有一定的认识水平。一个正常的消费者做出购物选择时，必然考虑这个商品的主要功能是否达到了自己的要求，而其他辅助性功能难以对购买本意构成影响，因此，应以商品的主要功能是否存在欺诈为评判标准。

司法实务中影响欺诈认定的因素包括消费者的过失、行政处罚是否认定欺诈的结果及知名品牌的影响等因素。消费者的过失常被法院作为否认适用惩罚性赔偿金的理由，这里的过失包括消费者举证责任的过失和消费者注意义务违反的过失。法院在认定大宗商品交易，经营者是否构成欺诈时，会赋予消费者更多的注意义务。如果消费者违反这种义务，一般不认为经营者构成欺诈，消费者也需要对经营者存在欺诈的事实及自己受到的损失进行举证，若举证不力，也会影响欺诈的认定。《反不正当竞争法》规定了经营者欺诈行为，行政机关可据此认定欺诈，法院可否根据行政机关作出的欺诈处罚决定认定经营者欺诈消费者，承担惩罚性赔偿责任呢？法院做法不统一。我们认为《反不正当竞争法》中行政机关认定经营者存在虚假宣传等欺诈经营行为的标准要比《消费者权益保护法》中认定经营者存在欺诈消费者行为的标准低，经营者只要有虚假宣传行为就需承担欺诈经营的行政责任，无须满足消费者受到欺诈并有损失的条件，因此，行政机关依据《反不正当竞争法》对经营者欺诈行为的处罚决定并不能作为经营者欺诈消费者承担惩罚性民事赔偿责任的依据。另外，经营者就同一欺诈行为承担惩

---

① 王泽鉴：《侵权行为法之危机及其发展趋势》，载《民法学说与判例研究（第二册）》，北京大学出版社 2009 年版，第 109 页。

罚性民事赔偿责任和行政责任时，惩罚性民事赔偿责任应优先于行政责任实现。

三、消费欺诈制度对老年人消费受骗的解释

根据消费欺诈制度，老年人消费受骗是指老年人作为消费者在生活消费过程中受到经营者的欺诈，并产生损失。老年人受到消费欺诈需具有消费者身份，须为生活需要而消费，并排除老年人知假买假的情形。老年人消费受骗需符合消费欺诈的构成要件。老年消费者需在经营者的故意欺诈下陷入错误进行消费并产生损失。老年消费者受到欺诈后，享有向经营者主张惩罚性赔偿金的权利。

根据相关法律规定的消费欺诈的类型及老年消费者消费受骗的情况，我们将老年消费者受到消费欺诈的主要类型归纳为：

（一）虚假宣传

有学者对北大法意案例数据库中涉及消费纠纷的666起案件研究后发现，其中有60余起虚假宣传欺诈案例，占到十分之一强[①]。虚假宣传是中老年人消费受到欺诈的主要类型。《侵害消费者权益行为处罚办法》将多种虚假宣传行为独列成条作为消费欺诈的一种类型，可见虚假宣传在消费欺诈类型中的重要性。

虚假宣传行为是指经营者为获取市场竞争优势和不正当利益，利用广告和其他方法，对产品或者提供的服务、商品的质量、制作成分、性能、用途、生产者、有效期限、产地等进行不真实的宣传，导致或足以导致购买者对商品或服务产生错误认识的不正当竞争行为[②]。虚假宣传包括虚假广告在内，但不以虚假广告为限。

虚假宣传不等于欺诈，虚假宣传被认定为欺诈依然需要符合欺诈的构成要件。一般认为虚假宣传应达到令消费者误解的程度，使消费者的意思自由受到限制并使交易的目的无法实现。令消费者陷入错误应采用客观标准而不应采用主观标准，客观标准是以一个理性的普通人在施以平常注意力的情况下是否可能陷入错误为判断，主观标准是以争议中的消费者是否陷入错误为判断。对于一般商品而言，以消费者平均的认识程度为准即可，而对于针对固定消费群体的商品，应以该商品相关消费者的认识水平为准。至于价值巨大的大额商品，如房子、汽车，我们会赋予消费者较高的审慎义务，我们有理由相信有正常意识的消费者都

---

① 马一德：《消费者权益保护专论》，法律出版社2017年版，第181页。

② 张兆纲：《探析虚假宣传行为的法律后果》（2011年12月5日），http：//www.110.com/ziliao/article-260842.html，2017年11月30日访问。

会对商品仔细考察。这点在《最高人民法院关于审理商品房买卖合同纠纷案件适用法律若干问题的解释》中也有体现，除其第九条规定的三种欺诈情形外，法院会赋予消费者较高的注意义务，从严认定虚假宣传行为为欺诈行为，尽管2020年修正版本删除了相关规定，不再对商品房销售中的欺诈行为特殊对待。此外，虚假宣传能否被认定为欺诈还需考虑虚假宣传与商品主要功能的关系，如和商品实际功能基本无关的虚假宣传通常不认定为欺诈行为。

（二）提供假冒伪劣商品或服务

提供假冒伪劣商品或服务，欺诈主要体现在商品或服务的“假”和“劣”方面。

提供假冒商品或服务狭义上是指未经权利人允许在商品或服务上使用他人的注册商标、知名商品名称、认证标志等情形，广义上还包括使用他人的厂名、厂址。提供伪劣商品或服务包括销售篡改生产日期的商品，销售不符合保障人身和财产安全要求、失效、变质的商品，以及在销售的商品中掺杂、掺假，以假充真，以次充好，以不合格商品冒充合格商品，销售国家明令淘汰并停止销售的商品，提供商品或者服务中故意使用不合格的计量器具或者破坏计量器具准确度等。

（三）价格欺诈

2001年11月，原国家计委发布《禁止价格欺诈行为的规定》，将价格欺诈定义为经营者利用虚假的或引人误解的价格形式或价格手段欺骗、诱导消费者或其他经营者进行交易的行为。根据此项规定，价格欺诈行为包括标价欺诈行为和采用价格手段欺诈行为。标价欺诈行为包括：（1）标价签、价目表等所标示商品的品名、产地、规格、等级、质地、计价单位、价格等或者服务的项目、收费标准等有关内容与实际不符，并以此为手段诱骗消费者或者其他经营者购买的；（2）对同一商品或者服务，在同一交易场所同时使用两种标价签或者价目表，以低价招徕顾客并以高价进行结算的；（3）使用欺骗性或者误导性的语言、文字、图片、计量单位等标价，诱导他人与其交易的；（4）标示的市场最低价、出厂价、批发价、特价、极品价等价格表示无依据或者无从比较的；（5）降价销售所标示的折扣商品或者服务，其折扣幅度与实际不符的；（6）销售处理商品时，不标示处理品和处理品价格的；（7）采取价外馈赠方式销售商品和提供服务时，不如实标示馈赠物品的品名、数量或者馈赠物品为假劣商品的；（8）收购、销售商品和提供服务带有价格附加条件时，不标示或者含糊标示附加条件的；（9）其他欺骗性价格表示。下列行为属于价格手段欺诈行为：（1）虚构原价，虚构降价原因，虚假优惠折价，谎称降价或者将要提价，诱骗他人购买的；(2) 收购、销售商品和提供服务前有价格承诺，不履行或者不完全履行的；(3) 谎称收购、销售价格高于或者低于其他经营者的收购、销售价格，诱骗消费者或者经营者与其进行交易的；(4) 采取掺杂、掺假，以假充真，以次充好，短缺数量等手段，使数量或者质量与价格不符的；(5) 对实行市场调节价的商品和服务价格，谎称为政府定价或者政府指导价的；(6) 其他价格欺诈手段。

2022 年 4 月 14 日国家市场监督管理总局令第 56 号公布《明码标价和禁止价格欺诈规定》，自 2022 年 7 月 1 日起施行，《禁止价格欺诈行为的规定》同时废止。新规定对价格欺诈的定义及类型进行了调整。该规定界定的价格欺诈是指经营者利用虚假的或者使人误解的价格手段，诱骗消费者或者其他经营者与其进行交易的行为。该规定第十九条也将价格欺诈行为明确为以下类型：(一) 谎称商品和服务价格为政府定价或者政府指导价；(二) 以低价诱骗消费者或者其他经营者，以高价进行结算；(三) 通过虚假折价、减价或者价格比较等方式销售商品或者提供服务；(四) 销售商品或者提供服务时，使用欺骗性、误导性的语言、文字、数字、图片或者视频等标示价格以及其他价格信息；(五) 无正当理由拒绝履行或者不完全履行价格承诺；(六) 不标示或者显著弱化标示对消费者或者其他经营者不利的价格条件，诱骗消费者或者其他经营者与其进行交易；(七) 通过积分、礼券、兑换券、代金券等折抵价款时，拒不按约定折抵价款；(八) 其他价格欺诈行为。但若存在下列情形之一的，则不属于第十九条规定的价格欺诈行为：(一) 经营者有证据足以证明没有主观故意；(二) 实际成交价格能够使消费者或者与其进行交易的其他经营者获得更大价格优惠；(三) 成交结算后，实际折价、减价幅度与标示幅度不完全一致，但符合舍零取整等交易习惯。

(四) 轻型诈骗行为

我们这里所讲的轻型诈骗行为是指经营者骗取消费者价款或者费用而不提供或者不按照约定提供商品或者服务。1996 年《欺诈消费者行为处罚办法》规定“利用邮购销售骗取价款而不提供或者不按照约定条件提供商品”的欺诈行为，并将其限制在邮寄领域。2015 年的《侵害消费者权益行为处罚办法》扩大了其适用的范围，直接规定了“骗取消费者价款或者费用而不提供或者不按照约定提供商品或者服务”的欺诈类型。这种欺诈行为的特点在于经营者与消费者达成交易之前就有骗取价款的故意，经营者从交易初始就未想提供商品服务或提供商品服务的质量严重低于合同约定。这种行为与刑事诈骗行为极为相近，刑事诈骗是以非法占有为目的，通过诈骗手段骗取他人财物，行为人不打算付出任何对价或付出极少的对价而获取对方财物，其行为表现具有主动性、积极性，主观方面一般表现为直接故意[①]。两者的差别在于骗取财物数量上的差异，这里的消费诈骗不足以入刑，运用轻型诈骗的概念区别即可，数额巨大的需追究刑事责任。

第三节　境外防止消费欺诈老年人的法律制度

从各国的立法情况来看，老年人权利保障法律体系主要有两种立法模式，一种是老年人权利保障法律规范分散在社会保障和社会福利制度中，多数国家如此；另一种是专门的或独立的老年人立法，如美国、日本、韩国、新加坡等国家[②]。

在第一种模式下，老年人法律保护是从属于社会保障和社会福利制度的，并没有被独立规定。此种立法模式基于这样的立法理念：老年人是全体国民中的一个群体，老年阶段是人生历程中的一个重要阶段，因而，将对老年人的保护放在养老保险、医疗保险以及社会救助等立法中进行一并保护。

第二种立法模式是针对老年群体的特殊性进行专门性的立法，表现为单独的老年人法律，比如老年人权益保护法、老年人福利法、老年人保健法、护理保险法、老年人就业促进法等。

对老年人权利保障实行专门立法，立法针对性高，可执行性强，但容易出现重复立法的问题。就目前所收集的资料看，各国并没有就防止消费欺诈老年人进行专门立法，对消费过程中老年人的保护及对消费欺诈行为的认定与惩治都在消费者权益保护类的法律中进行规定。

一、美国防止消费欺诈老年人法律制度

（一）美国防止消费欺诈的法律制度

1. 法律渊源

美国是普通法系国家，在商品交易过程中最初遵循“买者当心”原则，对商品交易并不主张国家干预。但随着资本主义进入垄断阶段，经营者通过优势地

① 陈曦：《民事欺诈与刑事诈骗的法理辨析与实务认定》，载《人民检察》2017年第10期。
② 李超：《老年维权之利剑：老年人法律保障制度研究》，上海人民出版社2007年版，第90页。

位欺诈消费者的情形日益增多，原有的普通法原则已经不能满足保护消费者的需要，联邦和州的立法机构制定大量保障消费者权益的法律。对消费活动中欺诈行为的调整，美国主要从普通法、联邦法、州法三个层次进行①。

普通法通过侵权法和合同法实现对消费欺诈行为的调整。侵权法理论认为欺诈（Fraud）包括欺骗、隐瞒和错误陈述几方面的内容。侵权法实施的目的是使受害方的损失得到弥补，因而其损害赔偿计算方法是以消费者所付价款减去所购货物或所接受服务的实际价值。而合同法重在对错误陈述和对违反保证责任的调整，它的目的是使消费者获得其应得的利益，因而其损害赔偿计算方法是以所购货物或所接受服务的应有价值减去它的实际价值。侵权法和合同法对欺诈行为的调整，经历了从相同到不同再逐渐走向统一的过程。13 世纪以前，侵权法和合同法对欺诈行为的调整方面并无不同。在 18 世纪的大部分时间里，合同法对欺诈行为的认定以原被告间存在契约关系为前提。而侵权法要求欺诈行为应有欺诈的故意，而合同法不要求。近几十年中，合同法放弃了当事人之间存在合同关系的要求，侵权法也不再要求欺诈行为必须存在主观故意，虽不完全相同，但不断趋同。

根据普通法的理论，欺诈行为的构成并不需要主观过错。但根据《联邦贸易委员会法》的规定，如果该欺诈行为具有主观故意性，那么它将不受普通法的调整而应该受到联邦有关法律规定的调整。根据《联邦贸易委员会法》的规定，构成欺诈必须具备如下三个方面的条件：第一，不实的陈述必须指向某一实质性的事实。如果这种陈述仅是对商品的个人意见或一种吹牛，则不构成欺诈。第二，须有消费者被不实陈述诱骗的事实存在。即消费者的消费行为是因为轻信不实陈述的结果。第三，作出不实陈述的人有欺诈的故意。上述三个方面的条件，是联邦贸易委员会判断某一行为是否构成欺诈的标志，也是适用《联邦贸易委员会法》进行调整的前提条件。即便不实陈述不具有欺诈的目的，但基于保护公众利益的需要，《联邦贸易委员会法》也可以调整这种行为。

各州调整消费欺诈的法律可以分为三种基本类型：（1）《联邦贸易委员会法》。这类法律主要是用于限制贸易中的不正当竞争方法或者欺诈行为。这一类型的法律在包括伊利诺伊州、马萨诸塞州和华盛顿州在内的十几个州中存在。（2）欺诈行为法。这类法律主要是用于防止欺诈和对各种欺诈行为加以调整。包括得克萨斯州、密歇根州、俄亥俄州在内的 20 个州实施这类法律。（3）消费

① 张为华：《美国消费者保护法》，中国法制出版社 2000 年版，第 11 页。

者欺诈行为法。这类法律主要用于防止欺诈、歪曲、不实陈述和隐瞒等欺诈行为。这类法律在包括加利福尼亚州、纽约州和新泽西州在内的十几个州中生效[①]。

2. 美国消费者保护机构

（1）联邦消费者保护机构

美国保护消费者的主要职责由政府承担，美国将保护消费者的职责通过法律分配给许多行政机构，这些行政机构主要有[②]：

联邦贸易法委员会（FTC）。该机构是美国政府最早设立的消费者保护机构，目的在于行使国家的反托拉斯法，防止垄断，保护公平竞争。该机构保护消费者的职权比较广泛，可以直接受理消费者的控告，可以依法禁止某些商品进入市场，可以向违反者征收罚金，还可以向国会报告重大事件等。

消费者产品安全委员会（CPSC）。该机构是最严厉和权力最大的消费者保护机构，除了某些特殊商品（如食品、药品、汽车、飞机）原已有主管单位外，所有其他商品都在该机构管辖之下。该机构的职责是保护消费者免遭不安全产品的损害，它管理着1万种以上的不同类型的产品。CPSC在全国范围内系统收集因消费性商品而致伤或死亡的案件，一旦发现某种商品发生危险的频率较高，就立即采取行动，或提醒消费者注意。该机构有权禁止不安全产品的销售或销售权，并使购物者收回货款；它有权向法院起诉，以便查封有害产品，向公众通报等；必要时可制定产品安全标准等。

联邦食品和药物管理局（FDA）。FDA是美国目前规模最大的消费者保护机构，主要负责食品、药品和化妆品的安全性、纯度性及加贴标签工作，有权为多数食品订立标准，通过媒介发出通告，管理药品市场，并对所有药品生产企业进行审查、登记注册，只有经鉴定既安全又有效的药品才能进入市场，上市药物厂商必须提供该药品的安全和效用的数据，由FDA加贴标签方可销售。FDA有权通过广播电视、报纸杂志予以通告，并处罚违法者。

美国农业部。该机构负责对肉类食品的检验，规定所有越过州边界运输的肉类和家禽都必须检验，然后在上市肉类（经检验合格）上加盖有“美国检验通过”字样的圆戳。该机构的另一职责是提供食品分级服务，在农业部统管下，各类分级服务公司将食品分级并检验，以确保对消费者负责。

此外，美国从事消费者保护的机构还有美国环保局、白宫的消费者事务办公

① 张为华：《美国消费者保护法》，中国法制出版社2000年版，第28页。

② 刘益灯：《跨国消费者保护的法律冲突及其解决对策》，法律出版社2008年版，第121-122页。

室以及各州及地方政府消费者保护机构。每个州都设有某种形式的消费者保护办公室，或在某办公室内设有消费者保护处。其中最常见的是隶属于州检察长办公室的消费者保护办公室，处理对消费者的欺诈行为。

（2）民间消费者组织

1891年，世界上第一个消费者协会在纽约成立。1936年，美国全国性的民间消费者保护组织——消费者联盟成立。良好企业社（BBB）是公司组建并资助的非营利社团，是著名的消费者保护组织，其组织宗旨是保护遵守职业道德的公司和消费者免受不遵守职业道德公司的伤害。此类机构在美国约有150家，它们帮助消费者核查公司信息和商品信息，帮助消费者解决对公司的投诉。

3. 美国消费诉讼制度

（1）小额诉讼法庭。美国20世纪30年代就设立了小额法庭，受理消费者因缺陷产品造成损害而引起的纠纷案件。该审理方式简便快捷，收费低，易于消费纠纷的解决。

（2）集团诉讼制度。集团诉讼适合于受害消费者人数众多的情形。当一个消费者提起诉讼后，法院发出通知，其他因该侵权行为受害的消费者可来法院登记，并可在这次诉讼中获得赔偿，这有利于对受害消费者群体的保护。该制度要求：当事人一方人数众多；所有成员在诉讼中存在共同的诉讼事实或法律问题；代表人提出的诉讼请求或抗辩与其他成员的请求或抗辩属于同一类型；其他成员可以委托代表人代表其进行诉讼，法院的判决对没参加诉讼的其他成员具有法律效力。

（3）消费公益诉讼。美国保护消费者的行政机构可以向法院起诉，要求给予违法者以民事处罚并赔偿受害者的损失，也可以支持消费者起诉追究侵权者的民事责任。例如，《联邦贸易委员会法》规定联邦贸易委员会在必要时可以提起民事诉讼以便对违反规定者给予1万美元以下的民事处罚①。

（二）老年人保障制度

美国《老年人法》自1965年颁布以来已经过十余次修改。立法的内容也由最初的物质保障扩展到健康、营养、护理、就业、教育、居住等多个方面。老年立法也将解决老年问题的事后“治疗”方式转变为了事前“预防”方式。《老年人法》颁布后，美国启动了许多老年人项目，包括提供老年教育和法律帮助等服务，并且依据《老年人法》，美国政府设立联邦老龄局作为美国在老龄问题方面

① 刘益灯：《跨国消费者保护的法律冲突及其解决对策》，法律出版社2008年版，第123页。

的最高决策机构，这有助于引起社会对老年人问题的重视，并帮助老年人在消费过程中辨别真假，及时处理消费争议。

二、法国防止消费欺诈老年人法律制度

（一）法国防止消费欺诈法律制度

1. 法国商业欺诈行为的类型

法国《消费法典》未规定消费欺诈，而是采用了“商业欺诈行为”的概念，包括作为的商业欺诈行为与疏忽的商业欺诈行为，前者有混淆风险、欺诈陈述、不指明行为实施者三类假定，后者涉及违反实质信息提供义务①。

当一个行为造成与另一种商品或服务、标识、商号或其他竞争者的辨别标记相混淆时，它就是商业欺诈。欺诈陈述即是指广告欺诈行为。商业行为中的实施者未被明确指定的也被认为是商业欺诈，大多存在于远程销售情形中。

疏忽的商业欺诈行为是《消费法典》新增的内容，其第 121—1 条第 2 款规定“考虑所用沟通方式局限及周围情势，如果商业行为遗漏、掩盖，或以难以理解、模糊、有障碍的方式提供实质信息，或未指出真实商业意图，从环境中也无从得出结论，即为欺诈”，即隐瞒实质信息，法典对实质信息进行了列举：商品或服务的主要特征、经营者地址与身份、含税价格、消费者承担的交付费用、付款条件与交付期限、法律规定的撤销权等。该条与《消费法典》第 111—1 条关于告知义务的规定大部分重复。即疏忽的商业欺诈以存在法定的告知义务为前提。疏忽的商业欺诈仅针对消费者而不会针对经营者，这点与作为的商业欺诈不同。在刑事指控上，疏忽的商业欺诈与作为的商业欺诈并无区别。

2. 法国商业欺诈的法律责任

消费欺诈的行政责任和刑事责任。根据法国《消费法典》第 121—2 条，竞争、消费与反欺诈总局，农业部食品总局，工业部计量司的公务人员有权在全国范围内通过笔录确认商业欺诈行为。商业欺诈的责任主体范围广泛，所有参与商业欺诈行为的人，特别是广告代理人、广告顾问、广告媒体，都会被作为共同责任人或共犯追究责任。《消费法典》第 121—6 条第 1 款将商业欺诈行为的处罚依据指引到同法第 213—1 条，该条规定，“对于欺诈或企图欺诈缔约人的行为，无论主体是否为合同当事人，无论采用何种手段或方法，即使是通过第三方中间

① 苏号朋、林学东：《法国消费欺诈行为的法律规制及借鉴》，载《法学杂志》2013 年第 4 期。

人，均将面临最高两年的监禁与最多 37500 欧元的罚款，择一处罚”。《消费法典》第 213—2 条规定了在前条基础上双倍处罚的两种情形，即最高四年监禁与最多 75000 欧元的罚款：“1. 如果前条规定的违法行为导致的后果是使用危及人或动物健康的商品；2. 如果前条规定的违法行为或企图是借助于虚假或不准确的砝码、量器及其他仪器；或者借助于试图歪曲测算成分、剂量、重量、尺度的手段或方法，或试图恶意修改成分、重量或容量，即便在测算之前；或者最终借助于虚假标识，试图让人相信此前的测算是准确的。”商业欺诈行为还可能因构成诈骗罪而适用《刑法典》第 313—1 条的刑罚。该条规定，通过使用虚假名称或假冒品质，或滥用真实品质，或采用欺诈手段，诈骗自然人或法人使其决定交付现金、有价证券或任何财产，用于提供服务、履行义务或清偿债务，而损害其利益或第三人利益的行为，认定为诈骗罪；诈骗罪被处以五年监禁及 375000 欧元罚金。

法国对商业欺诈的附加处罚包括三种：一是公告判决，二是发布更正通告，三是停止违法行为。法官在对商业欺诈定罪情形下，应当指令公告判决。法庭在各种情形下皆可指令将有罪判决全文或摘录公告于其指定的报刊，张贴于其指明的处所如罪犯家庭、商店、工厂车间的门上，所有费用由罪犯承担。法庭会规定公告必须保留的期限，但不得超过 7 日。法律还允许法官指令发布一份或多份更正通告，相比公告判决，该处罚是非强制性的，实践中很少宣告，但也有真实案例。预审法官或受理起诉的法庭，自程序启动之初即可责令停止商业欺诈行为，而不必等待最终判决；如果程序上裁定免予起诉或撤诉，停止广告的措施停止生效；该处罚还可基于消费者协会的申请由民事法庭作出指令。

商业欺诈的民事责任。商业欺诈行为的受害人可基于《民法典》第一千三百八十二条、第一千三百八十三条规定的侵权行为或准侵权行为责任要求行为主体进行损害赔偿，此处的受害人既能是竞争者，也能是消费者。此外，欺诈行为将成为合意的瑕疵，从而赋权受欺诈人解除各方签订的合同，消费者受商业欺诈对实质信息产生错误认识，导致同意缔约的意思表示错误，契约归于无效，发生财产返还、损害赔偿等法律后果。

（二）具有特色的老年人监护制度

随着老年群体占人口比重的份额越来越大，老年人监护制度的作用显得越来越重要。法国通过第68—5号法律对《法国民法典》的监护制度进行重构①，以适应老年人问题发展的需要。法国监护制度分为法定监护和意定监护。法国根据被监护人的具体状况将法定监护制度分为监护、财产管理和司法特殊保护三种具体制度，其针对不同对象适用不同法定监护形式的监护制度颇具特色，这有利于老年人财产的保护，避免消费欺诈。

1. 监护制度

监护制度的被监护人是完全丧失行为能力的人，监护人则是被监护人的配偶。配偶如若因行为能力、经济问题等主客观原因无法担任监护人时，可经被监护人、其配偶或其他利益关系人的申请确定监护人。监护人的职责是照顾、管理和保障被监护人的合法权益不受损失，其具体责任范围则由法院根据专业的医疗意见进行确定，由法院划分出被监护人的哪些权利可以由监护人代为行使。

2. 财产管理制度

财产管理制度针对的被保护对象是一些在遇到较复杂的民事行为时需要别人协助才能完成的特殊主体，以及可能因不当消费行为和工作态度而导致生活困难需要监督的特殊主体。这些进行帮助和监督的人被称为“财产管理人”。

3. 司法特殊保护制度

司法特殊保护制度针对的被保护对象是身心障碍较轻、存在一定意思能力和行为能力的主体，它最大的特点就是保留其自己行使权利的能力。司法特殊保护制度是一种前置的保护性措施，当监护制度或财产管理制度启动后，它自然停止。

三、日本防止消费欺诈老年人法律制度

（一）日本消费者权益保障制度

日本保护消费者权益的法律体系以《消费者保护基本法》为核心，该法确立了国家、地方政府、企业与消费者个人在维护消费者权益中的权利、责任、义务及作用。1968年5月颁布实施的《消费者保护基本法》，以强化商品安全性和质量为重要目标，保护消费者权益。以此法为核心的消费者权益保护法律体系还包括这几个方面的法律：一是防止商品危害方面的法律，如《食品卫生法》《农业取缔法》《有关确保饲料安全性及改善质量的法律》《有关化学物质的审查及

① 王嘉琦、刘淑波、檀再斌：《大陆法系老年人监护制度及启示》，载《长春理工大学学报（社会科学版）》2017年第2期。

制造等规则法》《有关含毒物质的家庭用品的规则法》《消费生活用制品安全法》等；二是计量方面的法律，如《计量法》；三是有关规格表示正确化的法律，如《工业标准化法》《家庭用品质量表示法》《有关大型店铺零售事业调整法》；四是有关合同正确化的法律，如《降价销售法》《宅地建筑物交易法》《有关访问销售的法律》《利息限制法》；五是有关消费者教育的法律，如《社会教育法》《消费生活协调组合法》《农业协同组合法》①。日本消费者权益保护体系从最初以阻止商品危害为目标逐渐发展成为以保障交易行为正当化为目标，特别是以消费者信用、店铺外交易等领域为中心的法律制度得到充实和完善。随着日本进入老龄化社会，高龄消费者成为市场交易中被侵害的消费主体。为此，日本消费者权益保护制度在推进条款标准化、正确化和交易正当化的同时，重点充实和完善消费者教育、市场信息传递、投诉处理等制度。

（二）日本消费者教育与老年人教育制度

日本很早就认识到了消费者教育对于消费者保障的重要性。1968 年的《消费者基本法》第五条要求："消费者……自己主动地掌握关于消费生活的必要知识，同时通过努力和自主而合理的行为，来为消费生活的安定和提高发挥积极的作用"。该法第十二条还规定："国家为了能使消费者自主地安排健全的消费生活，应当普及关于商品和劳务的知识，提供情报，普及关于生活设计的知识等，同时还应采取充实关于消费生活的教育等必要的措施。"② 1966 年日本就将"保护消费者"的概念引入学校教育中，并分别在 1971 年和 1973 年组织实施了有关消费者教育的学习指导大纲。1986 年，日本提出了《关于学校的消费者教育》的希望书，同时，制定了《学校消费者教育的新规定》，修改了学习指导大纲。并且日本对大中小学校开始全面实施消费者教育的时间作了规定：小学从 1993 年开始，中学从 1994 年开始，大学从 1995 年开始。1961 年成立的日本消费者协会，开创了日本民办消费者教育的模式。他们举办"培养消费生活顾问讲座"，培训的主要内容是：有关消费者的经济法规、消费者权利、消费者问题的历史与现状等。

除加强消费者教育以外，日本也特别重视老年人教育。老年人教育被视为日本终身教育理念和制度中的一部分，属于老年人精神福利的重要组成部分。1963

---

① 刘根荣：《市场秩序理论研究：利益博弈均衡秩序论》，厦门大学出版社 2005 年版，第 230-231 页。

② 齐向东：《日本的消费者教育》，载《国外社会科学》1997 年第 3 期。

年，日本通过了《老人福利法》，在该法中明确规定老年人受教育的权利，将教育视为确保老人的身心健康和生活安定的重要福利手段之一[①]。依据该法，日本政府在地方政府设立了“老年人福利课”，这个单位是唯一专门管理老年人事业的单位，除了在地方政府设立外，更在福利部门设置“老年人俱乐部”，教育部门也设立了“高龄者教室”。老年人教育丰富了老年人的生活，使老年人退休后能够接触新鲜事物，与社会接轨，老年人教育增强了他们辨真识假的能力，避免老年人在消费中受到欺诈。

第四节　防止消费欺诈老年人的措施及制度改进

防止老年人在消费过程中受到欺诈需从事前和事后两个方面进行努力，事前需加强对老年人的教育和引导、制定清晰的商品质量标准；事后需建立更为一体、便捷的争议解决方式，利于老年消费者进行反欺诈维权。下文将从事前防范和事后救济两个角度探讨防止消费欺诈老年人的问题。

一、事前防范消费欺诈老年人的措施及制度

（一）对老年人进行法律宣传教育，施以专业消费辅导

当前弱势群体相关权利无法得到有效保护的一个重要因素便是其法律意识不强，法律知识匮乏，应加强对老年人消费的普法教育，使其树立正确的维权意识，切实维护老年人的合法权益不受侵害，这不仅需要地方各级政府部门的引导和宣传，同时更需要全社会的共同努力。中国消费者协会与全国老龄工作委员会应加强合作，在广播、电视、网络、其他媒体和社区服务中长期进行老年人防消费欺诈的宣传教育工作，提高老年人对消费欺诈的辨识能力，增加老年人及其子女的法律知识储备，增强家庭防范消费欺诈的能力。

另外，由于消费领域千差万别，应建立行业性的老年人保护机构，结合行业特点，为老年人提供针对性的防消费欺诈防护。美国就在某些领域建立了行业性的消费者保护机构，给予老年人额外的消费帮助。如美国为加大对金融消费者的保护设立了消费者金融保护局（CFPB），并鉴于老年人金融消费权益保护的特殊性，在CFPB内单设了老年人办公室（the Office of Older Americans），致力于帮

---

① 李洁：《老年人学习权益法制保障研究》，上海人民出版社2013年版，第183页。

助62岁以上的美国老年人做出正确的金融决策①。老年人金融保护办公室不断加强与金融机构、政府机构、教育与就业培训机构等多类组织的合作，致力于保护老年人的金融消费权益。如老年人办公室与联邦储蓄保险公司合作，开展名为“老年人聪明理财计划”（Money Smart for Older Adults）的培训项目，这个项目以避免、识别和报告老年人的财务风险为目的，除对老年消费者本人外，还对有权处理老年人财产的人员，如家庭护理者及与老年人消费相关的其他核心人员进行消费指引培训，为避免老年人金融消费陷入风险提供了有效保障。老年人办公室依照法定授权，帮助有权为老年人处理财务的家人或朋友开展财务记录、投资框架以及如何管理老年人财务方面的学习，以此来帮助人们识别和回应老年人的财务风险。老年人办公室还与地方部门合作，创建和维系着“美国老年人保护网络”，这个网络旨在组织多学科的团队开展社区教育，提高公众意识，提升老年人应对金融消费争议的能力。

从美国金融领域建立老年人办公室的经验来看，他们对老年人金融消费方面的保护呈现多部门、多阶段、全方位的特点。多部门是指老年人办公室调动多方力量，与各部门合作，努力建立全方位的金融防护网络。多阶段是指老年人办公室对老年人金融消费的帮助不止于事后的纠纷解决，而在老年人金融消费时就对其进行专业性的辅导，帮助老年人进行金融消费评估和选择，呈现全程保护的特点。全方位是指老年人办公室不仅加强对老年人的教育，还加强对老年人身边人群的教育，对老年人的保护更为彻底。我国消费领域对老年消费者的保护还远未到成立专门机构进行全程保护的阶段，面对“银发浪潮”的到来，我国的消费领域在研发老年人商品和服务的同时，应逐步建立行业内的老年人消费维权体系，为老年人提供来自行业内的消费保护，这也将是消费领域发展的必然趋势。

（二）存在清晰的质量标准

在消费欺诈中，商品质量伪劣常与夸大宣传结合在一起。若商品没有明确的质量标准，就很难检验商品是否存在质量问题，难以证明是否存在消费欺诈，消费者受损的权益就无法得到保护。我国现在的一些新型产品由于没有国家、行业质量标准，无法确定质量是否达标，证明消费欺诈极为困难。如家用净水机，我国只有饮用水标准，却无净水标准，净水标准本应高于饮用水标准，但现在净水机净水的效果只能同饮用水标准相比较，证明净水机产品存在消费欺诈相当困

① 张琨、姬春生、郑光勇：《美国老年人金融消费权益保护经验及对我国的启示》，载《武汉金融》2014年第3期。

难。因此，建立清晰的商品质量标准，也是预防消费欺诈的重要一步。

二、消费欺诈老年人事后救济制度的改进

（一）现行消费纠纷解决机制的不足

我国《消费者权益保护法》第三十九条规定了解决消费争议的五种途径：(1) 与经营者协商和解；(2) 请求消费者协会或者依法成立的其他调解组织调解；(3) 向有关行政部门投诉；(4) 根据与经营者达成的仲裁协议提请仲裁机构仲裁；(5) 向人民法院提起诉讼。从目前来看，我国为解决消费纠纷提供了包括和解、民间及行政调解、仲裁、诉讼在内的多元化的纠纷解决机制，但现行消费纠纷解决机制并不能有效地解决消费纠纷。

首先，和解方式并不能有效地解决消费者与经营者间的消费纠纷。对于经济实力相差不大的消费者与经营者之间，采用和解方式处理消费纠纷具有一定的可能性。但对于资金实力、商品信息等方面存在较大差距的消费者与经营者之间，经营者还未将保护消费者的意识上升到自觉遵守的高度，通常缺乏与消费者主动和解的动力，通过和解方式解决纠纷的情况较为少见。尽管和解方式不牵涉第三方，属于纠纷解决方式中较为便捷的方式，但尚难成为处理消费纠纷的主要方式。

其次，调解方式由于法律效力不足不能一次性地解决消费纠纷。我们这里所说的调解包括消费者协会、其他调解组织、行政机关的调解。调解是中立的第三方居间对争议双方的争议点进行协调，努力达成一致意见的纠纷解决方式。我国消费纠纷的主要调解组织是消费者协会。我国的消费者协会于 1984 年 12 月经国务院批准成立，属于全国性社会团体。消费者协会主持达成的调解协议并没有强制执行力，完全依赖于争议双方对调解协议的执行，若双方中有一方不执行调解协议，调解的效果归于失败，消费争议无法得到彻底解决。其他调解组织、行政组织的调解也存在调解协议效力不足的问题，不能一次性地解决消费纠纷。

再次，仲裁方式不能适应消费纠纷的解决要求。我国在《消费者权益保护法》中特别将仲裁列为消费纠纷的一种结局方式，说明采用仲裁方式处理消费纠纷具有一定优势。这些优势体现在：仲裁的独立性和意思自治更符合消费者权益保护程序的公正性要求；仲裁的简易性和快捷性更符合消费者权益保护程序的效率性要求；仲裁的不公开性更有利于保护经营者的商业秘密和商品声誉①。但我国的仲裁模式也有与消费纠纷不相适应的地方。如仲裁要求争议前双方达成仲裁

---

① 陈奎：《论我国消费纠纷解决机制的价值错位及其矫正》，载《特区经济》2009 年第 7 期。

协议，但生活消费一般不会签订合同，更谈不上对争议解决方式进行书面选择，即便争议发生后，双方也很难对仲裁处理方式达成共识，这限制了仲裁方式的使用。另外，我国的仲裁机构远离市场，不方便消费纠纷的解决；仲裁程序对于小额消费纠纷的解决依然过于冗长、仲裁费用偏高。这些问题都限制了仲裁方式的广泛应用。

行政机关处理方式包括行政调解与行政处罚。行政调解方式前文已经涉及，不再赘述。行政处罚方式对经营者的违法行为可以直接处理，虽具有高效、快速的特点，但对于法规、行业标准不健全的情形引发的消费争议，行政机关难以处理。并且我国处理消费纠纷的行政部门不止一个，部门职能交错、权责不明，不利于消费纠纷的解决。

最后，诉讼方式虽最具权威性，但对于处理消费纠纷却存在种种不适应。由于消费纠纷争议金额一般较小，但诉讼费用较高，消费者常因诉讼不经济而放弃诉讼救济方式。并且，消费纠纷适用“谁主张，谁举证”原则，并未实行举证责任倒置，在消费者信息获知能力低于经营者的情况下，消费者在举证环节处于劣势，诉讼结果并不一定利于消费者，因此，消费者对选择诉讼方式更为慎重。我国2012年修订的《民事诉讼法》虽增加了小额诉讼的规定，但支撑程序不够完善。因而，耗时长、费用高的诉讼救济程序不适应消费纠纷快速、低成本解决的需要，诉讼也难成为处理消费纠纷的最佳方式。

（二）便捷高效的消费纠纷解决机制的建立

建立便捷高效的消费纠纷解决机制包括对现有非诉解决方式的融合使用及对现有诉讼制度的适度改造。

我国解决消费纠纷的非诉处理方式存在处理层次多、效力及效率低下的问题，消费纠纷无法得到一次性解决，我们有必要促进多种非诉处理方式的融合，集中发挥各自优势，解决消费纠纷。如荷兰1970年建立了消费者投诉委员会，这是一个由消费者保护组织、经营者组织、政府部门共同设立的跨行业的综合性争议处理机构。它根据行业分类设立了53个消费者投诉委员会，以便有针对性地解决消费纠纷。以旅游纠纷解决为例，消费者投诉委员会接到消费者投诉后，会敦促纠纷双方协商解决。协商失败后，由旅游行业协会介入调解，促使调解协议的达成。若调解失败，则转由消费者投诉委员会下设的旅游消费者投诉委员会进行调解。该委员会由三名成员组成，主席由该机构任命，另外两个组成人员分别由旅游组织经营者委员会和消费者委员会指定。该委员会根据法律、消费者委员会和经营者组织的约定及公平公正原则作出决定，被投诉的旅游组织经营者承诺会100%执行该决定，如不履行，其所属的旅游行业协会先向旅游消费者支付赔偿款，然后再向经营者追偿，以充分保证旅游消费者的合法权益①。在此争议解决的过程中，我们看到行业协会与消费者协会密切配合，通过增强行业内约束，达到了消费纠纷的有效解决。我国也出现了调解组织与仲裁机构配合，快速解决消费纠纷的方式。如2014年5月，哈尔滨市消费者协会与哈尔滨仲裁委员会共同设立了消费争议仲裁调解中心，加强调解和仲裁方式的衔接。哈尔滨消费争议仲裁调解中心是哈尔滨仲裁委员会的分支机构。当消费者与经营者在消费者协会的调解下不能达成一致意见时，消费者协会终止调解，由双方自愿签订仲裁协议，消费争议仲裁调解中心受理当事人的仲裁申请，纠纷进入仲裁程序。此中心适用的调解方式灵活，仲裁程序简化，极大地适应了消费纠纷处理的要求。此外，互联网的发展也促进了消费纠纷非诉解决方式的发展。如澳大利亚直接营销协会（ADMA）和澳大利亚互动媒体协会（ AIMIA）于2011年11月2日联合颁布了建立在自愿基础上的《团购行为准则》（Australian Group Buying Code of Conduct）。该行为准则主要从保护消费者的角度对签订准则的网络团购平台（Group Buying Platforms）的经营行为进行规制。根据准则，签署者在收到消费者投诉后的15天内须回应，若签署者可提供证据证明其未违反本准则或能与投诉者成功解决该争议，ADMA则通知投诉者并结束该投诉的处理。若签署者未能在15天内回应或不能解决该投诉，ADMA官员将该事件提交到ADMA的规则管理局。ADMA在举行听证会后14天内作出决定。如果决定支持投诉诉求，消费者会被告知ADMA会采取自己认为适当的补救措施或制裁，包括要求签署者道歉、责令改正、退款或更换、承诺不再犯、建议为签署者服务的相关供应商或媒介在未来的直接营销市场活动中断与签署者的合作，一直到该签署者纠正其违法行为为止。签署者应在收到通知后的14天内履行该决定。如未按时履行，ADMA将召开团购规则委员会特别会议以便讨论是否撤销签署者的团购行为准则的组织者资格②。我国也开始尝试建立全国性的旅游纠纷网络解决机制。2015年5月9日，中国国家旅游局开通了旅游网络投诉平台。通过该网络平台，旅游消费者可直接

① 连俊雅：《中国旅游业非诉纠纷解决机制的完善》，载《江西社会科学》2017年第1期。

② 段媚媚：《网络团购消费者权益保护的法律规制——以澳大利亚〈团购行为准则〉为视角》，载《消费经济》2012年第1期。

向国家旅游局质量监督管理所和其他32个内地省级质量监督管理部门投诉①。

另外，我国现有的诉讼程序也要进行适度调整，以便适应消费纠纷小额化与公益性的特点。消费纠纷普遍争议金额较小，因而普通诉讼程序时间长、费用高的特点并不适合消费纠纷的解决。因此，我国应在民事普通程序和简易程序之外，另行建立小额诉讼程序，对从起诉到裁决的各道诉讼环节进行适当简化，缩短办案期限，使消费者既能方便地享受国家司法的正式救济，又不至于受到烦琐程序的过分侵扰②。在学者和社会各界的呼吁下，我国2012年修订的《民事诉讼法》终于首次确立了小额诉讼制度，其第一百六十二条规定："基层人民法院和它派出的法庭审理符合本法第一百五十七条第一款规定的简单的民事案件，标的额为各省、自治区、直辖市上年度就业人员年平均工资百分之三十以下的，实行一审终审。"但我国学者认为，此项规定只是在我国确立了小额诉讼制度，并未确立小额诉讼程序。我国的小额诉讼制度实行一审终审制，其与简易程序仅在审级上存在区别，在审理程序上并无二致。从我国的立法设计看，我国的小额诉讼制度只是被设计为简易程序中的一个特殊程序，并不是与简易程序、普通程序相并立的独立程序，与通常理论意义上的小额诉讼程序相去甚远③。同时，小额诉讼的一审终审制也使它必须面对当事人上诉权被剥夺的难题，这将最终导致小额诉讼制度不尽如人意的适用效果。另外，从小额诉讼程序的发展历史看，它成为国家推行司法福利的首选工具逐渐渗透到民事司法领域中来，成为提升公民司法福利的社会保障措施④。因此，我国应建立完整的小额诉讼程序，使其成为独立的诉讼程序类型：在适用主体上，应排除强势主体——企业作为原告适用小额诉讼程序；在诉讼机构上，可建立小额法庭；在诉讼程序上，可适用更简便的程序，如以本人诉讼为前提并禁止律师代理等；在诉讼费用上，小额法院的诉讼费用应当比简易程序更低，可以免收诉讼费用或象征性地收取少量诉讼费用。只有这样，小额诉讼制度才能适应消费纠纷解决的需要。

为满足消费纠纷小额化的特点而对诉讼程序做出适当调整的同时，我们还需考虑到消费诉讼作为公益诉讼的一面。"消费诉讼具有二元性，在有些情况下属

---

① 陈曦：《民事欺诈与刑事诈骗的法理辨析与实务认定》，载《人民检察》2017年第10期。

② 梁宏辉：《论我国消费纠纷解决机制之完善》，载《河北法学》2009年第7期。

③ 许尚豪、乔博娟：《小额诉讼：制度与程序——以新〈民事诉讼法〉为对象》，载《山东社会科学》2014年第4期。

④ 王福华：《小额诉讼与福利制度》，载《中外法学》2016年第1期。

于维护私权的民事诉讼，在有些情况下又是以维护公共利益为目的的公益诉讼[①]。”特别是在现代经济形态与商业模式下，经营者可能造成消费者大规模侵害和小型分散型侵害的现象，我国既有的民事诉讼中的消费者个人诉讼制度与代表人诉讼制度已经失去实际的功能与效用[②]。基于此，我国学者一直提倡建立消费公益诉讼机制，放宽传统诉权理论中原告只能是权利受到直接损害的主体的要求，而可由政府机构、民间消费者保护组织或其他个人代表公共利益提起诉讼，追究经营者的责任。最终，我国在 2012 年修订的《民事诉讼法》中增加了公益诉讼制度，其第五十五条规定：“对污染环境、侵害众多消费者合法权益等损害社会公共利益的行为，法律规定的机关和有关组织可以向人民法院提起诉讼。”2013 年，新修订的《消费者权益保护法》明确了能提起消费公益诉讼的主体，其第四十七条规定，“对侵害众多消费者合法权益的行为，中国消费者协会以及在省、自治区、直辖市设立的消费者协会，可以向人民法院提起诉讼”，将提起公益诉讼的权利赋予了省级以上的消费者协会。最高人民法院发布的《关于审理消费民事公益诉讼案件适用法律若干问题的解释》，规定消费领域可以适用公益诉讼的情形包括：（1）提供的商品或者服务存在缺陷，侵害众多不特定消费者合法权益的；（2）提供的商品或者服务可能危及消费者人身、财产安全，未作出真实的说明和明确的警示，未标明正确使用商品或者接受服务的方法以及防止危害发生方法的；对提供的商品或者服务质量、性能、用途、有效期限等信息作虚假或引人误解宣传的；（3）宾馆、商场、餐馆、银行、机场、车站、港口、影剧院、景区、体育场所、娱乐场所等经营场所存在危及消费者人身、财产安全危险的；（4）以格式条款、通知、声明、店堂告示等方式，作出排除或者限制消费者权利、减轻或者免除经营者责任、加重消费者责任等对消费者不公平、不合理规定的；（5）其他侵害众多不特定消费者合法权益或者具有危及消费者人身、财产安全危险等损害社会公共利益的行为。2017 年，《民事诉讼法》再次修改，并在原第五十五条后增加一款：“人民检察院在履行职责中发现破坏生态环境和资源保护、食品药品安全领域侵害众多消费者合法权益等损害社会公共利益的行为，在没有前款规定的机关和组织或者前款规定的机关和组织不提起诉讼的情况下，可以向人民法院提起诉讼。前款规定的机关或者组织提起诉讼的，人民检察院可以支持起诉。”可见，公益诉讼制度在我国逐渐完善。但就消费公益诉

① 颜运秋：《消费者公益诉讼的法理与规则分析》，载《河北大学学报》2005 年第 5 期。
② 李友根：《论消费者协会公益诉讼的损害赔偿请求权》，载《政治与法律》2017 年第 9 期。

讼而言，司法解释将原告提起的诉讼请求限于请求被告承担停止侵害、排除妨碍、消除危险、赔礼道歉等民事责任，并未将赔偿损失这一主要的民事责任形式包括在内，已消费但未诉讼的沉默的消费者的利益并未得到保护①。与此同时，最高人民法院关于环境公益诉讼的司法解释却规定环境公益诉讼原告可以提出赔偿损失的诉讼请求，与消费公益诉讼形成对比。因此，有学者建议，在行政机关未查处经营者损害广大消费者合法权益的违法行为前提下，由消费者协会提起的公益诉讼除了不作为之诉进而责令经营者停止违法行为外，还可以就经营者的违法所得提起损害赔偿之诉，以补偿公共利益的损害②。至于如何赔偿，学者建议以非法利润之收缴作为损害赔偿，核心之义是剥夺经营者违法行为所获得的利润，以实现威慑功能，在一定程度上可视为对经营者造成诚实竞争这一公共利益的损害进行救济即赔偿，公益诉讼胜诉所得的赔偿在扣除诉讼成本后归入特定的消费公益基金，专门用于消费者公共利益的维护活动。我们认为消费公益诉讼还有待进一步完善。

（三）解决老年人消费纠纷的专门措施

在消费者纠纷解决机制一体化、便捷化的基础上，我们应为老年消费者提供专门化的消费维权服务。譬如，我们可以建立老年人消费服务热线，对老年消费者在消费过程中的消费问题进行解答，为老年人建立消费维权绿色通道，便于老年人将消费纠纷及时导入纠纷解决机制，让老年人享受到便捷、低价、专业的消费维权服务，这项工作可考虑由消费者协会在全国老龄工作委员会办公室的指导下负责实施。同时，我们应在社区、街道建立起防止消费欺诈老年人的防护网络。目前，欺诈老年人的组织呈现公司化、长期化、跨地区发展的特点，老年人陷入消费泥潭，难以抽身。街道、社区应加强对以老年人为服务目标的组织的监督，安排监督员，如若发现有疑点、有诈骗嫌疑的组织，应积极向公安机关举报，公安机关也应积极关注老年人受欺诈情况的动态。我们应建立起包括民事、刑事、行政责任在内的反欺诈预警网络。

面对老龄化社会的到来，我国针对老年人的防消费欺诈体系的建设仍任重道远。我们应建立事前防范和事后救济体系，实现对老年人消费权益的全方位保护。

---

① 梁宏辉：《论我国消费纠纷解决机制之完善》，载《河北法学》2009年第7期。
② 梁宏辉：《论我国消费纠纷解决机制之完善》，载《河北法学》2009年第7期。

第十二章 老年人权益司法救济

第一节 我国老年人权益司法救济的政策导向

尊老爱幼是中华民族的传统美德，维护好老年人的合法权益，是全社会共同的责任，是社会文明进步的重要标志，是人民法院司法为民的重要体现。在人口老龄化背景下，构建养老、孝老、敬老的社会环境，强化应对人口老龄化的法治环境，对于增进人民福祉和促进经济社会可持续发展具有战略性意义。数据显示，中国自20世纪末进入老龄化社会以来，老年人口数量和占总人口的比重持续增长，2000年至2018年，60岁及以上老年人口从1.26亿人增加到2.49亿人，老年人口占总人口的比重从10.2%上升至17.9%。中央权威媒体还预测未来一段时间，老龄化程度将持续加深。[①] 国务院《关于印发"十三五"国家老龄事业发展和养老体系建设规划的通知》（以下简称《通知》）指出："预计到2020年，全国60岁以上老年人口将增加到2.55亿人左右，占总人口比重提升到17.8%左右；高龄老年人将增加到2900万人左右，独居和空巢老年人将增加到1.18亿人左右，老年抚养比将提高到28%左右。"老年人处于人生暮年，行为能力下降，加之话语权、社会保障等方面的局限，已成为一个庞大的弱势群体，其权益保护不容忽视。为此，《通知》要求注重老年人合法权益的保护，要健全贯彻老年人权益保障法律法规的联合执法、执法检查、综合评估等制度。充分发挥基层党组织、基层群众性自治组织、老年社会组织作用，完善维护老年人合法权益的社会监督、矛盾纠纷排查调解、多部门快速反应联合查处综合治理等机制。做好老年人来信来访工作。建立老年人法律维权热线，加强老年人法律服务和法律援助，针对老年群体特点开展适应老年人特殊需求的专项法律服务活动。扩大老年人法律援助范围，拓展基层服务网络，推进法律援助工作

① 王俊岭：《中共中央、国务院印发〈国家积极应对人口老龄化中长期规划〉应对老龄化上升为国家战略》，载《人民日报（海外版）》2019年11月23日，第3版。

站点向城市社区和农村延伸，方便老年人及时就近寻求法律帮助。重点做好农村和贫困、高龄、空巢、失能等特殊困难老年群体的法律服务、法律援助和司法救助。

老年人本应安享晚年，但在日常生活中却可能为子女赡养、遗产继承、家庭财产、消费欺诈、投资理财、民间借贷等问题所累，因此而对簿公堂的也并不少见。老年当事人的权利和义务与其他年龄段的当事人并无二致，但与一般的当事人相比，老年人的个人生理、心理特点、诉讼能力等因素都是司法过程中要予以考虑和关注的，以保障案件的妥当处理，真正实现案结事了。法律程序上如何设置才能体现出对老年人权益进行倾斜保护呢？司法部在2017年11月发布的《司法部关于进一步做好老年人照顾服务工作的通知》特别强调，要不断优化服务，建立“涉老法律服务、法律援助绿色通道”，建立健全“四优先”服务机制，对老年人申请法律服务和法律援助的案件，普遍实行优先受理、优先审查、优先指派、优先办理，对行动不便的老年人申请法律援助和法律服务事项实行电话预约、上门服务。要提高工作效率，尽量缩短工作周期，能尽快办理的尽快办理。要进一步简化公证办证流程，老年人申办公证时，公证机构应当一次性明确告知所需材料及获取途径和方式，对于法律关系简单、事实清楚、无争议的公证事项，只要申请材料齐全、真实，符合法定受理条件，应当场受理，让老年人“最多跑一次”。要提升服务质量，注重指派有爱心、擅长与老年人沟通、办案经验丰富的法律服务和法律援助人员办理老年人案件，在办证接待大厅设立专人、专岗负责接待咨询。在等候区配备座椅、饮水机、纸笔等适老用品。充分发挥“互联网+”优势，通过官方网站、微信公众号、老年人法律服务和法律援助微信群、手机App等方式，建立老年人法律服务和法律援助业务网上预约办理平台及网上咨询平台，有效满足老年人需要，真正将便民利民服务理念落到实处。

在司法程序上，涉老案件能否成为一个独立的审判业务类别，关键在于老年司法是否具有特殊性。然而时至今日，学界对于老年司法独特价值问题的理论研究仍不够深入，研究方法和结论尚浮于表面，说服力不强，但是，这并不妨碍司法实践对涉老案件的先行先试。20世纪90年代，上海市静安区人民法院首创了专门审理涉老案件的“老年审判庭”（即民三庭）。此后，该院不断探索涉老审判相关工作机制和举措，逐渐探索形成了“三优先”的工作制度和“五上门”的工作方法，以及其他一系列涉老审判便民措施，取得了良好的社会效果，为

“司法护老”做出了积极的努力。[①] 各地法院也进行了“老年法庭”积极探索。例如，四川省旺苍县人民法院为维护老年人合法权益，专门设立“老年法庭”，对赡养纠纷等“涉老”案件开通“绿色诉讼”通道，实行口头立案、预约立案、电话立案和上门立案，对生活困难的老人依法办理诉讼费减、免、缓手续；坚持“巡回审判”，邀请当地基层组织干部及当事人亲属参与调解，消除隔膜、弥补亲情；对已结案件定期“案后回访”，督促子女认真履行赡养义务，确保老年人老有所养、安度晚年。[②]

还有一些法院近年来积极总结本院涉老案件司法审判的特点，发布了指导性文件。例如苏州市中级人民法院率先在全省法院系统制定关于保障老年人合法权益的规范性文件，并于 2015 年 10 月 19 日正式发布《关于进一步发挥审判职能切实维护老年人合法权益的实施意见（试行）》（以下简称《意见》（试行））。《意见（试行）》分 5 个部分，共 18 条，从提供诉讼便利、完善工作机制、妥善审理涉老民事纠纷及相关纠纷、参与综合治理等方面，对全市法院如何在审判工作中切实保障老年人合法权益予以规范。苏州中院法官包刚介绍，对老年当事人的人文关怀应体现在法院工作的每一个细节之中。法院审判案件在以“依法”为原则的同时，对待老年当事人，应更善于运用“柔性改变”的方式去化解纠纷，在威严中透出慈祥，在具体法律适用中放射出人性的光辉，从形式上和实质上体现司法审判活动对老年人的包容、理解和尊重。[③] 例如，《意见（试行）》在老年人司法服务的工作机制方面，提出了五项措施：（1）集中案件审理。通过涉老民事纠纷集中化、专业化审判，优化平衡老年当事人与其他家庭成员之间的关系和利益，统一裁判口径，总结涉老审判工作经验，提升涉老审判工作质效。（2）推进小额诉讼。涉老民事纠纷符合小额诉讼程序适用条件的，全市基层法院应一律适用小额诉讼程序，简化庭审过程和裁判文书，实现一审终审，提高审判效率，减少老年当事人诉累。（3）加强巡回审判。涉老民事纠纷，一般应至老年当事人住所地或所在社区开庭或听证；根据案件审理需要依职权调查取证；善于听取社区及辖区人大代表、普通群众意见，引入民意妥善处理涉老民事纠纷，争取裁判法律效果和社会效果最佳统一。（4）强化调解和诉调对接。优

---

① 倪春兰：《不断探索涉老民事审判工作新机制》，载《人民法院报》2014 年 9 月 25 日。

② 青开卫、何新明：《“老年法庭”情暖“夕阳红”》（2013 年 10 月 11 日），https：//www. chinacourt. org/article/detail/2013/10/id/1105654. shtml，2020 年 1 月 21 日访问。

③ 宋华俊：《苏州中院出台 18 条意见保障老年人合法权益》，载《法制日报》2015 年 10 月 20 日。

先选择调解方式审结涉老民事纠纷；选聘特邀调解员参与调解，提高调解成功率，确保调处结果符合社会善良风俗；建立和完善与人民调解组织、妇联组织、老龄办、民政部门等机构的对接机制，借助社会资源协助化解涉老民事纠纷。（5）落实回访工作。选择有代表性的已审结涉老案件定期开展回访工作，建立回访档案，彰显全市法院对老年当事人的司法关怀和温暖，及时总结经验，发现问题并采取针对性措施加以改进。

通观各地法院对于涉老案件的审判工作，高度重视涉及老年人权益保障案件，坚持涉老案件审判“三优先”原则，即切实做到优先立案、优先审理、优先执行涉及老年人权益保障案件。有条件的法院还设立了涉老案件专门绿色通道，从诉前、立案、审理到执行无障碍地及时、高效、优先处理涉老纠纷案件，依法维护老年人合法权益。正如学者所言，老年审判庭不仅是一种形式、标签，而且是一个人口老龄化社会背景下贯彻老年人权益保护的司法载体，其积极意义在于使涉老案件的审理工作专门化。① 从上述的这些文件中可以看出，老年人权益保护的司法途径应该是便捷的、灵活的、高效的，应处处体现司法对老年人权益保护救济的特别关怀，从提高司法服务效率和司法服务质量上让老年人在维权的时候更容易接近司法，更好地维护老年人的合法权益。从司法效果来看，通过司法过程实现被侵害利益的恢复和救济，这是司法的基本目标之一，也是司法正义的一般体现。当然，司法的目标显然不能仅仅停留在这一层面。因为司法的过程不只是单一的“依法办事”，更多地还要考虑如何恢复、修复被破坏了的家庭伦理关系，通过司法裁判传递新型家庭观、权利责任观、文明观等，学者称之为“司法的修复型正义”目标，国内一些地方法院关于老年人赡养纠纷的裁判就体现了这一特点，也说明了涉老纠纷在司法救济方面的灵活性。②

第二节　我国老年人权益司法救济的实践探索

目前，在老年人权益保护的法律与政策指引之下，各地法院在司法实践中摸索出老年人权益保护的宝贵经验。

---

① 傅鼎生：《“老年审判庭”的价值》，载《人民法院报》2014 年 9 月 25 日。

② 赵树坤、殷源：《老年人赡养权益司法保障与修复型正义——以 2013—2018 年司法裁判文书为研究对象》，载《人权》2019 年第 4 期。

一、"涉老民事审判庭"的设立

上海是全国人口老龄化程度最高的城市之一，随着老年人口的增长，涉老案件也不可避免地呈现上升趋势，中心城区因老龄化趋势最明显，涉老案件纠纷也相对高发。上海市静安区人民法院于 1991 年 11 月在全国率先成立了专门审理涉老案件的老年审判专项合议庭。1994 年 3 月又在此基础上正式成立了全国唯一的"涉老民事审判庭"，专门审理一方当事人为 60 岁以上普通民事案件，积攒了丰富的涉老案件审判经验。据媒体报道，静安法院经过不断摸索，对老年当事人立案起诉和来信来访确定了优先处理、优先接待、优先受理的"三优先"工作机制。为了尽可能方便当事人，他们又开创了"五上门"的工作方法，即上门受理、上门谈话、上门开庭、上门执行、上门回访。其中"上门回访"是静安法院老年审判特有的工作方法，受到老年当事人交口称誉，法官实地看看、谈谈，双方因打官司造成的对立情绪有相当部分能够得到缓解。[①] 静安法院在全国率先成立专门审理涉老案件的"老年法庭"取得良好的效果，随后也有其他地区法院建立了"老年法庭"。如四川金牛区人民法院建立了全省第一个"老年维权审判庭"；南京市秦淮区人民法院成立全市首家"保障老年人权益合议庭"[②]；苏州市姑苏法院成立维护老年人合法权益案件合议庭。

为了保证这些老人的诉讼权利，涉老合议庭除组织上门庭审、社区法庭等形式外，也在积极探索运用新科技手段，争取既能保障案件审理高效进行，又能照顾老人的实际困难，将司法为民的举措落到实处。其中，姑苏法院切实维护老年人合法权益的做法被归结为"银龄订制"工作项目，主要包括四个方面：一是实行专门管理和专业化审判模式。成立维护老年人合法权益案件合议庭，在立案阶段针对一方为 60 周岁以上当事人案件全部分至涉老合议庭集中审理。合议庭由副庭长、审判员、助审员组成，安排人民陪审员参加普通程序案件的审理，并不断调整、配强审判力量。二是突出诉求引导和庭前教育程序。针对老年人视力、听力欠佳状况，在法庭准备环节注重对采光、拾音设备的调试，方便其充分表达诉求。设立庭前教育程序，突出以"维权"为中心的案件审理，强化对老年人举证的引导，将诉讼调解贯穿于审理的全过程。三是采用便捷流程和创新式

① 卫建萍、李鸿光、李宏宇：《司法护老，何须惆怅向黄昏——上海市静安区人民法院涉老审判工作机制的调查》，载《人民法院报》2014 年 9 月 25 日。

② 包文捷：《试析涉老案件的若干法律问题》，载《政治与法律》2005 年第 4 期。

审判制度。严格落实审限内结案制度，针对涉老民事案件采用优先立案、方便诉讼、费用减免、及时审理、注重调解的审判原则，对案件中涉及行动不便等特殊情况的老年人还可实行上门服务、预约开庭等工作机制，充分为老年群体诉讼提供便利。四是完善基层互动和审判职能延伸。充分发挥共建社区、街道等基层组织的资源优势，依托社区法官工作站等平台，对涉老案件进行约谈、回访等，以法制讲座、专题咨询、现场开庭等多元化方式开展老年人法制宣传工作，主动为老年群体提供法律帮助。

二、探索更适合涉老案件的司法模式

随着老龄群体参与家庭社会生活的范围与程度日益加深，涉老民事案件呈现以下特点：第一，案件数量攀升，新类型案件不断涌现。例如老人向子女追索因抚养孙子女辈付出的生活与教育费用的“带孙费”类案件，老人通过淘宝、微信等线上渠道购物引发的“线上购”类案件，因跳广场舞磕碰摔伤的“广场舞”类案件，养老机构变相通过让老年人交纳会籍费、名额费等方式套取钱款的“养老院”类案件，将闲置资金用于购买收藏品的“收藏品”类案件。第二，民间借贷增幅明显，事实认定难度增加。民间借贷纠纷整体数量增幅较大，其中通过中介平台等第三方媒介撮合订立借贷合同的案件占比较多。而由于借贷过程线上化、款项支付数字化、法律关系复杂等情况，导致案件事实认定难度增加。第三，邻里矛盾依旧突出，判调难度不断加大。邻里间因漏水、私自搭建、走廊堆物等问题容易发生纠纷，当事人往往矛盾尖锐、积怨较深，且矛盾不易化解。[①]静安区人民法院针对涉老案件的一些特点，探索出更适合老年人的司法模式，尝试“下地区开庭”“上门调解”，开展以案论法的宣传教育，达到“办理一案，教育一片”的效果。

此外，家庭养老能力的下降、机构养老服务水平待提升也是老年人权益保障中的两个突出问题。为提高老年人权益保障水平，北京市朝阳区人民法院建议房屋权属登记机关、民政部门、公证机关、银行等金融机构，在办理涉及老年人的房产和大额资金处置业务时，尽量要求老年人本人到场，明确告知业务内容、法律后果，充分提示交易风险，确保在老年人知情、自愿的情况下办理。针对居家养老能力下降、机构养老服务待提升的问题，法院建议加大对机构养老的管理和

---

① 上海市静安区人民法院：《司法护老上海静安法院发布〈2018 年度涉老民事案件审判白皮书〉》（2019 年 10 月 7 日），https：//www. thepaper. cn/newsDetail_forward_4613591，2019 年 12 月 2 日访问。

投入，建立健全养老机构分类管理和服务评估制度，开展养老服务质量标准化示范建设，同时针对老年人骨质疏松、机能衰退，容易受到意外伤害且后果较为严重的情况，为降低养老机构的经营风险和成本、推动机构养老产业健康发展，朝阳法院建议政府相关部门、保险公司和养老机构合力推动，建立养老机构责任保险制度，合理设计保险方案、推出相应的保险产品。朝阳法院还建议加大宣传提高老年人法律意识、风险意识，丰富理财常识，加大金融监管、净化投融资环境、开发适合老年人投资的金融理财产品，为老年人提供安全可靠的投资渠道。针对贫困、高龄、空巢、失能或面临家事纠纷的老年人，建议基层组织加强关注、司法行政部门加大法律援助力度。法官还给出了投资理财、房产处置和维权方面的具体建议。例如，关于投资理财，朝阳法院温榆河法庭李瑶瑶法官提示老年人，高收益必然意味着高风险，她建议老年人不要轻信口头宣传，警惕高息、高回报陷阱，认真考察经营资质、投资项目真实性，理性投资，另外应留好养老钱，合理控制投资比例，切忌将全部储蓄用于投资，同时杜绝将大量资金投入单一项目，保证投资渠道的丰富性以降低投资风险。蔡峰法官则建议老年人不要过早将财产赠予子女，以免影响家庭关系，他指出自己的财产自己控制是应对养老风险的最佳方式。①

但是这只是某些老年人口较多的辖区的个别实践，设立老年法庭并没有在全国法院成为普遍的实践，大多数地区法院的涉老案件，依然适用民事诉讼普通审判程序，老年人在利用司法途径来维护自己的合法权益时，面临许多司法层面的障碍。

三、家事审判改革与老年人权益保护

虽然“老年法庭”并没有在全国范围内普遍设立起来，但司法实践中一直都在探索家事审判改革。家事纠纷案件是指涉及婚姻家庭关系的婚姻、家庭、继承及其他亲属关系纠纷的民事案件，主要包括亲属身份争议和以亲属身份为依据所发生的财产争议，具体包括：第一类，身份关系案件，如婚姻案件、亲子案件、收养案件等；第二类，身份财产案件，指以亲属身份为媒介的财产案件，或者基于身份关系而发生的财产案件，包括抚育、赡养、扶养、遗赠扶养、遗产继

① 石岩：《朝阳法院发布涉老民事案件审判白皮书——老年人投资理财需求大纠纷涉房比例高》（2017 年 12 月 6 日），http：//bjgy. chinacourt. gov. cn/article/detail/2017/12/id/3101363. shtml，2020 年 1 月 22 日访问。

承、家庭或者婚姻关系析产、亲属之间侵权赔偿等民事财产争议之诉①。而在涉老案件中，以继承与离婚纠纷为主，家事纠纷形势比较严峻，这就使得涉老案件与家事审判关联了起来。

根据朝阳法院涉老案件通报数据，2012 年至 2016 年，朝阳区人民法院共新收涉老家事纠纷案件 9253 件，同期该院新收的家事纠纷案件总量为 31071 件，家事纠纷中涉老案件占比达 29.8%，远高于侵权纠纷涉老案件 18%的占比和合同纠纷涉老案件 11%的占比。以遗产继承纠纷、分家析产纠纷、离婚纠纷为主的家事纠纷成为老年人面临的首要权益问题。其中，遗嘱继承纠纷难点突出，据北京市第一中级人民法院发布的《涉家事纠纷专业化审判白皮书（2017 年）》，自 2014 年 3 月北京市第一中级人民法院共审理各类家事纠纷案件 2316 件，其中继承案件 639 件，占比 27.6%，而在继承案件中，遗嘱无效或部分无效的案件占比较高。涉老家事纠纷频发主要有以下原因：一是进入老年生活后，老年人身体机能不断衰退、社会参与程度逐步减少，更加注重家庭生活，家庭矛盾逐渐凸显。二是随着首都社会经济发展，老年人拥有的财产价值不断升高，在拆迁、继承、离婚时更容易引发家庭矛盾。三是老年人对相关的法律知识所知较少，维权意识与能力较弱。②

可见，家事纠纷包含主要的涉老纠纷，在赡养、继承纠纷等家事案件里，老年人往往是弱势的一方，老年人权益司法救济程序的完善，可以通过家事审判改革来实现。因此家事审判改革所探索的内容，对于涉老纠纷的司法解决也有相当程度的助益和启示。早在 20 世纪 90 年代，各地就已经开始家事审判专门化的试点。1997 年 5 月，湖北省襄樊市中院成立了婚姻家庭合议庭，专门针对婚姻家庭类案件进行审理；随着家事案件数量的快速增长，2010 年广东省高级人民法院在 7 个法院试点，建立家事审判合议庭，集中审理家庭财产权纠纷和家庭的人身权纠纷；2011 年 3 月，江苏省徐州市贾汪区法院试点，设立了家事审判合议庭，专门审理婚姻家庭类案件。近年来，随着我国经济社会发展进入新常态，家庭关系中的新情况新问题不断显现，家事案件数量不断增长，类型日益多样，处理难度不断增大。家事案件涉及的亲属关系具有高度的人身性、敏感性和复杂性，家事审判方式和工作机制改革也由此推动和深化。最高人民法院决定在全国范围内

---

① 陈爱武：《家事诉讼程序：徘徊在制度理性与实践理性之间》，载《江海学刊》2014 年第 3 期。

② 于俊如：《〈北京市老年维权情况报告〉发布 2018 年北京涉老案件超过 1.6 万件》，载《公益时报》2019 年 2 月 12 日。

选择北京市东城区人民法院等100个左右基层人民法院和中级人民法院，自2016年6月1日起，开展为期两年的家事审判方式和工作机制改革试点工作。家事审判体制的改革向着专业化和程序设计的特别化的方向不断发展。

与境外多数国家和地区有单独的家事审判立法不同，我国到目前实行的还是大一统的《民事诉讼法》框架下的民事审判制度，既没有科学明确的家事案件范围划分，也没有独立的家事案件审理机构，更没有独立的家事审判制度。[①] 但是，从诉讼法理来看，普通案件的审判方式通常是采用当事人主导型的诉讼模式，法官被视为消极的中立人与裁判者，只能在庭审中被动地听取当事人的陈述和辩论，一般不主动探知事实与调查证据。而家事纠纷案件很难通过庭审对抗来发现事实，家事纠纷当事人之间的实际地位往往极不平等。家事纠纷的特殊属性要求法院在家事纠纷的解决中扮演更为积极的角色，充分考虑各方当事人人身和财产诉求，特别是对未成年子女、老年人权益的特殊保护，而非一味地强调权利和义务的明确划分。[②] 当老年人与家庭成员出现纠纷时，如果适用普通案件的审判方式，往往不利于老年人的权益及时得到救济，家事审判程序设计的特别化，更适合老年人进行诉讼，让老年人更容易利用司法来维护自己的合法权益。从这个层面考虑，把老年人权益保护和家事审判改革联系在一起，探索如何在家事审判程序设计中，更高效、灵活、便捷地让老年人的合法权益得到司法救济，是家事审判改革的重点。

四、典型涉老案件的救济要点

（一）赡养纠纷

赡养，主要是指赡养义务人对应负有赡养义务的老年人在经济上提供必需的生活用品和费用，并在生活上和精神上关心、扶助和照料老年人的行为。赡养义务人必须从经济上、生活上及精神上三个方面履行赡养义务。赡养纠纷主要涉及精神赡养权的实现、赡养费的计算标准等问题。

1. 精神赡养权如何实现

精神赡养的状况，是衡量国家法律对老年人权益保障的一个重要指标。在国

① 张艳丽：《中国家事审判改革及家事审判立法——兼谈对台湾地区“家事事件法”的借鉴》，载《政法论丛》2019年第5期。

② 陈爱武：《论家事审判机构之专门化——以家事法院（庭）为中心的比较分析》，载《法律科学》2012年第1期。

外，瑞典、芬兰等北欧福利国家的法律中都有关于子女对父母精神赡养的具体要求，以保证老年人晚年生活的幸福。随着我国人民群众的生活水平不断提高，老年人的精神赡养问题也越发受到我国社会的广泛关注。2013 年 7 月 1 日修订的《老年人权益保障法》，通过具体的立法把老年人精神赡养权明文载入法律之中。"常回家看看"入法，突出了老年人在物质赡养以外的精神需求，精神赡养的重视程度得到了强化。

一般来说，涉老案件中的精神赡养诉求都能得到法院的支持。例如，2016 年 10 月上海市普陀区人民法院审结了一个老年人精神赡养纠纷的案件。① 原告为一个年事已高的老人，妻子已故，五位子女均在外地，他状告自己的五位子女，要求五位被告支付赡养费及每个月探望自己一次，每逢春节、中秋节、重阳节及原告生日之日各探望一次。被告甲丙丁均同意其诉求，被告乙则不同意其诉求。最后法院裁判支持了原告的诉讼请求，其裁判文书写道："随着社会的发展及物质生活的丰富，家庭亲情和精神慰藉已经成为老年人的强烈期盼和精神支柱，赡养人应当履行对老年人经济上供养、生活上照料和精神上慰藉的义务，照顾老年人的特殊需求，与老年人分开居住的家庭人员，应当经常看望或者问候老人，常回家看看，也是赡养人的法定义务，因为老人所需的赡养与扶助，不仅仅限于物质。我们今天的赡养人，明天就成为被赡养人。当然，社会在发展，将来老年人的各种社会保障机制会越来越健全，但亲情的呵护，永远是老年人生活中不可缺少的一部分。"该案中，法院通过充分的说理，道出了作为子女应尽的关心父母、常回家看看的义务，原告的诉求最终也得到了支持。虽然该院肯定了老年人要求精神赡养的合法性，但是一旦赡养义务人拒不履行该义务，如何执行判决在司法实践中是一个难以回避的问题。一方面，因精神赡养权基于父母与家庭或子女间的血缘亲情而满足老年人的精神慰藉，在经历司法诉讼之后，特别是对于中国这个将以和为贵作为传统的国家而言，诉讼双方必然产生嫌隙，加上本来就因精神赡养权存在矛盾，在双重矛盾之下，老年人的精神赡养权问题不但不会得到解决，甚至有进一步加重的趋势。另一方面，即使老年人在诉讼中胜诉，相应的执行亦值得考量。具体的执行标准不明确，具体多长时间看望老人一次或应该具体做什么才能满足老年人的精神赡养权，现行法中并未明确。如有些子女可能迫于司法的压力而同意执行，但却对老年人实施冷暴力，最终亦未达到保护老年人精

① 中国裁判文书网：袁某某与鞠某甲、鞠某乙等赡养纠纷一审民事判决书，（2016）沪 0107 民初 13437 号。

神赡养权的目的。①

在普通的给付类型案件中，当事人的诉求得到法院的支持后，如果败诉方不履行，胜诉方可以申请法院强制执行。可精神赡养案件不同于普通的给付类型案件，当事人的家庭感情难以靠法院在法律手段上的“强制”来维系。即便老年人通过诉讼维护自己的精神赡养权并得到法院支持，老年人的精神赡养权也并不等于就此实现了。这种情况下，可以在诉讼之外寻找多元化的争端解决方式，其中调解无疑是最主要的解决方式之一。老年人可以先寻求调解来解决家庭纠纷。通过调解，中间人应着重从矛盾双方的亲情关系入手，引导老年人与儿女解开心结，在维系家庭关系、不伤及家庭感情的同时，又能最大限度地解决老年人与家庭的矛盾纠纷。

2. 赡养费如何确定

赡养费是指子女在经济上为父母提供必需的生活费用，给予物质上的费用帮助。在赡养费的给付问题上，需要明确：赡养费的计算基本标准应当是保证老年人的生活水平不低于其家庭成员的生活水平。可见，老年人的赡养费标准主要取决于他所在家庭的生活水平。在司法实践中，法院在审理赡养纠纷时会酌情考量被赡养人的身体状况、日常生活水平、当地消费水平、赡养人是否可以正常工作等情况对赡养费数额予以酌定。尤其是存在多名赡养人的情况下，因为经济条件不同，将可能承担不同金额的赡养费。例如，原告周某（女）于1960年携其子被告肖某与倪某（2013年去世）再婚，婚后生育二男一女，即被告倪甲、倪乙、倪丙。周某年迈体弱、无劳动能力、生活困难，于2007年起诉肖某要求其支付赡养费，后经法院调解商定被告肖某每年付给原告及倪某生活费350元、小麦100公斤、花生油7.5公斤；被告倪乙及倪丙通过庭外调解确定每年付给原告及倪某生活费500元，小麦125公斤、花生油10公斤。倪某去世后，随着原告年龄增大，疾病缠身，物价水平不断提高，上述赡养费根本不足以维持原告的日常所需。原告周某与肖某等四被告协商未果，诉至法院，要求判令四被告自2015年起每人每年支付赡养费2192元。山东省威海荣成市人民法院经审理认为，本案中，原告已年满78周岁，年老多病，没有劳动能力，生活困难，要求其四名亲生子女支付赡养费，符合法律规定，法院予以支持。对于赡养费的金额，根据2014年山东省农民家庭人均生活消费支出7962元、赡养人为四人计算，原告要

---

① 蒋悟真：《精神赡养权法治保障的困境及其出路》，载《现代法学》2014年第4期。

求每人每年支付 2192 元数额略高，应以每人每年 1990 元为宜（7962 元/4 人）。①

可见，赡养费具体包括以下方面：

（1）老年人的基本赡养费：主要包括老年人必然发生的衣食费用及日常开支。在司法实践中，赡养费的给付标准一般结合赡养人收入的 20%进行计算，最低不能低于低保补助，最高一般不高于居民人均消费支出。可以设各地居民人均消费支出及各地低保补助为上下限，结合赡养人收入 M 的比例（如 20%左右）进行计算。即按赡养人收入一定比例所得数额（如 M×20%）对照前述上下限，如该数额在此区间内的则以该数额确定赡养费标准，如该数额高于或低于上下限的，则以上限或下限确定为赡养费标准。

（2）老年人的生病治疗费用。老年人因生病发生的一系列费用，除保险理赔外，其余费用应按医疗部门的票据额计入赡养费中。

（3）老年人生活不能自理的护理费用。因生病或年老体弱生活不能自理而子女无法照料的，应将护理费计算在赡养费内，而这一费用将根据有关养老机构证明或当地一般雇佣人员标准计算。

（4）老年人的住房费用。赡养人有义务妥善安置老年人的住房，但是老年人有多个子女的，为公平起见，应按照住房情况相应减、免提供住房一方子女的赡养费支出份额，如子女无房可供居住的，则将房租费用一并计算在赡养费内。

（5）必要的精神消费支出。对老年人的精神赡养已成为不争的法律原则，精神慰藉作为义务固然难以判决执行，但对老年人基本的精神享受物质支出（如有线电视、收音机、书报等费用）完全可以作为赡养费给付内容确定，由义务人承担。

（6）必要的保险金支出。除社会保险外，老年人必要的医疗等保险金的支出亦应为赡养费用。

关于赡养费从何时起算，存在不同观点。一种观点认为，应当从原告年满法定退休年龄时开始起算；另一种观点认为，应当从原告向法院起诉之日开始起算。但这两种观点都有局限。首先，赡养费的功能是弥补老人经济困难，着眼于未来的生活问题，如果年满法定退休年龄的老人可以通过养老保险，或者通过自己的劳动满足自己的生活，并不需要赡养人给付赡养费进行经济扶助，这也可鼓

---

① 最高人民法院公布 10 起婚姻家庭纠纷典型案例（山东）之六——周某与肖某、倪甲等赡养纠纷案。

励老年人在力所能及的范围内自力更生。如果一概从年满法定退休年龄起算赡养费，有些赡养纠纷案件甚至主张数十年的赡养费，如果支持则可能增加赡养人过重的负担，陈旧多年的赡养费被重提也不利于亲情维护。其次，因赡养纠纷引起的家庭矛盾属于家事纠纷，家事纠纷与普通民事纠纷相比，具有较强的封闭性、情感性和亲情性，并呈现自我修复性强和人身依附性强的双重特征。家事纠纷更宜通过以对话、沟通为代表的和解、调解等协商解决机制进行化解。如果赡养费从被赡养人向人民法院提起诉讼之日起算，将会迫使老人在遇到赡养纠纷时便马上通过诉讼寻求司法救济，这样就背离了家事纠纷的最佳解决途径。最后，赡养费给付义务源于被赡养人陷入生活困境，需要进行经济扶助。故赡养费从何时起算不能一概而论，应当根据被赡养人的具体情况，认定被赡养人何时陷入生活困境。可从以下几个方面的因素综合认定：一是被赡养人的收入情况。包括被赡养人的养老保险、劳务收入、存款、孳息、收益等收入。二是被赡养人身体条件。如果被赡养人体弱多病，身体残疾，即使未达法定退休年龄，成年子女也应支付赡养费。三是被赡养人的生活水平。认定赡养费起算时间应综合考虑被赡养人的生活水平，不能仅认为被赡养人维持最基本生活即可，被赡养人生活水平应保持与之前相当的生活水平，不应明显低于之前。四是当地一般生活条件。当地一般生活条件也是考虑因素，被赡养人生活应考虑当地经济发展、生活条件、消费水平等因素。①

（二）继承纠纷中的遗嘱效力

遗嘱是处理遗产的主要方式，可以有效保护老年人的财产处分权，避免产生遗产纠纷。然而，实践中，因部分老年人不懂法、不知法，所作的遗嘱形式并非完全符合法律规定，存在一定瑕疵，导致所立的遗嘱无效或者部分无效，留下后患，甚至影响家庭和睦。因此，遗嘱的效力问题应予以高度重视。

一方面，改变遗嘱观念，树立权利意识。实践中，不少老年人误以为遗嘱就是遗言，有不吉利的意思。这是一种误解，其实遗嘱是反映老年人自主意愿的重要法律文件，遗嘱是《民法典》规定的一种法律行为，以处理遗产为主，并非临终遗言。而且遗嘱并不是随时可以订立的。按照我国《民法典》及相关法律制度要求，订立遗嘱时，立遗嘱人必须具有完全的民事行为能力，否则遗嘱即使

① 李遵礼、陈义熙：《赡养费起算时间应根据被赡养人生活情况综合认定》，载《人民法院报》2016年11月30日。

订立也可能被认定无效。老年人的身体状况变化较快且较突然，一旦老人因为各种原因丧失民事行为能力，则无法为自己订立有效的遗嘱。因此建议老年人应当在其身体状态良好的时候及时订立遗嘱，防止对遗嘱有效性的争议。

另一方面，重视遗嘱形式。我国《继承法》规定遗嘱包括自书遗嘱、代书遗嘱、打印遗嘱、录音遗嘱、口头遗嘱、公证遗嘱六种形式。各种方式的生效要件不同。实践中最常见的为自书遗嘱和代书遗嘱。例如，王老伯（本案被告）与妻子许某有房屋一套（系夫妻共同财产），两人育有二子一女（即原告王某甲、王某乙与被告王某丙），房产证上登记为王老伯一人。许某于 2002 年 11 月 19 日去世。2010 年 5 月 28 日，由被告王老伯口述，第三人王某丁（即王某丙之子）代笔制作了一份名称为“遗嘱”的打印材料，内容为：我与老伴的共有财产房屋一套，未曾分割、未曾继承。目前我和长子（王某丙）一家生活在一起，生活起居为他们所照料。老伴于 2002 年去世，她的遗愿是将她的个人财产由长孙王某丁一人继承。在这份遗嘱中，我谨指定长孙王某丁为我个人财产的唯一继承人，属于我个人的财产在我百年之后由长孙王某丁继承。另，我的次子王某甲、女儿王某乙也在此作协议申明，认可上述情况，并确认放弃这套房产的继承权和相关使用权。材料上有被告王老伯的印章、指印，原告王某甲、王某乙签名、捺指印，被告王某丙的妻子顾某、儿子王某丁签名，另有两名见证人签名。同日，被告王某丙与妻子顾某在一份保证书上签名，保证对王老伯生病护理全程包办，不许恶言相向，赶王老伯离开住处。2012 年 1 月，王老伯与第三人王某丁以房地产买卖合同形式办理了系争房屋的过户手续，系争房屋登记到第三人王某丁名下，王某丁未向被告王老伯支付价款，王老伯当庭表示系争房屋过户行为实为对自己产权份额的赠予。后两原告诉至法院，要求分得涉案房屋相应份额的折价款。

法院经审理认为，2010 年 5 月 28 日形成的书面材料，名称虽为“遗嘱”，但包含两方面内容，一方面载明被继承人许某生前有将其个人财产给予孙子王某丁的意愿，王老伯同意，两原告也声明同意放弃对系争房产的继承权和相关使用权；另一方面内容为被告王老伯立下遗嘱，其百年后个人财产由孙子王某丁继承。根据该书面材料载明内容，对被继承人许某遗产处理部分在形式及内容上符合法律规定，应为有效；被告王老伯的遗嘱部分，属于代书遗嘱，由利害关系人王某丁代书，形式要件上不符合继承法规定，但被告王老伯生前又将其所有的系争房屋份额以买卖的形式赠予第三人王某丁，并不违反法律规定。系争房屋已于 2012 年 2 月登记到第三人王某丁名下，即被继承人许某在系争房屋中的遗产份额已处理完毕，继承人再对放弃继承反悔的，法院不予认可。

另外，在自书遗嘱的情形下，应注明作出的时间，避免存在多份遗嘱时难以确定哪一份为立遗嘱人的最终真实意思表示；就代书遗嘱而言，应有两个以上的见证人在场见证，见证人必须适格，不得为利害关系人，代书遗嘱书写完毕后，立遗嘱人、代书人、见证人应当签名，并注明日期，在条件允许的情况下宜全程录音录像。①

（三）民间借贷案件的事实认定与最高利率

根据北京市朝阳区人民法院在2017年12月发布的《涉老民事案件审判白皮书》的数据，近年来涉老案件的民间借贷纠纷出现井喷式增长。2012年至2016年，朝阳法院共受理涉老合同纠纷案件13941件，占比45.4%。涉老合同纠纷案件，主要集中于民间借贷纠纷。2012年至2015年，朝阳法院受理的涉老民间借贷案件分别为236件、306件、295件、660件，而2016年，这一数据骤然上升至4403件，同比增长5.7倍，占比达到当年涉老合同案件的68%，一跃成为涉老合同案件的主要类型。民间借贷纠纷呈井喷式增长的主要原因在于P2P融资平台的快速发展。2016年朝阳法院受理的涉老民间借贷案件较2013年增长了13.4倍。2013年至2016年，涉老民间借贷案件占同期民间借贷纠纷受理总量的比例分别为16.9%、15.1%、14.7%、44.6%。可见，老年人群体参与民间借贷投资并涉诉的比例远高于其他年龄层次的群体②。

涉老民间借贷看似案情简单，但很多案件事实认定比较困难，因此，老年当事人应提高法律意识、证据意识和风险意识，增强举证能力，维护合法权益。从出借人的角度而言，由于民间借贷往往金额较小，借贷当事人之间多为熟人关系，因此借贷行为表现出简单随意性，一旦款项得不到偿还，出借人就面临举证困难的风险。故老年人在民间借贷中应高度重视借条内容的完整性，签订的借条或书面协议应包括借款本金、利息、借款期限、还款方式等内容，出借的资金应有银行流水记录佐证。从借款人的角度而言，因证据意识薄弱导致借款人承担举证不利后果的情况也屡有发生。很多案件中被告的消极应诉、拒不参加庭审、放弃举证质证权利，导致案件无法最大限度还原客观事实，合法权益得不到保护。因此，在老年人作为借款人的情形下，首先应克服厌诉、惧诉心理，积极出庭行

① 上海市静安区人民法院：《2016年度涉老民事案件审判白皮书》。

② 李夏：《涉老民事案件，民间借贷纠纷出现井喷式增长》，载《法制晚报》2017年12月6日。

使答辩权利。其次应积极举证和质证，最大限度还原客观事实：若需证明还款金额和时间，应有相应银行转账记录佐证；若需证明已还清借款，应及时将出借人处的借条作废；若需证明出借人从银行取出现金后当场收回部分作为预先扣除的利息，也应积极留下证据；若需证明借条系胁迫签署，可提供报警记录。

此外，借款人应注意借条约定的利率是否超过法律规定的最高利率，如约定月利息10%，系高利贷，老年人应提高证据意识和风险意识，保护自身合法权益。例如，原告黄某（老年人）与被告王某经人介绍认识。2012年7月7日，原、被告签订借款协议，被告丈夫陆某作为担保人签名。原告分两次转账4万元、3万元（共7万元）给被告，并提供转账凭证，约定月利息10%，但被告一直未还款。2012年11月2日，陆某死亡。被告向原告归还12000元后再无还款。2013年11月3日，被告向原告书写金额为15万元的借条，同意房屋拆迁后还款，后一直未还。原告诉至法院，请求判令被告归还原告借款人民币15万元。后原告变更诉请为：请求判令被告归还原告借款本金7万元，并支付自2012年7月8日起至判决生效之日止的利息，按照月利息10%计算。法院判决被告王某于判决生效之日起十日内归还原告黄某借款人民币7万元，并支付自2012年7月8日起至判决生效之日止的利息，按照年利率24%计算（原告黄某已经收取的人民币12000元，优先抵扣上述利息）。[①]

（四）相邻关系的正确处理

相邻关系纠纷案件在审理中常会遇到以下问题：一是诉讼标的额小，但矛盾尖锐，双方当事人往往积怨已深，冲突很难调和；二是判决主文常会涉及对房屋及其附属设施的改造、修复、拆除，故判决的执行特别困难；三是需要确定损害发生的原因、因果关系、修复方案和费用等事项，需要委托专业机构进行鉴定，产生的鉴定费用也为相邻矛盾的解决增加难度。

因此，法院处理相邻关系纠纷时，应加大调解力度，争取当事人互谅互让，通过法律途径妥善解决相邻纠纷，避免矛盾冲突升级。因许多相邻矛盾的产生别有他因，法院在审理案件时应注重新探究纠纷产生的根源，从根本上解决矛盾。例如，原告梁某与被告赵某系同一楼层的邻居。2011年被告装修时，在公用通道原告卫生间窗户外安装木板，窗户下方安装木质储物柜一排，并在公用通道上原告卫生间的窗户外侧安装防盗门一扇。故原告诉至法院，请求判令被告立即拆

---

① 上海市静安区人民法院：《2016年度涉老民事案件审判白皮书》。

除公用走廊部位安装的储物柜和防盗门并恢复原状。法院经审理认为，不动产的相邻权利人应当按照有利生产、方便生活、团结互助、公平合理的原则，正确处理相邻关系。给相邻方造成妨害的，应停止侵害、排除妨害。被告在公用通道上安装防盗门，将防盗门内的空间占为己用，并安装储物柜，妨碍了原告对公用通道的使用权，防盗门及窗户周围的木板在一定程度上也影响到原告户的通风、采光。原告要求被告拆除在公用通道上安装的储物柜和防盗门并恢复原状，于法有据，应予支持。

此外，邻里之间有相互容忍的义务，相邻关系纠纷当事人应本着以和为贵理念，重视睦邻友好关系的维系，设身处地为对方着想，互帮互助，减少纠纷产生，切实改善邻里关系。

第三节 境外老年人权益司法救济的经验借鉴：以家事审判为中心

家事纠纷问题是世界各国普遍存在的，老年人权益涉及的如赡养、继承等问题可以通过家事纠纷的途径来解决。一些国家人口老龄化的迅速发展，使得如何切实维护老年人合法权益、让老年人权益受到侵犯时有充分的救济途径成为重要议题。综观当今各国（地区）的司法实践，多数国家和地区都逐步成立以家事法院、家事法庭为主要形式的专业化审判机构，并针对家事纠纷的特点及其特殊的价值功能采取更为灵活的诉讼程序和替代性纠纷解决方式。在英美法系国家，英国于 19 世纪已经开始尝试通过设立专门的离婚和婚姻诉讼法庭，以缓解教会法院受理家事纠纷案件的压力。1970 年的程序执行法案终于使英国在其高等法院中创设了家事法庭，但在 2014 年之前英国都没有特别设立的家事法院。美国是世界上最早成立实质意义上家事法院的国家。1914 年美国俄亥俄州辛辛那提市设立了专门处理家庭纠纷的家庭关系法院（Court of Domestic Relations），同州其他市先后仿效，进而影响到其他州，使得设立独立的家事法院或隶属于普通法院系统的家事法庭的做法在美国逐步得到推广，并被多数州所采纳。[①] 在大陆法系国家，德国于 20 世纪 70 年代中期以前，并没有统一处理家事事件的家庭法

① 陈爱武：《家事法院制度研究》，北京大学出版社 2010 年版，第 6 页。

院，直至1977年家事法庭成为地方法院的一部分，家事法庭的裁判可直接上诉到高等法庭。① 本节主要介绍老年人权益保障相对比较完善的美国、英国及德国的家事审判改革，以期为我国老年人权益司法救济提供可借鉴的经验。

一、美国家事审判制度

（一）美国家事审判的理念转变

目前，中美两国都在努力对家事纠纷解决机制进行改革和完善，而美国起步更早，措施更加丰富，其改革的经验是值得我们借鉴的。在过去的20年间，美国家事纠纷解决机制经历了理念与制度上的转变，主要体现在对传统对抗制诉讼程序价值的反思、对家事纠纷自身属性的深刻理解和对家事纠纷解决机制目的的重新认识三个方面，并在此基础之上产生了一系列新的制度和程序，从而体现出法院与其他社会组织协同合作，共同解决家事纠纷的新趋势。②

首先，是对传统对抗制诉讼程序价值的反思，对抗制（Adversary System）诉讼体制是英美法系民事诉讼的基本特点，美国继承了英国对抗制的诉讼传统并使之成为美国民事诉讼制度的核心。在对抗制的传统下，当事人负责主张与举证，同时实行高度制度化的对决性辩论程序。“对抗性程序的中心含义是：双方当事者在一种高度制度化的辩论过程中通过证据和主张的正面对决，能够最大限度地提供关于纠纷事实的信息，从而使处于中立和超然性地位的审判者有可能据此做出为社会和当事者都接受的决定来解决该纠纷。对抗式辩论原则包含三个要素。首先是中立和尽量不介入辩论内容的审判者，其次是当事者的主张和举证，最后则是高度制度化的对决性辩论程序。”③ 寻找并实现案件事实中应有的正义——对权利进行救济以及对过错方进行惩罚，就成了对抗制诉讼程序的首要价值，而其他因素（如效率、成本、情感的承受能力等）则没有被作为重点考虑的要素。近年来，人们发现对抗制诉讼这种以实现正义为首要价值的程序与家事纠纷的需求是背道而驰的。因此学者与法院系统的改革者们都极力主张家事法院应当改革对抗制的诉讼体制。美国各地的家事法庭都认可了这种理念并且采取了一系列

① 张晓茹：《家事裁判制度研究》，中国法制出版社2011年版，第32页。

② 杨冰：《从历年转变到多元协作——略论美国家事纠纷解决机制新发展》，载《河北法学》2011年第12期。

③ ［日］谷口安平：《程序的正义与诉讼（增补版）》，王亚新、刘荣军译，中国政法大学出版社2002年版，第26页。

“非对抗性”（Non-Adversary）纠纷解决机制，以极力避免通过判决形式来解决家事案件。传统的审判方式在本质上是社会控制机制，其最重要的职能是在双方当事人不能自行解决争议时，通过现实的强制性活动控制双方的激烈争端。而家事案件的解决要求法院在承担社会控制机能的同时，运用疗愈型的司法理念，与家庭成员共同努力，妥善处理当事人之间的交流困难，挽救感情破裂情形下的当事人与其他家庭成员的关系，为妥善解决家事纠纷提供积极、持久的方法，这些要求是传统审判模式无法实现的。

其次，在对家事纠纷自身属性的深刻理解上也有了转变。家事纠纷属于民事纠纷的范畴，但具有自身的特殊性。绝大部分的家事纠纷并不是一个在时间与空间两个维度上都孤立存在的诉讼案件，相反，法律之外的社会与情感因素都深深地体现在家事纠纷当中，而家事纠纷也不可能像民事纠纷一样通过诉讼程序一劳永逸地加以解决，而是需要持续的关注。诚如学者所言：与财产案件审判相比，家事审判主要涉及婚姻、收养、亲子、亲属等身份关系，这是一个道德调控与法律调控交汇且公益属性较强的领域，传统的平等原则、处分原则、辩论主义等诉讼法理具有一定的不适应性；家事审判呈现身份关系与财产关系交叉关联、诉讼法理与非讼法理二元交错适用的特点，传统的财产案件审判一元化法理，以及身份关系与财产关系、诉讼与非讼二元分离的诉讼法理，均难以满足家事案件混杂性的审判需求；而且，婚姻家庭关系是一个社会政策性很强的领域，要求家事法院担负更积极的婚姻家庭稳定、修复和治疗的社会机能，要求在审判过程中导入专业化、社会化的力量，这对传统的法院消极、中立的裁判者角色定位提出了重大挑战。① 家事纠纷这种区别于一般民事纠纷的属性，使家事纠纷解决机制逐步褪去了法律色彩。同时美国离婚法从过错主义到非过错主义的变革（The Shift From Fault-Based to No-Fault Based Divorce），也在法律层面上促进了这种转变的发生。在立法的倡导下，随着改革者对家事纠纷属性的深刻认识，家事法院的改革工作也就沿着淡化法律色彩的方向不断进行完善。由于家事纠纷首先是一个社会与情感问题，而非法律问题，因此法律人（律师、法官等）必须将其在纠纷解决中的主导地位让与非法律专业人士，这样才符合家事纠纷的自身属性。

最后，对家事纠纷解决机制的目的也有了新的认识。在对家事纠纷自身属性进行深刻理解之后，重新认识纠纷解决机制的目的就成为必然的逻辑结果。家事

---

① 王德新：《家事审判改革的理念革新与路径调适》，载《当代法学》2018 年第 1 期。

纠纷需要的是协同的、整体的、多学科之间的综合性干预手段，而不是去盲目崇尚法律手段，因为这样的综合性干预手段才能更有效满足家事纠纷背后所隐藏的家庭功能障碍与情感需求。正如上文所阐述的那样，以对抗制诉讼为主导的传统纠纷解决机制的目的，更多地在于对权利的救济和对过错者的惩罚，从而以法律手段实现正义，而所谓的正义，从救济与惩罚这样的手段上看，实际上就是希望恢复到纠纷发生之前的利益格局中，简言之，可以称其为“回溯型的诉讼程序”(Backward-Looking Process)。由此可见，这一目的具有鲜明的法律价值判断的色彩。而家事纠纷的属性，决定了其不可能从法律层面上来确定过错方与无过错方，相反，作为一个社会和情感问题，纠纷各方当事人都是在心灵上需要得到安慰与治疗的“伤者”，因此制度设计的目的不可能再定位为向后看的“回溯”，而应当是向前看的“治疗”。家事法院法官不能再将自己的任务局限在发现哪方存在过错，而是应当从长远出发来处理纠纷。在“治疗”这一理念的指导之下，解决纠纷固然重要，但对于个体和家庭的身心两方面的康复与慰藉也是不可忽视的核心之处。①

（二）美国家事审判的司法实践

美国于20世纪60年代掀起创设独立家庭法院的运动，在此影响下，家庭法院承担了约三分之一的司法工作量。家事法院适用更为灵活的诉讼程序、采用各种替代性纠纷解决方式，以减少对抗制的诉讼特征，但这一主张并未在美国所有的州全面实现，大约12个州内建立了独立的家事法院系统。不过，家事诉讼与普通民事、刑事诉讼程序的重大差异已成为社会共识，所以，即使是未设立家庭法院的州和城市，也在法院内设立了专门审理家事纠纷的家事法庭。家事法官由具有专业兴趣和特殊能力的法官、社会工作者和专家担任。较之普通法院，家事法院所采用的程序规则更为灵活，当事人之间的对抗性较弱，法官会提供更多的职业帮助。② 根据已有学者的研究以及资料分析，本节以美国纽约州的家事法院为典型，介绍美国家事审判的司法实践。③

---

① 杨冰：《从历年转变到多元协作——略论美国家事纠纷解决机制新发展》，载《河北法学》2011年第12期。

② 张晓茹：《家事裁判制度研究》，中国法制出版社2011年版，第39页。

③ 齐玎：《论家事审判体制的专业化及其改革路径——以美国纽约州家事法院为参照》，载《河南财经政法大学学报》2016年第4期。

1. 关于管辖权

纽约州的家事法院最早成立于 1962 年，是州法院系统中处理家事纠纷的初审法院，与该州少年法院（Children's Court）、纽约市家事关系法院（New York City Domestic Court）享有共同管辖权。根据纽约州《家事法院法》（The Family Court Act）第一百一十五条的规定，家事法院对收养案件、子女抚养与赡养、子女监护与探视、监护案件、寄养许可与审查、父权认定案件、儿童虐待与疏忽照管、家庭暴力、未成年人犯罪、需要监管的未成年人等十类家事纠纷案件享有初审管辖权。值得注意的是，纽约州最高法院的民事审判庭享有对解除婚姻关系案件排他的初审管辖权，即只有州最高法院有权做出离婚、婚姻撤销或婚姻无效的判决，家事法院仅对解除婚姻关系后新产生的家事纠纷与家庭关系变动，以及所有非婚家事纠纷享有管辖权。

2. 关于法官及司法辅助人员

纽约州 62 个县均设有相对独立的家事法院，家事法官由各县任命或选举产生。以纽约市为例，纽约市家事法院的法官由市长任命，任期为 10 年。法官在任期届满后可以多次续任，直至 70 岁法定退休年龄。此外，《家事法院法》还明确规定了法官的任职资格，要求法官候选人必须在本州从事法律工作 10 年以上，并具备丰富的实践经验和较高的专业水平。家事纠纷案件通常采取法官独任制审判，在案多人少的情况下，有些县允许地方法院或遗嘱检验法院的法官兼任家事法院法官，根据实际需要担任“双重”或“三重”职位。除了专业法官之外，家事法院通常配有一个或多个辅助裁判官，辅佐法官审理及裁判部分家事纠纷案件。一般而言，辅助裁判官由法院的首席行政官任命，初始任期为 3 年，续任期为 5 年。根据《家事法院法》第四百三十九条第五款的规定，辅助裁判官必须具备 3 年以上在纽约州从事法律工作的经验，了解并能熟练运用与家事纠纷有关的联邦和州法律及各项辅助性或替代性方案。与专业法官相比，辅助裁判官的审判权范围相对有限，负责独立审理子女抚养和配偶赡养案件及有争议的父权认定案件，并有权做出除了实施处罚之外的一系列可被执行的临时辅助令，包括适时公开、财务信息披露、血型和基因测试等。如果当事人对辅助裁判官做出的判决或临时辅助令有异议，可在判决做出后 30 日内向法院提交书面异议，并由专业法官对案件进行复核并做出最终判决。当事人对判决结果不服的，可向州上诉法院提起上诉。由于辅助裁判官的工作在很大程度上缓解了法官处理各类家事纠纷的案件压力，因此他们同法官一样是家事法院不可或缺的组成部分。

此外，部分家事法院还配备专职调解员和司法听证官，这两类司法辅助人员在取得案件当事人同意的前提下可以独立审理部分家事纠纷案件并做出相应裁判。若无法取得案件当事人同意，专职调解员和司法听证官仍可以协助审理案件，但必须将审理情况报告给专门法官并由法官做出最终判决。专职调解员和司法听证官通常从本州经验丰富的执业律师和退休法官中选任，具备专业法律知识和家事审判的实践经验，有助于协助法官尽快确认和解决案件，及时高效地化解纠纷。

3. 关于调解

在纽约州，调解并非家事纠纷裁判的前置程序，但从近年来家事法院的实践来看，调解已经成为迅速高效解决家事纠纷的重要途径。在美国，关于家事调解理论方面的研究成果突出表现在对家事调解模式的研究上。实践人员根据调解实务形态及其理论模型将家事调解分为结构型、劳务管理型、治疗型、交流和信息型等多种模式。随着理论与实践的发展，越来越多的调解模式不断涌现，专业性的调解组织及调解员提供调解服务在家事纠纷解决方面成效显著，获得了社会的普遍认可。当前，纽约州家事法院主要针对子女监护与探视案件、儿童保护及终止父母抚养权案件为当事人提供免费的法院附设调解。值得注意的是，法院附设调解并不等同于由审理案件的法官进行调解，而是由法官委派符合资质要求的调解员启动调解程序，协助当事人探索解决家事纠纷的替代性方案。多数案件的调解员由具备丰富调解经验的律师全职担任，并需定期接受法院的专项培训；在少数情况下，法院也会聘请在社会学、心理学、婚姻家庭关系等领域的专家担任兼职调解员。即便对那些没能达成正式调解协议的案件而言，调解的运用也在很大程度上缓解了家庭矛盾的激化，并在其后的诉讼过程中协助法院将案件争议由对抗转向协同解决。①

二、英国家事审判制度

（一）现代英国家事审判体制变迁的司法理念

在英国，家事法作为一个独立的法律部门，主要包括调整婚姻家庭以及父母子女关系的法律。虽然家事法必然会和合同法、侵权法、刑法等相关领域的法律互相影响，但从传统上讲，家事法只限定结婚、离婚、同居及相关的经济和财产问题，包括一些与老年人有关的法律。其重点在身份的创设和取消（结婚、离

① 齐玎：《美国纽约州家事审判制度的新发展》，载《人民法院报》2016年5月27日。

婚、亲子关系）及由此带来的法律后果及在权利遭到侵害时所提供的救济。英国的家事审判制度起源于《1857 年婚姻诉讼法》设立的离婚和婚姻诉讼法院，审理有关离婚的民事诉讼案件。这之后的 100 多年间，英国家事司法机构不断发生变化，根据《1873 年最高法院司法法》和《1875 年最高法院司法法》，离婚和婚姻诉讼法院与遗嘱检验法院、海事法院合并为新的审判机构，即高等法院遗嘱检验、离婚和海事法庭。直至 1970 年颁布的《司法工作法》创设了高等法院家事法庭。[①] 现代英国家事案件审判体制的变革在应对普通民众对家事司法提出的要求的同时，也深刻反映了其变革背后的司法理念。一方面，受“家事法庭独立化，家事纠纷处置专业化”理念的影响，1970 年《司法工作法》实施后，家事纠纷处置专业化的步伐不断加快。这表现在两个方面，其一，在机构设置上，英国设立了高等法院家事法庭，专门负责高等法院里迅速增长的家事法案件；其二，在诉讼程序方面，2003 年《法院法》（Courts Act 2003）第七十五条至第八十一条还专门规定了“家事程序规则及操作指南”，就家事程序规则的制定作了专门规定。此后，英国相继颁布了 2005 年《家事程序（收养）规则》、2010 年《家事程序规则》以及 2010 年《家事程序（民事结合：保留诉讼）规则》，为家事纠纷处置的专业化进一步铺平了道路。另一方面，和解与调解的司法理念得到进一步的强化。在英国的司法理念中，和解（Reconciliation）与调解（Mediation）是两个意思相近但并不相同的概念。和解指当事人双方在第三方的协助下进行沟通协商，第三方往往会给双方提供一些涉及专业知识的意见。比如在婚姻关系上，和解从目的性上考察，是为了挽救婚姻。而调解则强调帮助双方进行沟通，目的是希望双方能以带给各自最小伤害的方式结束这段婚姻。[②]

（二）英国老年人权益保护的家事审判实践

以往，英国家事案件审判体制在法院系统内主要由三级构成：一是家事程序法院，设在治安法院中，由家庭问题专门小组的三名治安官开庭审理案件，他们可以处理涉及儿童的大多数家事案件，但是不能做出离婚或解除婚姻的判决，或者就婚姻财产做出法令。二是郡法院，郡法院可以审理离婚、家庭财产以及儿童案件。家事程序法院受理的案件如果案情复杂，可以将案件移送郡法院，或者将他们无权处理的案件移交郡法院。三是高等法院家事法庭，由其处理非常复杂的

① 齐凯悦：《英国家事审判机构专业化改革及对我国的启示》，载《福建农林大学学报（哲学社会科学版）》2017 年第 6 期。

② 石雷：《现代英国家事案件审判体制的变迁及其启示》，载《时代法学》2012 年第 5 期。

家事案件，以及具有涉外因素的家事案件。老年人权益保护的家事纠纷可以通过家事审判途径解决。

2014 年 4 月 22 日，英国设立了独立家事法院，实现了长期以来的家事司法系统的发展目标，推动了英国家事司法系统的专业化发展。[①] 独立家事法院审理除特定的由高等法院家事法庭审理的两类案件之外的所有家事案件。[②] 改革之后，独立家事法院的构造在一定程度上与皇家法院相似，成为坐落于国内很多区域的国家性法院。与皇家法院相同，家事法院中有高等法院法官、巡回法官和书记员。但与之相异的是，家事法院中还有地区法官（郡法院法官及治安法官）。家事法官根据案件的复杂程度等分配案件审理工作。法官助理则行使家事法院或家事法官的部分职能，如向非职业治安法官提供关于法律问题的建议，并随时提请其注意相关法律及程序。就法院结构来看，家事程序法庭不复存在。郡法院审理的案件全部移交至家事法院，也即郡法院和治安法院不再受理家事案件。涉及未成年人的刑事案件及家事法律程序案件的管辖权仍然归于治安法院。同时，高等法院家事法庭只保留两类案件的管辖权，其他应由高等法院审理的家事案件由家事法院中的高等法院家事法庭的法官审理，故而这些案件不需再移交至高等法院。

就调解而言，英国家事法庭的调解实现了调审分离，调解者与审理家事纠纷的法官并非同一人。按照调解者在调解中的作用，调解可分为以下三种。一是最小干预的调解。调解者只帮助双方有效沟通，不干涉调解协议的内容。二是指导性调解。如果调解达成的协议明显不公，那么在这种模式下，调解者可为当事人进行指导，从而影响双方观点，改变不公平的协议内容。三是治疗性干预的调解。在这种模式下，调解者重视双方关系的改善，解决双方的纷争不是调解重点。三种模式中最常见的是第一种，但这并不是说调解者不会干预双方的调解。比如，大多数调解者都会在调解前召集会议，审查是否存在严重家庭暴力的情形。如果有，则不会进入调解。再如，如果调解者在调解过程中发现一方被另一方利用，那么调解也会终止，调解者将建议双方寻求法律途径。所有的调解员都鼓励双方以尽可能和平的方式解决纠纷。[③]

---

① ［英］西蒙·休斯（Simon Hughes）、爱德华·蒂姆普森（Edward Timpson）：《英国家事司法的发展前景》，唐豪臻译，载《中国应用法学》2017 年第 5 期。

② 这两类案件中，一类是涉及儿童或丧失行为能力的成年人的案件，高等法院对该类案件有固有管辖权；另一类则是涉及根据《国际掳拐儿童民事方面公约》或《布鲁塞尔法规Ⅱ》申请救济的、具有涉外因素案件。

③ 石雷：《现代英国家事案件审判体制的变迁及其启示》，载《时代法学》2012 年第 5 期。

三、德国家事审判制度

（一）德国家事审判的司法理念

近年来，德国通过家事事件与非讼事件程序法，建立家事审判特别程序；通过家事纠纷多元化解机制，充分利用调解、和解等方式快速、有效、全面解决家事纠纷。在家事审判司法实践中处处体现了关怀亲情、注重调解的司法理念。

1. 修复和治疗家庭关系的司法观念

德国作为实行法典化的国家，在理念上认为法院是解决法律纠纷的国家机构，应当严格按照制定法处理法律问题。所以，家事法庭在处理家事纠纷中需要和解或调解时，往往是委托给民间婚姻介绍所处理。① 所以，对于家事法庭来说，调整、修复和治疗老年人家庭关系的机能主要不是依靠家事诉讼活动实现，而是依赖家事法庭主持的调停、辅导以及治疗服务功能等非诉讼程序实现的。因为家事纠纷夹杂着老年人与亲属之间的感情、心理、非经济上的因素，需要社会辅助机构针对当事人个人特质、心理、身体状况、家庭环境与社会背景的不同，查明症结所在，调整利益关系。所以，德国家事法庭的价值追求具有多元性和特殊性。与普通法院相比，既注重对实体正义、高效便捷和和谐秩序的价值追求，也体现其个性化、人性化和温情性。②

2. 调解观念

在德国的调解观念中，调解至少具有两个价值基础。第一，人的尊严。这一价值在《德意志联邦共和国基本法》第一条第一款有明确的规定。没有自由就没有尊严，人的尊严首先意味着，调解的启动、进行和结束都以双方当事人的自愿或者自由处分为原则。同时，自由处分也意味着自负其责。调解赋予双方当事人自负其责地寻求其利益一致性的能力，并且双方当事人自负其责地寻求其利益的一致性这种方式被认为具有形成作用，即被视为一种持久和建设性的冲突处理方式。这对未来的冲突情境可以发挥积极的效果，并促成一种无强制的争议处理方式。调解的基本原则是："人的尊严得到尊重和重视。他的身体、灵魂和精神所构成的整体都得到认真对待……调解就是一种恰当地对待人之整体的纠纷解决办法。"当然，人的尊严也会在审判过程中得到尊重。但在审判程序中，法官具

① 陈爱武：《家事法院制度研究》，北京大学出版社 2010 年版，第 91 页。

② 杨临萍：《德国家事审判改革及其对我国的启示》，载《法律适用》2016 年第 4 期。

有更大的主动性，因为他从双方当事人那里接过了做出判断的责任。而在调解中，扮演冲突一方角色的普通人自身就是要对其处境做出判断的“专家”，只有他自己才能提出良好和有效且吻合其利益的解决办法。

第二，程序公正。纠纷解决的实质涉及利益和资源的分配，也就是分配公正的问题，但分配公正的标准可谓千差万别。双方当事人一旦持有不同的标准就会产生冲突。法官判决提供了一种解决办法，原因在于法官因其权威地位拥有对案件的最终决定权。与此不同，调解人并不具有决定权，他无法诉诸权威来化解因不同公正观而导致的对立。如果当事人坚持己见，那么调解人可能就无能为力。然而，一方面高度公正的程序能对争议双方之间的相互理解产生积极影响，即让争议双方更好地澄清事实、理性面对争议，而这又会对结果上的分配公正发挥积极作用。另一方面，公正的程序能够更好地吸纳不满，从心理层面上解决纠纷。许多实证资料证实，对公正感而言，做出利益分配之判断的程序与具体的分配结果相比同样重要甚至更加重要，因为公正的程序通常被视为将当事人认可为社会一员的标志。假如程序公正度较高，即使争议双方最后获得的利益比原先预期获得的利益小，他们也会对结果感到满意。相反，如果程序不公正，那么即使结果与预期相符，他们也可能因沮丧而感到不满。所以，对因缺乏决定权而只能间接影响分配公正的调解人来说，更为重要的是以一种对双方当事人而言公正的方式来构筑程序公正，并赋予其特殊的重要性。①

（二）德国家事审判的司法实践

通过近百年家事法的不断变革，德国基本形成了以保护宪法基本人权为基础，婚姻人身效力和财产关系等各项单行法为主要内容的家事法体系。通过对任意性规范和强制性规范的妥善配置，达到婚姻自治、家庭稳定和自我责任三者的平衡。2008 年 9 月 19 日，德国《非讼事件程序法》经历第一次全面修订，名称改为《家事事件及非讼事件程序法》。目前，德国已不仅对既有的程序进行了补充修正，还创设了新的程序和制度，完善了家事程序，初步实现家事程序非讼化。

1. 设置独立的家事法庭

德国在 20 世纪 70 年代中期以前，并没有设立统一处理家事事件的家庭法院。直到 1976 年德国制定了《婚姻法第一次修改法》才正式确立了家事法庭制度，明确在法院内部设立专门家事法庭审理家事案件。家事法庭分为四级：州地

---

① 雷磊：《德国的调解观念及其启示》，载《法商研究》2014 年第 2 期。

方法院家事法庭和州地区法院家事法庭、州高等法院家事法庭和联邦最高法院家事法庭。在家事案件的管辖分工上，立法把所有一审家事案件的管辖权授予州地方法院和州地区法院。按照《法院组织法》规定，州地方法院是家事案件的第一审法院，由 1 名独任法官审理家事案件中的亲子关系案件、扶养案件和婚姻案件，不设陪审员，所有家事案件的审理均不公开。由于州地方法院是法院结构中最低一级法院，设在德国最小的城镇，受理一些简单家事案件，程序简便、快速判决，方便老年人进行诉讼。州地区法院设在较大的城镇，其家事法庭受理其他一审家事案件，由 3 名法官组成合议庭审理。州地方法院和州地区法院的家事案件均上诉至州高等法院。州高等法院设有家事法庭，专门审理不服地方、地区法院做出的亲子关系案件和家庭案件的裁判而提出的上诉和抗告案件，由 3 名法官组成合议庭审理。联邦最高法院设立家事法庭，审理不服州高等法院做出上告和法律抗告的上诉案件，通常由 5 名法官组成。①

2. 制定独立的家事诉讼程序法

2008 年 12 月德国修订的《家事事件及非讼事件程序法》规定，从 2009 年 9 月 1 日起家庭事件不再由民事诉讼法调整，而是与非讼事件合成新的法律。该法与民事诉讼法最大的区别是采取了职权调查主义，民事诉讼的当事人主义不再占据主导地位，而赋予法官较大的依职权调查的权力。该法明确了家庭事件的类别包括同居、分居及离婚配偶的法律关系，还包括登记生活伴侣以及父母子女关系；明确了保护未成年人、利益第三人以及特定的法律程序。对于家庭暴力案件，受害人仅需提出申请，由法官依法依职权进行调查后，便可做出临时保护令。根据该法的规定，所有家事事件均适用“裁定”宣告离婚，不能像以前一样适用判决。所有程序通过“申请”发动。上诉法律救济也统一为“抗告”和“法律抗告”，不再使用“控告”或“上告”。

3. 建立法院外的强制诉前调停机制

2000 年 1 月 1 日德国《法院外争议解决促进法》正式生效，在发明专利、著作权使用费、不正当竞争、机动车事故补偿、小额案件和邻里纠纷、家事纠纷等部分案件中引入法院外的强制诉前调停程序。根据《法院外争议解决促进法》的规定，大部分联邦州制定了相关法律。强制诉前法院外调停在和解所进行，调停人一般由律师、公证员或其他人员担任。通过达成和解而终止了诉讼，是“为

① 蓝冰：《德国家事法院管辖制度若干问题考察》，载陈刚主编：《比较民事诉讼法》，中国人民大学出版社 2004 年版，第 245 页。

解决权利争议而订立和解”（《民事诉讼法》第七百九十四条第一款第一句）。[①] 德国《调解法》还修订了德国《民事诉讼法典》第二百七十八条第三款的规定，即起诉状应包括的内容有：起诉之前是否尝试进行过调解或者其他法院外非诉纠纷解决途径。律师是否向当事人阐释和解法官和其他非诉纠纷解决途径的运作机理和潜在的成功可能性等。如果律师没有履行上述告知义务，则其要承担相应的法律责任。德国《费用修正法》（1994年）也明确规定，律师如果能够促进当事人达成庭外和解，允许律师加收诉讼代理费的50%。这是首次以立法的形式鼓励民众选择非诉讼程序解决纠纷，这个强制诉前调解机制在家事纠纷领域运用得十分广泛。

4. 建立法院内部的强制审前和解辩论程序

2001年7月27日德国《民事诉讼改革法》在民事诉讼中引入了强制审前和解。审前和解辩论在法庭言词辩论之前进行，旨在持续实现和平、节省费用和减轻司法负担。裁判法官在审判阶段不能对当事人的纠纷进行调解。德国《民事诉讼法》第二百七十八条第五款特别规定：法院不仅可以将和解辩论移交给一名受命法官或受托法官，而且也可以在适当情形建议当事人进行“法院外争议调停”。受命法官是裁判合议庭的成员，而受托法官是接受诉讼法院委托的其他初级法院的法官。和解法官的职责可以由受命法官和受托法官来担任。[②] 德国《民事诉讼法》第二百七十八条第五款指出，和平解决纠纷是法官的一项独立职能。所以，德国的和解法官不隶属于审判法庭，也不能作为合议庭成员，是一个只享有调解职能、不享有裁判职能的中立法官职位。在和解辩论中，由“和解法官”在自由评价所有情形的基础上与当事人共同探讨案件事实。和解法官可以对和解协议进行记录并确定争议标的所涉价款。可以在双方当事人向法院呈送书面和解建议之后，法院以裁定的形式确认和解的成立以及和解协议的内容。当事人在和解辩论中达成的协议属于《民事诉讼法》第七百九十四条第一款第一项规定的“诉讼和解协议”，具有执行力。和解辩论失败后，当事人可以再去寻找其他非诉讼纠纷解决机制。目前，柏林州地方法院有18位和解法官（全柏林有50位和解法官）。地方法院设5个家庭调解庭，每年处理450-500件家事案件。2014年地方法院有150件案件调解结案，州高等法院家事案件中有50件调解结案。这

---

① ［德］奥特马·尧厄尼希：《民事诉讼法》，周翠译，法律出版社2003年版，第251页。

② 龙柯宇：《祛魅与赋值：德国调解制度的路径选择与反思》，载《法治研究》2013年第4期。

些和解法官在家事纠纷领域发挥了在裁判前化解大量纠纷的作用。[①]

四、境外家事审判制度的启示

从美国、英国及德国家事审判制度的发展历程及现状来看，由于各国的历史文化、法律传统及经济社会等因素存在较大的差异，各国的家事审判制度有各自的特色，在家事法院的设立、家事法官的配置、具体的程序审理、法学以外多种学科综合运用程度上存在较大的差异。虽然如此，但在对待家事案件的审判上，都有一致的观念和行动，即家事纠纷关联着社会安定，各国都认同将家庭关系作为重要的社会关系，并且进行较多的干预。家事纠纷除了夫妻关系，还涉及老年人、妇女、未成年人的利益保护问题，属于社会利益和弱者权益保护的范畴，所以要由国家介入进行保护。因此，将家事案件作为一种特殊类型的纠纷从一般的民事纠纷中独立出来，而为了保障家事审判的目的和效果，家事审判强调了司法人员的专业化，并在此基础上拓展为审理机构的专门化，设立了专门的法院（法庭）专门适用符合家事纠纷特点的诉讼程序来处理该类案件。

从程序法来看，家事审判主要表现为法院的职权探知主义，并要对当事人处分权进行一定的限制。其审判方式方法特殊，与一般审判方式的消极、中立特征形成了鲜明对比，以更加注重适用符合老成年人生理和心理特点的方式进行审判。工作内容上，不仅注重查明案件本身的事实，更需要深入了解导致纠纷的原因、老年人自身的困境、家庭的责任、老年人的生存状况等案件背后的问题，从而利用专业能力、联合社会多方力量为老年人化解困境。在干预方式上，更加注重公权力的主动介入，法院的审判职能贯穿整个案件审理过程，并适当延伸至案件审理之外，全方位地对老成年人进行综合保护。工作体系上，更加注重司法机关、行政机关和社会力量的沟通联系，整合老年人权益保护的各类资源。

家事纠纷的当事人之间存在血缘或感情的联系，家庭之中权利义务关系也较为复杂，不能简单地做出非黑即白的处置。正是在这个意义上，各国裁判机构认识到，家事纠纷不仅仅需要处理，更重要的是解决好家事纠纷。家事纠纷必须把促成当事人之间恢复感情、消除对立、实现和解作为纠纷解决的根本目标和价值取向。为此，和解、调解等方式在家事审判中运用得较为普遍，而且，为了提升和解、调解的成功率，除了法律技能外，还需要通过心理学、社会学等多元方法

---

① 杨临萍：《德国家事审判改革及其对我国的启示》，载《法律适用》2016 年第 4 期。

“动之以情、晓之以理”，从心理感情层面消弭当事人之间的纠葛。

第四节　我国老年人权益司法救济的制度路径

老年人权益司法救济本质上是老年人的一项权利，即当老年人的实体权益受到侵害时，老年人可以从法律上获得请求给予解决的权利。但我国目前对老年审判业务的独立性、内部运行机制等问题研究得尚不够系统化，对老年审判案外延伸工作正当性和可行性的法理依据研究得还不透彻。由于欠缺科学的理论支撑，对于老年法庭的发展方向，目前认识还不统一，导致改革迟迟不能破局。近期有学者提出家事法院或法庭的受案范围往往限定在家庭成员内部对老年人的侵害及纠纷，而国家对老年人权益的突出保护已经扩及社会领域的各个方面。老年人重新走向社会、参与社会建设和发展、重开人生第二春的情形越来越多，这些非家庭领域的因素都远远超出家庭法院或法庭应有的管辖职能和范围，远非家事法院或法庭所能解决，因此建议设立老年权益法院。[①] 但从我国法院体系的具体构成来看，目前都是以案件类型来设置专门法院，例如海事法院、知识产权法院、互联网法院、金融法院，而没有以当事人主体类型来进行设置。相类似地，我国有少年司法的探索，但也没有少年法院的设置。因此，本书立足目前的法律架构进行探讨，根据我国《老年人权益保障法》规定，老年人合法权益受到侵害的，可以通过调解与诉讼两种方式来维护自己的合法权益。此外，公证、诉讼救助、公益诉讼制度等也可以有所作为。

一、涉老权益的调解途径

调解是我国极具特色的纠纷解决方式，在我国被广泛应用。所谓调解，是指当事人就可处分的纠纷，在第三方的主持或参与下，以合意的方式解决权利义务争议的纠纷解决方式。涉老案件大多数涉及基于身份关系而产生的赡养、扶养等家事纠纷，这种案件不仅仅是某项财产或利益的争夺，同时还关系着当事人情感和关系的维系与否，因此，此特殊性使得涉老案件与一般的民事案件相比，更加注重调解。[②]

---

① 肖辉：《老龄化社会背景下老年权益法院的设立构想》，载《河北法学》2019 年第 12 期。

② 曹思婕：《我国家事审判改革路径之探析》，载《法学论坛》2016 年第 9 期。

在我国法律实践中，根据主持调解的第三方的地位不同，可以将调解分为法院调解、人民调解仲裁和其他组织调解。人民调解又称为诉讼外调解，是指在人民调解委员会主持下进行的调解活动。人民调解委员会是村民委员会和居民委员会下设的调解民间纠纷的群众性自治组织，在基层人民政府和基层人民法院指导下进行工作。法院调解又称为诉讼中调解，包括调解活动、调解原则、调解的程序、调解协议的效力和调解书以及调解协议的效力等，是当事人用于协商解决纠纷、结束诉讼、维护自己的合法权益，审结民事案件、经济纠纷案件的制度。

调解对于涉老案件尤其是家事纠纷的解决具有特别重要的意义，调解优先原则贯穿于老年人的家事纠纷解决全过程，并且最终大部分情况下都是以调解解决纠纷的。近年来的家事审判改革也更加突出调解在家事案件里面的作用。2016年最高人民法院发布了《关于人民法院进一步深化多元化纠纷解决机制改革的意见》，考虑到家事案件审理的特殊性，对家事纠纷调解前置程序进行了统一规范。各地法院在家事审判改革的试点工作中，也纷纷对家事纠纷的调解前置程序进行了探索。广东省高级人民法院发布的《家事案件审理规程（试行）》第十四条规定，试点法院审理家事案件，应当进行调解，未经调解不能进行裁判，婚姻关系、身份关系确认等不适宜调解的案件除外。江西省高级人民法院发布的《家事案件调解工作规则（试行）》第三条规定，人民法院对于当事人提起诉讼的家事案件，应当交由家事调解员先行调解。实行调解前置程序，就是弱化家事诉讼的对抗功能，引导当事人双方正面审视自己面临的问题，理性面对现实，通过对话与沟通，平和地解决纠纷；就是把调解作为化解家事纠纷的最重要手段和首要结案方式，并贯穿于案件审理的整个过程；就是要进一步明确以调为主、以判为辅的新型调判二元关系。[①] 在司法实践中，老年人在家庭关系中产生纠纷时，往往也是先寻求调解来解决家庭纠纷。通过调解，着重从家庭亲情关系入手，以主流的、朴素的伦理道德、社会普遍认可的善良风俗为据，引导老年人疏导情绪、解开心结，可以在维系家庭关系、不伤及家庭感情的同时，最大限度地解决老年人与家庭的矛盾纠纷。

二、涉老诉讼的特别规定

诉讼是最权威的纠纷解决方式，作为公力救济取代私力救济的结果，它是人

① 李徐州、王道强：《家事审判的司法理念与运行原则》，载《人民司法（应用）》2016年第34期。

类对于纠纷解决方式的革命性创造。诉讼的出现使纠纷的解决能在公平、公正的机制下进行，由于司法机关的主导，诉讼程序更加专业化、规范化，纠纷解决的结果也更加确定、公正，执行更有保障①。在我国现行法律制度下，法院诉讼具有解决纠纷的最高权威性，也是纠纷最后的救济机制，其在我国老年人权益司法救济制度中发挥着重要作用。虽然老年人权益纠纷的家事特点决定了调解优先的纠纷解决方式，但是调解制度相比诉讼制度，其法律效力、权威性和程序性较弱，这就决定了诉讼制度在老年人权益救济机制中起到的最后防线作用。

老年人是我国社会一个庞大的弱势群体。民事诉讼中的弱势群体是由于客观环境或自身原因，使其在民事诉讼中处于权利保护的不能或者不利地位②，这一群体具有一些共同的诉讼特征。一方面，该群体诉讼行为能力劣势化。通常情形下，老年人自身年老体弱，缺少法律知识，自我保护能力往往很差，在体力、脑力上存在明显诉讼行为能力的弱势。另一方面，该群体诉讼心理素质脆弱化。由于诉讼行为能力上存在的劣势，使得老年人在民事诉讼中的心理压力高于一般诉讼主体，老年人在民事诉讼中有比较严重的顾虑感、挫伤情绪和比较普遍的社会支持缺失感，其诉讼心理素质极易受到触动和影响，难以自我进行有效的调适，进而容易对民事诉讼乃至司法公正失去信心或信任。③ 根据老年人的这些诉讼特征，我国在老年人权益诉讼程序中往往会设置一些更有利于老年人解决纠纷的规则，对于老年人诉讼予以适当的倾斜保护，在具体的纠纷解决过程中对其进行指导或帮助，为其提供更便利的条件以实现其权利。民事诉讼程序中针对老年人权益的“特殊保护”，具体到诉讼过程中的各个程序，可归纳为以下几个方面：

1. 立案受理阶段：在民事诉讼的立案受理阶段，对于追索赡养费的案件，裁判发生效力后，因新情况、新理由，老年人再行起诉要求增加费用的，法院应作为新案受理。

2. 诉讼费用缴纳：规定老年人在追索赡养费的案件中，可以不预交案件受理费；老年人可以申请法院对追索赡养费的案件裁定先予执行并可不预交申请费。

3. 一般地域管辖的例外：在管辖权上，若追索赡养费的案件的几个被告住

---

① 齐树洁主编：《纠纷解决与和谐社会》，厦门大学出版社 2010 年版，第 15 页。

② 廖永安：《我国民事诉讼中弱势群体保护论纲》，载《河南省政法管理干部学院学报》2007 年第 1 期。

③ 蔡红、刘加良：《弱势群体的民事诉讼法保护》，载《山东科技大学学报（社会科学版）》2004 年第 3 期。

所地不在同一辖区，可以由原告住所地法院管辖。

4. 对席审判：追索赡养费纠纷的案件，对于负有赡养、抚育、扶养义务和不到庭就无法查清案情的被告，可以拘传其必须到庭参加诉讼。

5. 证明和举证责任：举证责任的分配，是整个证据法的核心问题。举证责任分配系以公平正义为最基本的价值准则，而公平正义的实现，又依赖于实体法的各种具体原则。在民事诉讼中，举证责任究竟由哪一方当事人负担，这不仅仅是一个涉及哪一方当事人需要付出更多举证努力和诉讼代价的问题，而且也将直接影响到当事人诉讼的成败。

举证责任倒置是举证责任分配的重要问题。按照法律的一般公平理念，法律可以要求主体做的是主体有能力做并应当做的事务，并在主体不能按法律要求做时，在其所应当做的事务范围之内使其承担不利后果。当然，举证义务与举证能力统一的情况虽属通常，但不绝对，在主张者缺乏举证能力的情况下，再按照举证责任“正置”确定其举证义务及责任，必然与法律的一般公正理念相悖。这就要求适当调整，由实际具有举证能力者承担举证责任，由此产生了举证责任倒置。[①] 为了保护在社会中处于弱势地位的群体，设置举证责任倒置成为法律公义追求的必然。我国最高法院《关于民事诉讼证据的若干规定》（以下简称《若干规定》）明确了举证责任倒置的八种情形。最高法院关于举证责任倒置的司法解释充分体现了依法保护弱者追求实质平等的精神，凡是符合举证责任倒置情形的，法官要适时加以引导和正确适用，以确保“法律意识和知识欠缺”的弱势群体在遇到侵权时能顺利打赢官司。[②]

上述规定虽在实践中也起到了积极的指导作用，但实践中针对各类民事案件的实际情况，是否应适用举证责任倒置往往成为难点。目前我国没有以老年人为主体做出举证责任倒置的规定，对于老年人的举证责任，依然适用“谁主张谁举证”的基本原则。虽然如此，我国法律规定，对于证明和举证，老年人因年迈体弱或者行动不便无法出庭作证的，经法院许可，可以提交书面证言或者视听资料或者通过双向视听传输手段作证。在作证程序上给予了老年人以方便。

6. 执行程序。在我国司法实践中，“执行难”的问题一直存在。老年人进行诉讼，期望的是通过司法救济维护自身的权益。对于老年人索取赡养费、抚养费的案件，如果案件的执行力度不够，民事判决长期得不到执行，对老年人的生活

---

① 廖永安：《我国民事诉讼中弱势群体保护论纲》，载《河南省政法管理干部学院学报》2007 年第 1 期。

② 廖永安：《我国民事诉讼中弱势群体保护论纲》，载《河南省政法管理干部学院学报》2007 年第 1 期。

甚至生存都会造成很大影响。基于此，法律对于追索赡养费等纠纷的涉老案件在执行程序上适当地作出保护性规定。

一方面，老年人追索赡养费可以申请先予执行。理论界通说认为，先予执行是指法院在对某些民事案件做出终审判决前，为解决当事人一方的紧迫需要，根据其申请，裁定另一方当事人给付申请人一定钱物，或者实施、停止实施某种行为，并立即执行。先予执行设立的目的是缓解申请人生活或生产上的困难，适用于追索赡养费、抚养费、生活费等特定的给付金钱的案件。这类案件的共同点，一是当事人之间的权利义务关系明确；二是权利人生活窘迫，迫切需要义务人的金钱给付以维持生活。因此，法律规定先予执行必须以“当事人之间的权利义务关系明确以及申请人生活上的急需”为适用条件。法院在接到当事人申请先予执行后，首先要审查案件是否属于先予执行的范围，是否符合先予执行的条件。法院认为必要时，可以责令申请人提供担保，但是追索赡养费、抚养费、服务费、抚恤金和劳动报酬的案件时，申请人生活困难无力提供担保，所以往往不需要其提供担保。另一方面，发生法律效力的具有给付赡养费内容的法律文书可由审判庭直接移送执行机构执行。此外，按照审判监督程序决定再审的如果属于追索赡养费的案件，则可以不中止执行。

从民诉法的规定来看，我国的民事诉讼程序从不同的角度、层次、力度对老年人权益进行倾向性保护。一般地域管辖的例外规则、诉讼费用的不预交规则、案件受理方面的特殊规则、举证责任的特殊分配规则和先予执行规则等，共同构成了我国民事司法程序对老年人权益的基本保护制度。但是，民事诉讼程序对于老年人权益的保护依然还不够全面，只是侧重于赡养费纠纷这一类的案由，在司法程序上并没有对其他类型的涉老案件打开方便诉讼之门。对其他涉老案件，老年人依然面临着诉讼难，权益难以得到保护的局面。

三、公证制度的妥当适用

老年人还可以通过公证制度来维护自己的权益，公证制度的目的在于预防纠纷，要实现这一目的须保证公证是客观、真实的。为此，我国《公证法》不仅在总则中规定了“公证机构办理公证，应当遵守法律，坚持客观、公正的原则”，而且在具体制度中要求公证机构和公证员应当遵守执业纪律，明确提出公证机构和公证员“不得为不真实、不合法的事项出具公证书”等禁止性规定，以防止虚假公证。但从“以房养老”的一些骗局来看，骗子利用公证书等法律文件合法侵夺老人财产，公证不仅没有达到预防纠纷的功能，反而引发了更多的矛盾。这也将公证领域应如何实行审查标准等问题推到前台。

（一）形式审查与实质审查

公证机构对申请人请求公证的事项加以审查，这不仅是公证机构的权利，也是其义务所在。经公证机构的专业审查，可确保公证文书的真实性、合法性，使之具有完整的证明效力。在公证实践中，为了便于确定审查的履行标准，通常将之分为形式审查和实质审查。形式审查是对公证事项的形式要件进行审查，即公证书证明的是文件、文书、表格上的签名、印章的真实性，而对文书的内容是否真实、合法不负实质审查责任，文件、文书等载体的真实性、合法性应由出具该文件、文书的主体负责。形式审查暗含着一个前提，即社会的诚信度较高，申请公证的当事人是诚实的，所提交的文件材料是可信的，所以公证机构只是对当事人签署文件这一行为的真实性进行证实。如果当事人提供了虚假的申请材料，那责任在申请人，与公证机构无关，所以，实行形式审查的国家，公证文书在诉讼中只是作为一般证据使用。

实质审查则不然，实质审查是实体性审查，即公证机构要对申请公证的民事法律行为或事实、文书等公证事项的实体内容进行全面审查，包括申请人和申请事项的适格性、公证事项的合法有效性以及其他实体事项。通过对公证事项的全面审查，公证文书可直接用来证明公证事项内容的真实性和合法性，具有很强的证明力和强制执行力，司法机关和仲裁机构可根据公证书正确认定案件事实，维护正常的社会秩序。司法部近日印发的《关于公证执业“五不准”的通知》明确提出不准未经实质审查出具公证书，要求公证机构、公证员应当尽到更高标准的审查注意义务。

（二）根据不同办证规则确定审查标准

我国在立法上是采取实质审查还是形式审查，《公证法》并没有明确的界定，而只是在其第二十八条规定，“公证机构办理公证，应当根据不同公证事项的办证规则，分别审查下列事项”。也就是说，公证机构应当审查到何种程度取决于具体的公证事项。如果当事人申请的是文书上的签名、印鉴、日期或是文书的副本、影印本等文本的公证，根据《公证程序规则》第三十八条的规定，公证机构只要审查文书的签名、印鉴、日期准确、属实，文书的副本、影印本等文本内容应当与原本相符即可。至于文本内容的真实性、合法性，并未做强制性要求。

但是，如果是对合同等民事法律行为进行公证，就必须对其成立要件和生效要件进行实质审查。例如，对于公证民事行为成立的，须审查是否具备当事人、标的、意思表示等一般要件，以及法律、行政法规规定或当事人约定的交付等特别成立要件；对于公证民事行为生效的，须审查民事行为当事人的行为能力，意思表示是否真实，标的是否确定、合法、正当等。如果法律、行政法规规定或当事人约定了要办理批准、登记等特别生效条件的，也应对此进行审查。对于有法律意义的事实或者文书的公证，公证机构也应当进行实质审查，包括该事实或者文书是否与当事人有利害关系、事实或者文书是否真实无误、事实或者文书的内容和形式是否合法、不违背社会公德等。

可见，我国的公证立法规定并没有像其他国家那样区分认证和公证。在国外，英美法系国家侧重于形式审查，将之称为认证；大陆法系侧重于实质审查，但也有形式审查的规定，例如德国《民法典》中就有“公证证书的做成”和“公证认证”两种规定。我国《公证法》将形式审查与实质审查相结合，规定公证机构根据具体的公证事项来确定办证规则，这也给一些公证机构进行公证审查带来了困扰。公证机构有时将形式审查与实质审查相混同，办理每项公证都要求当事人提交很多材料；更多的情形是为了公证的方便，把本该进行实质审查的公证事项进行程序简化，只做了形式审查，损害了公证的公信力。

（三）公证机构的核实义务

在做出公证书之前，公证机构会要求当事人按照规定提供相应的证明材料，不过，有时候当事人提供的证据材料真假难辨，仅仅利用当事人提供的证据材料无法审核是否属实，所以就需要公证机构向有关单位或个人了解情况，获得第一手资料，从而审核申请公证事项及证明材料的真伪。《公证法》第二十九条规定：“公证机构对申请公证的事项以及当事人提供的证明材料，按照有关办证规则需要核实或者对其有疑义的，应当进行核实，或者委托异地公证机构代为核实，有关单位或者个人应当依法予以协助。”实务中，公证员对于是否启动核实程序具有较大的自由裁量空间，但从法条中“应当”一词的规定来看，这是其在特定情形下必须履行的法定义务，故应严格履行。

公证机构的审查、核实行为是公证行为的核心。对于公证实务中的审查乱象，最高人民法院《关于审理涉及公证活动相关民事案件的若干规定》指出“公证机构在公证过程中未尽到充分的审查、核实义务，致使公证书错误或者不真实的”，人民法院应认定公证机构有过错。但审查、核实义务是否“充分”，是很难衡量的，通常认为应按照一般人标准来判定，即一个合格公证人员在正常情形下都会产生怀疑，受理该公证事项的公证人员若没意识到或是疏于履行审查义务，就应该认定有过错。为了使这一标准更有可操作性，最高院在该司法解释第五条中提出了公证机构“依法尽到审查、核实义务的，不承担赔偿责任”。即公证机构按照有关法律法规、公证程序、办证规则以及国务院司法行政部门制定的行业规范的要求履行了审查核实义务的，就不承担责任。

综上，社会生活中的各种公证事项纷繁复杂，但公证机构的审查、核实义务是确定的，要提升公证的公信力，须严格按照《公证法》的规定，落实公证机构对公证事项的审查与核实义务，以防骗子利用公证书等法律文件合法侵夺老人财产，避免引发更多矛盾，达到预防纠纷的功能。

四、涉老权益的诉讼救助

老年人合法权益受到侵犯时，有权向法院请求通过民事诉讼来解决其纠纷。但诉讼过程中会产生法院受理费用、律师费用等一系列诉讼费用，法律服务的有偿性使得老年人寻求司法救济的实现产生了现实的障碍。为了消除司法维权的障碍，诉讼救助制度的实行对弱势群体显得尤为必要。诉讼救助制度是国家保障经济贫困的公民平等地享有和利用国家审判资源、实现社会正义的一项重要制度，其主要包括司法救助制度和法律援助制度①。

实行诉讼救助制度有着保障人权与实现正义的理论基础。一方面，老年人作为“弱势群体”一方，普遍经济能力差、文化水平不高、身体素质低，致使其维权意识和能力匮乏，更无力负担司法维权的高昂成本。在社会司法资源无法进行平均分配的情况下，如何保障老年人平等享受司法资源，从而使其在诉讼制度的保障下充分实现人权就是民事诉讼救助制度的使命。另一方面，民事诉讼程序正义的实现，要求通过法律援助与司法救助等这些“看得见的方式”来实现其程序法上的正义价值。“与程序的结果有利害关系或者可能因为该结果而蒙受不利影响的人，都有权参加该程序并得到提出有利于己的主张和证据、反驳对方提出之主张和证据的机会。这就是‘正当程序’原则最基本的内容与要求，也是满足程序正义的最重要条件。”② 通过予以法律援助与司法救助，让老年人平等

---

① 何翔：《论我国民事诉讼中弱势群体的保障》，载《社会科学》2011年第1期。

② ［日］谷口安平：《程序的正义与诉讼（增补本）》，王亚新、刘荣军译，中国政法大学出版社2002年版，第11页。

地参与到诉讼中，才能实现诉讼的公平与正义，更好地维护老年人的实体合法权益。

（一）老年人诉讼的法律援助制度

法律援助是指在国家设立的法律援助机构的组织、指导和统一协调下，律师、公证员、基层法律工作者等法律服务人员，为经济困难或特殊案件的当事人给予减免收费、提供法律帮助，以实现其合法权益，完善国家司法公正及社会保障机制的一项法律制度。

随着我国民主法制进程的加快，关于老年人权益保护的法律援助工作也得到长远发展。1996 年 8 月，全国人大常委会颁布的《老年人权益保障法》第三十九条规定，老年人需要获得律师帮助，但无力支付律师费用的，可以获得法律援助。同年 12 月，司法部司法援助中心成立，其后，与民政部等部门联合发布了关于老年人、残疾人、妇女、未成年人等特殊群体法律援助工作的相关规定。国务院 2003 年 7 月发布的《法律援助条例》第十条规定，请求给付赡养费、抚养费、扶养费的，请求给予社会保险待遇或者最低生活保障待遇的，因经济困难没有委托代理人的，可以向法律援助机构申请法律援助。2006 年，中国法律援助基金会“老年人法律援助专项基金”正式成立，“老年人法律援助工作站”正式为老年人的维权提供法律援助，负责接待老年人的来信、来访、来电，开展老年人法律咨询服务，负责接受、审查老年人的法律援助申请，给予法律援助等。2015 年 6 月，中共中央办公厅、国务院办公厅印发《关于完善法律援助制度的意见》，要求：“重点做好农民工、下岗失业人员、妇女、未成年人、老年人、残疾人和军人军属等群体法律援助工作，切实维护其合法权益。实现法律援助咨询服务全覆盖，加强‘12348’法律服务热线建设，有条件的地方开设针对农民工、妇女、未成年人、老年人等群体的维权专线，充分发挥解答法律咨询、宣传法律知识、指导群众依法维权的作用。”目前我国已经步入老龄化社会，与老年人相关的法律问题也将日益凸显，对民事法律援助而言，如赡养、继承、虐待、遗弃、救济金等相关法律问题将成为民事法律援助的重点。

（二）老年人诉讼的司法救助制度

司法救助是世界各国目前普遍实行的一种制度，是社会民主与法治进步的表现。司法救助的概念首先出现在民事诉讼费用管理领域，作为狭义的司法救助概念，是指诉讼费用的缓收、减收和免收。从党的十八届三中全会报告中“健全国家司法救助制度”到党的十八届三中全会报告“健全司法救助体系”，文件中语词的变化，恰好说明了司法救助体系不仅体现在“要让那些权利受到侵害但是因经济困难打不起官司的人，能打得起官司，打得赢官司”的诉讼费缓减免的事前救助，而且体现在对因犯罪行为侵害得不到赔偿的刑事被害人和其他因诉讼而导致生活困难的人给予的事后救助，即对无法通过诉讼获得有效赔偿的困难群众给予应急生存照顾的国家司法救助。[①] 本章所讨论的“司法救助制度”是指国家为实现弱势的诉讼当事人的平等诉权，对于当事人在诉前、诉中和诉后遭遇的影响权利行使的各种困难所提供的救助，具体包括诉讼费用的减交、缓交、免交，给予司法救助金等。司法救助制度对老年人也作出了特殊的保护规定。

司法救助的最初规定见之于 1984 年最高人民法院颁布的《民事诉讼收费办法（试行）》，该办法第十二条规定：“自然人交纳诉讼费用确有困难，申请缓交、减交或免交的，由人民法院审查决定”。1989 年最高人民法院颁布的《人民法院诉讼收费办法》第二十七条规定：“当事人交纳诉讼费用确有困难的，可向人民法院申请缓交、减交或者免交。是否缓、减、免，由人民法院审查决定。”到了 1999 年 7 月，最高人民法院颁布《〈人民法院诉讼收费办法〉补充规定》，正式提出了“司法救助”的概念，并规定了老年人适用司法救助的情形。2000 年 7 月最高人民法院颁布《关于对经济确有困难的当事人予以司法救助的规定》（以下简称《司法救助规定》），对我国的司法救助制度作了比较系统的规定：一是明确规定了司法救助的概念，其第二条规定：“本规定所称司法救助，是指人民法院对于民事、行政案件中有充分理由证明自己合法权益受到侵害但经济确有困难的当事人，实行诉讼费用的缓交、减交、免交。”二是进一步扩大了司法救助的适用范围，除继续保留前述《补充规定》规定的几种情形外，《司法救助规定》第三条将司法救助的适用范围扩大到“当事人追索赡养费、抚养费、抚恤金的，当事人追索养老金、社会保险金、劳动报酬而生活确实困难的”等 7 种情形[②]。最高人民法院在 2016 年 7 月发布了《关于加强和规范人民法院国家司法救助工作的意见》（以下简称《意见》）的司法解释，扩大了“司法救助”的内涵，司法救助的内涵不仅包括诉讼费用的缓交、减免、免交，还包括了司法救助金的救济。《意见》第一条规定：人民法院在审判、执行工作中，对权利受到侵害无法获得有效赔偿的当事人，符合本意见规定情形的，可以采取一次性辅助救

① 袁刚：《试论人民法院国家司法救助的法治化——最高人民法院〈关于加强和规范人民法院国家司法救助工作的意见〉》，载《山东法官培训学院学报》2016 年第 5 期。

② 吴迪莱：《我国的司法救助制度：现状、缺陷与改革》，载《法学杂志》2012 年第 9 期。

济措施，以解决其生活面临的急迫困难。也就是说，无法得到赔偿而陷入生活困境的当事人，可以申请法院予以司法救助金的形式来得到司法救助。《意见》第三条也对老年人诉讼的司法救助作出了规定，追索赡养费、扶养费、抚育费等，因被执行人没有履行能力，申请执行人陷入生活困难的，法院应当予以救助。《意见》第三条规定：当事人因生活面临急迫困难提出国家司法救助申请，符合下列情形之一的，应当予以救助：（一）刑事案件被害人受到犯罪侵害，造成重伤或者严重残疾，因加害人死亡或者没有赔偿能力，无法通过诉讼获得赔偿，陷入生活困难的；（二）刑事案件被害人受到犯罪侵害危及生命，急需救治，无力承担医疗救治费用的；（三）刑事案件被害人受到犯罪侵害而死亡，因加害人死亡或者没有赔偿能力，依靠被害人收入为主要生活来源的近亲属无法通过诉讼获得赔偿，陷入生活困难的；（四）刑事案件被害人受到犯罪侵害，致使其财产遭受重大损失，因加害人死亡或者没有赔偿能力，无法通过诉讼获得赔偿，陷入生活困难的；（五）举报人、证人、鉴定人因举报、作证、鉴定受到打击报复，致使其人身受到伤害或财产受到重大损失，无法通过诉讼获得赔偿，陷入生活困难的；（六）追索赡养费、扶养费、抚育费等，因被执行人没有履行能力，申请执行人陷入生活困难的；（七）因道路交通事故等民事侵权行为造成人身伤害，无法通过诉讼获得赔偿，受害人陷入生活困难的；（八）人民法院根据实际情况，认为需要救助的其他人员。涉诉信访人，其诉求具有一定合理性，但通过法律途径难以解决，且生活困难，愿意接受国家司法救助后息诉息访的，可以参照本意见予以救助。因而老年人在追索赡养费案件中陷入生活困难的，不仅可以申请诉讼费用缓交、减交、补交，还可以申请司法救助金，加大了对老年人司法救助的力度。

五、建立老年人维权公益诉讼制度

公益诉讼是指对损害国家和社会公共利益的违法行为，由法律规定的国家机关或组织向法院提起诉讼的制度。① 公益诉讼包括行政公益诉讼和民事公益诉讼。行政公益诉讼，是指原告自身的权益并未受到违法行政行为的直接损害，但原告认为行政机关违反法定职责的行为损害了社会公共利益或者有损害公共利益之虞时，向法院提起诉讼，请求法院判令行政机关纠正其违法行为。民事公益诉

① 《民事诉讼法学》编写组：《民事诉讼法学》（第二版），高等教育出版社 2018 年版，第 218 页。

讼也是为维护社会公共利益设置的一种诉讼，与行政公益诉讼不同的是，它的被告不是行政机关，而是自然人、法人和其他组织，原告起诉的目的是纠正自然人、法人和其他组织损害社会公共利益的行为。我国民事诉讼法和行政诉讼法于2017年6月同时进行了修正，在2012年民事公益诉讼制度规定的基础上，明确了检察机关提起民事公益诉讼和行政公益诉讼的职能。

公益诉讼受到中央和社会的重视，这是因为公益诉讼提供了一个改变社会不公的途径。从公益诉讼的目的来看，在社会中处境最差、被边缘化的团体很可能是那些最多地遭受了不正义侵害的人，通过特定的主体来代理社会弱势群体，运用法律手段展开诉讼，要求在历史和社会现实之间建立一种联结机制，即让法律制度对社会弱势群体的现实状况给予解释和矫正。[①] 通过代表社会中弱势群体的诉求，公益诉讼旨在对社会中不平等的资源分配予以调整，从而实现分配正义。因此，建立老年人维权公益诉讼本质上就是为了保障弱势老年人群体的利益，将老年人权利的公益保护纳入公益诉讼，克服了传统诉讼模式的缺陷，能最大限度地保护老年人群体的利益，保障社会公共利益的实现。[②] 老龄委、社保机构、检察机关等应可以探索提起老年人社会保障公益诉讼。

---

① 徐卉：《通向社会正义之路——公益诉讼理论研究》，法律出版社2009年版，第4页。

② 汪地彻：《我国涉老案件审判工作的机制创新》，载《上海政法学院学报（法治论丛）》2017年第1期。

第十三章
为构建友善中国老年社会而努力

第一节　我国人口老龄化发展现状

20世纪中期英美法等西方发达国家就先后迈入了老龄社会，随着老年社会带来的种种问题，各国政府开始重视人口问题，出台各项政策切实保障老年人的权益，如完善社会保障制度和国民养老金计划等。改革开放以来，随着经济的快速发展，人民生活水平日益提高，人均寿命延长，同时新生儿的出生率降低，使得我国老年人口在社会的比重不断加大。《联合国人口展望报告（2009年）》的数据显示，我国事实上已进入深度老龄社会（65岁及以上人口占总人口比重超过14%），且人口老龄化发展速度很快。①

我国的老龄化进程与其他国家相比既有共通点，也有其自身特色。西方国家步入老龄化社会的速度较缓且其国民人均收入较高。大多数经济合作与发展组织国家在进入老龄社会时的人均GDP约为1万美元，我国仅为0.1万美元，充分说明了中国未富先老和未备先老的社会现象。我国虽然是在21世纪初才步入老龄社会，但发展速度较快，同时伴随着少子化、城乡发展二元化、地区经济发展不平衡等中国特色，加上我国在突发事件特别是突发重大公共卫生事件的应急应对机制上还存在不少短板，我国老龄化社会的发展必然会给经济发展、社会稳定带来繁多问题与挑战。

在已成为趋势的老龄化社会形势下，我国政府十分重视该问题。在2016年5月27日中共中央政治局第三十二次集体学习时，习近平总书记明确指出，人口老龄化是世界性问题，对人类社会产生的影响是深刻持久的。我国是世界上人口老龄化程度比较高的国家之一，老年人口数量最多，老龄化速度最快，应对人口老龄化任务最重。满足数量庞大的老年群众多方面需求、妥善解决人口老龄化带

---

① 杨燕绥：《中国老龄社会与养老保障发展报告（2013）》，清华大学出版社2014年版，第10-11页。

来的社会问题，事关国家发展全局，事关百姓福祉，需要我们下大气力来应对。国务院2017年出台了《“十三五”国家老龄事业发展和养老体系建设规划》，为积极开展应对人口老龄化行动，推动老龄事业全面协调可持续发展，健全养老体系提供了政策支持。虽然我国一直积极开展老龄工作，并在各级政府和社会多方力量的共同参与之下，老龄工作的推进取得了可喜的成果，但从整个社会层面来看仍然存在众多问题。特别是随着经济的快速发展，城市化进程和社会节奏加快，越来越多的涉老群体问题开始暴露，成为社会治理中不可忽视的重大社会问题。

一、“空巢”老人增多，家庭人力资源严重不足

2016年年末，我国60周岁及以上老年人口已经达到2.3亿人，占到总人口的16%多。目前，我国空巢和独居老年人已经接近1亿人，家庭养老功能弱化亟待社会养老补位。这是2017年《中国养老产业发展白皮书》中披露的一组数据。在老龄化进程中，高龄老年人以及失能、半失能老年人数量的持续快速增长，对家庭和社会的养老功能提出了更高的挑战。根据白皮书统计数据，目前，我国80岁以上的老年人达2400多万人，失能、半失能老人近4000万人；预计到2050年以后，我国80岁以上的高龄老人将会保持在1亿人这个规模上。而老年人口数量将超过4亿人，平均每3个人中就有1个老年人。[①] 20世纪80年代至90年代出生的独生子女已经开始进入社会、结婚生子，4-2-1型家庭数量急剧攀升。同时随着经济的快速发展，社会竞争力的不断提升，年轻人的压力也巨大。中国青年报社社会调查中心联合问卷网，对1992名18-35周岁的青年进行的一项调查显示，87.9%的受访青年关注养老问题。照顾老人时间和人手不够（65.3%）、收入和储蓄恐难支撑开销（59.0%）、“空巢老人”紧急求助（53.6%）是受访青年最担忧的三个问题。[②] 当家庭利益与个人功利相悖时，长期照料、赡养老年人的观念便成为年轻人的负担。传统家庭代际情感价值发生变化，赡养回报的价值观念受到冲击。

二、老龄化现状与老年群众组织发展不匹配

随着我国老年人口的迅速增多，我国老年群众组织数量也在相应增加。据不完全统计，全国各类老年群众组织有40多万个，各地的老年群众组织都获得了

---

① 李国：《中国空巢和独居老人近1亿，银发产业亟须补足短板》，载《工人日报》2017年6月14日。

② 杜园春、王涵：《87.9%受访青年关注养老问题》，载《中国青年报》2018年3月13日。

一定的发展。但是我们也必须明确其不足，由于缺乏统一的规范指导，老年群众组织的发展基本上是各自为政，缺乏体系化。① 同时由于地区经济发展存在差异性，老年群众组织的发展也是不均衡的，尤其是农村的老年群众组织更是发展迟缓。目前一些地方政府没有把老年组织的规范与发展工作列入议事日程，没有给予财政拨款，经济上的困难使其很难有专业的管理团队制定相关的规章制度，开展的众多活动也多是一些简单低层次的问题活动，基层老年组织功能不全、职能不明、发展后劲不足。一些基层老年组织基本上是自我管理、自我开展活动。这种以自我负责为主要模式的基层老年组织的生命力往往相当脆弱，逃脱不了自我发展、自然消亡的必然命运。

三、我国老年人权益保障相关立法滞后

伴随着年龄增高，老年人身体机能逐渐衰老，成为社会的一个弱势群体。老年人在公共安全事件中更容易受到侵权或伤害，其合法权益也易受到侵害。目前我国有关老年人权益保障的法律主要是体现在《老年人权益保障法》中，相关的民事、刑事法律也多有涉及。但是由于各项法律的制定时间不同，我国经济发展处在不同阶段，因此各项法律之间有关老年人权益保障的问题存在矛盾和差异，在现实生活中运用起来存在困难。同时除《老年人权益保障法》以外，国务院制定的与老年人相关的法规多是以"通知""意见""决定"等形式出台，立法层级比较低。目前，我国还没有制定和完善老年人专门法，如"老年人救助法""老年人社会服务法""老年人保健法"等法律。从法律操作层面看，我国《老年人权益保障法》可操作性还不足。法律规定过于原则化，法律细则缺失，保障主体模糊，在实际执法过程中无法有效落实。老年人曾为我们国家和社会的发展做出了贡献，且我国自古就有尊老敬老的传统美德，因此我们在老龄化新形势下应当高度重视对老年人合法权益的保护。

四、老年人口边缘化问题不容忽视

随着经济的快速发展，人口流动速度加快，越来越多的年轻人选择留在机会更多的城市，一大部分老年人也跟随子女进入城市。城市快节奏和现在日益形成的陌生人社会，老年人受身体机能与素质等因素的影响很难同年轻人一般快速地

① 陆杰华、刘柯琪：《社会治理背景下的老年群体管理》，载《中国发展观察》2017 年第 17 期。

融入进去、接受新事物，社会角色的难以转变导致他们难以融入当地的社会服务与管理网络，存在被边缘化的倾向。[①] 同时在我国以经济建设为中心的社会经济背景下，虽然我国一直在积极开展养老工作，但关注重点一直是老年人物质方面的需求，而忽略了精神需求和社会需求。这就导致老年人社会参与的渠道狭窄、单一，使得他们即使有想要继续回报社会的意愿，也无相关渠道。尤其是退休后的老年人，前后反差太大，会使得他们产生巨大的心理落差，既不利于老年人的身心健康，也不利于实现“老有所为”，更不利于其获得感的提升。随着老年人群体规模越来越大，老年群体作为社会的重要组成部分，需要积极进行形式多样的社会参与。

第二节　构建友善老龄社会面临的挑战

进入 21 世纪以来，世界上众多国家先后进入老龄化社会，为了维护社会稳定，各个国家和地区都必须制定合理有效的老年人法律以维护老年人权益并满足其日益增长的物质、精神、文化需求。通过立法保障老年人权益，维护社会公平，是社会主义国家文明进步的体现，也是进一步推进依法治国的重要内容。现阶段我国有关老年人权益保障的法律存在的多种问题，严重拖慢了我国社会养老服务体系的发展。

一、老年人口激增的挑战

数量巨大的老年人口，成了我国社会不可忽略的一个群体，不论是从社会现实出发还是从我国的传统道德观念考虑，我们都必须高度重视该问题。同时在解决老龄化人口的相关问题时，既要把握该群体的总特征“老龄”，也要在内部对其进行细致划分，具体问题具体分析。因为许多老年人患有痴呆症或其他慢性病，最年老的公民群体数量的增加对长期护理与指定监护人制度有非常重大的意义。另外，女性的平均寿命较之男性更长，同时许多女性在身边没有家人陪伴或提供帮助的情况下独居。虽然我国目前生育率下降的速度比不上发达国家，但新生儿出生数量的减少足以导致在很长时间内工作的成年人的数量减少，造成支持

---

① 陆杰华、刘柯琪：《社会治理背景下的老年群体管理》，载《中国发展观察》2017 年第 17 期。

有关老年人服务的政府项目的税收减少。

二、社会保障制度方面的挑战

老年人社会保障是一种社会化的保障措施，也是一项社会再分配的措施。当前社会保障制度的构建不仅仅着眼于经济物质方面，更应该关注老年人的精神保障。随着人们对生活质量的追求的不断提高，老年人对社会保障的需求也已经不仅仅局限于基本的生活保障和日常照料，而更多趋向于对一种更高层次的需求满足。20 世纪 90 年代世界卫生组织就在全球倡导构建积极老龄化（Active Aging）的战略框架。积极老龄化，强调的是一种积极的生活方式和生理、心理及社会活动对老年人福利的重要性。要完善老年人社会保障体系应该注重对经济保障、服务保障和精神保障“三位一体”的老年人社会保障体系的构建。

如何全面地为老年人提供养老保障、合理地配置养老资源、实现养老保障体系可持续发展成为当下中国面对老龄化社会的重要课题，这不仅是个人和家庭的行为，更是政府与社会的责任，关系到国家发展的战略。我们可在借鉴国外经验的基础上设计适应我国国情全方面多层次的社会保障系统，形成相应的老年人社会保障服务体系。

三、养老保险制度方面的挑战

经过制度变革，中国基本构建了由基本养老保险、企业补充养老保险和个人储蓄养老保险构成的多层次养老保险框架体系，并形成了由企业、职工共同缴费，由国家财政补贴的筹资模式。

在基本养老保险方面，存在覆盖面不足的问题；统账结合资金筹集与管理方面的制度设计与现实运行制度不符，使我国养老保险制度面临着支付风险，也与法律规定相矛盾；在养老保险制度设计方面缴费率较高，养老金替代率在逐渐降低。在企业补充养老保险方面，由于企业年金高度依赖国内资本市场如股市的行情，在收益率方面不稳定，甚至出现了亏损的情况。因此企业年金的风险控制和保值增值管理水平仍然有待进一步探索和完善。个人储蓄型商业养老保险制度市场尚不成熟，可供个人选择的商业养老保险项目依然有限。在税收优惠政策的缺位作用下，总体规模的不足导致无法充分发挥养老补充作用。

四、老年人福利津贴制度方面的挑战

为了改善老年人的生活，在基本养老金之外，还有政府发给的养老服务补贴、护理津贴、高龄津贴和失独老人扶助金等非缴费补贴。我国养老服务事业加快发展，已经基本实现老年人高龄津贴、服务补贴和护理补贴制度的全国覆盖。老年人生活补贴金与基本养老金不同。老年人生活补贴金属于社会福利范畴，是一种非缴费型的津贴。与基本养老保险制度“保基本”不同，老年人福利津贴追求的是提高老年人的生活质量。但在实践中，作为纯公共品的老年人福利津贴，其资金一般来源于政府财政拨款，其发放的条件与当地政府的财政收入挂钩。

随着经济不断发展，物价上涨，老年人福利津贴的发放数额设计制度面临着与老年人生活质量不匹配的局面，且来源与地方政府的财政收入挂钩，如何保持可持续性的保障，充分体现设计初衷，不与基本养老金制度的衔接产生覆盖面的灰色地带，是此制度亟待解决的问题。

五、医疗保险制度方面的挑战

公平性问题与基金平衡问题是现行老年人医疗保险制度面对的挑战。老龄化意味着老年人口的增加以及老龄人口医疗费用的增加。根据调查，老龄人的发病率普遍高于中青年人，老年人群的基本医疗保险的需求远高于其他群体，人口老龄化给医疗保险造成巨大的冲击。就我国职工基本医疗保险而言，随着老龄化趋势的加重，毫无疑问职工基本医疗保险参保情况也会“老龄化”。由于我国的医疗保险政策，退休人员不需要缴纳费用也能享受与在职人员一样的医疗保障待遇，退休人员的增加和退职职工参保人数比例的增加，并不会增加医疗保险基金的金额，反而在整体上有所减少。医疗保险基金缴纳主体仍然是在职员工，这就造成了基本医疗保险的收入和支出不均衡，加大了保险基金的经济压力。劳动适龄人口减少，从而降低了缴费人数，使基本医疗保险费收入减少；而且用人单位缴纳的基本医疗保险费一般实行按不同的年龄段不同比例计入参保人员个人账户，年龄段越大划入个人账户的比例越高，相应地划入统筹基金的比例就降低。

随着我国老年人口比重迅速上升，医疗和照护需求也随之上升，但是社会的供给资金准备、相关设施及服务能力并没有能力按比例提升，供需矛盾带来了很多相应的问题①。国务院发展研究中心开展的中国民生调查显示，上门医疗服务是不同特征老年人共有的占比最高的需求，达到 52.2%，紧随其后的是健康监测

① 朱波、周卓儒：《人口老龄化与医疗保险制度：中国的经验与教训》，载《保险研究》2010 年第 1 期。

和紧急救助，送餐/做饭、打扫卫生等家政服务也有较大需求，随着高龄、空巢老人的进一步增加，有关服务需求还会快速攀升。[①] 因此，老年人的就医帮扶制度需要医疗保险制度加以规定，在高龄、行动不便的老年人看医生、取药、服药等方面需要有帮扶机构及人员，以实现老年人就医的便捷有效和享有体面、人性化的医疗服务。

六、老年人住房保障方面的挑战

2017 年 3 月国务院发布的《关于印发“十三五”国家老龄事业发展和养老体系建设规划的通知》，指出我国老龄人口将面临的严峻形势，据估计，到 2020 年全国 60 岁以上老年人口将增加到 2.55 亿人左右，占总人口比重提升到 17.8%左右；高龄老年人将增加到近 3000 万人，独居和空巢老年人将增加到 1.18 亿人左右，老年抚养比将提高到 28%左右。独居老人的增加，要求老年人住房应当具备更完善的配套措施和适老化设计，当前老年人住房依然存在以下问题：保障性住房基础配套设施不完善；老年人住房权益遭到侵害；社区缺乏适老化设计；老年人住房保障法律制度缺位，规范性文件的效力层次低，可操作性不强。

我国《老年人权益保障法》第十六条规定：“赡养人应当妥善安排老年人的住房，不得强迫老年人居住或者迁居条件低劣的房屋。老年人自有的或者承租的住房，子女或者其他亲属不得侵占，不得擅自改变产权关系或者租赁关系。老年人自有的住房，赡养人有维修的义务。”这是基于我国老年人住房的一些现实问题而作出的法律规定。由于我国人口和老年人口基数庞大，城镇住宅以集中楼宇居住为主，落后地区的农村居住条件和卫生条件也不理想，在突发公共卫生事件时如何做好防疫隔离，特别是对免疫力低、身体弱的老年人，更加重了老年人住房方面的复杂挑战。

七、老年人监护制度方面的挑战

家庭养老功能弱化，空巢老人增多，导致许多老年人面临养老危机，相对于监护制度，赡养制度不能充分保障老年人的人身和财产权益。随着高龄人口逐年增长，失能和半失能的老年人数量也在上升。老年人易患的疾病病例也在逐渐增长，如帕金森综合征、阿尔茨海默病等病症患病率随着老年人年龄的增长逐渐提

① 国务院发展研究中心社会发展研究部：《以政策完善和产业发展双轮驱动，推进中国实现健康老龄化》，载《中国经济时报》2019 年 12 月 20 日。

高。此背景下，老年人对监护制度的需求是多样化的，除了精神、心理障碍原因需要监护制度的保护外，在生理上也需要法律制度的辅助。虽然《民法典》有关成年人监护制度的规定相对旧法更加完善，但现行成年人监护制度对老年人监护需求的满足尚待探讨。在国际人权观念的渗透和老龄化社会的影响下，世界各国开始对成年人监护制度进行改革，力图使成年人监护制度为精神障碍以及老年身心障碍者提供制度保障。在完善我国的老年人监护制度时，需将制度的改革建立在我国当今社会现实的基础上。

八、老年人财产和人身权利保护方面的挑战

老年人常常成为遭受财产侵权的高危人群。一旦老人财产或物质受到剥削或被滥用，老年人的经济生活将会遭受极大的危险。老年人的身心状况呈现不健康的情况，就会面临自行照料生活的困难。同时，老年人在财产管理运用上易遭他人诈骗、盗窃、冒领等侵害。对于老年人财产方面的保护，设计新的制度融入老年人的生活，使其在身体状况不允许的情况下，行使财产的处分权，避免遭受财务性赡养虐待。针对有条件的老年人建立老人财产信托制度不失为老年人财产法律保护的优化选择方式。

虐待老人、遗弃老人是对老年人人身权利极大的伤害。我国实际存在的虐老现象不少，但刑事保护启动率低，虐待老年人的证据收集难，投诉渠道较少，事态转化为以暴制暴。对老年人进行虐待，通常是由与老年人存在某种关系的人严重地滥用该关系。可能是由亲属实施虐待行为，也可能是老年人所居住的机构中工作人员实施的伤害行为。虐待形式也不仅仅局限于身体虐待，还可能是精神方面或性方面的虐待。虐待老年人的行为往往是十分隐蔽、不易被发现的，故有关数据很难准确统计。第三人也很难为老年人提供有效的帮助，对虐待老年人的行为的刑事指控很难进行。

九、消费者欺诈方面的挑战

老年人经常成为受欺诈的对象，各类欺诈事件层出不穷，严重的甚至陷入传销骗局。步入老年阶段，对于健康长寿的渴望日益增加，一方面是不想增加子女的赡养压力，另一方面是不想陷入病痛之中，无法自理。由于老年人对医药的需求比其他人群高，并且判断力又相对较低，极大可能被骗子或无良商家欺诈。针对老年人的经济犯罪和诈骗趋于职业化，涉案团伙从过去的小作坊、路边店发展

到进高级写字楼注册公司。这类公司企业内部组织结构严密，从而导致老年人辨别难度加大，深陷各种圈套。较之于青年人，老年人由于收入来源少，经济风险承受力也较弱，如果欺诈数额较大，会对老年人的老年生活产生巨大影响。

老年人消费易受骗的领域主要集中在保健品、投资理财、旅游等方面。多数老年人受骗后，因担心受子女埋怨一般选择沉默，这不仅导致事后很难进行合法维权，同时老年人受骗后的心理压力也无法得到及时疏导，加重对自身能力和价值的怀疑，直接影响到老年人的身心健康。

十、长期护理方面的挑战

中国有“养儿防老”和“百善孝为先”的传统，过去老年人养老和照护责任主要是由家庭承担，主要是家庭中的成年子女。但随着时代的发展、社会的变化，家庭承担照护责任的能力和功能逐渐减弱，而社会照护和国家照护制度还未完全建立。目前从我国开展长期照护保险制度的几个城市来看，长期照护服务的提供机构多是国家公立机构，长期照护资源的配置也主要是靠政府。长期照护资源配置的不合理主要体现为城乡资源配置差异悬殊，长期照护资源主要集中在大城市，大多数地方的长期护理还没有开展。同时在许多护理机构中工作人员不充足，并且很多工作人员并未经过专业的培训。长期护理与医疗保险、医疗保险的对接也是尚待国家顶层设计加以明确、完善的制度。

十一、老年人权益司法救济方面的挑战

老年人作为我国社会一个庞大的弱势群体，其权益保护不容忽视。老年人由于自身年老体弱，缺少法律知识，自我保护能力往往很差。老年人合法权益受到侵犯后的救济途径，为老年人权益做出倾斜保护而设置的司法程序是值得思考的解决路径。

目前，在老年人权益保护的法律与政策指引之下，各地法院在司法实践中摸索出老年人权益保障的宝贵经验。上海市静安区人民法院首先设立的“老年法庭”为老年人权益保障提供设置了特别的司法程序，但这只是某些老年人口较多的辖区的个别实践，设立老年法庭并没有在全国法院成为普遍的实践，大多数地区法院的涉老案件，依然适用民事诉讼普通审判程序，老年人在利用司法途径来维护自己的合法权益时，依然面临许多司法层面的障碍。虽然“老年法庭”并没有在全国范围内普遍设立起来，但司法实践中一直都在探索家事审判改革。涉老案

件主要包括赡养、继承纠纷等家事案件类型，在这些案件里，老年人往往是弱势的一方，老年人权益司法救济程序的完善，可以通过家事审判改革来实现。

第三节　构建友善老年社会的应对路径

一、构建老年法学学科体系

人口老龄化已经成为世界性的社会问题。我国由于庞大的老年人口、“未富先老”，情况更为严重。面对严峻的人口老龄化形势，如何从法律上确保老年人老有所养、老有所依，切实解决好老年人群体的法律保障问题，不仅是一个现实问题，也是一个系统问题。单一的研究难以解决系统化的需要，更无法保证不断涌现的新情况、新问题的解决，因此构建老年法学学科体系必须及早提上日程。从其理论基础上讲，老年人作为社会弱势群体的角色定位决定了老年法学的学科重心在于对老年人权益的维护和保障，因而，“以人为本”的思想基础和法治社会中弱势群体人权保障的理论基础在作为老年人权益保障的思想渊源的同时，也自然成为整个老年法学学科体系构建的理论基础和价值依据。从现实需要来看，随着人口老龄化的发展，国家和各研究机构、专家学者从政治学、经济学、社会学、人口学，乃至生物学、医学、心理学等不同角度对老年问题展开研究，从各学科领域道德视角探讨老年人的相关问题。其核心内容可以概括为物质生活需要、健康需要和社会参与需要三个方面，极大地丰富了老年学研究的内容。然而我们必须意识到相较于其他学科，在法学研究方面，系统研究人口老龄化问题的专著较少，相对于老龄化社会的迫切要求来说，对老年人法律保障进行专门性研究的学科体系必须适应社会发展的需要。

二、法律挑战的应对导向

为努力构建友善中国老年社会，解决我国老年人权益法律制度存在的问题，可把上述列出的法律挑战归纳为四点：一是我国老年人社会保障系统方面，二是老年人长期照护和监护制度方面，三是老年人的财产与人身权利保护制度方面，四是老年人权益司法救济制度方面。在进行法律制度设计时要充分考虑我国现实情况，做到从实际出发，不断在实践中总结经验。

优化老年人权益保障体系首先从老年人权益保障法律体系入手，将老年人权益保障附上应有的保护机制。宪法是多层次老年人权益保障法律体系的依据，对此我国《宪法》第四十五条已有相关规定。当前的规定在一定程度上可应对老年人的物质生活以及健康保障的需要，随着我国经济的快速发展以及老龄化加深，待物质基础稳定时，适时拓展《老年人权益保障法》对老年人权益保障的内涵和外延，这是老年人权益法律保障体系的基础法律。从国外老年人权益保障经验可知，关于老年人权益保障法律的发展历程，大都围绕物质基础、医疗健康、社会参与等方面出台相关的保障法律。在目前我国老年人权益保障法律体系中，与老年人权益保障相配套的单行法规与实施细则是单薄的，这必然导致了体系稳定性较弱的局面。应以《宪法》为指导，以《老年人权益保障法》为核心，同时将老年人权益保障相配套的单行法规与实施细则，如《老人保健法》《长期护理保险法》等陆续加入体系，才能使老年人权益保障法律体系的基底更加牢固，并加大法律层面的保障力度。单行法规与实施细则是《老年人权益保障法》的横向拓展，而地方性老年人权益保障法规和规章则是基于我国地区发展状况的纵向延伸。自《老年人权益保障法》出台实施后，许多地方人大与政府纷纷根据地方情况，制定了一系列有关老年人权益保障的地方性法律法规。

优化老年事业和老年产业发展体系，两业协调发展，完善保障体系。老龄事业的规划中明确老年人权益保障的低中高三层次的发展，从实现老年人最基本的物质基础保障出发，到医疗护理的基本保障，再到个体持续发展服务项目的落实，做到从低层次起步，向中高层次的递进式发展。政府工作从两方面着手，一方面是做好兜底角色，加大老年救助工作的力度，及时给予因伤致残、因病致贫老人合理的安置，让他们公平地参与享受社会发展的成果；另一方面是加快医养结合的步伐，进一步推进老年养老保险、老年医疗保险等，力求做到事实上全覆盖。发展老龄产业，采取以社会化养老补充家庭为主的养老模式。从基本养老保障走向积极老龄化，从家庭养老走向社会养老，构建以居家为基础、社区为依托、机构为支撑的社会养老服务体系。完善老年人社会保障法律制度，明确老年人社会保障法定权益和赡养人义务，加强地方老年人保障立法。家庭、政府和社会的养老责任再分配，结合社会力量参与，分担家庭、政府养老负担，合理配置养老保障资源，构建多层次养老保障体系，政府与市场作用相结合，发展多种养老服务模式，构建“三位一体”的老年人社会保障体系，完善养老服务体系，加强专业人才队伍建设。

养老保险方面应扩大覆盖面，建立统一养老保险制度、统账分离管理，做实个人账户，增加多渠道资金来源，完善多层次养老保险制度、推行指数化改革，增加弹性退休制度，明确政府职责，建立可持续发展养老保险制度。老年人仅靠基本养老金不能完全从经济上满足养老需求，还需一定的生活补贴，老年人生活补贴金可为没参加基本养老保险的老年人提供一定程度的保障；医疗保险方面，应加大政府投入，向弱势群体倾斜，合理制定医疗费用给付水平，确保医疗保险基金收支平衡，创建长期护理保险，减轻老年人医疗费用负担，推行退休人员大病医疗保险制度；老年人住房保障方面，应提升效力等级，制定专门法律，制定具体法律制度，指引实践操作，建立多层次、多样化的住房保障法律制度。

长期照护制度的建立，可将长期照护保险与养老保险结合，以覆盖城镇职工医疗保险的参保人群为原则在全国推行长期照护保险制度的情况下，重点关注农村地区。除了长期照护社会保险外，我国也应鼓励发展商业长期照护保险。开放长期照护服务供给系统实现长期照护服务提供半市场化，鼓励服务提供主体的多元化。服务内容上应该以生活照护为主要内容，在服务类型上应以居家照护和社区照护为主，以机构照护为辅。扩大被监护人的范围，完善监护人的选任和资格，完善监护人职责和权利，完善监护制度。

对于老年人财产与人身权利的保护，加强政府的监管与教育职责，金融机构在信托财产的管理与运用上应尽信义义务。推动老人财产信托立法工作，为有需要和有条件的老年人设立老人财产信托制度，建立老人财产信托监察人选任制度。对老年人进行法律宣传教育，施以专业消费辅导，在消费者纠纷解决机制一体化、便捷化的基础上，我们应为老年消费者提供专门化的消费维权服务。加强司法机关对虐待老年人案件的干预，引入美国强制报告制度。推行“老年法庭”的设立。将老年人权益保护和家事审判改革联系在一起，探索如何在家事审判程序设计中，更高效、灵活、便捷地让老年人的合法权益得到司法救济。

三、为构建友善的中国老年社会而共同奋斗

党的十八大、十九大和二十大报告以及我国国民经济和社会发展第十四个五年规划纲要都对应对人口老龄化、加快建设社会养老服务体系、发展养老服务产业等提出明确要求。各地区各部门加大投入、扎实行动，积极推动老龄事业发展，应对人口老龄化工作取得了显著成效。同时，我国的政策措施、工作基础、体制机制等还存在明显不足，与构建友善的中国老龄社会需求还有较大差距。习

近平总书记在2016年5月27日中共中央政治局第三十二次集体学习时强调党委领导、政府主导、社会参与、全民行动，推动老龄事业全面协调可持续发展，提出了五个方面的具体部署。①

第一，要着力增强全社会积极应对人口老龄化的思想观念。增强应对人口老龄化的思想观念十分重要。要积极看待老龄社会，积极看待老年人和老年生活，老年是人的生命的重要阶段，是仍然可以有作为、有进步、有快乐的重要人生阶段。有效应对人口老龄化，不仅能提高老年人生活和生命质量、维护老年人尊严和权利，而且能促进经济发展、增进社会和谐。敬老爱老是中华民族的传统美德。要把弘扬孝亲敬老纳入社会主义核心价值观宣传教育，建设具有民族特色、时代特征的孝亲敬老文化。要在全社会开展人口老龄化国情教育、老龄政策法规教育，引导全社会增强接纳、尊重、帮助老年人的关爱意识和老年人自尊、自立、自强的自爱意识。要加强家庭建设，教育引导人们自觉承担家庭责任、树立良好家风，巩固家庭养老基础地位。

第二，要着力完善老龄政策制度。要加强老龄科学研究，借鉴国际有益经验，搞好顶层设计，不断完善老年人家庭赡养和扶养、社会救助、社会福利、社会优待、宜居环境、社会参与等政策，增强政策制度的针对性、协调性、系统性。要完善老年人权益保障法的配套政策法规，统筹好生育、就业、退休、养老等政策。要完善养老和医疗保险制度，落实支持养老服务业发展、促进医疗卫生和养老服务融合发展的政策措施。要建立老年人状况统计调查和发布制度、相关保险和福利及救助相衔接的长期照护保障制度、老年人监护制度、养老机构分类管理制度，制定家庭养老支持政策、农村留守老人关爱服务政策、扶助老年人慈善支持政策、为老服务人才激励政策，促进各种政策制度衔接，增强政策合力。

第三，要着力发展养老服务业和老龄产业。我国老年群体数量庞大，老年人用品和服务需求巨大，老龄服务事业和产业发展空间十分广阔。要积极发展养老服务业，推进养老服务业制度、标准、设施、人才队伍建设，构建居家为基础、社区为依托、机构为补充、医养相结合的养老服务体系，更好满足老年人养老服务需求。要培育老龄产业新的增长点，完善相关规划和扶持政策。各级财政应加大投入建设普惠性养老机构及设施，满足社会养老的基本需求。

第四，要着力发挥老年人积极作用。要发挥老年人优良品行在家庭教育中的

① 《习近平强调推动老龄事业全面协调可持续发展》，载《人民日报》2016年5月29日。

潜移默化作用和对社会成员的言传身教作用，发挥老年人在化解社会矛盾、维护社会稳定中的经验优势和威望优势，发挥老年人对年轻人的传帮带作用。要为老年人发挥作用创造条件，引导老年人保持老骥伏枥、老当益壮的健康心态和进取精神，发挥正能量，作出新贡献。

第五，要着力健全老龄工作体制机制。要适应时代要求创新思路，推动老龄工作向主动应对转变，向统筹协调转变，向加强人们全生命周期养老准备转变，向同时注重老年人物质文化需求、全面提升老年人生活质量转变。要完善党委统一领导、政府依法行政、部门密切配合、群团组织积极参与、上下左右协同联动的老龄工作机制，形成老龄工作大格局。要保证城乡社区老龄工作有人抓、老年人事情有人管、老年人困难有人帮。要健全社会参与机制，发挥有关社会组织作用，发展为老志愿服务和慈善事业。

以上五个方面的部署推进，可望为中国构建友善老龄社会打下坚实基础。

后　记

开展老年人权益法律问题研究应对老龄化问题是中国乃至世界性的重大课题。在中国，目前还没有专门的老年法课程和著作，我们开展的这一项研究具有点题开创的味道。

2014 年至 2015 年，我在美国密苏里大学哥伦比亚校区学习，我的美国指导老师就是研究美国老年法、社会保障法、信托法等方面的专家。他专门开设一门老年法课程，这门课程对老年法的基本问题、老年人权益的各个方面、社会要采取的措施以及如何构建友善的老年社会做了专题的研究。受这一课程的启发，我回国以后，在 2015 年年底就组织了一批国内的专家学者针对我国老年社会和老年人权益问题进行会议研讨，并开展构建中国特色老年法体系的研究工作。

2019 年 4 月，广东省法学会社会法学研究会在东莞举行的一个学术专题研讨会，主题就是老年人权益法律问题研究。会议还邀请了北京大学、中国法学会社会法学研究会副会长兼秘书长叶静漪教授，做了应对老龄化法治问题的专题演讲。我本人也做了养老信托问题的演讲。会上还请东莞市第三人民法院郑水强庭长做了退休劳动者的劳动权益方面的演讲。在此之前，广东省法学会社会法学研究会专题学术研讨会在佛山举行，邀请了中国人民大学法学院教授、中国法学会社会法学研究会常务副会长林嘉教授，会议开展了包括有关退休职工养老保障权益等方面在内的研讨。

广东省法学会社会法学研究会非常重视针对特殊群体权益方面的研究，开展了一系列的学术专题会议，做了一系列的调研和地方立法的评估、论证、起草工作。根据这些成果，我们组织专家汇总了老年法研究的专著。基于这本专著涉及的主题和内容，我们从老年人的社会保障权益、社会福利权益、社会救济权利、防范对老年人的虐待欺诈、对老年人的康复护理、医疗帮扶等方面，做了分专题的深入研究，不断深化完善。

目前，中国已开始进入老龄社会的初期阶段，我国是世界上人口老龄化程度比较高的国家之一，老年人口数量最多，老龄化速度最快，应对人口老龄化任务最重。基于以上背景，本书以中国老年人权益保护制度的研究为出发点，结合对国外相关经验的研究，探索适合中国本土特色的制度建设。

本书关于老年人权益法研究的主题主要包括：

1. 老龄化社会中的老年人权益；
2. 老年人社会保障国际比较和中国探索；
3. 养老保险国际比较和中国路径；
4. 老年人生活补贴金；
5. 老年人医疗保险和有关福利；
6. 老年人住房保障；
7. 长期照护制度比较分析和中国选择；
8. 老年人监护制度国际比较和中国制度；
9. 老年人财产信托制度的法律构建；
10. 老年人人身权利的刑法保护；
11. 防止针对老年人的消费欺诈；
12. 老年人权益司法救济；
13. 为构建友善中国老年社会而努力。

本书相对于已有的研究具有一定的学术价值，主要价值在于拓展《老年人权益保障法》中对于老年人各项具体权益的理论体系、老年人权益保护的实施情况与实效测评方面的研究领域，在老龄化逐渐加剧的社会现状中寻求权利有效保护的实施路径，为实现十九大报告提出的“构建养老、孝老、敬老政策体系和社会环境，推进医养结合，加快老龄事业和产业发展”目标开展实施策略的探索。

本书包括了老年法研究的主要内容，对老年人权益的法律制度作了相对深入的分析、比较，通过对老年人权益保护的境外制度分析，全方面多层次构建老年人权益保护制度，力求制度的完整性，具有相应的配套制度，提升制度的可操作性，为解决中国问题提供了有益的借鉴。

人口老龄化是世界性问题，对人类社会产生的影响是深刻持久的。本书将对老年人权益概况、老年人社会保障、养老保险、老年人住房保障、老年人消费欺诈、老年信托制度等方面进行更可行的实用性实施方案研究，从多学科研究视角出发深化研究党的十九大报告提出的决策，推动构建老年人权益保障制度体系。

编订本书，我统筹、命名了各章章题，分工给各位参与者，其间花费了不少工夫、人力、物力，有些章节不断催稿、核改、校订，全部章节均由我亲自核改，难免忽略身边的一些事情。生前皈依佛门的善良老母亲经受了 2002 年癌症手术后，原以为已经完全治愈，不想在 2019 年 2 月中旬确诊为不幸复发之晚期，她经过了数月痛苦煎熬，于 2019 年 8 月 31 日星期六那天傍晚溘然长逝；在离开的那瞬眼，她那慈和的眼光与端庄的慈颜，向我展示了生命如花凋零的万般不舍和复杂忧喜，犹如永远活在我的心里。这也许是对我无尽哀思、身心特殊变化的一个梦幻与一种安抚。我自己教学、研究、写作老年法著作，深感对父母亲的尽孝心力不济，现实世界如此婆娑，但愿后半生信佛念佛的老母亲来世不再受这般苦厄，更祈愿现实世界的更多老年人获得更优的保障。

周贤日

2020 年 2 月

主要参考文献

一、中文著作类

1.《马克思恩格斯全集（第四十二卷）》，人民出版社 1979 年版。

2. 王舜华主编：《老年人权益的法律保障》，经济管理出版社 1995 年版。

3. 邬沧萍主编：《社会老年学》，中国人民大学出版社 1999 年版。

4. 林嘉：《社会保障法的理念、实践与创新》，中国人民大学出版社 2002 年版。

5. 李超：《老年维权之利剑——老年人法律保障制度研究》，上海人民出版社 2007 年版。

6. 郑成功：《论中国特色的社会保障道路》，中国劳动社会保障出版社 2009 年版。

7. 刘苓玲：《老年社会保障制度变迁与路径选择》，首都经济贸易大学出版社 2009 年版。

8. 郑成功：《中国社会保障改革与发展战略（养老保险卷）》，人民出版社 2011 年版。

9. 黎建飞：《社会保障法》，中国人民大学出版社 2011 年版。

10. 吴玉韶、党俊武：《中国老龄事业发展报告（2013）》，社会科学文献出版社 2013 年版。

11. 全国人大内司委内务室、全国人大常委会法工委社会法室、民政部政策法规司、全国老龄办政策研究部：《中华人民共和国老年人权益保障法读本》，华龄出版社 2013 年版。

12. 全国老龄工作委员会：《中国老龄产业发展报告（2014）》，社会科学文献出版社 2014 年版。

13. 张霞、刘勇、张小军：《我国弱势劳动者群体的就业积极行动制度研究》，西南交通大学出版社 2015 年版。

14. 韩莹莹、王思峰、支振峰：《以法律促进养老敬老》，中国社会科学出版社 2016 年版。

15. 任兰兰：《中国老龄事业发展指标体系研究》，知识产权出版社 2017 年版。

16. 全国老龄工作委员会办公室编：《人口老龄化国情教育知识读本》，华龄出版社 2018 年版。

17. 穆怀中：《社会保障国际比较》，中国劳动社会保障出版社 2014 年版。

18. 王延中：《中国老年保障体系研究》，经济管理出版社 2014 年版。

19. 肖金明：《老年人权益保障法律制度研究》，山东大学出版社 2013 年版。

20. 肖金明：《老年人权益保障立法研究》，山东大学出版社 2013 年版。

21. 肖金明：《老龄社会应对法律问题研究》，山东大学出版社 2013 年版。

22. 曾庆敏：《老年立法研究》，社会科学文献出版社 2011 年版。

23. 曹健等：《老年人权益保障法律制度比较研究》，中国政法大学出版社 2012 年版。

24. 田香兰：《日韩老年社会福利政策研究》，天津社会科学院出版社 2014 年版。

25. 邬沧萍等：《老龄社会与和谐社会》，中国人口出版社 2013 年版。

26. 张啸等：《德国养老》，中国社会出版社 2014 年版。

27. 王莉莉等：《英国老年社会保障制度》，中国社会出版社 2010 年版。

28. 张恺悌等：《新加坡养老》，中国社会出版社 2012 年版。

29. 刘芳等：《香港养老》，中国社会出版社 2010 年版。

30. 董溯战：《养老社会保障权论》，立信会计出版社 2010 年版。

31. 熊跃根：《需要、互惠和责任分担——中国城市老人照顾的政策与实践》，格致出版社 2008 年版。

32. 张丽云等：《国外及港澳台老年社会保障制度研究》，中国社会出版社 2011 年版。

33. 曾庆敏：《老年人权益保障与社会发展》，社会科学文献出版社 2008 年版。

34. 王石泉：《中国老年社会保障制度与服务体系的重建》，上海社会科学出版社 2008 年版。

35. 郭爱妹：《多学科视野下的老年社会保障研究》，中山大学出版社 2011 年版。

36. 郭爱妹等：《城乡空巢老人的生存状态与社会保障研究》，中山大学出版社 2011 年版。

37. 刘金华：《中国养老模式选择研究——基于老年生活质量视角》，西南财经大学出版社 2011 年版。

38. 王金元等：《社会治理视阈下老年人的社会保障与社会服务研究》，华东理工大学出版社 2015 年版。

39. 杨燕绥：《中国老龄社会与养老保障发展报告（2015）》，清华大学出版社 2017 年版。

40. 杨燕绥：《中国老龄社会与养老保障发展报告（2013）》，清华大学出版社 2014 年版。

41. 吕学静：《社会保障国际比较》，首都经济贸易大学出版社 2013 年版。

42. 刘俊：《劳动与社会保障法学》，高等教育出版社 2010 年版。

43. 连玉明、武建忠：《中国民情报道》，中国时代经济出版社 2010 年版。

44. 中国国家统计局人口和就业统计司：《2009 中国人口和就业统计年鉴》，中国统计出版社 2010 年版。

45. 丁传英主编：《山东省 2004 年育龄妇女生育力调查数据集》，华艺出版社 2006 年版。

46. 中国老龄工作委员会办公室：《中国人口老龄化发展趋势预测研究报告》2006 年版。

47. 田雪原、王国强：《全面建设小康社会中的人口与可持续发展报告》，中国人口出版社 2004 年版。

48. 邬沧萍：《批判继承中华传统孝文化并赋予时代精神加以弘扬》，载《中国老年学学会，中华孝文化专辑》，五洲文明出版社 2004 年版。

49. 世界卫生组织：《积极老龄化政策框架》，华龄出版社 2003 年版。

50. 乌日图：《医疗保障制度国际比较》，化学工业出版社 2003 年版。

51. 符启林：《房地产法》，法律出版社 2009 年版。

52. 金俭：《中国住宅法研究》，法律出版社 2004 年版。

53. 符启林等：《住房保障法律制度研究》，知识产权出版社 2012 年版。

54. 张恺悌、郭平：《美国养老》，中国社会出版社 2010 年版。

55. 张国平：《农村老年人居家养老服务体系研究》，中国社会科学出版社 2015 年版。

56. 冯邦彦：《香港地产业百年》，东方出版中心 2007 年版，第 187 页。

57. 张盈华：《老年人长期照护：制度选择与国际比较》，经济管理出版社 2015 年版。

58. 和红：《社会长期照护保险制度研究：范式嵌入、理念转型与福利提供》，经济日报出版社 2017 年版。

59. 施巍巍：《发达国家老年人长期照护制度研究》，知识产权出版社 2012 年版。

60. 李杰：《中国老年人长期照护筹资制度研究》，中国社会科学出版社 2016 年版。

61. 张盈华：《老年长期照护：制度选择与国际比较》，经济管理出版社 2015 年版。

62. ［美］桑特勒、［美］纽恩著：《卫生经济学：理论案例和产业研究》，程晓明等译，北京大学医学出版社 2006 年版。

63. 史尚宽：《亲属法论》，中国政法大学出版社 2000 年版。

64. 魏振瀛：《民法》，高等教育出版社 2000 年版。

65. 杨大文：《亲属法》，法律出版社 2000 年版。

66. 彭万林：《民法学》，中国政法大学出版社 1994 年版。

67. 周枏：《罗马法原论》，商务印书馆 1994 年版。

68. 梁慧星：《民法总论》，法律出版社 2017 年版。

69. 李霞：《民法典成年保护制度》，山东大学出版社 2007 年版。

70. 李霞：《成年监护制度研究——以人权的视角》，中国政法大学出版社 2012 年版。

71. 陈苇：《中国婚姻家庭法立法研究》，群众出版社 2000 年版。

72. 王竹青、田野：《美国持续性代理权和成年人监护制度立法及法律适用》，知识产权出版社 2016 年版。

73. 杨大文主编：《亲属法》，法律出版社 1995 年版。

74. 李适时主编：《中华人民共和国民法总则释义》，法律出版社 2017 年版。

75. 解锟：《英国慈善信托制度研究》，法律出版社 2011 年版。

76. 王继远：《控制股东对公司和股东的信义义务》，法律出版社 2010 年版。

77. 霍玉芬：《信托法要论》，中国政法大学出版社 2003 年版。

78. 周道鸾等主编：《刑法的修订与适用》，人民法院出版社 1997 年版。

79. 周道鸾等主编：《刑法罪名精释》（第二版），人民法院出版社 2003 年版。

80. 高小珺：《特殊群体权益保障法制概述》，东北大学出版社 2014 年版。

81. 梁慧星：《民法总论》，法律出版社 1996 年版。

82. 王利明、崔建远：《合同法新论 · 总则》，中国政法大学出版社 1996 年版。

83. 马一德：《消费者权益保护专论》，法律出版社 2017 年版。

84. 沈达明：《德意志法上的法律行为》，对外贸易教育出版社 1992 年版。

85. 牟瑞瑾：《〈消保法〉第 49 条的适用条件》，载《民商法论丛（第十五卷）》，法律出版社 2000 年版。

86. 李昌麒、李明月：《消费者保护法》，法律出版社 1997 年版。

87. 王泽鉴：《侵权行为法之危机及其发展趋势》，载《民法学说与判例研究（第二册）》，北京大学出版社 2009 年版。

88. 张为华：《美国消费者保护法》，中国法制出版社 2000 年版。

89. 刘益灯：《跨国消费者保护的法律冲突及其解决对策》，法律出版社 2008 年版。

90. 李洁：《老年人学习权益法制保障研究》，上海人民出版社 2013 年版。

91. 刘根荣：《市场秩序理论研究：利益博弈均衡秩序论》，厦门大学出版社 2005 年版。

92. 刘利军：《老年人权益的法律保障》，北京大学出版社 2013 年版。

93. 齐树洁主编：《纠纷解决与和谐社会》，厦门大学出版社 2010 年版。

94. 江伟主编：《民事诉讼法学原理》，中国人民法学出版社 1999 年版。

95. 常怡：《外国民事诉讼法新发展》，群众出版社 2006 年版。

96. 蓝冰：《德国家事法院管辖制度若干问题考察》，载陈刚主编：《比较民事诉讼法》，中国人民大学出版社 2004 年版。

97. 陈爱武：《家事法院制度研究》，北京大学出版社 2010 年版。

98. 《民事诉讼法学》编写组：《民事诉讼法学》（第二版），高等教育出版社 2018 年版。

99. 张晓茹：《家事裁判制度研究》，中国法制出版社 2011 年版。

100. 徐卉：《通向社会正义之路——公益诉讼理论研究》，法律出版社 2009 年版。

二、外文文献及译（编）著

101. William T. Liu and Hal Kendig (eds), Who Should Care for the Elderly? An East-West Value Divide, Singapore University Press, 2000.

102. Sheying Chen and Jason L. Powell, Aging in Perspective and the Case of China: Issues and Approaches, NOVA, 2011.

103. Robbyn R. Wacker and Karen A. Roberto, Aging Social Policies: An International Perspective, SAGE, 2011.

104. Jonathan Herring, Older People in Law and Society, Oxford University Press, 2009.

105. Jonathan Herring, Caring and the Law, Hart Publishing, 2013.

106. Jo Bridgeman, Heather Keating and Craig Lind, Aldershot, Family Law and family Responsibility, in Responsibility, Law and the Family, Ashgate, 2008.

107. AndrewW. Dobelstein. Understanding the Social Security Act: The Foundation of Social Welfare for America in the Twenty-First Century. Oxford University Press. 2009.

108. Liu T, Flothmann EJ: The new aging society: demographic transition and its effects on old-age insurance and care of the elderly in China. Z Gerontol Geriatr, 2013, 46 (5) .

109. Hospital acute inpatient services payment system: Medicare Payment Advisory Commission, 2007.

110. Adelina Comas-Herrera, Raphael Wittenberg and Linda Pickard: Financing Long-Term Care in Europe, Palgrave Macmillan UK, 2012.

111. Max Geraedts, Geoffey V Heller and C. A. Harrington: Germany´s long-term-care insurance: putting a social insurance model into practice, The Mill bank Quarterly, 2000.

112. Gregory F Nemet . Adrian J Bailey, " Distance and health care utilization among the rural elderly," Social Science & Medicine50, No. 9, 2000.

113. DAVEY A. PATSIOS D, "Formal and informal community care to older adults: comparative analysis of the United States and Great Britain ," Journal of family and economic62, No. 5, 1999.

114. Harpham T. Grant E. Thomas E, "Measuring social capital within health surveys: Key issues," Health policy and planning17, No. 1, 2002.

115. Hanaoka C, Norton E C. "Informal and Formal Care for Elderly Persons, How Adult Children's Characteristics Affect the Use of Formal Care in Japan," Social Science & Medicine67, No. 6, 2008.

116. Meier, Volker. "Why The Young Do Not Buy Long-Term Care Insurance," Journal of Risk and Uncertainty8, No. 8, 1999.

117. Brody, S. J, "Date for Long-Term Care Planning by Health Systems Agencies", American Journal of Public Health70, No. 11 , 1980.

118. Herwartz H, Theilen B, "The Determinants of Health-Care Expenditure: New Results from Semiparametric Estimation," Health Economics19, No. 8, 2010.

119. Hendrik van den Bussche, Hanna Kaduszkiewicz, Ingmar Schafer, et al: Over utilization of ambulatory medical care in the elderly Ger-man population? -An empirical study based on national insurance claims data and a review of foreign studies BMC Health Services Research, 2016.

120. MARGARET D: The link ages between informal and formal care of the elderly, Canadian journal of aging, 1997.

121. PICONE G, WILSON R: Medicare home health agency utilization, 1984 - 1994,

Inquiry, 1999.

122. Jeromey B Temple: Health insurance reform and older Australians, Australians Journal on Ageing, 2006.

123. Jed J Jacobson, Joel B Epstein, Frederick C Eichmiller, et al: The cost burden of oral, oral pharyngeal, and salivary gland cancers in three groups: commercial insurance, medicare, and Medicaid, Head & Neck Oncology, 2012.

124. Gunter Laux, Sarah Berger, Joachim Szecsenyi, et al: Prescribing differences in family practice for diabetic patients in Germany according to statutory or private health insurance: the case of DPP-4-inhibitors and GLP-1- agonists, BMC Fam Pract, 2016.

125. Johns A. F., Bowers V. J. Guardianship Folly. The Misgovernment of Parens Patriae and the Forecast of its Crumbling Linkage to Unprotected Older Americans in the Twenty-First Century—A March of Folly? Or Just A Mask of Virtual Reality? [J]. Stetson Law Review, 1997, 27 (1).

126. Linda S. Whitton, The Uniform Power of Attorney Act: Striking a Balance between Autonomy and Protection, Phoenix Law Review 2008 (1).

127. Thomas Lee Wright, The Family Guide to Preventing Elder Abuse: How to Protect Your Parents—and Yourself, 2017.

128. Greenberg, J. R., et al., 1990, Dependent adult children and elder abuse, Journal ofElder Abuse and Neglect.

129. Cooper C, Manela M, Katona C, et al., Screening for elder abuse in dementia in the LASER-AD study: prevalence, correlates and validation of instruments, Int J Geriatr Psychiatry, 2008.

130. Jana B. Singer: Dispute Resolution and the Post-Divorce Family: Implications of a Paradigm Shift. Family Court Review, Vol. 47, No. 3, July 2009.

131. Kirsten J. Colello, Angela Napili: Older Americans Act: Background and Overview, Congressional Research Service, 2015.

132. Heike Schröder, Matt Flynn, Thomas Klassen, Alexander Stamatios Antoniou, Myung-Joon Park, Population Aging and Labor Market Policy in Germany, the United Kingdom, Japan, and the Republic of Korea: The Effects of Institutional Context on Old Age Employment, In The Aging Workforce Handbook. Published online: 16 Jan 2017.

133. Randall S. Jones, Haruki Seitani: Meeting fiscal challenges in Japan's rapidly ageing society, OECD Economics Department Working Papers No. 1569, 2019.

134. ［美］David English:《修改中的美国成年人监护法律制度》，周贤日译，载《温州大学学报（社会科学版）》2016 年第 1 期。

135. ［美］罗斯科·庞德:《法律史解释》，曹玉堂等译，华夏出版社 1989 年版。

136. ［法］涂尔干:《乱伦禁忌及其起源》，汲喆译，上海人民出版社 2006 年版。

137. ［美］艾伦·德肖维茨：《你的权利从哪里来》，黄煜文译，北京大学出版社 2014 年版。

138. ［英］D. J. 海顿：《信托法》，周翼、王昊译，法律出版社 2004 年版。

139. ［古罗马］查士丁尼：《法学总论：法学阶梯》，张企泰译，商务印书馆 1997 年版。

140. ［美］戴维·G. 欧文：《产品责任法》，董春华译，中国政法大学出版社 2012 年版。

141. ［日］谷口安平：《程序的正义与诉讼（增补本）》，王亚新、刘荣军译，中国政法大学出版社 2002 年版。

142. ［德］奥特马·尧厄尼希：《民事诉讼法》，周翠译，法律出版社 2003 年版。

143. ［美］申策：《美国的社会保险制度对中国养老保险制度改革的启示》，张冠译，载《吉林大学社会科学学报》2013 年第 2 期。

144. ［英］西蒙·休斯（Simon Hughes）、爱德华·蒂姆普森（Edward Timpson）：《英国家事司法的发展前景》，唐豪臻译，载《中国应用法学》2017 年第 5 期。

145. 罗伯特·霍尔茨曼、理查德·汉兹：《21 世纪养老保险改革展望》，林义、李静译，载《经济社会体制比较》2006 年第 3 期。

146. ［日］岛崎谦治：《日本的医疗·制度与政策》，东京大学出版会 2012 年版。

147. 《法国民法典》，罗结珍译，中国法制出版社 1999 年版。

148. 《德国民法典》，陈卫佐译，法律出版社 2006 年版。

三、中文论文类

149. 李珍、孙永勇：《养老保险制度的国际比较》，载《江西财经大学学报》2004 年第 4 期。

150. 马长山：《法治社会中法与道德关系及其实践把握》，载《法学研究》1999 年第 1 期。

151. 钱再见、高晓霞：《弱势群体社会保护中政府责任的理论求证》，载《河南师范大学学报（哲学社会科学版）》2002 年第 6 期。

152. 穆光宗：《丧失和超越：寻求老龄政策的理论支点》，载《市场与人口分析》2002 年第 7 期。

153. 丁海湖、房文翠：《人权：弱势群体法律保护的价值基础——兼议我国弱势群体权益保护立法的完善》，载《行政与法》2006 年第 9 期。

154. 穆光宗、张团：《我国人口老龄化的发展趋势及其战略应对》，载《华中师范大学学报（人文社会科学版）》2011 年第 5 期。

155. 范中原、王松岭：《我国各省市老龄事业发展现状的比较研究》，载《当代经济管理》2012 年第 11 期。

156. 总报告起草组、李志宏：《国家应对人口老龄化战略研究总报告》，载《老龄科学研究》2015 年第 3 期。

157. 田香兰：《日本老龄产业制度安排及产业发展动向》，载《日本问题研究》2015 年第 6 期。

158. 杨晓娟、丁汉升、杜丽侠：《美国老年人全面照护服务模式及其启示》，载《中国卫生资源》2016 年第 4 期。

159. 潘剑锋：《论舜孝道思想对中国老年人权益保护法的影响》，载《湖南社会科学》2017 年第 6 期。

160. 丁英顺：《日本老年贫困现状及应对措施》，载《日本问题研究》2017 年第 4 期。

161. 张慧智、金香丹：《韩国多支柱养老保险体系改革及启示》，载《人口学刊》2017 年第 2 期。

162. 党俊武：《新时代中国老龄产业发展的形势预判与走向前瞻》，载《老龄科学研究》2018 年第 11 期。

163. 赵如钦：《美、日两国老年教育对我国老年教育发展的启示》，载《中国成人教育》2018 年第 5 期。

164. 李洁：《韩国老年教育相关法律、政策的考察及启示》，载《终身教育研究》2018 年第 3 期。

165. 杜鹏、王永梅：《改革开放 40 年我国老龄化的社会治理——成就、问题与现代化路径》，载《北京行政学院学报》2018 年第 6 期。

166. 陶文泰：《法竞争视域下的老龄产业立法前瞻》，载《老龄科学研究》2019 年第 3 期。

167. 曾通刚、赵媛：《中国老龄事业发展水平时空演化及其与经济发展水平的空间匹配》，载《地理研究》2019 年第 6 期。

168. 尹文清、罗润东：《老龄化背景下日本养老模式创新与借鉴》，载《浙江学刊》2016 年第 1 期。

169. 李青：《日本养老制度发展历程：从“国家福利”到“社会福利”》，载《行政管理改革》2019 年第 7 期。

170. 徐兴文：《东亚人口老龄化危机下老年社会福利制度的挑战与展望——以中国、日本和韩国为例》，载《贵州师范大学学报》2019 年第 1 期。

171. 丁英顺：《日本老龄化的最新状况、社会影响与相关社会政策——2018 年版〈老龄社会白皮书〉解读》，载《日本研究》2019 年第 1 期。

172. 王胜今、沈诗杰：《发达国家典型养老保险模式改革及其启示》，载《吉林大学社会科学学报》2011 年第 3 期。

173. 马红鸽：《瑞典政府养老保险制度政府责任的特点及其启示》，载《重庆理工大学学报（社会科学）》2016 年第 9 期。

174. 徐鼎亚、樊天霞：《国外典型养老保险制度比较及对我国的启示》，载《上海经济研究》2004 年第 10 期。

175. 岳颂东：《瑞典老年社会保障制度的改革与启示》，载《北方经济》2006 年第 11 期。

176. 郑培军：《德国养老保险制度介绍及对我国的启示》，载《清华金融评论》2017 年第 S1 期。

177. 赵立新：《德国养老保险法的发展与改革》，载《高校社科动态》2008 年第 3 期。

178. 郑春荣：《德国养老保险体制现状、改革方案及其筹资模式》，载《德国研究》1998 年第 2 期。

179. 于秀伟：《从“三支柱模式”到“三层次模式”——解析德国养老保险体制改革》，载《德国研究》2012 年第 2 期。

180. 陶建国、谢何芳、谢奎柱：《德国的社会法法院》，载《天津社会保险》2011 年第 6 期。

181. 杨斌、丁建定：《美国养老保险制度的嬗变、特点及启示》，载《中州学刊》2015 年第 5 期。

182. 韩锐、李景平：《新加坡公务员中央公积金制度及其启示》，载《理论与改革》2012 年第 3 期。

183. 佟哲：《新加坡中央公积金制度对我国养老保险的启示》，载《科技创业月刊》2007 年第 3 期。

184. 刘克崮、曹越：《打造覆盖全体公民的养老体系》，载《国际融资》2017 年第 12 期。

185. 郑功成：《智利模式——养老保险私有化改革评述》，载《经济学动态》2001 年第 2 期。

186. 王化楠：《德国李斯特养老金计划改革及对我国补充性商业养老保险发展的启示》，西南财经大学 2016 年硕士学位论文。

187. 徐静萌：《新加坡〈中央公积金法〉构建的养老保险制度研究》，华南理工大学 2014 年硕士学位论文。

188. 吕学静：《台湾老年保障制度体系的建立与改革》，载《社会保障研究》2009 年第 2 期。

189. 张珂、董登新：《加拿大养老保障制度及其借鉴意义》，载《湖北经济学院学报（人文社会科学版）》2008 年第 1 期。

190. 马天月：《美国人的养老模式及启示》，载《中国社会工作》2018 年 29 期。

191. 王海燕：《中美社会保障制度比较研究》，中共中央党校 2010 年博士学位论文。

192. 杨雪、侯力：《我国人口老龄化对经济社会的宏观和微观影响研究》，载《人口学刊》2011 年第 4 期。

193. 刘亚娜、何达基：《美国长期照护服务与支持体系受益分析及对中国的启示——从美国医疗补助视角考察》，载《理论月刊》2015 年第 2 期。

194. 罗丽娅、郭林：《家庭主义福利的审视与再修正——来自西班牙老年长期照护服务发展的经验》，载《国外社会科学》2019 年第 4 期。

195. 徐兴文：《东亚人口老龄化危机下老年社会福利制度的挑战与展望——以中国、日本和韩国为例》，载《贵州师范大学学报》2019 年第 1 期。

196. 楼苏萍、王佃利：《老龄化背景下东亚家庭主义的变迁——以日韩老年人福利政策为例》，载《公共行政评论》2016 年第 4 期。

197. 钱小平：《台湾养老服务政策安排和体系建设》，载《陕西老年学通讯》2010 年第 4 期。

198. 卢春玲：《美国老年保健计划与改革》，载《美国研究》2003 年第 1 期。

199. 赵斌、陈曼莉：《社会长期护理保险制度：国际经验和中国模式》，载《四川理工学院学报（社会科学版）》2017 年第 5 期。

200. 柳鹏程、孙祯辉、姚文兵：《长期照护保险的国际经验与启示——以德国、以色列、日本为例》，载《广东药科大学学报》2019 年第 4 期。

201. 贾海彦：《老年津贴制度的构建困境与发展思路——基于我国老年社会福利的发展战略》，载《社会福利（理论版）》2012 年第 7 期。

202. 米红、杨贞贞：《老年残疾人居家养老服务补贴模式创新与实证研究》，载《残疾人研究》2011 年第 2 期。

203. 李虎、王友富：《论台湾老年社会保障体系的构建及其借鉴意义》，载《西北人口》2012 年第 4 期

204. 曹艳春、王建云：《老年长期照护研究综述》，载《社会保障研究》2013 年第 3 期。

205. 凡凤林、邹莘、郭卫：《国外老年津贴制度的启示》，载《中国社会保障》2009 年第 12 期。

206. 马素慧、陈长香、李淑杏：《城乡老年人医疗养老保险状况及对家庭养老功能的影响》，载《河北联合大学学报（社会科学版）》2014 年第 3 期。

207. 郝晓宁、胡鞍钢：《中国人口老龄化：健康不安全及应对政策》，载《中国人口·资源与环境》2010 年第 3 期。

208. 彭仿：《人口老龄化对医疗保险的影响研究》，载《中国现代药物应用》2014 年第 12 期。

209. 刘春燕：《中国公众虐老认知、态度和应对行为的实证研究》，载《社会工作与管理》2015 年第 6 期。

210. 李春华：《金钱信托》，载《新金融》1995 年第 2 期。

211. 赵英：《民事信托制度与老年人财产管理》，载《现代经济信息》2006 年第 1 期。

212. 陈星宇：《金融信托业的监管困境与对策》，载《内蒙古社会科学》2017 年第 6 期。

213. 吴梦瑶：《论成年障碍者财产信托法律制度保障》，载《法治与社会》2017 年第 11 期。

214. 曾尔亢等：《我国人口老龄化与衰老科学》，载《中国社会医学杂志》2012 年第 29 期。

215. 黄毅、佟晓光：《中国人口老龄化现状分析》，载《中国老年学杂志》2012 年第 11 期。

216. 祁峰：《我国人口老龄化的经济效应分析》，载《经济问题探索》2010 年第 1 期。

217. 穆光宗、张团：《我国人口老龄化的发展趋势及其战略应对》，载《华中师范大学学报》2011 年第 5 期。

218. 蔡昉：《未富先老与中国经济增长的可持续性》，载《国际经济评论》2012 年第 1 期。

219. 姜向群、丁志宏：《对我国当前人口老龄化问题研究的概念和理论探析》，载《人口学刊》2004 年第 5 期。

220. 蔡昉：《关于中国人口及相关问题的若干认识误区》，载《国际经济评论》2010 年第 6 期。

221. 穆光宗：《老年发展论——21 世纪成功老龄化战略的基本框架》，载《人口研究》2002 年第 6 期。

222. 张勇：《实现“两个一百年”目标必须跨越“三大陷阱”》，载《理论月刊》2015 年第 2 期。

223. 邬沧萍、谢楠：《关于中国人口老龄化的理论思考》，载《北京社会科学》2011 年第 1 期。

224. 张媛：《人口老龄化对医疗保险的影响》，载《中国卫生经济》2012 年第 4 期。

225. 仇雨临：《基本医疗保险应正视人口老龄化》，载《中国社会保障》2005 年第 1 期。

226. 宋昆：《人口老龄化背景下我国医疗保险运营压力分析》，载《现代预防医学》2006 年第 10 期。

227. 贾洪波、李国柱：《人口老龄化对城镇基本医疗保险制度的挑战》，载《中国医学伦理学》2006 年第 5 期。

228. 李炳海等：《农村人口老龄化对新农合的影响及对策研究》，载《卫生软科学》2009 年第 6 期。

229. 张明：《试析人口老龄化对医疗保险的影响》，载《医学信息》2015 年第 29 期。

230. 彭仿：《人口老龄化对医疗保险的影响研究》，载《中国现代药物应用》2014 年第 12 期。

231. 李超民：《Medicare 的四大部分》，载《中国医院院长》2014 年第 6 期。

232. 王超群、张翼、杨宜勇：《城镇职工基本医疗保险退休老人终生缴费制研究》，载

《江西财经大学学报》2013年第5期。

233. 赵颖旭、江芹：《美国Medicare住院支付改革的经验借鉴及对中国的启示》，载《中国卫生经济》2013年第6期。

234. 赵斌：《医保制度如何应对老龄化》，载《中国社会保障》2015年第8期。

235. 王峥：《日本老龄化背景下医疗保险制度变迁及启示》，载《江西农业大学学报》2012年第12期。

236. 熊菲：《日本医疗保险制度对我国的启示》，武汉科技大学2009年学位论文。

237. 仇雨临、翟绍果、郝佳：《城乡医疗保障的统筹发展研究：理论、实证与对策》，载《中国软科学》2011年第4期。

238. 王蕾、蒋中一、王禄生：《城镇居民基本医疗保险与新型农村合作医疗制度相衔接的医疗费用控制探析报告：江苏省常熟市追踪调查之二》，载《中国卫生经济》2011年第7期。

239. 郭竞成：《居家养老模式的国际比较与借鉴》，载《社会保障研究》2010年第1期。

240. 杨智慧：《完善我国居家养老服务网络体系建设研究》，西南财经大学2013年学位论文。

241. 李俊：《新医改背景下我国商业健康保险税收优惠政策研究》，载《劳动保障世界》2011年第8期。

242. 张洪艳、田立强：《探究医疗费用结算办法及医患保关系》，载《经济研究导刊》2007年第9期。

243. 李亚青、申曙光：《退休人员不缴费政策与医保基金支付风险——来自广东省的证据》，载《人口与经济》2011年第3期。

244. 林建、张梦瑶：《我国人口老龄化与社会医疗保险基金的平衡对策》，载《上海经济研究》2016年第7期。

245. 刘明霞、仇春涓：《医疗保险对老年人群住院行为及负担的绩效评价——基于中国健康与养老追踪调查的实证》，载《保险研究》2014年第9期。

246. 刘苓玲、徐雷：《中国地区间财政医疗卫生支出差距的度量与分解：1997—2013年》，载《社会保障研究》2015年第2期。

247. 仇雨临：《回顾与展望：构建更加公平可持续的全民医保体系》，载《江淮论坛》2016年第1期。

248. 封进、余央央、楼平易：《医疗需求与中国医疗费用增长——基于城乡老年医疗支出差异的视角》，载《中国社会科学》2015年第3期。

249. 何兴强、史卫：《健康风险与城镇居民家庭消费》，载《经济研究》2014年第5期。

250. 余央央：《老龄化对中国医疗费用的影响——城乡差异的视角》，载《世界经济文汇》2011年第5期。

251. 周律、孙茜、孙韩钧等：《代际货币转移对中国农村老年人卫生服务利用的影响研究》，载《人口与发展》2013 年第 1 期。

252. 曾庆敏：《〈老年人权益保障法〉应予以修正》，载《法学杂志》2004 年第 5 期。

253. 杜文：《我国城镇住房保障制度研究》，四川大学 2006 年博士学位论文。

254. 刘燕辉、杨小东、王贺：《老年人与住房保障》，中国可持续发展研究会会议论文集（2009 年）。

255. 尹银、周俊山、张天骄：《住房对城市老年人家庭代际支持的影响分析》，载《人口与经济》2012 年第 2 期。

256. 封润华：《北京市老年人权益保障的探究》，载《人口与经济》2006 年第 3 期。

257. 王方兵、吴瑞君、桂世勋：《老龄化背景下国外老年人住房发展及经验对上海的启示》，载《兰州学刊》2014 年第 11 期。

258. 丁志宏、姜向群：《城市老人住房状况及其满意度研究——以北京市海淀区为例》，载《北京社会科学》2014 年第 1 期。

259. 杨旎：《保障性住房社区老年人社区融入研究——以南京市 J 社区为例》，南京理工大学 2017 年硕士学位论文。

260. 陈晓玲：《我国住房保障法律制度研究》，暨南大学 2007 年硕士学位论文。

261. 程益群：《住房保障法律制度研究》，中国政法大学 2009 年博士学位论文。

262. 陈文亮：《完善老年人权益法律保障制度》，载《法学杂志》2002 年第 4 期。

263. 黄金荣：《"规范性文件"的法律界定及其效力》，载《法学》2014 年第 7 期。

264. 赵雅宜、丁亚萍、李现文、崔焱：《老年人能力等级的分类与判定》，载《中国卫生统计》2015 年第 6 期。

265. 沈君：《住房社会保障制度基本原则研究》，载《山西省政法管理干部学院学报》2009 年第 1 期。

266. 黄安年：《美国政府的住房福利保障政策——从罗斯福新政到约翰逊"伟大社会"时期》，载《山东师范大学学报（社会科学版）》1998 年第 4 期。

267. 张卫国：《美国养老社区研究》，载《世界经济与政治论坛》2012 年第 5 期。

268. 柴效武：《一种以房养老的贷款方式：住房反抵押贷款》，载《金融教学与研究》2004 年第 3 期。

269. 俞永学：《新加坡的住房政策及其对中国的启示》，上海交通大学 2008 年硕士学位论文。

270. 魏成、李骁、赖亚妮：《进退维谷——香港公营房屋政策的困境与挑战》，载《国际城市规划》2016 年第 4 期。

271. 林宗浩：《韩国老年人福利法的变迁及对我国的启示》，载《法学论坛》2012 年第 5 期。

272. 林宗浩：《韩国老年人长期疗养保险立法的经验与启示》，载《法学论坛》2013 年第

3 期。

273. 张立龙:《福利国家长期照护制度及对中国的启示》,载《社会保障研究》2015 年第 6 期。

274. 何杨、明帮胜、周渭兵:《美国长期照护保险制度研究及对中国的启示》,载《中国医疗保险》2015 年第 11 期。

275. 石琤、叶冰清:《美国长期照护服务的筹资改革及启示》,载《国际比较》2017 年第 4 期。

276. 王凯:《德国长期照护保险制度概述及对我国的启示》,载《科技经济市场》2015 年第 7 期。

277. 谭睿:《日本老年人长期照护政策的变迁及其借鉴》,载《社会福利》2017 年第 8 期。

278. 周晶:《长期照护保险制度:日本经验及对中国的启示》,载《社会建设》2017 年第 5 期。

279. 陈杏子、曾智、沈永健:《我国台湾地区长期照护体系对大陆居家养老的启示》,载《中国全科医学》2017 年第 9 期。

280. 谭睿:《中国台湾失智老年人长期照护策略及其借鉴意义》,载《老龄科学研究》2017 年第 3 期。

281. 杨成洲:《台湾"长期照顾十年计划"研究》,载《社会保障研究》2015 年第 3 期。

282. 蔡毅、崔丹、毛宗福:《美国长期照护服务体系对中国的启示》,载《中国卫生政策研究》2017 年第 1 期。

283. 姜日进、王圆:《青岛市构建长期照护保险的探索与展望》,载《中国医疗保险》2016 年第 9 期。

284. 王震、朱凤梅:《长期照护服务供给的国际趋势》,载《国际比较》2017 年第 2 期。

285. 陈苇、姜大伟:《现代成年人监护制度的立法变革及启示》,载《中华女子学院学报》2014 年第 1 期。

286. [日] 田山辉明:《日本成年制度——少子、老龄社会的法律制度》,顾祝轩译,载《交大法学》2015 年第 3 期。

287. 李昊:《大陆法系国家(地区)成年人监护制度改革简论》,载《环球法律评论》2013 年第 1 期。

288. 张伟、高丰美:《老年监护的立法模式、原则与程序研究》,载《安徽大学学报(哲学社会科学版)》2016 年第 6 期。

289. 张学金、张雷:《成年人监护制度的综译》,载《江海学刊》2005 年第 5 期。

290. 王玲、张红、苗润莲:《英国老龄化问题及应对措施》,载《管理观察》2015 年第 24 期。

291. 魏树发：《成年人监护制度的理念与立法选择》，载《福建师范大学学报（哲学社会科学版）》2007年第3期。

292. 魏增产：《国家监护主义的一个窗口——〈监护制度比较研究〉评》，载《北京科技大学学报（社会科学版）》2010年第3期。

293. 仇雨临、梁金刚：《我国老年残疾人口生活护理及康复体系构建研究》，载《西北大学学报（哲学社会科学版）》2011年第6期。

294. 刘珊：《中国"虐待老人"现象、成因及对策》，载《中国老年学杂志》2016年第1期。

295. 王继远：《论商业银行个人理财业务人员之信义义务》，载《社会科学家》2016年第8期。

296. 官玉琴：《意定监护制度框架下的老龄人财产信托》，载《东南学术》2019年第2期。

297. 苏普玉、郝加虎、熊黎明等：《安徽省农村老年人受虐待与忽视现状及其影响因素研究》，载《中华流行病学杂志》2011年第2期。

298. 武丽、胡洋、张涛等：《农村老年人身心健康状况与虐待关系》，载《中国公共卫生》2013年第1期。

299. 苏彩霞：《遗弃罪之新诠释》，载《法律科学》2001年第1期。

300. 陈兴良：《非家庭成员间遗弃行为之定性研究———王某民等遗弃案之分析》，载《法学评论》2005年第4期。

301. 赵秉志：《中国刑法的最新修正》，载《法治研究》2015年第6期。

302. 陈伟：《〈刑法修正案（九）〉刑罚修订内容介评》，载《法治研究》2015年第6期。

303. 谢望原、张宝：《〈刑法修正案（九）〉的亮点与不足》，载《苏州大学学报（哲学社会科学版）》2015年第6期。

304. 师晓东：《身份犯视角下虐待罪的局限及其破除——兼评〈刑法修正案（九）（草案）〉第十八条之规定》，载《求索》2016年第1期。

305. 徐振华、胡苷用：《新加坡〈赡养父母法〉评介及其对我国的启示》，载《江西社会科学》2012年第9期。

306. 朴成日：《日本保护老年人权益的对策模式及对我国的启示》，载《延边大学学报（社会科学版）》2017年第5期。

307. 岳德印：《"消保法"应否保护知假买假者》，载《网络财富》2008年第8期。

308. 王伟玲：《金融消费者权益及其保护初探》，载《重庆社会科学》2002年第5期。

309. 王卫国、吴民许：《〈消费者权益保护法〉修订与金融消费者保护》，载《中国焦点》2010年第5期。

310. 于春敏：《金融消费者的法律界定》，载《上海财经大学学报》2010 年第 4 期。

311. 杨立新：《我国消费者保护惩罚性赔偿的新发展》，载《法学家》2014 年第 2 期。

312. 杨立新：《“王海现象”的民法思考——论消费者权益保护法中的惩罚性赔偿金》，载《河北法学》1997 年第 5 期。

313. 陈曦：《民事欺诈与刑事诈骗的法理辨析与实务认定》，载《人民检察》2017 年第 10 期。

314. 苏号朋、林学东：《法国消费欺诈行为的法律规制及借鉴》，载《法学杂志》2013 年第 4 期。

315. 王嘉琦、刘淑波、檀再斌：《大陆法系老年人监护制度及启示》，载《长春理工大学学报（社会科学版）》2017 年第 2 期。

316. 齐向东：《日本的消费者教育》，载《国外社会科学》1997 年第 3 期。

317. 张琨、姬春生、郑光勇：《美国老年人金融消费权益保护经验及对我国的启示》，载《武汉金融》2014 年第 3 期。

318. 陈奎：《论我国消费纠纷解决机制的价值错位及其矫正》，载《特区经济》2009 年第 7 期。

319. 连俊雅：《中国旅游业非诉纠纷解决机制的完善》，载《江西社会科学》2017 年第 1 期。

320. 段娟娟：《网络团购消费者权益保护的法律规制——以澳大利亚〈团购行为准则〉为视角》，载《消费经济》2012 年第 1 期。

321. 陈曦：《民事欺诈与刑事诈骗的法理辨析与实务认定》，载《人民检察》2017 年第 10 期。

322. 梁宏辉：《论我国消费纠纷解决机制之完善》，载《河北法学》2009 年第 7 期。

323. 许尚豪、乔博娟：《小额诉讼：制度与程序———以新〈民事诉讼法〉为对象》，载《山东社会科学》2014 年第 4 期。

324. 王福华：《小额诉讼与福利制度》，载《中外法学》2016 年第 1 期。

325. 颜运秋：《消费者公益诉讼的法理与规则分析》，载《河北大学学报》2005 年第 5 期。

326. 李友根：《论消费者协会公益诉讼的损害赔偿请求权》，载《政治与法律》2017 年第 9 期。

327. 包文捷：《试析涉老案件的若干法律问题》，载《政治与法律》2005 年第 4 期。

328. 陈爱武：《家事诉讼程序：徘徊在制度理性与实践理性之间》，载《江海学刊》2014 年第 3 期。

329. 陈爱武：《论家事审判机构之专门化——以家事法院（庭）为中心的比较分析》，载《法律科学》2012 年第 1 期。

330. 蒋悟真：《精神赡养权法治保障的困境及其出路》，载《现代法学》2014年第4期。

331. 李徐州、王道强：《家事审判的司法理念与运行原则》，载《人民司法（应用）》2016年第34期。

332. 廖永安：《我国民事诉讼中弱势群体保护论纲》，载《河南省政法管理干部学院学报》2007年第1期。

333. 蔡红、刘加良：《弱势群体的民事诉讼法保护》，载《山东科技大学学报（社会科学版）》2004年第3期。

334. 常怡：《“人权”背景下对民诉法修改的几点思考》，载《法学家》2004年第3期。

335. 袁刚：《试论人民法院国家司法救助的法治化——最高人民法院〈关于加强和规范人民法院国家司法救助工作的意见〉》，载《山东审判》2016年第5期。

336. 吴迪莱：《我国的司法救助制度：现状、缺陷与改革》，载《法学杂志》2012年第9期。

337. 何翔：《论我国民事诉讼中弱势群体的保障》，载《社会科学》2011年第1期。

338. 齐玎：《论家事审判体制的专业化及其改革路径——以美国纽约州家事法院为参考》，载《河南财经政法大学学报》2016年第4期。

339. 杨冰：《从历年转变到多元协作——略论美国家事纠纷解决机制新发展》，载《河北法学》2011年第12期。

340. 石雷：《现代英国家事案件审判体制的变迁及其启示》，载《时代法学》2012年第5期。

341. 杨临萍：《德国家事审判改革及其对我国的启示》，载《法律适用》2016年第4期。

342. 龙柯宇：《祛魅与赋值：德国调解制度的路径选择与反思》，载《法治研究》2013年第4期。

343. 雷磊：《德国的调解观念及其启示》，载《法商研究》2014年第2期。

344. ［美］David English、周鸿燕：《在美国构建友善老龄社会面临的法律挑战》，载《温州大学学报（社会科学版）》2017年第2期。

345. 陆杰华、刘柯琪：《社会治理背景下的老年群体管理》，载《中国发展观察》2017年第17期。

346. 肖辉：《老龄化社会背景下老年权益法院的设立构想》，载《河北法学》2019年第12期。

347. 张艳丽：《中国家事审判改革及家事审判立法——兼谈对台湾地区“家事事件法”的借鉴》，载《政法论丛》2019年第5期。

348. 赵树坤、殷源：《老年人赡养权益司法保障与修复型正义——以2013—2018年司法裁判文书为研究对象》，载《人权》2019年第4期。

349. 王德新：《家事审判改革的理念革新与路径调适》，载《当代法学》2018年第1期。

350. 齐凯悦：《英国家事审判机构专业化改革及对我国的启示》，载《福建农林大学学报（哲学社会科学版）》2017 年第 6 期。

351. 汪地彻：《我国涉老案件审判工作的机制创新》，载《上海政法学院学报（法治论丛）》2017 年第 1 期。

352. 曹思婕：《我国家事审判改革路径之探析》，载《法学论坛》2016 年第 5 期。

四、电子文献

353. 国家统计局：《人口总量平稳增长 人口素质显著提升——新中国成立 70 周年经济社会发展成就系列报告之二十》（2019 年 8 月 22 日），http：//www. stats. gov. cn/tjsj/zxfb/201908/t20190822_1692898. html，2019 年 11 月 13 日访问。

354. 胡锦涛：《高举中国特色社会主义伟大旗帜，为夺取全面建设小康社会新胜利而奋斗——在中国共产党第十七次全国代表大会上的报告》（2007 年 10 月 15 日），http：//politics. people. com. cn/GB/1024/6429094. html，2019 年 11 月 29 日访问。

355. 中国共产党新闻网：《中华民族的"根"和"魂"——传承和弘扬中华民族优秀文化传统》（2014 年 11 月 25 日），http：//theory. people. com. cn/n/2014/1125/c390916-26091741. html，2019 年 12 月 2 日访问。

356. 联合国老龄化议题：《世界人口老龄化：1950-2050》，https：//www. un. org/chinese/esa/ageing/trends. htm，2019 年 12 月 27 日访问。

357. 张孔娟：《创新探索老龄事业和产业双动力模式》（2016 年 12 月 2 日），http：//www. p5w. net/news/cjxw/201612/t20161202_1652712. htm，2019 年 12 月 12 日访问。

358. 广州日报：《〈2018 年广州老龄事业发展报告和老年人口数据手册〉发布》（2019 年 10 月 18 日），http：//www. gd. xinhuanet. com/newscenter/2019-10/18/c_1125119462. htm，2019 年 12 月 27 日访问。

359. National PACE Association：The Value of PACE，http：//www. npaonline. org/policy-advocacy /value-pace，2016，2019 年 12 月 27 日访问。

360. 韩联社：《今后 10 年公务员年金赤字达 53 万亿韩元》（2014 年 7 月 1 日），http：//www. yonhapnews. co. kr/bulletin/2014/07/01/0200000000AKR20140701167500004. html，2019 年 12 月 28 日访问。

361. 新华网：《民政部：尚未修订老年人权益保障法地方性法规的省份应尽快修订完成》（2017 年 5 月 6 日），http：//news. xinhuanet. com/2017-05/06/c_1120927274. htm，2020 年 1 月 10 日访问。

362. 新华网：《习近平主持召开中央财经委员会第五次会议》（2019 年 8 月 26 日），http：//www. xinhuanet. com/politics/2019-08/26/c_1124923884. htm，2020 年 1 月 18 日访问。

363. 民政部：《已基本实现老年人高龄津贴、服务补贴和护理补贴制度全国覆盖》（2019

年 1 月 3 日)，https：//baijiahao. baidu. com/s? id=1621642869725939476，2020 年 1 月 17 日访问。

364. 香港房屋委员会及房屋署：《香港房屋委员会议事备忘录：香港房屋委员会配合政府“居家安老”政策的各项政策和措施》（2019 年 10 月 18 日)，https：//www. housingauthority. gov. hk/tc/flat-application/application-guide/elderly-persons/index. html，2020 年 1 月 19 日访问。

365. 新加坡中央公积金局：《2016 年年度报告》，https：//www. cpf. gov. sg/Assets/Common/Documents/ViewAnnualReport2016inPDF. pdf，2019 年 10 月 22 日访问。

366. 财政部：《关于印发〈全国住房公积金 2018 年年度报告〉的通知》（2019 年 6 月 4 日)，http：//www. mof. gov. cn/zhengwuxinxi/caizhengxinwen/201906/t20190604 _ 3271078. htm，2019 年 10 月 22 日访问。

367. 国家统计局：《中国统计年鉴 2018》，http：//www. stats. gov. cn/tjsj/ndsj/2018/indexch. htm，2019 年 10 月 22 日访问。

368. 国家统计局：《2010 年第六次全国人口普查主要数据公报（第 1 号）》（2011 年 4 月 28 日)，http：//www. stats. gov. cn/tjsj/tjgb/rkpcgb/qgrkpcgb/201104/t20110428 _ 30327. html，2019 年 12 月 4 日访问。

369. 中华人民共和国民政部：《2016 年社会服务发展统计公报》（2017 年 8 月 15 日)，http：//www. mca. gov. cn/article/sj/tjgb/201708/20170815005382. shtml，2019 年 12 月 4 日访问。

370. 新华网：《中国逐渐进入老龄化社会到 2035 年老年人口将达 4 亿》（2016 年 1 月 22 日)，http：//www. xinhuanet. com/politics/2016－01/22/c_128656651. htm，2019 年 12 月 4 日访问。

371. 国家统计局：《第六次全国人口普查主要数据发布》（2011 年 4 月 28 日)，http：//www. stats. gov. cn/ztjc/zdtjgz/zgrkpc/dlcrkpc/dcrkpcyw/201104/t20110428_69407. htm，2019 年 12 月 4 日访问。

372. 田甜、张承惠：《“在地养老”的台湾养老产业》（2017 年 1 月 24 日)，http：//www. thepaper. cn/newsDetail_forward_1607614，2019 年 12 月 4 日访问。

373. 中国青年网：《靠保险、靠税收？台湾选举养老政策大辩论》（2015 年 12 月 4 日)，http：//news. youth. cn/jsxw/201512/t20151204_7380899. htm，2019 年 12 月 4 日访问。

374. 中国产业信息：《2016 年中国人口老龄化现状：老龄化加速，中国成世界老年人口最多国家》（2016 年 10 月 15 日)，http：//www. chyxx. com/industry/201610/457005. html，2019 年 1 月 20 日访问。

375. 王冠：《网上 315：中国消费者“被骗”报告》（2015 年 3 月 16 日)，http：//tech. cnr. cn/techit/20150316/t20150316_518011573_10. shtml，2017 年 11 月 17 日访问。

376. Kelley Holland：These scammers are targeting your elderly parents，FEB 17 2015. https：//www. cnbc. com/2015/02/17/these－scammers－are－targeting－your－elderly－parents. html ，2017 年

11 月 17 日访问。

377. 中国青年报：《公益组织解读老年人涉众型经济犯罪被害风险》（2016 年 10 月 8 日），http：//health. people. com. cn/n1/2016/1008/c14739-28760059. html，2019 年 1 月 17 日访问。

378. 南方日报：《广州市消委会：超过 1/3 老年人消费权益曾受损害》（2011 年 11 月 30 日），http：//news. sina. com. cn/c/2011-11-30/081123548689. shtml，2017 年 11 月 17 日访问。

379. 搜狐：《老年消费维权大数据报告：投资理财和医疗保健问题占七成》（2017 年 10 月 26 日），http：//www. sohu. com/a/200300654_99970689，2017 年 11 月 17 日访问。

380. 中国经营报：《金额或超 200 亿元：养老理财投资骗局高发》（2017 年 10 月 7 日），http：//finance. ifeng. com/a/20171007/15710369_0. shtml，2017 年 11 月 17 日访问。

381. 韩世远：《消费者合同与惩罚性赔偿》，载《人民法院报》2004 年 1 月 16 日。

382. 张兆纲：《探析虚假宣传行为的法律后果》（2011 年 12 月 5 日），http：//www. 110. com/ziliao/article-260842. html，2017 年 11 月 30 日访问。

383. 青开卫、何新明：《“老年法庭”情暖“夕阳红”》（2013 年 10 月 11 日），https：//www. chinacourt. org/article/detail/2013/10/id/1105654. shtml，2020 年 1 月 21 日访问。

384. 上海市静安区人民法院：《司法护老上海静安法院发布〈2018 年度涉老民事案件审判白皮书〉》（2019 年 10 月 7 日），https：//www. thepaper. cn/newsDetail_forward_4613591，2019 年 12 月 2 日访问。

385. 石岩：《朝阳法院发布涉老民事案件审判白皮书——老年人投资理财需求大纠纷涉房比例高》（2017 年 12 月 6 日），http：//bjgy. chinacourt. gov. cn/article/detail/2017/12/id/3101363. shtml，2020 年 1 月 22 日访问。